Dietrich Stollberg

Soll man das glauben?

Dietrich Stollberg

Soll man das glauben?

Vom Sinn
der
christlichen Religion

EVANGELISCHE VERLAGSANSTALT
Leipzig

*Der Evangelisch–Lutherischen Gemeinde
auf der Nordseeinsel Juist*

*und meinen Kindern Hildegund,
Heidrun, Almut, Martin und Maria*

Bibliografische Information der Deutschen Nationalbibliothek

Die Deutsche Nationalbibliothek verzeichnet diese Publikation
in der Deutschen Nationalbibliografie; detaillierte bibliografische
Daten sind im Internet über ›http://dnb.d-nb.de‹ abrufbar.

© 2009 by Evangelische Verlagsanstalt GmbH · Leipzig
Printed in Germany · H 7319
Alle Rechte vorbehalten
Gedruckt auf alterungsbeständigem Papier
Cover: Grafik-Design Hildegund Stollberg, München
Coverbild: © Septimus / Hollandse Hoogte / laif
Layout und Satz: Steffi Glauche, Leipzig
Druck und Binden: druckhaus köthen GmbH

ISBN 978-3-374-02718-7
www.eva-leipzig.de

Inhalt

Vorwort

Nach Vorträgen und Predigten, aber auch in privaten Gesprächen werde ich nicht selten gefragt: »Kann man das heute noch glauben?« Diese Frage begegnet nicht selten auch in der normativen Form: »Soll man das glauben?« Um es gleich vorweg zu nehmen: Nein! Man *soll* gar nichts glauben, zumal wenn es einem nicht einleuchtet. Das Christentum ist eine Religion der Freiheit und der Befreiung. Es ist aber von Anfang an auf eine menschliche Tendenz zur Unmündigkeit gestoßen und durch diese nicht selten in sein Gegenteil verkehrt worden. Dann *sollte* man in der Tat seine Dogmen unkritisch glauben und sich unterwerfen. Wo Religion nicht mehr für den Menschen da ist, sondern der Mensch für die Religion, sind »notwendige Abschiede« (K.-P. Jörns) angesagt. Martin Luther, dessen Reformation sich demnächst (2017) zum 500. Male jährt, hat sowohl den Aspekt der Befreiung als auch das »Pro nobis« (»Für uns«) neu hervorgehoben. Das heißt aber heutzutage nicht, dass man nun den Reformator in allem unwidersprochen zur Autorität machen dürfte. Wenn ich in diesem Buch die Bibel, ihn und andere zitiere, dann geschieht das nicht im Interesse eines neuen Dogmatismus, sondern als Illustration dafür, dass meine Erwägungen an dem einen oder anderen Punkt mit der Tradition übereinstimmen und hier schon ihren besonders passenden Ausdruck gefunden haben.

Muss man Christ sein, um glücklich (›selig‹) zu werden? Nein! Aber alle Menschen glauben irgendetwas. Wer sich nicht als ›religiös‹ versteht, wird trotzdem unüberprüfbare Voraussetzungen für sein Wahrnehmen, Denken, Fühlen und Handeln haben. Es lohnt sich allemal, diesen eigenen mehr oder weniger unbewussten Prämissen auf die Spur zu kommen, um ihnen nicht länger ausgeliefert zu sein. Wie? Für mich ging der Weg zunächst über ein Theologiestudium, dann aber vor allem über eine lange psychoanalytische und gruppendynamische Erfahrung als intensive und kritische Begegnung mit mir selbst und mit anderen Menschen. Andere mögen andere Wege finden. Aber es lohnt sich, aufzubrechen und auf dem Weg zu bleiben.

Wer sich nun über den christlichen Glauben kritische Gedanken macht, soll wissen, dass dies in dieser Religion grundsätzlich angelegt ist. Das Christentum entstand als kritischer Neuanfang auf der Basis einer alten Religion, die es zunächst nicht aufgeben, sondern nur neu verstehen und deren Gottesbild es vom Stammesgott zum Gott aller Menschen erweitern wollte. Viele Einflüsse anderer Religionen und Weltanschauungen haben im Verlauf dieser Internationalisierung bei seiner Entwicklung mitgewirkt. So war es übrigens schon bei seiner Mutterreligion, dem Judentum. Auch dessen Wurzeln sind vielfältiger Art. Ihre Spuren führen vor allem nach Mesopotamien und Ägypten, aber auch nach Persien. Die Frage stellt sich umso dringender: Soll man das Basisdokument des christlichen Glaubens, die Bibel, und die nachfolgenden ersten Konsensdokumente des Christentums, die Glaubensbekenntnisse, unbesehen glauben, also ein Sacrificium intellectus

(Opfer des eigenen Verstandes) begehen, um glücklich zu werden?

Sogar Pfarrerinnen und Pfarrer haben schon zu mir gesagt, ich solle beim nächsten Gottesdienst das Glaubensbekenntnis weglassen, weil es »nicht mehr nachvollziehbar« sei. Und das Vaterunser sei ebenfalls problematisch, schon deshalb, weil es patriarchalisch beginne: Könne man nicht ebenso gut beten »Mutter unser«? Diese und andere Erfahrungen haben mich dazu herausgefordert, einmal Rechenschaft darüber zu geben, weshalb ich das Credo immer noch mitspreche und das Vaterunser immer noch bete. Dabei gehöre ich der »skeptischen Generation« an, wie sie der bekannte Soziologe Helmut Schelsky 1957, dem Jahr, in dem ich Abitur gemacht habe, genannt hat. Die Skepsis jener Zeit ist mir geblieben und darf wohl zudem als eine gesunde wissenschaftliche Haltung angesehen werden. Ich verstehe jeden, der an der christlichen Überlieferung zweifelt, denn ich tue das auch. Noch mehr allerdings zweifle ich an der vorfindlichen Gestalt der Kirchen. Doch etwas Besseres haben wir nicht. Wir haben die Kirchen, die wir verdienen, weil wir sie selbst gestalten bzw. tolerieren. Zugleich aber ist mir die Religion, die die abendländische Kultur geprägt hat, immer wichtig, wert und lieb geblieben. Warum – darauf will dieses Buch antworten.

Einige der vorgelegten Texte oder ihre Vorläufer sind als Vorträge für Gemeindeglieder und Kurgäste auf der *Nordseeinsel Juist* entstanden, wo ich jahrelang und mit Begeisterung sogenannter Kurpastor gewesen bin. Zu dessen Aufgaben gehört es nicht nur, Gottesdienste mit Predigten zu halten, sondern u. a. allwöchentlich im Evangelischen Gemeindehaus über aktuelle Themen zu referieren und mit den Anwesenden aufkommende Fragen zu besprechen. Die Aufgeschlossenheit und niveauvolle Kritikfähigkeit der Hörerinnen und Hörer habe ich stets als Herausforderung und Anregung zum eigenen Weiterdenken empfunden und geschätzt. Ich habe in dieser ›Gemeinde auf Zeit‹ den Eindruck gehabt, eine moderne Form von Kirche zu erleben – Mitglieder der kleinen Ortsgemeinde und viele Kurgäste aus unterschiedlichen Milieus, zwischen Unverbindlichkeit und evangelischer Freiheit, Engagement und Distanz, Kirchenkritik und Sehnsucht nach einer anderen Dimension, die die Banalitäten des Alltags übersteigt. Ich habe mich dort durchaus zu Hause gefühlt. Besonders Freude gemacht hat mir auch die ökumenische Zusammenarbeit zwischen der evangelischen und katholischen Gemeinde auf der Insel, z. B. bei Kasualien (Amtshandlungen), vor allem Trauungen, oder bei dem spontan angesetzten Gottesdienst, als der Anschlag auf das World Trade Center in New York geschehen war. Juist ist ein wenig meine kirchliche Heimat geworden.

Zu danken habe ich allen, die mir zugehört und mit mir diskutiert haben, sei es an der Universität, sei es bei Vorträgen in Gemeinden und Fach- oder Arbeitsgruppen. Danken möchte ich aber auch sehr herzlich Herrn Privatdozenten Dr. Christoph Gramzow und seinen Mitarbeiterinnen und Mitarbeitern von der Evangelischen Verlagsanstalt Leipzig, vor allem Frau Sybille Lepper sowie dem theologischen Lektor Herrn Dr. Michael W. Lippold, außerdem meiner Tochter Hildegund Stollberg, München, die sich um die Gestaltung des Covers viel Mühe gemacht hat. Die Zusammenarbeit mit allen Genannten war außerordentlich konstruktiv und partnerschaftlich, ihre Aufgeschlossenheit anregend und erfreulich.

Fürth, Pfingsten 2009   *Dietrich Stollberg*

Albrecht Dürer, »Ritter, Tod und Teufel«,
© Bildarchiv Foto Marburg

Dieser berühmte Kupferstich des Nürnberger Künstlers Albrecht Dürer von 1513 stellt eine Allegorie des *Menschen auf dem Weg zum Heil* dar. Der Tod hält ihm das Stundenglas vor: Du hast nur noch wenig Zeit! Der Teufel ist hinter ihm her. Manche Interpreten meinen, der Teufel werde vom Ritter an der Kette geführt. Zwischen den Kräften des Todes und der triebhaften Vitalität reitet der Ritter durch eine ausweglose Schlucht unbeirrt über Symbole von Tod und Feuer (Schädel und Salamander) seinem Ziele zu, dem Tod *und* zugleich der Stadt des Heils, dem himmlischen Jerusalem. Die Stadt sieht aus wie das damalige Nürnberg: Das Heil findet sich im Hier-und-Jetzt und ist doch so fern. Der Hund, Symbol von Treue und Verlässlichkeit, begleitet den Herrn. – Sigmund Freud hat das Ich als den Reiter beschrieben, der zwischen Es und Überich, Elementartrieben und Normen, die Balance des Realitätsprinzips gegenüber dem Lustprinzip mit seinem Vitaltrieben und dem Todestrieb bewahren muss. Dürers Allegorie illustriert sehr anschaulich und mittelalterlich drastisch, worum es in diesem Buch geht.

1. Einleitung

1799 erschienen Friedrich Daniel Ernst Schleiermachers
»Reden über die Religion an die Gebildeten unter ihren Verächtern«. Der berühmte Berliner Philosoph, Theologe und
›Kirchenvater der Moderne‹ wollte mit seinen betont sub-
jektiven Überlegungen über die Theologie der Aufklärung
hinauskommen und ganz bewusst *kritische* Gebildete ansprechen. Auch heute muss die Theologie mit den »Gebildeten unter ihren Verächtern« reden, nicht etwa, um zu missionieren, sondern weil das Gespräch mit kritischen Menschen über die Religion mindestens ebenso notwendig ist
wie die redundante und vergewissernde Predigt für treue
Gemeindeglieder, die sich relativ unkritisch zur Kirche halten. Religion ist ein zentraler Aspekt jeglicher Kultur, und
das Christentum gehört zum Abendland wie Dante, Sha-
kespeare oder Goethe, romanische und gotische Dome,
Thomas von Aquin, Martin Luther oder Johann Sebastian
Bach, Immanuel Kant oder Jürgen Habermas. Wer meint,
er könne das Christentum einfach vergessen, der täuscht
sich über seine eigenen Wurzeln. Das tun zum Glück nur
wenige. Viele besuchen Filme, die sich mit Religion befas-
sen, lesen – manchmal recht dubiose – Bücher über Jesus
oder besuchen in den Ferien an einem Kurort sogar wieder
einmal eine Kirche. Sie sind froh, dann auf eine Vertreterin
oder einen Repräsentanten von Religion zu treffen, mit dem
sie kritisch diskutieren können, z. B.: Was soll ›die Amtskir-
che‹ heute noch? Wie sind die seltsam antiquiert anmuten-

den Texte aus Bibel und Glaubensbekenntnissen zu verstehen? Worum geht es überhaupt, wenn nicht um ›Werte‹, Moral und soziales Verhalten? Was heißt ›Glauben‹, wenn nicht ›Für-wahr-Halten‹?

Glaube

»*Es ist aber der Glaube eine gewisse Zuversicht dessen, was man hofft, und ein Nichtzweifeln an dem, was man nicht sieht.*« (Hebr 11,1) Auch wenn man es nicht sieht, so erfährt und bedenkt man es doch – wie bruchstückhaft auch immer. Und ohne Gewissheit, Zuversicht und Hoffnung können wir nicht leben. Aber: »Man kann nicht mehr an der Vernunft vorbei ›glauben‹. Man hat das Bedürfnis, das, was man glaubt, auch einzusehen.«[1] Mir will scheinen, das Problem ergibt sich aus der Vermischung und Verwechslung von Frömmigkeit des Herzens mit theologischem Nachdenken. Beides ist legitim. Aber fromm und ›gläubig‹ sein kann man letzten Endes nur, indem man eintaucht in die Traumwelt der mythologischen Bilder, indem man sich einlässt auf märchenhafte Erzählungen aus der biblischen (oder anders religiösen) Überlieferung, in unserer Kultur etwa auf die Welt von Joseph Haydns »Schöpfung« und die Dialoge der Seele mit Gott, wie sie noch in Johann Sebastian Bachs Kantaten auftauchen. Das ist die *Binnenperspektive* der Anhänger einer Religion. Die religiöse Tradition kritisch zu bedenken hingegen gelingt uns nur, wenn wir die *Außenperspektive* des Beobachters einnehmen, wie wir sie heute schon in der Schule lernen und für das Zurechtkommen in der modernen Welt auch benötigen. Binnen- und Außenperspektive schließen sich keineswegs aus. Beides ist zugleich möglich. Moderne Menschen können sich spontan und unreflektiert z. B. auf Träume oder Verliebtsein einlassen und doch distanziert und kritisch beobachten, forschen, helfen, gestalten usw. Für das Nachdenken über Religion sind beide Perspektiven – ich nenne sie meist »Beobachten« und »Bekennen« – unerlässlich.

Wahrheit

Mit diesem Buch will ich den christlichen Glauben und das, was ich davon verstanden habe, mit nachdenklichen und kritischen, ja zweifelnden Leserinnen und Lesern teilen. Dabei geht es mir nicht um Mission oder um wissenschaftliche Theologie – ohne dass ich meinen Beruf als Theologe ausblenden könnte –, sondern eher um das, was man »Zeugnis« genannt hat. Ich will in erster Linie über etwas schreiben, wo ich dabei gewesen bin und was ich bezeugen kann, nicht über etwas, was ich mir nur denke und aus der Tradition nur scharf nachdenkend – nicht auch nach*erlebend* – ableite. Deduktive und autoritär verordnete dogmatische Theologie taugt bestenfalls für ein Theologie-Examen. Der seinerzeit berühmte Tübinger Theologe Ernst Käsemann schreibt zu Recht: »… die Theologie hat auch darüber zu wachen, dass die uns anvertrauten Menschen nicht mit alten Formeln in die Irre geführt werden. Dass darunter die Erbaulichkeit leidet, kann ich nicht ändern.«[2] Wir müssen versuchen, die alten Formeln zu *verstehen*. Was mir selbst nicht plausibel erscheint, kann ich, wo es sich um existenzielle Fragen handelt, nicht weitergeben. Ich schreibe darüber, wie ich einige Aspekte der Überlieferung *erlebe* und *verstehe*. Selbstverständlich denke ich mir etwas dabei. Aber ich versuche, das Gedachte nicht an die Stelle von Realität zu setzen. Wichtig ist mir auch, dass Nachdenken über Religion und Glauben nie todernst und ohne ein Quäntchen Humor geschehen darf. Denn fehlt der Humor, sind Fundamentalismus, Intoleranz und Dogmatismus, Verabsolutierung des eigenen Standpunkts und Moralismus nicht mehr weit. Alles, was ich sage, möchte mit einem kleinen Augenzwinkern aus meinem Blick verstanden werden. Nicht, dass ich es nicht ernst meinte, aber: Die Wahrheit ist viel größer als das, was wir für wahr halten oder was Institutionen gar als verbindliche Wahrheit definieren.

Konkrete Theologie

An Hochschule und Universität habe ich das Fachgebiet Praktische Theologie unterrichtet. Diese zeichnet sich dadurch aus, dass sie stets auf die kirchliche Praxis in Gottesdienst, Predigt, Unterricht und Seelsorge bezogen ist. Auch Religionspsychologie gehört dazu. Die Wahrheit ist konkret, zeitgebunden und situationsbezogen; sie wird eher erfahren und erlebt als gedacht; sie ist weniger virtuell als handfest, begreif- und angreifbar (anfassbar). Sie ist vor allem auch an konkrete Personen, Beziehungen und Gemeinschaften gebunden, an deren Biographie und Entwicklung, an gemeinsame Erfahrungen und gemeinsamen wie individuellen Umgang mit der Überlieferung. Die muss man dazu freilich erst einmal kennengelernt haben.

Um den christlichen Glauben zu verstehen, ist es deshalb auch notwendig, *historisch* zu denken. Wir leben in der *Zeit*. Unsere Zeit ist begrenzt. Jede Zeit wird durch einmalige Koordinaten bestimmt. Die Zeit Jesu war ganz anders als die des Mose und als unsere. Die Zeiten entwickeln sich periodisch weiter. So entsteht Geschichte. Auch die Religionen haben ihre Geschichte. Diese ist immer abhängig von wirtschaftlichen, politischen und kulturellen Situationen. Sie ist ein Aspekt der Kultur- und der Gesamtgeschichte eines Volkes, eines Kulturraums, ja der Menschheit. Man muss also etwas wissen, um ursprünglich manchmal von weit her gekommene und vielleicht sogar gewaltsam aufgepfropfte, dann aber historisch weitergewachsene Religionen, auch die eigene, zu verstehen – jedenfalls, wenn man nach dem Sinn dieser oder jener Glaubensaussage oder dieses oder jenes Rituals fragt. Dazu gehört auch, dass wir wahrnehmen, wie klein die Erde inzwischen geworden ist und wie nahe uns inzwischen andere Kulturen kommen (wie auch wir ihnen). Vergleiche zwischen Kulturen und Religionen bleiben ebenso wenig aus wie die Entdeckung vieler Gemeinsamkeiten. Unsere Tradition wird automatisch in Frage gestellt. Das fordert uns heraus, über unseren Glauben nachzudenken.

»Gläubiges Denken hängt am Alten, und die Pietät der gläubigen Gemeinde möchte es sich nicht wegnehmen lassen.«[3] Weil religiöser Glaube viel mit dem Selbstverständnis (Identität) eines Menschen und einer Gemeinschaft, um nicht zu sagen: einer Gesellschaft, zu tun hat, darum ist in jeder Religion Tradition so wichtig. Wir kommen aus historischen Zusammenhängen und wir schreiben sie fort, indem wir uns mit ihnen auseinandersetzen und sie dabei verändern. Wir haben Eltern und Großeltern; wir stehen auf ihren Schultern; und wir bilden unsererseits die Basis für künftige Generationen. Aber um wir selbst zu werden und zu sein, müssen wir uns von Vergangenem emanzipieren. Das geht jedoch nur insoweit, als wir die Tradition und damit die Grundlagen unserer Existenz dabei nicht völlig verlieren. Einerseits reicht es nicht, sich ängstlich an die Überlieferung zu halten; andererseits reicht es auch nicht, diese einfach zu vergessen, denn sie prägt unsere Gegenwart, ob uns das recht ist oder nicht.

Will man nur einfach fromm und unkritisch der Tradition gehorchen, weil man sie liebt und weil es schon immer so war oder weil es einem Eltern und Lehrer so beigebracht haben, dann mag es genügen, sich die herkömmlichen Verstehens- und Verhaltensweisen der eigenen Religion anzueignen. Solche Leute mögen sich in ihrer Volksfrömmigkeit geborgen fühlen und zufrieden sein. Manchmal beneide ich sie. Für sie ist dieses Büchlein aber *nicht* geschrieben. Ich meine Leute wie meinen Sohn, der mir nach einem Karfreitagsgottesdienst sagte: »Papa, ich gebe Deinem Laden noch etwa zwanzig Jahre.« Manchmal denke ich das auch. Ich fände es dann nicht schlimm, wenn die christliche Kirche aus ihrem abgehauenen Stumpf neue vitale Zweige hervorbrächte, die ihrer Zeit entsprechen und doch aus den uralten Wurzeln Kraft beziehen.[4] Aber ohne Religion will ich mir die Welt nicht vorstellen. Sie erschiene mir allzu öde, unterkühlt, zweckrational, farblos, lieblos und banal.

Religion und Kunst

Da zeigt sich dann die Verwandtschaft von *Religion* und *Kunst*: Es muss in unserer Welt ausreichend Raum und Zeit sein für menschliche Kreativität, diesen Raum und diese Zeit mit Lust und Lebensfreude zu gestalten. Religion ist kollektive Kunst der Gestaltung des Raums und der Zeit, in welchen wir leben. Wird sie verzwecklicht, verliert sie ihren Charme und ihren Sinn. Ja, ich möchte es noch radikaler sagen: Religion ist Platzhalter für den lustvollen und schönen Nonsens in der Welt. ›Nonsens‹ heißt hier keineswegs ›Unsinn‹, sondern es bezeichnet den *notwendigen* Mangel an Zweckrationalität und Nutzen und den Freiraum für zweckfrei spielerische Kreativität, die die banale Alltagswirklichkeit übersteigt. Die Versuchung ist für die Kirche groß, ihre Nützlichkeit für die Gesellschaft nachzuweisen, z. B. indem sie auf ihre großen karitativen (diakonischen) Einrichtungen verweist oder die Vernünftigkeit des Glaubens behauptet. Mich überzeugt das nicht nur nicht, sondern ich halte es für dem ›Evangelium‹ zuwiderlaufend. Martin Luther sprach von dem menschlichen Versuch, sich vor Gott durch Werke zu rechtfertigen statt durch Glauben. Es ist etwas anderes, wenn wir heute nicht mehr ›an der Vernunft vorbei‹ glauben, sondern sie anerkennen und einbeziehen wollen.

Die Themen

Unter dieser Voraussetzung spreche ich über Religion, Kirche und Glauben – beileibe nicht über alles, aber über einiges, was ich für wichtig halte. Und ich hoffe, dass aus dem wenigen, was zur Sprache kommt, etwas vom Ganzen verständlich wird – obwohl man es eigentlich nicht oder immer nur unzureichend ›verstehen‹ kann. Frömmigkeit ist eine Sache des Herzens, Theologie eine Angelegenheit des Verstandes. Ich beginne mit einem Kapitel, das eine Antwort auf die mir tatsächlich schon mehrmals gestellte Frage versucht: »Glauben Sie das wirklich?« Danach frage ich speziell nach dem, was ›Glauben‹ bedeutet. Und was hat die modische Rede von den ›Werten‹ damit zu tun? Als die historisch gewordene dogmatische Antwort und die offizielle Grundlage unseres Glaubens – nach der Heiligen Schrift – bedenke ich danach das Apostolische Glaubensbekenntnis. Eine zentrale Frage, die sich im Zusammenhang des Credo unweigerlich stellt, ist die nach Gott. Deshalb gehe ich in zwei Kapiteln darauf ein. Gott und ›das Böse‹ werden häufig auseinander dividiert. Ich spreche darüber in einem weiteren Abschnitt. Der Teufel zieht den Tod nach sich und ist mit ihm im Bunde: Der kommt denn auch danach zur Sprache. Selbstverständlich schließt sich die Frage nach der Auferstehung an, die ich mit Angehörigen eines Hospizvereins diskutiert habe. Sünde, Schuld und Anfechtung bedürfen eigener Überlegungen, bevor Glück, Liebe, ›ewige Seligkeit‹, Wahrheit, Gerechtigkeit, Freiheit und Frieden verhandelt werden. Wo Liebe ist, ist Gemeinschaft. Die Kirche versteht sich als »Gemeinschaft der Heiligen«. Was heißt hier Gemeinschaft, wenn in der Volkskirche hierzulande kaum einer den andern kennt und eventuell nicht einmal weiß, wer sein zuständiger Gemeindepfarrer oder die zuständige Pfarrerin ist? Darüber muss gesprochen werden. Zum Schluss sollen Gedanken zum Hauptgebet der Christenheit, dem Vaterunser, Wichtiges zusammenfassen. Als Ausklang schreibe ich etwas zum Sinn von Religion.

Die Kapitel stehen durchaus in einer sinnvollen Abfolge, können aber ohne Schwierigkeiten auch unabhängig voneinander gelesen werden. Am Ende des Buches finden sich einige Hinweise auf Bücher, auf die ich mich direkt oder indirekt bezogen habe, deren Lektüre ich jedoch ohnedies für weiterführend halte.

Jenseits und Ende

Religion gehört eng zusammen mit dem Tod. Ohne die Erfahrung, dass wir sterben müssen, gäbe es keine Religion: »Lehre uns bedenken, dass wir sterben müssen, auf dass wir klug werden!« (Ps 90,12) Viele Menschen können und wollen sich nicht vorstellen, dass ›mit dem Tod alles aus‹

ist. Daher nehmen sie ein ›Jenseits des Todes‹ an, das zeitlich erst nach ›diesem Leben‹ käme. Je nach kulturgeschichtlichem Hintergrund sieht dieses Jenseits verschieden aus. Ob ›Himmel‹, ›Hölle‹ oder sonst etwas – immer ist da ›etwas‹, und wäre es das Nirwana, das ja nicht nichts ist. Modernes Denken hat diese Wurzel mitsamt der Pflanze auszureißen versucht. Das gelingt nicht wirklich. Theologen der Neuzeit haben jedoch das Jenseits in das Diesseits verlegt. Mir leuchtet diese Auffassung sehr ein: Das Jenseits findet sich im Diesseits. Doch es ist da.

[1] Wolfgang Trillhaas, Vernunft und Glaube, Göttingen 1969, 7. Auch der jetzige Papst, Benedikt XVI., hat immer wieder versucht, etwa im Gespräch mit dem Frankfurter Philosophen Jürgen Habermas 2004 und in seiner viel beachteten Regensburger Rede von 2006, dieses unerschöpfliche Thema anzugehen.

[2] Ernst Käsemann, Der Ruf der Freiheit, Tübingen 1968, 55.

[3] Trillhaas, a. a. O., 5.

[4] Jes 9,13; 10,33; 11,1. Hier ist zunächst an den Messias gedacht, der das alte und mächtige Reich Davids erneuern soll und den die Christenheit in Jesus Christus gekommen sieht. Ich denke, man darf das Bild von Untergang und Erneuerung auch auf die Religion als Ganze beziehen, wie sie sich im Urchristentum erneuert hat. Dass sie ihre Entwicklung hatte, ihre Hoch-Zeiten und ihre Tiefs, ihre Segenswirkungen und ihren Fluch, ist kaum zu übersehen. So wird sie wie alles Irdische irgendwann ein Ende haben und/oder sich wandeln – so, wie das Christentum aus dem Judentum hervorgegangen ist.

2. Der Zweifel oder »Glauben Sie das wirklich?«

Begegnungen mit kritischen Intellektuellen

Kürzlich waren meine Frau und ich bei einer Naturwissen-
schaftlerin eingeladen, deren Eltern schon aus der Kirche
ausgetreten waren und die kein Mitglied der Kirche ist. Sie
erzählte, dass sie sich mit ›Literatur über Jesus‹ befasse, seit
sie mit einem Angehörigen einer anderen Religion be-
freundet sei. Ihre ›Literatur‹ bestand aus einem Krimi und
anderer Populärliteratur, die abenteuerliche Geschichten
über Jesus und phantastische Thesen beschreibt, aber wissenschaftlicher Prüfung nicht standhält. Gute Fachbücher
über Jesus gibt es zwar, aber sie sind weniger bekannt und
wohl auch nicht so unterhaltsam.[1] Wir kamen auf Religion,
Kirche und Bibel zu sprechen, und ich war erstaunt über
ihr engagiertes Interesse, sie hingegen offenbar darüber,
dass ich anscheinend »ein ganz vernünftiger Mensch und
trotzdem Pfarrer« sei: »Glauben Sie das wirklich?« Was ich
denn mit solch antiquierten Absurditäten anfinge wie

- der Jungfrauengeburt
- der Opferung des eigenen Sohnes durch Gott
- dem leeren Grab
- der Auferstehung der Toten
- der Himmelfahrtsgeschichte
- den sogenannten Wundern usw.?

Dimensionen von Wirklichkeit

Solche Erfahrungen mit Intellektuellen mache ich öfter und gerne. Gerne deshalb, weil ich mich hier herausgefordert fühle und weil ich mich freier und offener über meinen Glauben und meinen Beruf äußern kann als unter frömmeren Gemeindegliedern oder Kolleginnen und Kollegen, die manchmal sofort ihre eigenen Kenntnisse und Überzeugungen normativ dagegen setzen. Bei Gesprächen mit Naturwissenschaftlern und Mathematikern ist mir allerdings eines immer wieder aufgefallen: der *eindimensionale* Begriff von Wirklichkeit. ›Wirklich‹ ist demnach nur, was ich zählen, berechnen, messen und statistisch erfassen kann. Wirklich, d. h. dann empirisch überprüfbar und beweisbar, ist aus dieser Perspektive aber jedenfalls die Tatsache, *dass* es auch heute Religionen gibt, dass sie auch in den aufgeklärtesten Ländern existieren, dass sie viele Anhänger haben, dass sie dies und das weltanschaulich vertreten, dass sie inhaltlich die berechenbare Welt der Zahlen und Fakten überschreiten (›transzendieren‹) und eine ›Welt‹ beschreiben, die der empirischen und experimentellen Forschung selbst nicht zugänglich ist, z. B. ›Gott‹, ›Himmel und Hölle‹, ›Erlösung‹, ›ewiges Leben‹. Mit den Mitteln unserer empirischen Wahrnehmung lässt sich auch feststellen, dass Religionen eng mit der Kulturgeschichte bestimmter Regionen zusammenhängen, dass sie großen gesellschaftlichen und politischen Einfluss haben und dass sie sich im Laufe der Jahrhunderte verändern. Wirklich ist für diese eindimensionale Betrachtungsweise allerdings nicht, *was* die Leute glauben, die bildhaften Vorstellungen und Lehren der Religionen.

Rationalität und Emotionalität

Unserer naturwissenschaftlichen Gastgeberin habe ich u. a. gesagt, unser modernes Bewusstsein und unsere geschulten Wahrnehmungsfähigkeiten seien so differenziert, dass wir *unterscheiden* könnten und müssten zwischen naturwissenschaftlichem Zahlen- und Faktendenken und dem eher künstlerischen (ästhetischen) Gestalten, Deuten und Genießen von Welt. Auch Naturwissenschaftler gehen ins Kino, ins Theater oder in ein Konzert, besichtigen eine Ausstellung und lesen der Phantasie entsprungene, eher realitätsferne Romane (z. B. science fiction oder Bücher über parapsychologische oder religiöse Figuren und Phänomene). Sie tun das, ohne zu zählen und zu analysieren. Sie lassen sich vom Spannenden, Schönen und Aufregenden beeindrucken, haben Interessen, Wünsche und Ängste, entwickeln Gefühle und verlieben sich sogar, ohne sofort über Zellstrukturen, chemische Prozesse, elektromagnetische Felder u. dgl. nachzudenken. Sie lesen und schreiben Gedichte und leben in weiten Bereichen ihrer Biographie eher affekt- und interessengesteuert, emotional und unbewusst. Sie entscheiden oft ›aus dem Bauch heraus‹ und prüfen keineswegs alles und jedes ›vom Kopf her‹. Die planbare Zweckrationalität wird auf die professionelle und geschäftliche Welt begrenzt, weil das Leben sonst öde und allzu nüchtern, kalt und lieblos würde.

Eine oder zwei Welten?

Das bisher über Gedanken und Gefühle, Alltagswelt und Traumwelt, Phantasie und Tatsachen, Wünsche und Ängste Angedeutete beweist in religiöser Hinsicht allerdings noch gar nichts. Aber es illustriert die Notwendigkeit, *mehrere* Wahrnehmungsebenen und -formen zu unterscheiden, also die Eindimensionalität unseres Weltbildes zu verlassen, wenn wir mehr von unserer tatsächlichen und durchaus alltäglichen Realität wahrnehmen wollen.

In der *Kindheit* liegen die verschiedenen Wahrnehmungsebenen noch weitgehend ineinander. Erst mit vier bis sechs Jahren beginnt das Kind zu fragen, ob denn die Geschichte von Rotkäppchen und dem Wolf tatsächlich so passiert sei, wo sie stattgefunden habe und wer das gesehen habe. Mythisch-magisches und Faktenbewusstsein treten auseinander. Wir können auch sagen: Traumwelt und Alltagswelt werden nun unterschieden. Phantasien und Tatsachen können jetzt differenziert wahrgenommen werden. Dabei sind Phantasien und Träume zwar eine Tatsache, aber ihre Inhalte decken sich keineswegs mit der Alltagsrealität. Ich träume z. B. sehr gerne, dass ich fliegen kann, spüre beim Aufwachen sogar noch, wie gut es sich anfühlt; aber wenn ich ganz wach bin, kann ich es leider doch nicht ›wirklich‹, sondern habe es nur geträumt: mir vorgestellt, gewünscht, es genossen. Dieser von unzähligen Menschen seit Jahrtausenden im Schlaf- und im Wachzustand geträumte Traum, der sich auch in Sagen – z. B. der von Dädalus und Ikarus – niedergeschlagen hat, zeitigte allerdings konkrete Folgen: Mit Maschinen fliegen wir heute höchst real um die Erde, ja sogar zum Mond. Das Beispiel zeigt: Unsere Wünsche und Ängste gehören zwar eher der Traumwelt an, beeinflussen aber unser Alltagsverhalten, unsere Interessen und ihre Konsequenzen gewaltig. Nur wenn unsere Träume und unsere Zweckrationalität zusammenwirken, entsteht der sog. Fortschritt.

In der *Antike* unterschied man ganz ähnlich wie in der Kindheit meist noch nicht so genau zwischen *Wunsch* und *Wirklichkeit*. Das zeigen z. B. die Kriegs- und Siegesberichte der Herrscher. Die Zahlen der Besiegten und der eroberten Schätze sind oft übertrieben. Und die Welt der Tatsachen und Zahlen, der – etwa sozialen und gesundheitlichen – Notwendigkeiten und politischen Zielvorgaben wird stets religiös interpretiert. Der Zusammenhang von *Traumwelt, transzendentaler Wahrnehmung* bzw. *Deutung und Alltagserfahrung* wird ganz eng gesehen. Dabei passiert in der Regel eines nicht: dass alles, was geschieht, *nur* religiös verstanden oder alles *nur* auf der Ebene der gegenständlich wahrnehmbaren Tatsachen erlebt würde. Würde alles nur religiös verstanden, erschienen wir selbst als ihre Marionetten, würde alles gegenständlich verstanden, wären die Götterbilder und -statuen selbst die Götter. Es gäbe nur eine Welt des Wachbewusstseins, des Alltags und der Gegenstände. Gegen diese Kurzschlüssigkeit, die freilich auch schon damals vorkam, wettern die Religionsführer des Altertums. Nein, die Antike unterscheidet sehr wohl die Welt der Götter und die der Menschen, ›Himmel‹ und ›Erde‹, aber gerade so kann sie sie eng aufeinander beziehen. Die sakrale und die profane (religiöse und alltägliche) Sphäre werden aber so eng ineinander verflochten gesehen, dass sie zwei Seiten oder ›Stockwerke‹ ein und derselben Schöpfung darstellen, in welcher man zusammen mit den Göttern lebt. Die *Binnen-* und die *Außenperspektive* auf die Religion werden dabei kaum unterschieden: Religion beobachtet man noch nicht quasi von außen, sondern man pflegt sie bzw. übt sie aus, man bewegt sich in ihr, wie man lebt und stirbt, handelt, pflanzt und erntet.

Wenn wir heute glauben und beten, dann sprechen wir aus der frommen *Binnenperspektive*: Wir *bekennen*. Wir können aber als dieselben Menschen uns und andere dabei auch *beobachten*, das religiöse Verhalten und die dazugehörige Vorstellungswelt beschreiben. Dann nehmen wir die *Außenperspektive* ein. Wir können zwischen Binnen- und Außenperspektive pendeln. Theologen müssen das beherrschen. Andernfalls werden sie ideologisch, halten ihre Binnenperspektive für die einzig wahre und verwechseln Glauben mit beweisbaren Fakten. Wünschenswert erscheint mir, dass möglichst viele Menschen zwischen Binnen- und Außenperspektive ihrer Religion und ihrer Biographie zu pendeln lernen, um ihre Ansichten nicht für absolut wahr zu halten und damit intolerant zu werden. Der *Absolutheitsanspruch* einer Religion gegenüber anderen übersieht die historische Bedingtheit von Kultur und Religion, die Kategorie der Zeit und damit die Endlichkeit alles Geschaffenen. Die Außenperspektive müsste für alle Vernünftigen nachvollziehbar sein, die Binnenperspektive erschließt sich jedoch nur den Gläubigen. Will man Religion heute verstehen, muss man gegenständliches und nichtgegenständliches, naturwissenschaftliches und anders dimensioniertes (z. B. ästhetisches bzw. künstlerisch-kreatives) Wahrnehmen von Wirklichkeit unterscheiden und darf keines gegen das andere ausspielen. Wir sind fromm und beten in mythologischen Vorstellungen, wir sind kritisch in wissenschaftlich-theologischen Kategorien. Es kommt darauf an, beides zu unterscheiden und doch praktisch zu verbinden.

Begrenzte menschliche Ausdrucksfähigkeit

Kompliziert wird die Beschäftigung mit der Religion dadurch, dass wir Menschen mehr *wahrnehmen* als wir *ausdrücken* können. So haben wir für das nichtgegenständliche Wahrnehmen unserer Phantasie nur gegenständliche Ausdrucksmöglichkeiten, d. h. wir müssen vergleichen: Gott sei *wie* ein Vater und eine Mutter, sagen wir; er strafe und lohne wie ein Richter oder Unternehmer; Kirche sei wie ein großer Körper. Oftmals gehen Vergleich und Identifikation ineinander über: Wein und Brot *bedeuten* dann nicht nur Christi Leib, sondern *sind* es; die Gemeinde bzw. die Kirche wird von Paulus nicht nur mit einem Körper und seinen Organen verglichen, sondern gleichgesetzt. Luther lag bekanntlich sehr viel an dem »Est« (»Ist«) gegenüber Zwinglis »Significat« (»Bedeutet«). Warum blieb er an dieser Stelle im Marburger Religionsgespräch von 1529 so hartnäckig? Ihm lag an der Realität! Er bestand darauf, dass Gott hier und jetzt, nicht etwa dort und dann anwesend sei und wirke; ihm war wichtig, die Realität nicht länger in Stockwerke oder uneigentliches Hier und eigentliches Dort aufzuspalten, wie das die antike Weltsicht bzw. die griechische Philosophie getan hatte.

Das hat Auswirkungen. Ich denke z. B. an die Seelsorge: *Ist* die Vergebung Gottes, um die es in einem helfenden Gespräch gehen mag, wirklich hier und jetzt, ›sozusagen zwischen uns‹, vorhanden, ja eine *Tatsache*, die der sie suchende Mitmensch nur anzunehmen und zu ergreifen braucht, oder kann ich als Seelsorger nur darauf *hinweisen*, weil sich das *Eigentliche* ganz woanders abspielte? Als evangelischer Christ und Lutheraner plädiere ich für die *eine* Wirklichkeit. Hier und jetzt, in unserem Gespräch, spielt sich die Wirklichkeit der Vergebung Gottes ab. Der ›Himmel‹ liegt auf der ›Erde‹, das »Reich Gottes« ist »nahe herbeigekommen« (Mk 1,15; Mt 3,2; 4,17) und steht uns hier und heute offen. Das scheint mir die Bedeutung des Lutherschen »Est« zu sein. Und doch ist andererseits ein Abbild Gottes, etwa auf einem schönen Altar oder als Statue in einer Kirche, niemals selbst Gott. Bild und Realität sind da ganz und gar nicht identisch. So sind auch der Seelsorger oder der Ratsuchende nicht mit dem anwesend geglaubten Gott identisch – im Gegenteil, man muss sie strikt unterscheiden. Auch die außer Bildern und Statuen in Kirchen und Tempeln vorkommenden ›heiligen Gefäße‹ oder Gegenstände sind an sich nicht heilig, sondern werden das durch den *Kontext*, in dem man sie verwendet: Kelche, Brotteller, Kreuze, Leuchter, Tücher, Gewänder, Weihrauchfässer, Weihwasserkessel u. dgl. m.; ja Kirchen und Tempel selbst samt Musik und Worten, die darin erklingen, sind ohne ihre Aufgabe und ihren Gebrauch weiter nichts als schöne Gebäude oder historische Museen, Geräusche und Geschwätz. Aber solange sie für etwas stehen, was der Mensch nicht direkter auszudrücken vermag, sind alle diese

Dinge *Symbole*, Zeichen, in, mit und unter welchen wir eine ganz andere Dimension von Wirklichkeit wahrnehmen als die unserer Alltagsfakten: das ›Jenseits‹, das freilich durchaus im ›Diesseits‹ wahrgenommen und ›begangen‹ wird. (Übrigens ist das auch der Grund dafür, dass Religionen gerne die alten Sprachen ihrer Ursprungszeit, z. B. das Lateinische oder Kirchenslawische, beibehalten und pflegen: Sie repräsentieren nicht nur den Kontakt mit der Tradition, sondern auch jene ›andere Welt‹, um die es in der Religion gehen soll.)

Dass die Welt unserer *Träume* sich besonders gut als Ausdruck für ›Jenseitiges‹ eignet, leuchtet ein, wenn wir daran denken, wie merkwürdig wir in unseren Träumen Realität konkretisieren: Da kommen nicht nur seltsam gestaltete Wesen, Tiere, Sachen vor, sondern sie verhalten sich auch ›unlogisch‹ und ›unrealistisch‹. Man kann im Traum an verschiedenen Orten gleichzeitig sein, Entfernungen ohne Probleme und anscheinend zeitlos überwinden, Menschen treffen, die schon lange tot sind, Personen sehen, die riesengroß sind, Flügel haben, auf Rädern stehen, teils aus Fleisch und Blut, teils aus Stein zu sein scheinen, die sich nähern und doch ganz weit weg sind, die Tierkörper und Menschenköpfe haben wie eine Sphinx usw. usf. Wir nehmen diese Wesen und Geschichten (samt unseren eigenen Fähigkeiten ›dort‹) im Traum so wahr, als gäbe es sie, und zweifeln nicht an ihrer Existenz: »… als ob es sie gäbe.«

Wenn wir von dieser ›anderen Welt‹ reden und uns darüber mitteilen wollen, stehen uns keine anderen Vokabeln zur Verfügung als die unseres Alltags. Wir sprechen von Göttern als »Vätern« und »Müttern«, als »Sohn« oder gar als »Wind« (= »Geist«), als von »Königen« und »Königin-nen« usw.; Religionen verwenden auch Bilder von Misch-wesen wie Menschengestalten mit Tierköpfen oder Tiere mit Menschenköpfen; das Alte Testament beschreibt Visio-nen, z. B. Ez 1,1–14, wo Menschen mit Flügeln und Gesich-tern, die von den Seiten wie die von Löwe, Stier und Adler erscheinen, auftauchen. Das Reich Gottes wird als »König-reich« beschrieben, aber auch als paradiesischer Garten. Gott wird mit Licht in Verbindung gebracht, das oder der Böse mit dem Dunkel. Diese und ähnliche Vorstellungen zeigen unsere begrenzten, aber auch phantasiereichen Mög-lichkeiten, uns das Ganz-Andere vorzustellen und auszu-sagen. Paulus weiß um das Problem und vertritt deshalb die Auffassung, Gott »entäußerte sich selbst«; er könne nur als Mensch und in seiner Erniedrigung (»Knechtsgestalt« nach Phil 2,6–8) wahrgenommen werden.

Religion denkt im Vergleich (›analog‹), Naturwissen-schaft setzt (jedenfalls zunächst einmal) gleich (›digital‹). Die eine spricht von Bedeutungen, die andere von Tatsa-chen; die eine spricht synthetisch, die andere analytisch. Re-ligionen denken und sprechen immer gleichnishaft (sym-bolisch) und letzten Endes niemals gegenständlich. Sie unterscheiden dementsprechend mindestens zwei Dimen-sionen oder Bilder von Realität: den Himmel und die Erde, das Ewige und das Zeitliche. Sie drücken sich dabei aber immer irdisch und zeitlich aus, als gäbe es Gott oder Götter, Engel, Teufel u. dgl. so, wie es Tische, Stühle, Chemikalien oder Materialien, vor allem aber, wie es uns Menschen gibt.

Dietrich Bonhoeffer, der große Theologe, warnt deshalb davor, von Gott so zu reden, als gäbe es ihn: »Einen Gott, den es gibt, gibt es nicht.« Wenn man die Ausdrucksweise der Religionen für die ›Sache selbst‹ hält, entsteht Fundamentalismus. Dann ›ist‹ es so, wie die Religion sagt, dann nimmt man Glaubensaussagen für Tatsachenberichte, z. B. die biblischen Schöpfungsmythen, verwechselt Bekenntnisse mit Beobachtungen, Wie-Aussagen mit Ist-Aussagen und ihre beschreibenden Folgerungen für ein frommes und glückliches (›seliges‹) Leben als Befehle.

So also fühlen, denken und sprechen wir in der Religion. Aber je differenzierter das menschliche Bewusstsein wird, desto präziser *unterscheidet* es zwischen jener *Traumwelt*, der auch viele religiöse Vorstellungen angehören, und der messbaren *Alltagswelt*, in der andere und begrenztere Gesetzmäßigkeiten gelten als im Traum und in der ihm verwandten, aus ihm lebenden Kreativität und Kunst. Gerade wenn wir *feiern*, liegt uns aber die Traumwelt besonders nahe: Freundschaft, festliche Mähler, Schmuck, Bilder, feierliche Sprache, Geschichten und Märchen, Feiertagsgewandung, Musik … Wir wollen dem Alltag entkommen und uns wenigstens für kurze Zeit in eine ›andere Welt‹ begeben.

»Allein durch den Glauben«

Unterscheiden müssen wir auch einerseits zwischen dem ›Hier-und-Heute‹, Luthers »Est« (»Ist«), und dem ›Dort-und-Dann‹, Zwinglis »Significat« (»Bedeutet«), andererseits zwischen Gott und uns. Einerseits ist Gott ›bei‹ uns und nicht irgendwo, andererseits sind wir selbst nicht

Gott. Ein dualistisches Weltbild, in dem ein Kampf zwischen dem guten und dem bösen Gott herrschte – eine Vorstellung, die das Judentum nach der Befreiung aus der babylonischen Gefangenschaft durch die Perser und von ihm dann auch das Christentum aus der altpersischen Religion des Zoroastrismus (nach dem ›Religionsstifter‹ Zarathustra) übernommen haben –, ist für einen konsequenten Monotheismus nicht akzeptabel. Aber ein eindimensionales Weltbild, in welchem als real nur gälte, was sich zählen und messen lässt, entspricht ebenfalls nicht der *ganzen* Wirklichkeit unserer Wahrnehmung. Halten wir fest: Die Wirklichkeit ist *eine*. Sie weist aber *viele Dimensionen* auf, die im Interesse einer realistischen Wahrnehmung und Anthropologie (Lehre vom Menschen) nicht gegeneinander ausgespielt werden können, weil sie ineinander liegen und im menschlichen Leben zusammenwirken: Kein Dualismus *und* keine Eindimensionalität!

Martin Luther war sich dieser Probleme bewusst. Deshalb formulierte er Sätze wie den folgenden: »Sicut de Deo cogitas, sic ipse.« (»Wie du von Gott denkst, so bist du selbst.«) Du kannst gar nicht anders als von Gott menschlich zu reden, weil du sterblich bist und nicht über dich hinauskommst. Dein eigenes Selbstverständnis formt deine Vorstellungen von Gott. Akademischer gesagt: In der Immanenz können wir nur immanent von der Transzendenz reden. Wir können das Ewige nur *un*ewig ausdrücken. Daher die Vorstellung, dass Gott Mensch geworden sei. Anders bliebe er uns unzugänglich. Und deshalb betont der Reformator mit der Bibel, das Verhältnis des Menschen zur Ewigkeit, zu den Kräften, die unabhängig von der Zeit wirken, zu dem erträumten, ersehnten, erhofften und erspürten anderen Leben sei nicht zu schaffen, zu erbauen, zu beobachten, sondern *nur zu glauben*. Deshalb unterscheidet er zwischen Sicherheit (›securitas‹), die wir uns konstruieren, und Gewissheit (›certitudo‹), die wir auf technischem und naturwissenschaftlichem Wege nicht erreichen können. Warum nicht? Weil die Gewissheit, die Luther meint, seelischer, heute sagen wir: psychologischer Art ist. Lebensgewissheit, Ur- oder Grundvertrauen (»basic trust« nennt Erik H. Erikson das) und Ausgesöhntheit mit sich selbst und den Mitmenschen, den eigenen Lebensumständen, Fehlern, Irrwegen usw. wie mit denen der anderen, sind technisch oder moralisch nicht machbar und weder durch irgendein ›Gewissheits-Management‹ noch eine religiöse ›Qualitätssicherung‹ zu erreichen. Der Weg, den Luther »Werkgerechtigkeit« nannte, weil der Mensch meint, er könne durch gute und richtige ›Werke‹ wie ein Kind, das ›brav‹ ist, sein Leben meistern und die ›elterliche‹ Gottheit beeindrucken, führt ins Abseits. Hingegen helfen Kontakt, Begegnung, Gemeinschaft, liebevolle Auseinandersetzung, oft allerdings auch Schicksalsschläge und Schocks, die einen die Lebensrichtung ändern lassen, weiter. Und ›Gemeinschaft‹ mit der ›anderen Welt‹ hilft aus ›dieser Welt‹ insofern heraus, als letztere relativiert wird: Wir entdecken die Geringfügigkeit unserer individuellen Probleme und die Unmöglichkeit, sie mit Gewalt und Selbstquälerei zu lösen. Viele Mitmenschen lassen sich auf sadomasochistische Weise[2] von Sorgen wegschwemmen und verwechseln diese mit Fürsorge. Sie sollen Zuwendung und Liebe ausdrücken, vermeiden aber konkretes Handeln und helfen niemandem. Paul Gerhardt, der lutherische Pfarrer und berühmte Liederdichter des Barock, war auch ein großer Psychologe, wenn er formuliert: »Mit Sorgen und mit Grämen und mit selbsteigner Pein lässt Gott sich gar nichts nehmen; es muss erbeten sein.« (EG 361,2)

Zwei Arten von Glauben

Die Kraft, mit der wir unsere Welt deuten, innere Bilder hervorbringen und die Welt kreativ gestalten, ihr Schönes, Geheimnisvolles und Hoffnungsvolles abgewinnen und Neues entdecken, nennen wir einerseits Phantasie, andererseits Glauben. Beide hängen eng zusammen. In der theologischen Tradition unterscheidet man die Art des Glaubens, mit dem man glaubt, hofft, vertraut und Lebensmut entfaltet (die ›fides qua creditur‹), von jener, an den man glaubt, dessen Inhalte man als wahr bekennt (die ›fides quae creditur‹). Der Glaube, an den man glaubt, steht seit alters in den christlichen Grundbekenntnissen, dem Apostolikum und dem Nikänum. Dort kommen nun all jene Inhalte vor, die Menschen, die naturwissenschaftlich zu denken gelernt haben, ebenso Schwierigkeiten machen, wie sie für fromme Leute, die ihre Frömmigkeit ebenfalls nur digital, also ›faktenmäßig‹ denken können, absolut feststehende Tatsachen, nicht etwa Bilder, sind. Beide Gruppen reduzieren ihre Wahrnehmungsmöglichkeiten auf *eine* Dimension von Wirklichkeit. Insofern denken *beide* fundamentalistisch. Das ist als solches weder böse noch zu beanstanden, solange es nicht den Anspruch auf Alleingültigkeit erhebt und zur

Intoleranz führt. Auf der Ebene der Tatsachen kann ja stets nur einer recht haben, entweder der fromme Rechtgläubige oder der Wissenschaftler und Zweifler.

Das Christentum hat von Anfang an einen anderen Weg gewählt als den der Konkurrenz von fundamentalistischem Tatsachenglauben und akademischem Wissen, nämlich den von Vernunft und Freiheit, konnte aber den häufigen Rückfall in die Eindimensionalität der Weltsicht nicht verhindern. Paulus war schon weiter: »Prüfet alles, und das Gute behaltet!« (1. Thess 5,21) »Alles ist euer, ihr aber seid Christi.« (1. Kor 3,22 f.) »Alles ist mir erlaubt, aber es frommt (nützt) nicht alles.« (1. Kor 6,12) Das ist die Freiheit, die Paulus erfahren und gegenüber der althergebrachten Gesetzlichkeit propagiert hat. Vielleicht kann man sogar noch weiter gehen: Man ›muss‹ im Christentum *glauben*, aber man *muss* nichts glauben. Die theologischen *Inhalte* der Mythologie (die ›fides quae creditur‹) sind variabel und kulturabhängig, d. h. an unsere Vorstellungsmöglichkeiten gebunden. Aber auf jene *Einstellung* und *Haltung*, aus der heraus und auf welche hin wir glauben (die ›fides qua creditur‹), können wir vermutlich nicht verzichten.

Martin Luther unterscheidet zwei Bereiche (er nennt sie ›Regimente‹) des Lebens: den, in welchem wir *vernünftig* schalten und walten können und sollen, und den, in welchem es ganz anders als rational und planbar zugeht. Dieser letztere Bereich ist dem *Glauben* anvertraut und nur ihm zugänglich. Er hat mit ›Sinn‹, Lebensfreude und Zielgerichtetheit zu tun, aber auch mit Gelassenheit und einem als unerklärlich erlebten Vertrauen in ›das Leben‹. Es ist der Bereich der Bedeutungen, der Zuversicht und Lebensbejahung – oft gegen den Augenschein. Es geht nicht darum, die eine oder andere Meinung über Gott und die Welt für richtig zu halten, sondern darum, ihren Sinn und ihre Bedeutung im gesellschaftlichen und biographischen Kontext der Menschen zu verstehen, denen sie wichtig geworden ist. Dazu muss man ihre Geschichte(n) – als Einzelne wie als Kulturgemeinschaft und Volk oder Gesellschaft – kennen und verstehen. Rechthaberei aber wäre das Gegenteil von Glauben. Die Frage heißt nicht: Ist das richtig? Sondern: Welchen Sinn hat das für diese(n) Menschen in dieser Situation? Damit wird Glaube konkret.

Konkretionen

Nun haben wir uns Voraussetzungen erarbeitet, um einige Glaubensinhalte oder Symbole näher zu betrachten, die so oft Anlass zu Kopfschütteln und Zweifeln geben.

1. Im Apostolischen Glaubensbekenntnis heißt es: »*Ich glaube an Gott, den Vater ...*« Einwand: »Aber wenn ich doch gar nicht glaube, dass es Ihn gibt?« Ich meine, Sie müssen nicht für richtig und tatsächlich zutreffend halten, dass es Gott ›gibt‹. Sie können aber zu Ihm beten, *als ob* es Ihn gäbe. Genau das heißt zu glauben. Ob es Gott gibt, ist nicht so wichtig wie, ob wir an Ihn glauben und Ihm vertrauen. Das ist vielleicht die schwierigste Lektion der Reformation: »Sola fide!« (»Allein durch den Glauben!«)

2. Der Satz lautet weiter: »*Schöpfer Himmels und der Erden.*« Ich gehe im Glauben davon aus, dass eine göttliche

Kraft den Kosmos entstehen hat lassen, »erschaffen« hat, und am Leben erhält, dass der Kosmos also nicht autark ist. Wie stelle ich mir diese Energie konkret vor? Ich habe in einem Seminar von Theologie-Studierenden Antworten auf die Frage »Wie sieht mein Gott aus?« gesammelt. Vom alten Großvater über eine Urmutter zu den verstorbenen (!) Eltern bis hin zu menschengesichtigen Geistwesen, Tieren, Pflanzen, Steinen, Altarbildern und anderen Kunstwerken – Gott sei z. B. Musik – kam eine enorme Vielfalt zutage. Selbstverständlich für christliche Theologie-Studierende, wurde auch »ein jüdischer Mann namens Jesus, der vor 2000 Jahren gelebt, wie ein Mensch ausgesehen hat und nun zur Rechten Gottes sitzt« genannt. Gott gleiche »einem Feuerball« (deutlich ist hier die Sonne als Mutter allen Lebens zu erkennen) oder auch »einem Fünklein« (wie mittelalterliche Mystiker sagten) »mit atomarer Sprengkraft«. Auch ich stelle mir Gott oft wie meinen Großvater vor, der als Pfarrer ein ›heiliger Mann‹ war: mit weißem Bart, einflussreich, gütig und verständnisvoll, aber auch streng und sehr still. Und ich weiß trotzdem, dass Gott nicht einfach mit meinem Großvater identisch ist, jedenfalls nicht, wenn Gott »unser aller Vater« sein soll und ich mich zur »Gemeinschaft der Gläubigen bzw. Heiligen« bekenne. Es könnte sich höchstens um meine biographisch bedingte und persönliche *Perspektive* auf den gemeinsamen Gott handeln – eine von tausenden. Zudem weiß ich auch, dass eine der Wurzeln fast aller Religionen der Ahnenkult ist und dass verstorbene Familienmitglieder in der inneren Welt der Lebenden eine große, mindestens quasireligiöse Rolle spielen – so auch meine Eltern, schon als sie noch am Leben waren und ich weit weg in einer inneren Krise steckte, in denen sie plötzlich und deutlich in mir auftauchten, erst recht aber seit sie gestorben sind. Den Verstorbenen werden daher auf den Friedhöfen wie in den Wohnungen Gedenkstätten, Stelen wie die religionsgeschichtlichen Vorläufer der Altäre, ja Hausaltäre errichtet. Das alles heißt: Ich weiß um die Relativität meiner Gottesvorstellungen und Gottesbilder – und darf sie trotzdem haben, denn andere gibt es nicht, die einen existenziellen, mich betreffenden Sinn in meinem Leben hätten.

Zugleich aber gibt es den konziliar vereinbarten *Glaubenskonsens* des christlichen Credo und seiner konfessionellen Auslegung (Tradition bzw. Bekenntnisschriften), so dass wir *zwei Ebenen* der Credo-Inhalte haben: die konkret-individuelle (das ›persönlichkeitsspezifische Credo‹) und die dogmatisch-abstraktere des kollektiven Konsenses der Kirche.

Beide Ebenen betreffen all die Glaubenssätze der Kirche – z. B. auch die »vom paradiesischen Ursprung und, etwas trivialer, von der ›guten alten Zeit‹«: Die Kirche lehrt als biblischen Konsens, dass Gott seine Schöpfung zunächst gut geschaffen habe. Es war ein paradiesischer Zustand. Persönlich-individuell erinnern wir uns bewusst oder unbewusst an »Erfahrungen kindlicher Geborgenheit und unschuldiger Freude in Gottes Hand und oft, wenn auch nie ungeteilt, auch unter liebevollen Menschen. Es sind Erfahrungen, die uns niemand und nichts nehmen kann. Sie bilden eine heimatliche Grundlage für jeden Aufbruch in die Abenteuer des Lebens. Auch Gruppen und Völker haben in ihrer ›Seele‹ so eine Basis. – Zur Droge wird diese Rede, wenn sie uns zurücklockt in die kindliche Geborgenheit als Unmündigkeit, statt dass wir dem Segen Gottes auf den dornigen Wegen außerhalb Edens trauen.«[3] Glaube als Verführung zur Regression ist das Gegenteil des Glaubens, der befreit. Woher hat das Kind ›Geborgenheit und unschuldige Freude in Gottes Hand‹? Das hat man ihm als Interpretament (Deutungs- und Verstehenshilfe) erzählt; und es hat das als Selbstverständlichkeit akzeptiert, so dass die Erinnerung an diesen ›Kinderglauben‹ immer noch abrufbar ist.

3. Das Credo fährt fort: »*Und an Jesus Christus*«. Um an einen antiken jüdischen Mann zu glauben, welcher der ›Messias‹ (d. h. ›Christus‹) gewesen sein soll, der erwartete Retter – an Weihnachten singen wir »Christ, der Retter, ist da« –, der alles zum Guten wendet, braucht man viele Voraussetzungen, mindestens aber die *Hoffnung auf eine Erlösung der Welt, eine neue Schöpfung* und auf *Vergebung der Schuld.* Das Bild vom ›Gesalbten‹ (›Messias‹, ›Christus‹) und Gottessohn ist schon in der Bibel äußerst vielfältig und rätselhaft. Muss man beispielsweise die sog. ›Jungfrauengeburt‹ für wahr halten? Eine ›Parthenogenese‹ gibt es zwar in der Pflanzen- und Tierwelt, aber sie ist bei Menschen äußerst unwahrscheinlich. Weshalb steht sie bis heute im christlichen Glaubensbekenntnis? Wir wissen, dass sie im Altertum in mehreren Kulturen vorkommt, immer im Zusammenhang mit göttlichen Kindern, Halbgöttern usw. Fürsten wurden spätestens bei ihrer *Salbung* zum König Söhne der Götter. Jesus lässt sich *taufen* und wird zu Gottes Sohn (Mk 1,11): »Du bist mein lieber Sohn. An dir habe ich Wohlgefallen.« Das Volk verstand solche Zuordnungen

nicht im übertragenen Sinn, sondern wörtlich. Söhne Gottes konnten aber unmöglich einfach nur Menschen sein. In einer patriarchalischen Kultur musste also mindestens der Vater göttlicher Natur sein. Und so sind auch mit der Vorstellung, Jesus sei der erwartete Messias, der ›Sohn‹ und Erbe Davids, des legendären und mächtigen Begründers des jüdischen Großreiches, ja der wiedergeborene David selbst, der königliche Sohn Gottes, solche Vorstellungen wie die von der Jungfrauengeburt in die Bilderwelt des christlichen Glaubens gelangt. Uns bleibt nur, sie im Hinblick auf ihre *Bedeutung* zu entschlüsseln, falls wir nicht mehr wie in der naiven Volksfrömmigkeit ganz unangefochten in, mit und unter solchen Bildern ihren Sinn mit erfassen können. An Jesus z. B. erkennt die erste christliche Gemeinde wie er als »Erstgeborener unter vielen Geschwistern« (Röm 8,29) uns ein Beispiel gibt, uns allesamt als Gottes Kinder zu verstehen und zu verhalten.

4. Ich möchte hier einen kleinen **Exkurs** einschalten, der zum weiteren Verständnis mythologischer Vorstellungen und Aussagen in den Religionen dienen soll. Es ist doch auffällig, dass auch die aufgeklärtesten, ja sogar atheistische und agnostische Zeitgenossen Konzerte mit den großen Werken der Kirchenmusik besuchen, die Dome und Tempel der Religionen besichtigen und deren unermessliche Kunstschätze bewundern: Bachs Orgel-Präludien und -Fugen, das Weihnachtsoratorium, die Matthäus- und Johannes-Passion, die Kantaten, die Messen von Bach über Haydn, Mozart, Schubert, Beethoven bis hin zu Verdis Requiem, Bruckners durch und durch von seiner Tätigkeit als Stifts-

organist und der dazugehörigen religiösen Tradition inspirierte Symphonien usw. Es ist ihnen im Kontext der Musik wie der großen religiösen Bauten und Kunstwerke (man denke nur an Grünewalds Isenheimer Altar) offenbar möglich, die mythologischen Inhalte (z. B. auch bei Haydns »Schöpfung« und den »Jahreszeiten« mit der uns heute etwas naiv erscheinenden Theologie der Aufklärung: »Gott, Tugend, Unsterblichkeit«) *direkt zu verstehen, ohne nach ihrer Historizität oder theologischen Plausibilität zu fragen.* So verstehen auch Kinder im Vorschulalter die Märchen und Menschen, die noch in den Überlieferungen der Volksfrömmigkeit beheimatet sind, den Sinn der Rituale, Prozessionen, Wallfahrten usw. Wenn am Ende der Bach'schen Matthäus-Passion der gewaltige Trauergesang »Wir setzen uns mit Tränen nieder« erklingt, fragt anscheinend niemand unter den Zuhörern: »Ist das alles wirklich passiert?« Selbstverständlich ist es ›passiert‹, ob es nun historisch so stattgefunden hat, wie Matthäus es berichtet, oder nicht; und es geschieht jeden Tag, auch hier und jetzt in der Kirche, während die Passion erklingt. Jede und jeder der Anwesenden ist unmittelbar beteiligt und betroffen. Sogar unkirchliche Sängerinnen und Sänger ›glauben‹, während sie singen. Der Mythos wird zur innerseelischen und zwischenmenschlichen Realität. Das ist übrigens auch der Sinn christlicher Gottesdienste. Und darum muss man sie besuchen und *mitfeiern.* Darum genügt es nicht, etwa gute Predigten zu lesen. Denn dies alles glückt nur, wenn man sich auf diese Ästhetisierung von Welt einlässt. Voraussetzung sind allerdings Gottesdienste von liturgischer Qualität.

5. *Jesu Opfertod am Kreuz* ist für viele nicht mehr nachvollziehbar. Was soll die Vorstellung, Gott opfere seinen Sohn sich selbst, um seinen Hunger und Durst nach Opferfleisch und -blut zu stillen? Ohne ihren religionshistorischen Zusammenhang ist für moderne Menschen diese Geschichte tatsächlich unsinnig. Aber stellen Sie sich eine Gesellschaft vor, in welcher es als selbstverständlich gilt, dass die Götter uns lieben und uns zürnen, wie es einst die Eltern getan haben. Das Kind will sie – auch heute und oft ein Leben lang, sogar über ihren Tod hinaus – versöhnen, gnädig stimmen, ihnen imponieren und sie zufrieden stellen. Das war die allgemeine Auffassung von Frömmigkeit zur Zeit der Antike im Mittelmeerraum. Die Römer drückten es besonders nüchtern und geschäftsmäßig aus: »Do ut des.« (»Ich gebe dir, Gott, damit du gibst.«) Auf diese Vorstellungswelt geht das Neue Testament ein, wenn es Gottes Liebe erklären will. Gott liebt die Menschen so sehr, dass er *nicht* länger Opfer haben will, sondern sich selber ›ein für allemal‹ opfert – und zwar auch noch in Gestalt des Liebsten, was er hat: in seinem Sohn. Damit beendet er selbst den Opferkult. In dieser Vorstellung schwingen archaische Reste einer damals im Römischen Reich schon längst vergangenen religionsgeschichtlichen Epoche mit, in der den Göttern das Liebste, was man hatte, geopfert wurde, um dann ein für allemal den Segen der Götter für die weitere Zukunft zu sichern: den erstgeborenen Sohn (vgl. die Erzählung von »Abrahams Versuchung« oder »Isaaks Opferung«: 1. Mose 22,1–19, wo dann statt des Sohnes ein Widder geopfert wird). Mit der *Deutung* des Todes Jesu am Kreuz als den Alten Bund Gottes mit

seinem Volk *abschließendes* Opfer wird ferner zugleich das Ende der Hoffnung auf einen mächtigen irdischen Messias, der das ehemalige Reich Davids politisch wieder aufrichten wird, ausgesagt. In der von Opferkulten und messianischem Größenwahn beherrschten antiken Welt war das äußerst aussagekräftig und provokativ. Für die Christen bedeutet es heute wie damals dasselbe wie in der römisch-juridischen Vorstellungswelt die Begriffe von Begnadigung, Barmherzigkeit und vor allem Gerechtigkeit (die im römischen Kontext etwas anderes ist als im jüdisch-biblischen). Bei diesen Dingen – um das zum wiederholten Male zu sagen – geht es um *Sprache* und Metaphern, um Deutung in einer damals üblichen Symbolik, nicht um naturwissenschaftlich beweisbare Tatsachen. Psychologisch kommt u. a. die Erfahrung zum Ausdruck, dass Menschen wie Paulus sich einst inakzeptabel fühlten, voller Schuldgefühle und mit einem schlechten, sie peinigenden Gewissen, nun aber die Befreiung zu einem neuen Selbstwertgefühl erfahren haben und mit ›Mut zum Sein‹ ihr Leben positiver, dankbarer und trotz mancher Leiden fröhlicher leben können als früher. Sie empfinden das meistens als Geschenk aus jener ›anderen Welt‹, die dem sonst grauen Alltag erst Glanz verleiht.

Zusammenfassung

Religion ist heute entweder in einem noch ungespaltenen und unkritischen Bewusstseinszustand als Volksfrömmigkeit zu praktizieren oder durch die Unterscheidung von

Tatsachen- und Deutungswahrheiten zu verstehen. Nicht sinnvoll ist die fundamentalistische Reduktion auf entweder nur Tatsachen oder nur mythologische Inhalte der frommen Phantasie, die für Tatsachen gehalten werden. *Glauben* heißt im Sinne Martin Luthers nicht Für-wahr (= richtig)-Halten, nicht Sicherheit, sondern Sich-Einlassen auf das Ewige im Heute, Gewissheit. Religion dient der Menschheit seit Urzeiten zur kreativen und liebevollen Ästhetisierung einer ansonsten kontingenten, tristen und grauen Welt des Kreislaufs der Zufälle. Dabei drückt sie sich immer in den Sinnbildern der Vorstellungswelt einerseits ihrer Ursprungskultur, andererseits ihrer jetzigen Adressaten aus. So wandert sie durch die Kulturen in Verständigungsprozessen der Enkulturation (Integration in eine Kultur) und Indigenisierung (Einheimischwerdung). Alles, was Religion bedeutet, findet sich, soweit wir heute wissen, nur beim Menschen, dem ›betenden Tier‹. Frömmigkeit gehört deshalb zur Humanität. Ihre Form aber ist zum einen kulturell-kollektiv, zum andern biographisch-individuell bedingt. Die ›Wahrheit‹ der jeweiligen Religion kann man nicht auswendig lernen; man muss sie in Begegnungen (inklusive Erziehung zur Tradition) erfahren, erleben, erleiden und sich so aneignen. Der Hamburger Theologe Helmut Thielicke (gest. 1986) schreibt in einem Aufsatz »Müssen wir an die Jungfrauengeburt glauben?«: »Zuviel zu glauben ist schlimmer als zu wenig zu glauben. Denn wer zu wenig glaubt (und das auch weiß und dann vertrauend sagt: ›Ich glaube, lieber Herr, hilf meinem Unglauben‹[4]), der steht unter der Verheißung, die den geistlich Armen gilt.«[5] Diese Verheißung lautet: »Selig sind die da geistlich arm sind, denn ihrer ist das Himmelreich.« (Mt 5,3) Das betrifft wohl zum einen die naiv Volksfrommen, zum andern aber jene Kritischen, die nicht so fromm und nicht so religiös sind, aber das ›Himmelreich‹ gerne fänden. Eine Provokation für die ganz Frommen und eine Ermutigung für Zweifler und Skeptiker! Und wer von uns gehörte nicht gelegentlich dazu!

[1] Z. B. Günther Bornkamm, Jesus von Nazareth, Stuttgart 1956; Horst Georg Pöhlmann, Wer war Jesus von Nazareth? Gütersloh 1977; Jaroslav Pelikan, Jesus Christus, Zürich/Einsiedeln/ Köln 1986; Heinz Zahrnt, Jesus aus Nazareth. Ein Leben, München 1987; Geza Vermez, Jesus der Jude. Ein Historiker liest die Evangelien, Neukirchen-Vluyn 1993; Martin Koschorke, Jesus war nie in Bethlehem, Darmstadt 2008; Gerd Theissen/ Annette Merz (Hg.), Der historische Jesus, Göttingen 2001; Gerd Theissen, Der Schatten des Galiläers, Gütersloh 2004; Udo Schnelle, Theologie des Neuen Testaments, Göttingen 2007, 47– 144; Joachim Ringleben, Jesus. Ein Versuch, zu begreifen, Tübingen 2008.

[2] ›Sadomasochistisch‹ deshalb, weil sich Sorgen zu machen und dies denen mitzuteilen, um die man sich die Sorgen macht, nicht nur Selbstquälerei ist, sondern auch diese andern quält und ihnen ein schlechtes Gewissen macht (sie sind ja schuld an den Sorgen).

[3] Gert Hartmann, Schöngefärbt und schwarzgemalt, Wege zum Gottvertrauen in Krisenzeiten, Leipzig 2003, 211.

[4] Mk 9,24; vgl. Joh 20,24–29!

[5] Helmut Thielicke, Gespräche über Himmel und Erde, Stuttgart 1964, 122.

3. Der Glaube

Der Hamburger Theologe Helmut Thielicke schrieb vor Jahrzehnten, zuviel zu glauben sei schlimmer als zu wenig zu glauben. Gemeint ist jene übergriffige Haltung, die Gott und seinen Willen genau zu kennen und einzufordern sich berechtigt glaubt. Aber was heißt ›Glauben‹? Man kann diese Frage nicht oft genug stellen, denn in der evangelischen Überlieferung spielt der Glaube eine entscheidende Rolle. Und doch ist die Frage danach nie ausreichend beantwortet. Immer gibt es Neues zu entdecken. »Sola fide«, *allein durch Glauben*, sagt Martin Luther mit Paulus. Nicht wenige meinen immer noch, das bedeute, an etwas vor allem Unverständliches oder Irrationales zu glauben, ›Wunder‹ für wahr zu halten, Auferstehung der Toten, Jungfrauengeburt, Himmelfahrt u. dgl. ›glauben‹ zu müssen. Das denken selbstverständlich heute kein wissenschaftlich arbeitender Theologe und kein kritischer Christenmensch mehr. Und kein Pfarrer wird von seinen Gemeindegliedern und Schülern im Religions- oder Konfirmandenunterricht verlangen, Dinge zu glauben, die nicht einleuchten. Er wird vielmehr versuchen, ihnen die *Bedeutung* der alten Vorstellungen zu erklären.

Dreierlei »Glauben«

Wir Theologen unterscheiden den Glauben, mit dem und durch den man glaubt, die ›fides qua creditur‹, eine *Haltung*, die dem Urvertrauen nach Erik H. Erikson nahekommt – ich lasse mich ein, ich vertraue, ohne sicher zu wissen, ohne Garantien für Richtiges und Sicheres –, von dem Glauben, *an* den man glaubt, die ›fides quae creditur‹ – jene Überzeugung, die auf der *inhaltlich* festgelegten biblischen Tradition beruht und die zwischen richtiger und falscher Interpretation der Überlieferung unterscheidet. Mir scheint, der Glaube als Haltung reicht weiter als jene Lehrinhalte, »Dogmen« genannt, welche die Christenheit seit 2000 Jahren entwickelt hat, auch wenn diese Glaubensinhalte als zeit- und situationsbedingte Bilder oder Zeichen für eigentlich Nicht-Darstellbares durchaus ihren Sinn haben.

Noch weiter als die ›fides qua creditur‹, die Glaubens*haltung* des Vertrauens, der Hingabe und des Sich-Einlassens, geht die Betonung, die Paulus auf das »Haben, als hätte man nicht« legt. Diese Einstellung macht *frei*. Zunächst im Blick auf das nach Ansicht des Paulus bevorstehende Weltende und Jüngste Gericht geschrieben, aber ohne Schwierigkeiten auf unser Alltagsleben zu übertragen, heißt es im 1. Korintherbrief (7,29–31): »Die Zeit ist kurz. Fortan sollen auch die, die Frauen haben, sein, als hätten sie keine; und die weinen, als weinten sie nicht; und die sich freuen, als freuten sie sich nicht; und die kaufen, als behielten sie es nicht; und die diese Welt gebrauchen, als brauchten sie sie nicht. Denn das Wesen dieser Welt vergeht.« Und in Verbindung mit der Freiheit, die der Glaube gewährt: »Alles ist mir erlaubt, aber nicht alles dient zum Guten. Alles ist mir erlaubt, aber es soll mich nichts gefangen nehmen« (1. Kor 6,12).

Letzten Endes geht es weder um Glauben *an* etwas Richtiges, noch nur um Glauben *als* eine Haltung des Vertrauens und der Freiheit gegenüber allem, was zum Leben gehört, auch nicht um Freiheit zum Handeln, sondern um eine Freiheit *von* allem. Diese relativiert Besitz und Beziehungen, Arbeit und Erfolg, Glaubensinhalte und Konfessionen dermaßen, dass *Unabhängigkeit* entsteht. Du brauchst Essen und Trinken, Du brauchst vielleicht einen Arzt, du brauchst Freunde, Arbeit, Ehre und Anerkennung, Geld, Religion usw. Aber ›brauchst‹ du das alles wirklich, wenn es um dein Glück (›Seligkeit‹) geht, um deine Seele, um deine tiefste Existenz? Du brauchst im ›weltanschaulichen‹ und existenziellen Zusammenhang der Seele, wenn es um mehr geht als um das nackte körperliche Überleben, vor allem eines: *das Loslassen*, das Ausatmen, ja den Tod. Solange allerdings auch dieses ›tiefere‹ Brauchen mit einem Muss verbunden ist, bist du auf der falschen Spur, nicht auf der des Glaubens. Auch hier gilt: Kein neues Muss, kein neues Richtig, keine neue Abhängigkeit! Ja nicht einmal dieses ›Kein‹ ist ein Muss. Wenn du ein Dogma oder eine kirchliche Hierarchie oder einen von Engeln, Heiligen und Dämonen bewohnten Kosmos ›brauchst‹ – dann bitte! Aber wisse, dass das nicht ›der Weisheit letzter Schluss‹ ist! Jede Dogmatik ist eine bestenfalls zur Zeit sinnvolle und immer vorletzte.

Glauben, Leiden und Befreiung

Wenn Christentum im Zentrum Jesu Leidensgeschichte – *das Kreuz* – hat und wesentlich dem Umgang mit dem Leiden – hindurch ›zur Freuden‹ – dient und wenn es den Tod als Durchgang zum Leben versteht, dann ähnelt es darin dem Buddhismus. Leiden erfordert eine Ethik des Mitleidens und setzt das Loslassen des eigenen Leidens, des Protestes und des Kampfes voraus. Letztlich wird dem Ehrgeiz wie dem Selbstmitleid der Kampf angesagt. Dieser Kampf ist aber kein gewalttätiger Akt, sondern wiederum eine Art des Loslassens, Nachgebens und Sich-Ergebens.

Der große schweizerische Theologe Eduard Thurneysen sagt 1921 in einem Vortrag über die Predigt: »Den Tod des Menschen und alles Menschlichen zu verkündigen, ist die Aufgabe der Predigt.« Gott selbst würde dann mit der Verheißung der Auferstehung antworten. Zwischen Mensch und Gott liege eine »Zone des Todes«. Deshalb müsse der Mensch sterben, wenn er Gott begegnen wolle. Wir müssen sterben, um zu leben. Thurneysen merkt aber sehr wohl, dass man so etwas kaum verständlich predigen kann, und mahnt deshalb die Kanzel als »Grab aller Menschenworte« an, denn es gehe ja schließlich um Gottes Tat der Auferweckung von den Toten. Darum sei der Tod alles Menschlichen Thema der Predigt. Man müsse hier »nicht Aufbau, sondern Abbau« treiben: »Abbau alles dessen, woran der Mensch sich klammert, worauf er sich stützt als auf Sicherungen und Geländer, die ihn doch nur daran hindern sollen, mit Gott zu rechnen, es mit Gott zu wagen, sich auf Gott allein zu stützen«. Nicht das Gegebene und Bestehende sei zu verherrlichen, sondern das kommende Reich Gottes. Es gehe daher in der christlichen Botschaft nicht um Weltverbesserung, weder um Frieden noch um zwischenmenschliche Gerechtigkeit oder Bewahrung der Schöpfung, sondern um die »kommende Wirklichkeit« und »Respekt vor Gott«. Mit dieser Radikalität, die man gewiss als sehr einseitig empfinden kann, beschreibt Thurneysen im Grunde nichts anderes als den Abschied von ›Vorletztem‹ zugunsten von ›Letztem‹, von oberflächlicher Nützlichkeit und egoistischem Opportunismus zugunsten von ›unnützem‹ *Glauben*. Das ist eine sehr gute Beschreibung dessen, was ›Glaube‹ eigentlich meint. Ob man das durch Predigten überhaupt erreichen oder auch nur verständlich machen kann, scheint mir mehr als fraglich. Askese, etwa als Schweigen und abermals Schweigen, ist vielleicht besser geeignet, dieses Ziel zu erreichen. Das *Ego* als Instanz des Egoismus und der Angst, zu kurz zu kommen, muss weg, nicht jedoch das *Ich* als Instanz des vernünftigen Ausgleichs zwischen Es, den Bedürfnissen, und Überich, den Normen, im sozialen Alltag. Daher lautet das Gebet des schweizerischen Mystikers Nikolaus v. d. Flüe: »Nimm mich mir und gib mich ganz zu eigen dir.« Nicht Ich-Verlust ist gemeint, sondern Ego-Verlust: die Selbstsucht aufgeben, aber den Realitätssinn behalten! Nach Luther setzt der echte Glaube die Vernunft erst richtig frei, so dass sie über Denkverbote hinweg kommt und kreativ wirken kann.

Der Glaube schafft Zweckfreiheit *und* Freiheit von falschen Abhängigkeiten, die nach dem Motto funktionieren: ›Weil du du bist, bin ich ich. Weil ich bin, bist du du. Wenn du dies oder das tust, muss ich dies oder das tun; wenn du nicht tust, was ich will, dann werde ich wütend oder verzweifelt (etc.)‹. Rabbi Mendel von Kozk (gest. 1854) sagte: »Bin ich ich, weil ich ich bin, und du bist du, weil du du bist, dann bin ich ich und du bist du. Bin ich hingegen ich, weil du du bist, und du bist du, weil ich ich bin, dann bin ich nicht ich und du bist nicht du.«[1] Wer es ständig anderen recht machen oder diese seinen Vorstellungen unterwerfen will, ist nicht auf dem Weg des Glaubens.

Gottes Kraft in den Schwachen

Es ist nötig, jenen Glauben, der ›richtig‹ sein will, als ›Werkgerechtigkeit‹ (vor Gott irrelevante Anstrengung und moralische Bemühung, gut zu sein) zu erkennen und trotzdem nicht in Gleichgültigkeit, Resignation oder Passivität zu verfallen.

Es geht, so der Philosoph und Psychoanalytiker Erich Fromm, um *Sein* statt *Haben*.

Als Jesus am Kreuz starb, zerriss nach Matthäus (27,51) der Vorhang, der das Allerheiligste vom übrigen Tempel abtrennte und den Blicken verbarg. Die sakral – profane, hell – dunkle, gut – böse, gesund – kranke, lebendig – tote Zweiteilung der Welt wurde für einen Moment aufgelöst. Das geschieht, wenn wir Menschen ›transzendieren‹, d. h. das Diesseits ins Jenseits hinein überschreiten, z. B. indem wir beten und indem wir *glauben*. Und wir sehen zugleich, dass diese Aktivität des gläubigen Überschreitens nicht einfach technisch machbar, sondern ein Ereignis ist, das uns geschenkt wird. Luther unterschied daher zwischen einem aktiven und passiven Glauben bzw. einer aktiven und einer passiven ›Gerechtigkeit‹ vor Gott. Das klingt sehr paradox: Wir sollen etwas machen, was Gott tut.

Ein Weg, das zu tun, ist es, sich auf unser Leiden, unsere Ängste, die Erfahrung der Sinnlosigkeit und Einsamkeit, ja letztlich auf den drohenden Tod wirklich einzulassen, sie nicht wegzudrücken oder zu leugnen, sondern dazu ja zu sagen. Deshalb meinte der schon erwähnte Eduard Thurneysen, es gehe in der Predigt um »Abbau«, nicht um »Aufbau« und in der Seelsorge entsprechend um Begleitung durch einen ›Bruch‹ (zwischen Diesseits und Jenseits) hindurch. Dann kann man im Augenblick der größten Ohnmacht, gerade auch der ›Glaubensohnmacht‹, d. h. wenn man meint, nicht mehr und an nichts zu glauben, erleben, was der Apostel Paulus so gehört hat: »Lass dir an meiner Gnade genügen. Denn meine Kraft ist in den Schwachen mächtig.« (2. Kor 12,9)

Paulus ist aber nicht nur ›schwach‹ gewesen, sondern schon ›gestorben‹ und lebt jetzt erst richtig auf: »So sind wir ja mit ihm begraben durch die Taufe in den Tod, damit, wie Christus auferweckt ist von den Toten durch die Herrlichkeit des Vaters, auch wir in einem neuen Leben wandeln.« (Röm 6,4) So radikal hat er die Veränderung in seinem Leben erfahren. Er sah Christus, den er vorher verfolgt hatte, in einer Vision, so dass er vom Pferd fiel und kurzzeitig erblindete, verständnisvolle Begleitung von frommen Leuten erfuhr und allmählich zu jenem ›neuen‹ Menschen wurde, der nachher Europa missionierte und nicht vor dem Martyrium zurückschreckte.

Das wird vielleicht nicht *unser* Weg sein. Aber wer nach einem Ausweg aus der Misere des öden materialistischen Alltags sucht und sich mit geistlichen Fragen beschäftigt, braucht einen Weg und eine Begleitung. Das Anhören von Predigten allein dürfte vielen heute ebenso wenig weiterhelfen wie das formale Absolvieren von Beichte und Messe. Ich will das zwar nicht ausschließen. Aber damit diese überkommenen Formen der christlichen Anbetung wirken können, bedarf es einer großen Offenheit und Bereitschaft, durch mancherlei Ungewohntes oder Langweiliges, allzu harmlose oder moralisierende Predigten u. dgl. hindurch ganz still zu werden und auf Gott zu hören. Es bedarf auch der Übung, um Gottesdienste als das zu erfahren, was sie sein wollen und können.

Manche ziehen da etwa eine psychoanalytische Therapie vor, in der sie manchmal teure Jahre hindurch ›beichten‹ und sich selbst in einem immer weniger täuschenden Spiegel anzusehen und zu ertragen lernen. Eine Ergänzung, nicht unbedingt eine Alternative dazu ist die Zen-Meditation: Beide Male geht es um »Erinnern, Wiederholen, Durcharbeiten« (Sigmund Freud). Aber die ungegenständliche Meditation und ihr asketischer Akt des Schweigens, des Verzichts schließlich auf Gedanken und Bilder, auf Erfolg und Sieg geht weiter als die Psychoanalyse und ist radikaler, weil er die Stufe der freien Assoziation hinter sich lässt und schließlich auf jeden Einfall als etwas Unwesentliches verzichtet. Erst wenn wir als Raum leer gefegt sind, ist Platz für Gottes ›Wort‹ und können wir ihn gut hören. Immer aber geht es um die mühsame Erfahrung der Enthaltsamkeit, des Loslassens und des Verzichts. (Darum sprach ein weiser Theologieprofessor bei seinem 50-jährigen Doktorjubiläum davon, was er in diesen 50 Jahren *verlernt* habe.)

Es hilft nicht, über etwas Bescheid zu wissen. Man muss es üben und praktizieren – aber nicht im Sinne eines Ethos, das besser wäre oder gar besser machte als ein anderes (etwa ein evangelisches gegenüber dem römisch-katholischen oder ein christliches gegenüber einem islamischen, hinduistischen usw.). Dogma (Lehre) und Ethos (Sitte) formulieren und durchdenken lediglich Bilder (z. B. Jesu Geburt und Kreuz, Christi Auferstehung und Mariae Himmelfahrt) und – meist sozial nützliche – Sitten (z. B. die unzweifelhaft sehr nützlichen *Zehn Gebote*, von denen die ersten drei allerdings nicht ›nützlich‹, sondern ›gläubig‹ und die Voraussetzung für die anderen sind, und die ›humanen‹ *Menschenrechte*).

Der Glaube jedoch lässt allmählich immer mehr Inhalte hinter sich. Er glaubt, weil er glaubt. Er liebt, weil er liebt. Und er lebt, weil er lebt. »Die Ros' ist ohn' Warum, sie blühet, weil sie blühet. Sie acht' nicht ihrer selbst, fragt nicht, ob man sie siehet.« (Angelus Silesius)

Am Ende: Der Tod verliert seine Schrecken, man ist ja schon einmal gestorben – wie Paulus dem ›ersten‹ und oberflächlich hektischen und ängstlichen Leben, das man deshalb jedoch keineswegs vergessen oder verleugnen muss – im Gegenteil. Lediglich anderer Menschen und der Aufgaben an ihnen wegen mag es sinnvoll sein, noch um ein Weiterleben zu bitten. Wer will, darf sich gerne vorstellen, auch nach dem Tod aus dem Jenseits den noch Diesseitigen helfen zu können bzw. sich Hilfe von den Verstorbenen zu erbitten, die ihm als Engel oder in anderen Sphären Schwebende aus der Nähe zu Gott Rat und Wegweisung zukommen lassen können. Das ist der Sinn der Heiligen-Verehrung. Wer durch solche – durchaus wirkungsvollen – Vorstellungen eher angefochten wird, mag sie sein lassen.

Auch der Glaube an das ›ewige Leben‹ muss zugunsten des wahrhaftigen Glaubensmutes losgelassen werden, denn er hält das Leben ängstlich fest: »Ich will nicht sterben, ich will ewig leben, will ewige Lebenslust und ewige Lebensfreude genießen. Deshalb brauche ich dringend die Hoffnung auf ein Weiterleben nach dem Tode.« Glaube könnte aber auch bedeuten: Gott hat die Welt endlich erschaffen, so auch dich. Lass die Sonne auf dich scheinen und sei froh, dass du lebst, und sei froh, dass du stirbst!

Alles über den Glauben Gesagte lässt sich nur bruchstückhaft verwirklichen. Manchmal erlebt man es, dann wieder ist es weit weg, und der glaubenslose Alltag, die Angst, die Rechthaberei und das Festhalten an diesem und jenem haben einen wieder. Es ist ein ständiges Auf und Ab. Wer sich näher mit dem Apostel Paulus beschäftigt, indem er seine Briefe und die Berichte über ihn und sein Wirken in der Apostelgeschichte liest, entdeckt, dass es ihm nicht anders erging. Die Phasen der Glaubenslosigkeit mögen manchmal auch mit Versuchungen des Misstrauens, der Habgier, des Ehrgeizes, der Arroganz und der Unwahrhaftigkeit verbunden sein. Sie gehören zur Psychologie oder zum Glaubensleben eines Christenmenschen wie der Teufel zu Christus (Mt 4,1–11). Deshalb soll noch etwas zu dieser Figur gesagt werden.

Der Teufel

Es gibt in diesem Buch ein eigenes Kapitel über den Teufel als meinen Freund. Nun will ich ihn aber noch von einer anderen Seite, speziell im Zusammenhang des ›Glaubens‹ ins Gespräch bringen. ›Er‹ taucht überall auf, wo Glaube wirksam werden will. Er verbündet sich zu diesem Zweck nicht nur mit dem Unglauben, mit Zweifeln und Fragen an die fromme Überlieferung, sondern mit der Angst. Aus Angst will der Mensch ›alles richtig machen‹, aus Angst bildet er sich womöglich ein, tatsächlich gut und fromm zu sein, ja ein Gott wohlgefälliges Leben zu führen, aus Angst quält er sich mit unnützer Arbeit, um vor andern seine Daseinsberechtigung zu beweisen, aus Angst widmet er sich religiöser Quälerei, geht vielleicht wie Luther sogar ins Kloster und übt sich dort in masochistischen Versuchen, fromm zu sein. (Selbstverständlich ist nicht jeder Gang ins Kloster vom Teufel, sondern nur der, der vom Leben abschneidet, statt dazu zu verhelfen, der das Hören verhindert, statt das Herz zu öffnen, der die Angst schürt, statt den Mut zu fördern.) Aus Angst um seine Ehre ist der Mensch gekränkt, aus Angst glaubt er dies und das, nur um auf nichts verzichten zu müssen, aus Angst hält er sich krampfhaft am Leben fest und fürchtet den Tod. Vor lauter Angst vor dem Teufel und der Hölle ist er schon mitten drin, ohne es zu merken, und lebt an seinem Leben mit seinen Chancen vorbei. Allerdings ist Angst an sich nichts Schlechtes; sie warnt uns vor Gefahren und lehrt uns Aufmerksamkeit. Wenn jedoch der Teufel, wer immer das ist, sich der Angst bedient, dann verstellt er damit den Weg zum Leben und zu Gott. Man kann ›ihn‹ freilich als Diener Gottes ansehen, der uns Widerstand entgegensetzt, damit wir daran reifen und wie Hiob umso mehr Glauben entwickeln. Dann dürfen wir allerdings Gott bei alledem nicht vergessen, sondern müssen uns an Ihn halten. Mit Gott werden wir auch seinen Teufel überleben, ja vielleicht sogar bändigen.

Ohne mythologische Sprache kann man auch sagen: Jede Wahrheit bringt eine Gegenwahrheit hervor. Das klingt harmlos, ist es aber nicht. Eine Verkleidung des Teufels, des Unglaubens oder schlicht der Gegenwahrheit ist die des ›Meisters‹. Wahre Meister, Lehrer oder Bischöfe – und wie immer sonst man Führer der Menschheit nennen mag – sind kaum als solche zu erkennen. Sie kommen einem höchst normal und unspektakulär vor. Deshalb sagt eine östliche Weisheit: »Triffst du Buddha unterwegs, so bring' ihn um!« Denn den Buddha kann man nicht treffen, es sei denn, er begegnete uns als normaler und damit nicht als Buddha zu erkennender Mitmensch. Anders gesagt: Unsere Projektionen auf andere Menschen, die wir als Große und zu Verehrende ansehen, zeigen nur, dass wir noch immer nicht bereit sind, Verantwortung selbst zu übernehmen. Wir folgen stattdessen solchen *Autoritäten* und deren vermeintlichen Regeln nach, damit wir uns auf sie berufen können und im Falle des Scheiterns entschuldigt sind. »Das habe ich alles gehalten. Was fehlt mir noch?« sagt der junge Mann zu Jesus auf der Suche nach dem Glück (Mt 19,16–26). Er ist reich und hat sich an Gesetze gehalten, aber keine Liebe erfahren und weitergegeben. Deshalb rät ihm Jesus: Lass los! »Willst du vollkommen sein, so gehe hin, verkaufe alles, was du hast, und gib das Geld den Armen; so wirst du einen Schatz im Himmel haben. Und komm und folge mir nach!« Da ging der Mann traurig weg, denn er war reich und wollte nicht loslassen. Nur darum aber geht es. Bei verschiedenen Menschen ist es deshalb auch ganz verschieden, was Jesus ihnen raten würde. Nicht alle hängen an ihrem Reichtum. Manche hängen ihr Herz an ihren Ruhm, andere an ihren Partner, andere an Haus und Garten. »Das, woran du dein Herz hängst, das ist eigentlich dein Gott«, sagt Luther. Loslassen ängstigt. Was passiert mir, wenn ich das, woran ich hänge, aufgebe (oder auch nur einmal in Gedanken und Gefühlen durchspiele, dass ich es aufgeben werde)? Genau dieser *Mut*, den wir dazu brauchen, heißt Glauben. Und um dem Teufel, vor allem in uns, zu begegnen, ist es gut, eine Begleitung zu haben, nicht allein zu sein, wenn wir uns mit ihm auseinandersetzen, um ihn schließlich – nein, nicht zu verbannen; das ginge nämlich nicht – zu ›integrieren‹. Das bedeutet: Wir kommen nicht darum herum, unsere Verführbarkeit ebenso anzuerkennen wie unsere Versuchungen. Gerade das heißt wiederum ›Glauben‹. Wichtig ist es, den Teufel möglichst wenig dazu beitragen zu lassen, dass wir am Leben, unserem je eigenen Leben, vorbei leben.

»Der Weg ist das Ziel«

Dieser berühmte Satz aus der östlichen Weisheit beschreibt auch die Erfahrungen, die Menschen mit dem Glauben machen. Wir glauben nicht, damit wir schließlich sündlos oder fromm oder gut ankommen, entweder bei einem ›guten Leben‹ oder bei einer ›ewigen Seligkeit‹. Denn wenn wir glauben, sind wir schon dort. Und während wir ›dort‹ sind, geht es mit uns und unserem Glauben auf und ab in ständiger Bewegung, zwischen dem, was Luther »Anfechtung« genannt hat, und dem, was wir normalerweise »Glück und Zufriedenheit«, besser noch: »Gelassenheit«, nennen. »Das Reich Gottes ist herbei gekommen«, sagt Jesus (Mk 1,15 par.). Die ersten Christen verstanden das wohl mehrheitlich als Hinweis auf das Weltende, das man erwartete. Man kann es auch so verstehen, dass es ganz nahe bei uns und in uns ist, wenn wir es wahrnehmen. Wiederum geht es nicht um irgendein Dogma, das wir anerkennen sollen, sondern um eine wahrnehmbare, also glaubbare, Wirklichkeit in uns und um uns herum. Gerade dort, wo nichts ist, in einem leeren Raum etwa, einer *nicht* ›gestalteten‹ Mitte, um die herum sich Menschen in Stille und Ehrfurcht versammeln, ist diese Realität besonders gut wahrnehmbar. Daher verneigen wir uns vor ihr. »Glauben« kommt aus dem »Hören« – so bei Paulus (Röm 10,17), so schon im alten Israel: »Höre, Israel!« (5. Mose 6,4) Man hört am besten, wo es still ist.

[1] Martin Buber, Die Erzählungen der Chassidim, Zürich 1949, 793

4. Die »Werte«

Alle reden von Werten

Man könnte meinen, zu ›glauben‹ bedeute, sich an ›Werten‹ zu orientieren. Denn alle reden derzeit von ›Werten‹, ja sogar von ›Grundwerten‹: Es müsse ›wieder‹ moralische Vorstellungen geben, an denen sich alle gleichermaßen orientieren und auf die man sich bei der Beurteilung von Gut und Böse in der gesamten Gesellschaft und über die verschiedenen Weltanschauungen hinweg berufen könne. Das Wörtchen ›wieder‹ lässt aufhorchen: Sind diese Werte und Grundwerte – früher sprach man auch von ›Idealen‹ – verloren gegangen? Waren sie einst vorhanden? In einer geschlossenen Kultur wie der mittelalterlich-christlichen, die auch Martin Luther noch voraussetzen konnte, oder der islamischen dort wo der Islam noch ungebrochen herrscht, gibt es diese Übereinstimmung aller in den jeweiligen Grundwerten. Meist sind sie eng mit religiösen Ansichten verbunden. Sie dienen als sozialer Maßstab für die jeweils erwünschte und tatsächliche gesellschaftliche Moral. Da die Gleichheit der Wertvorstellungen – und das hieß früher immer der Religion – das Regieren erleichtert, wurde sie in der Vergangenheit oftmals ›mit Feuer und Schwert‹ durchgesetzt – so z. B. der Islam in den von den Arabern und Türken neu eroberten Gebieten bis hinein nach Zentralasien oder Europa (Balkan), das Christentum bei den Sachsen durch Karl den Großen oder im Nordosten durch den

Deutschen Ritterorden bei den Pruzzen (Altpreußen) und anderen Stämmen. Werte und Gewalt gingen oft eine zweifelhafte Verbindung ein. Auch angeblich religiös neutrale politische Systeme wie der Nationalsozialismus und andere Diktaturen der Neuzeit haben stets versucht, gemeinsame Wertvorstellungen zu nutzen und sie so umzugestalten, dass sie die Ziele des Regimes unterstützten. Meist waren es ›Werte‹ wie Ehre, Volk und Vaterland, aber auch Leistung, Größe, Mut und Tapferkeit, Hingabe und Opfer, die das *Gemeinschaftsgefühl* stärken und allen zu der jeweiligen Gesellschaft Gehörigen vermitteln sollten, bei den ›Besseren‹ zu sein und den ›besseren‹ Gott zu haben. Jeder Mensch möchte *dazugehören*, keiner allein übrig bleiben. Und spätestens in der Schulzeit haben wir gelernt, dass es wichtig sei, besser zu werden, zu den Besseren zu gehören oder gar der bzw. die Beste zu sein. ›Ehr-Geiz‹ heißt diese Eigenschaft, die man da züchtet und die in der Tat für eine Gesellschaft nützliche Persönlichkeiten hervorbringt, die nach Anerkennung streben und bemüht sind, sich an die Spitze zu setzen. Der Leistungssport ist nur das Extrembeispiel einer in unserer Gesellschaft insgesamt als Wert anerkannten und geförderten Einstellung. Die Kombination der Wörter ›Ehre‹ und ›Geiz‹ gibt allerdings zu denken. Welcher Art ist denn diese Grundhaltung und welche Werte bringt sie hervor? Geltung und Geld gewiss! Die *politisch propagierten* Werte antworten jedenfalls auf bestimmte *Grundbedürfnisse* der Menschen. Wer hungrigen und gelangweilten Massen ›Brot und Spiele‹ verschafft, wer einer pluralistischen und orientierungslosen, vielleicht sogar – etwa durch Siegermächte – gedemütigten

Gesellschaft ›Sinn‹ verspricht und Aufgaben stellt, deren Lösung dem Gemeinwohl dienen soll, so dass alle das Gefühl bekommen, gebraucht zu werden, der darf auf Zustimmung und Anhängerschaft hoffen. Leider ist auch die Religion oft in dieser Weise eingesetzt worden. Aber auch die häufig gehörte Rede von den »christlichen Werten« führt in die Irre. Denn ›Werte‹ sind eine Sache der *Vernunft* und der jeweiligen Zeit, Gottvertrauen jedoch ist eine Sache des *Glaubens*. Man darf beides nicht verwechseln. Dass Gottvertrauen Denkverbote beseitigt und insofern die Vernunft befreit, steht auf einem anderen Blatt.

Sind also ›Werte‹ oder gar ›Grundwerte‹ etwas Schlechtes? Um eine Antwort zu finden, erinnern wir uns kurz an die *Bedeutung* der Vokabel ›Wert‹. Sie gehört heutzutage in *ökonomische* Zusammenhänge. Eine Firma oder Bank bemüht sich um ›Wertschöpfung‹; ein Haus oder Grundstück ist soundsoviel wert; der Wert von Aktien steigt oder fällt; Kunstwerke sind wertvoll; eine seltene Briefmarke wird ihres hohen Sammlerwertes zum Höchstpreis versteigert; wertlose Abfälle kann man wiederverwerten; eine Fahrkarte wird entwertet und ein wirtschaftlich interessantes Angebot wird zunächst bewertet. Aktionäre haben es mit ›shareholder value‹ zu tun; ein Euro ist derzeit mehr als ein Dollar wert; Bier bekommt man auf dem Oktoberfest für Wertmarken. Werte kann man gegen Geld versichern. Unser Leben hat sich in den letzten Jahrzehnten fast unmerklich so extrem nach Gesetzen des Marktes ausgerichtet, dass fast alles zuerst einmal nach seinem Geldwert beurteilt wird. Etwas lohnt sich, wenn es sich rechnet. Vieles wird nach seinem Gebrauchswert, d. h. nach seinem Nutzen, eingestuft.

Aus dieser Perspektive gibt es dann auch vollwertige, gleichwertige und minderwertige Glieder der Gesellschaft. (Ich denke nicht zuletzt an die schreckliche Formulierung vom ›lebensunwerten Leben‹.) Wer viel Geld und hohe Absatzzahlen bringt, bekommt einen Preis, gleichgültig ob sein Produkt unter künstlerischen, erzieherischen und kulturellen oder gar religiösen Gesichtspunkten etwas taugt oder nicht. Ein Preis ist viel wert: Geld, Ansehen usw. Er bringt auch neues Geld. Neuerdings gibt es sogar einen Predigtpreis.

Bewertungs- und Punktrichter vergeben Erfolgs- und Strafpunkte, z. B. beim Sport. Ein Wert, der einen Preis bringt, wird durch *Zählen und Messen* ermittelt. Alles, was in unserer Welt vorkommt, kann getestet und bewertet werden.

Werte und Würde

Ganz anders klang das Wörtchen ›wert‹ vor 500 Jahren. »Sie ist mir lieb, die werte Magd« dichtet Luther und meint damit die Mutter Jesu. Dieser Sprachgebrauch hat sich noch in der altmodischen (und nicht mehr als besonders höflich empfundenen) Anrede ›Werter Herr …, werte Frau …‹ erhalten. ›Wert‹ heißt hier ›würdig‹. Wenn heute von ›Menschenwürde‹ die Rede ist, dann steckt darin eine Wert-Vorstellung, die aus einer anderen Welt zu stammen scheint, jedenfalls aber aus dem vorindustriellen Zeitalter – wie unser Glaube. In diesem Zusammenhang gehören auch Begriffe wie ›Selbstwertgefühl‹ – wer nichts davon verspürt, muss verzweifeln – und ›Wertegemeinschaft‹. Allerdings bleibt der letztgenannte Ausdruck etwas verwaschen, denn er bezeichnet einfach eine Gemeinschaft, die bestimmten normativen Prioritäten eine gewisse Dignität zuschreibt. Fast *alle* Menschen wünschen sich Gesundheit, langes Leben, Frieden, Gerechtigkeit, Freiheit, Wohlstand und Erfolg. Das sind ›Werte‹, die heute als Wunschträume weithin Allgemeingut sind und an denen sich folglich Versprechungen von Politikern orientieren. Wenn von der *europäischen* Wertegemeinschaft die Rede ist, denken einige an die mit dem Christentum verbundenen traditionellen Werte. Für europäische Neubürger wie die Muslime sind diese jedoch nicht selbstverständlich. Sie würden jedenfalls in der älteren Generation ›Werte‹ wie Familie und Familienehre, Gehorsam, Nationalstolz, die eigene Religion u. dgl. hinzufügen. Die meisten Werte sind mit sittlichen Normen und Bewertungen verbunden. Dabei spielt auch die ›goldene Regel‹ eine Rolle, die überall als Grundlage von Moral gilt, wenn auch nicht überall in gleichem Maße: »Was du nicht willst, dass man dir tu', das füg' auch keinem andern zu!« Immanuel Kant hat sie als ›kategorischen Imperativ‹ formuliert: Man solle sich so benehmen, dass dieses Verhalten zu einer Regel für alle gemacht werden könne. Die aus der jüdischen Überlieferung stammenden *Zehn Gebote* (2. Mose 20,1–17; 5. Mose 5,6–18) beruhen auch schon auf diesem Grundsatz. Er ergibt sich aus der Notwendigkeit des gemeinsamen Überlebens in einer Welt, die für die menschliche Gemeinschaft Gefahren von außen birgt, aber zusätzlich von innen bedroht ist, wenn die Menschen übereinander herfallen und sich nicht aufeinander verlassen können. Wünsche und

Bedürfnisse der Menschen sind eng mit ihren sozialen Regeln verbunden, z. B. das Bedürfnis nach gegenseitigem Schutz und Solidarität. Die Seligpreisungen der *Bergpredigt* (Mt 5,3–10) nennen Trost, Besitz, Barmherzigkeit, Gerechtigkeit, ja sogar das Himmelreich und den direkten Kontakt mit Gott, der uns ja in diesem Leben verwehrt ist (2. Kor 5,6 f.), als Gegenstand menschlicher Sehnsucht.

Aber schon bei der Nennung »Gott« endet die ›Wertegemeinschaft‹. Bekanntlich konnte man sich nicht auf die Erwähnung Gottes in der Präambel der europäischen Verfassung einigen. Manche sehen die menschliche Freiheit, die auch weltanschauliche Perspektiven betrifft, durch Intoleranz in Gefahr. – In den ›westlichen‹ Ländern gelten – als Folge christlicher Prägung – die ›Menschenrechte‹ als unumstößlich. Sie hängen aufs engste mit dem zusammen, was wir »Menschenwürde« nennen. Sie treffen ›im Osten‹ auf erheblichen Widerstand, nicht zuletzt weil sie von der Weltmacht der USA propagiert und als ideologische Waffe zur Rechtfertigung ihrer Eroberungskriege eingesetzt werden. (Man wolle ja nur die Menschenrechte verteidigen bzw. den Menschen jener Länder bringen, die von wirtschaftlichem Interesse für die kapitalistischen Länder sind.) – Nun ist Gott freilich nicht ohne weiteres als ›Wert‹ zu begreifen. Aber »Freiheit, Gleichheit, Brüderlichkeit«, die Werte der französischen Revolution, entstammen ebenso der christlichen Tradition wie »Gott, Tugend, Unsterblichkeit«, die andere Trias der Aufklärung. Daraus ergeben sich Werte (oder ›Ideale‹) wie die Forderung religiöser Toleranz oder des Verzichts auf die Todesstrafe. Unsere abendländischen *Gewissen* sind inhaltlich entsprechend geprägt. Gott selbst hingegen ist, wie wir glauben, kein Gewissens*inhalt*, sondern der Herr der Gewissen. Hingegen kann man zu den Werten auch Verhaltenswerte wie die so genannten *preußischen Tugenden* rechnen, z. B. Gewissenhaftigkeit und Genauigkeit, Treue und Zuverlässigkeit, Ehrlichkeit und Fleiß, Offenheit und Zivilcourage, eventuell auch die – recht verstandene – Tapferkeit oder den Mut.

Früher zählte man auch hierzulande den *Gehorsam* zu den Tugenden. Nach den Erfahrungen des ›Dritten Reiches‹ und – hoffentlich vergangener – autoritärer Pädagogik sowie eines kirchlichen Dogmatismus, autoritärer Medizin und diktatorischen Verhaltens in der Wirtschaft muss man diese ehemalige Tugend für eine Gefahr halten. Stattdessen wünscht man sich heute mitdenkende *kritische Solidarität*, sogar beim Militär, auch wenn das noch lange nicht alle in unserer Gesellschaft begriffen haben. Ähnlich wie der Gehorsam fungiert und funktioniert auch der Aberglaube an die *Ehre* (um die man sich noch vor 150 Jahren duelliert hat). Beide beflügeln Wut und Terror, Rache und Aufruhr, wenn sie einen Menschen nicht einfach kaputt machen und seelisch verkrüppeln lassen.

Es gibt also gefährliche und zerstörerische Werte. Sie gehen aus *falschen Idealen und Normen* hervor. Solche falschen Ideale treten überall da auf, wo Götzen an die Stelle Gottes treten, z. B. als Obrigkeit oder Staat, Diktator oder Partei, Kapital oder Profitsucht, Selbstsucht und Ehrsucht, ja sogar Kirche als Institution oder ihr Führungspersonal – zumal wenn es als Stellvertreter Gottes missverstanden wird. Auch der Glaube selbst kann zum Götzen werden, wo er in irgendeiner zeitbedingten Ausdrucksform für die absolute Wahrheit gehalten und fanatisch durchgesetzt wird. Die *Intoleranz* vieler Religionen und Konfessionen untereinander ist bekannt und weicht nur zögernd der Einsicht, dass die Wahrheit nicht ohne die Berücksichtigung der jeweiligen Menschen, ihrer *Situation* und *Zeit* zu haben ist. Bessere Verständigung bedarf daher *historischer* Kenntnisse. Sie bedarf zudem einer Berücksichtigung der *Kategorie der Zeit* auch in theologisch-dogmatischen Zusammenhängen. Dogmatik, die eine zeitlose Wahrheit beschreiben zu können meint, halte ich für einen Irrtum. Wie sich der ausgesprochen christliche Wert der *Gewissensfreiheit* mit dogmat*ist*ischer Intoleranz verträgt, bleibt ein Rätsel, solange man Vernunft und Realitätssinn voraussetzt. Letztere sind leider bis zum heutigen Tag nur in sehr beschränktem Maße möglich. »Wo aber der Geist des Herrn ist, da ist Freiheit«, schreibt Paulus (2. Kor 3,17). Und: »Warum sollte ich das Gewissen eines andern über meine Freiheit urteilen lassen?« (1. Kor 10,29) Der Apostel nennt auch drei unzweifelhaft zentrale christliche Verhaltenswerte: »Glaube, Hoffnung, Liebe ...; aber die Liebe ist die größte unter ihnen.« (1. Kor 13,13) Aus der Perspektive der Liebe heraus verstehen wir, dass und warum Menschen keinen ›Wert‹, *sondern jeweils ihre ganz persönliche Würde* haben – und zwar alle. Ich denke, man darf das sogar von allen lebendigen Geschöpfen Gottes sagen. Paulus bezieht jedenfalls die ganze Schöpfung, Tiere und Pflanzen, ja vielleicht sogar die ›unbelebte‹ Natur, mit ein, wenn er vom »ängstlichen Harren der Kreatur« spricht (Röm 8,19).

Werte und Wahrheit

Von der ›Wahrheit‹ war schon kurz die Rede, als es um die Intoleranz ging, die sich durchaus auf ›Werte‹ bezieht, aber leider die Kategorie der Zeit ausblendet. Martin Luther, der sich immer wieder intensiv mit der Frage nach Werten und Normen beschäftigt hat – er spricht im Anschluss an Paulus vom »Gesetz«[1] –, kann sich, was unsere konventionellen Werte und die Zehn Gebote betrifft, sogar vorstellen, ›neue zehn Gebote‹, also neue Wertvorstellungen und davon abgeleitete Verhaltensregeln zu entwickeln, wenn die Situation es erfordert. Schließlich gilt: »Christus ist des Gesetzes Ende; wer an den glaubt, der ist gerecht.« (Röm 10,4) Insofern ist das Evangelium das Ende aller normativen Wertvorstellungen. Deshalb sagt der bekannte evangelische Theologe Eberhard Jüngel: »Christliche Wahrheitserfahrung ist die radikale Infragestellung der Rede von Werten und des Denkens in Werten.« Und: »Nicht Werte leiten das Handeln des Christen, sondern allein die aus der Wahrheit kommende Liebe, die ebenso wenig wie die Wahrheit einen Wert hat oder darstellt.« Ja, Jüngel spricht mit einer Formulierung Nicolai Hartmanns von der »Tyrannei der Werte«.[2] Jeder weiß: Echte Liebe kann man nicht kaufen oder abmessen und bezahlen. In dieser ur-menschlichen und ur-christlichen Erfahrung steckt die Erfahrung, dass nicht Gebote und Befehle (bzw. bei deren Übertretung und Nichtbeachtung Sanktionen) den Menschen bessern, sondern die Erfahrung des Angenommen- und Geliebtwerdens, der Großzügigkeit und Vergebung.

All das gilt unter Menschen, erst recht aber und – gleich-sam als Voraussetzung von ›Menschlichkeit‹ – für die Be-ziehung zwischen Gott und uns. Das ist die christliche Wahrheit. Sie ist jedoch nicht ohne weiteres direkt erfahr-bar oder gar jedermann zu beweisen, sondern öffnet sich für unser Erleben nur im ›Glauben‹. Es ist der Glaube, der bekennt: »Gott ist die Liebe; und wer in der Liebe bleibt, der bleibt in Gott und Gott in ihm.« (1. Joh 4,16) Ohne den Glauben wäre ein solcher Satz barer Zynismus angesichts all der Katastrophen, der Leiden und des Todes in dieser Welt. Was ist der Glaube? »Es ist aber der Glaube eine feste Zuversicht dessen, was man hofft, und ein Nichtzweifeln an dem, was man nicht sieht … Aber ohne Glauben ist's unmöglich, Gott zu gefallen …« (Hebr 11,1 u. 6) Da hel-fen alle Werte nichts. Im Glauben aber macht es dann doch Sinn, sich der allgemeinen menschlichen Werte zu erinnern und das, was uns das abendländische Gewissen und die europäische Wertegemeinschaft, die nach wie vor christlich geprägt ist, sagen, kritisch zu prüfen (Eph 5,10; 1. Thess 5,21): Gefällt das Gott? Ist das gut? Nütze oder schade ich damit mir selbst bzw. anderen? Wo führt das hin? Unter dem Glaubens-Vorzeichen der Gnade Gottes dürfen und müssen Christenmenschen mit größtmöglicher Vernunft von Fall zu Fall überlegen und entscheiden, was in bestimmten Situationen sinnvoll und angebracht ist. Um diese persönliche und gemeinsame Verantwortung kom-men wir nicht herum – auch nicht, wenn wir uns auf ge-genwärtig anerkannte Werte berufen. Deshalb ist es immer wieder angebracht, Christus um Hilfe zu bitten: »Ich glaube, lieber Herr; hilf meinem Unglauben!« (Mk 9,24)

¹ ›Gesetz‹ bedeutet für Paulus zum einen die Thora, das biblische Glaubensgesetz der Juden, zum andern daraus abgeleitete ›Gesetzlichkeit‹ und Moralismus. Wer gutes, menschliches Verhalten (Ethik oder Moral) und Glauben in eins setzt, versteht nicht, dass der Glaube, das Vertrauen in Gott, *Priorität* vor dem bei allen Menschen defizitären (fehlerhaften) Verhalten besitzt: Erst der Glaube, dann die Moral! Das ist die Botschaft des Apostels.

² Vgl. Eberhard Jüngel, Wertlose Wahrheit, Tübingen 2003, allenthalben.

5. Das Glaubensbekenntnis

*Ein Versuch, das apostolische Glaubensbekenntnis
für Intellektuelle und Zweifler verständlich zu machen*

Nachdem wir das Thema ›Glauben‹ umkreist haben, können wir uns einem entscheidenden gesamtchristlichen Dokument zuwenden, das die *Inhalte unseres Glaubens* zusammenfasst, aber in der Christenheit keineswegs unumstritten ist. Ich werde immer wieder – und zwar *innerhalb*
der Kirche – mit der Behauptung konfrontiert, man könne
das Apostolische Glaubensbekenntnis im Gottesdienst
nicht mehr mitsprechen, ja es sei eine Zumutung. Überrascht hat mich, dass auch Pfarrer unter den Kritikern sind.
Sie müssten doch wissen, dachte ich, dass Glaubensaussagen
gleichnishaft und symbolisch zu verstehen seien, und das
nicht erst seit heute, sondern mindestens schon, seit uns der
Kirchenlehrer Origines (gest. 254), der zwischen wörtlicher,
moralischer und allegorischer Bedeutung eines Textes unterschied, hermeneutisch zu denken gelehrt hat. Die Unterscheidung zwischen analogem (vergleichendem) und
digitalem (gleichsetzendem) Denken ist grundlegend, will
man Religion verstehen. Hinzu kommt die Notwendigkeit,
Texte aus ihrem situativen Zusammenhang heraus, also historisch-kritisch zu verstehen. Deshalb habe ich mich hingesetzt, und den folgenden Aufsatz geschrieben. Er will das
Apostolische Glaubensbekenntnis für kritische Laien und
mit der Gemeindepraxis betraute Pfarrerinnen und Pfarrer
(die nicht selten, vor allem an Kurorten und in der Touris-

musseelsorge, entsprechenden Fragen begegnen) verständlich bzw. erklärbar machen. Darüber hinaus wird die Frage nach einem *neuen* Credo gestellt und ein Ausblick in die Zukunft gewagt.

Der Ursprung: Ein Taufbekenntnis

Das apostolische Glaubensbekenntnis, wie es noch immer zu fast jedem Gottesdienst der römisch-katholischen und der evangelischen Kirchen gehört,[1] gilt vielen als unverständlich oder gar als nicht mehr zeitgemäß. Um es zu verstehen, sollte man wissen, dass es aus einem *Taufgelöbnis für Erwachsene* in den ersten Jahrhunderten der Christenheit entstanden und bis ins Hochmittelalter hinein weiterentwickelt worden ist.

Eine Wurzel findet sich schon im 1. Brief des Apostels Paulus an die Korinther, Kap. 15(3–5):

»Denn als Erstes habe ich euch weitergegeben, was ich auch schon empfangen habe:
- *dass der Christus gestorben ist für unsere Sünden nach der Schrift*
- *und dass er begraben worden ist*
- *und dass er auferstanden ist am dritten Tage nach der Schrift*
- *und dass er gesehen worden ist von Kephas (Petrus), danach von den Zwölfen.«*

Die zu Taufenden bestätigten das ihnen vorgelesene Bekenntnis mit einem frommen »Ja« oder sprachen selbst sinngemäß so:

Ich gelobe Treue, ich vertraue mich an (›Credo‹, meist übersetzt mit ›Ich glaube‹)
– Gott, dem Vater
– Jesus, dem Messias (= Christus)
– dem Heiligen Geist
– der einen heiligen und weltweiten (›katholischen‹) Kirche als Gemeinschaft der Heiligen (= der Getauften).

Ich gelobe, mich zu verlassen auf
– die Vergebung der Sünden
– die Auferstehung der Toten
– ein ewiges Leben.

Wie können wir heute diese alten Vorstellungen und Formulierungen verstehen?

1. »Ich glaube an *Gott, den Vater*, den Allmächtigen, Schöpfer Himmels und der Erde«:
Es dürfte nach wie vor nicht besonders schwierig sein, sich Gott als väterlichen Erzeuger dieser Welt, der als Schöpfer allmächtig ist, vorzustellen. Das wird auch seltener so lautstark angezweifelt wie andere Aussagen des Credos. Dass es sich nicht um unseren leiblichen Familienvater handelt, sondern entweder um einen Vergleich – Gott ist *wie* ein Vater – oder um eine Art Übervater, der auch der Vater al-

ler Väter ist, scheint für viele auch heute kein großes Problem zu sein.

Es gibt allerdings auch Menschen, denen das Bild eines Vaters Schwierigkeiten bereitet, z. B. weil sie Probleme mit dem eigenen Vater oder mit ihrer Mutter (!) oder aus anderen Gründen mit dem ›Patriarchat‹, der ›Väterherrschaft‹, haben. Ihnen ist es wichtig, *mütterliche* Wahrnehmungen Gottes (vgl. Jes 66,13) in ihre Vorstellung von Gott einzubeziehen.[2] Selbstverständlich wird Gott auch mit anderen Vorstellungen und Erfahrungen verbunden und verglichen als jenen von Vater und Mutter: König, Herrscher, Herr der Heerscharen, »Sonne und Schild«, Fels, Geist, kampfbereiter Löwe, Henne, die ihre Küken birgt, Befreier, Richter, »Anfang und Ende« usw. In anderen Kulturen als der jüdisch-christlichen Tradition haben die Gottheiten noch ganz andere Gestalten. Sie sind mehrarmig, geflügelt, tierköpfig usw. Die Vorstellung einer Göttin als *Himmelskönigin* ist auch mit der Madonna verbunden. Es geht um kollektive und individuelle Bilder einer *Beziehungserfahrung*, die immer mit der Beziehung des Menschen zu sich selbst, zur Gemeinschaft, zur Natur und zur übrigen Welt, in der er lebt, zu tun hat. Solange klar ist, dass es sich um Bilder für *Unabbildbares* handelt, gibt es keinen Grund, eines dieser Bilder als ›Götzenbild‹ und entsprechende Vorstellungen als ›Aberglauben‹ abzuwerten. Eine besondere Frage ist es, ob das so genannte *Böse* zur Gottheit gehöre oder als ihr Gegenüber, als ihr Gegenspieler, anzusehen sei. Je nachdem, wie die Antwort darauf ausfällt, wird der ›Teufel‹ als ›Diener Gottes‹, Mitglied seines Hofstaates, als Zuchtrute Gottes u. dgl. oder als sein Feind betrachtet. – Carl Gustav Jung hielt es aufgrund seiner psychologischen Anthropologie für notwendig, die Trinität zur ›Quaternität‹ (die Dreiheit zur Vierheit) zu ergänzen.[3] *In keinem Falle dürfen göttliches und menschliches Handeln auseinander gerissen werden.*

Denjenigen, die sich fragen, ob es denn Gott überhaupt ›gebe‹, kann man mit Dietrich Bonhoeffer antworten: »Einen Gott, den es gibt, gibt es nicht.«[4] Denn Gott ist kein Gegenstand, nichts zum Anfassen, kein physikalischer Körper, von dem man sagen könnte, es gebe ihn und so oder so sei er beschaffen. Er ist deshalb auch nicht mit logischen Deduktionen oder durch Beobachtungen zu beweisen. Die Frage heißt nicht, ob es ihn *gebe*, sondern, ob wir an ihn *glauben*.

Diesem Gott gegenüber geloben die Getauften Treue und erneuern ihr Gelöbnis bei jedem Nachsprechen des Bekenntnisses.

2. »Und an Jesus Christus, Gottes eingeborenen Sohn, unsern Herrn, empfangen durch den Heiligen Geist, geboren von der Jungfrau Maria, gelitten unter Pontius Pilatus, gekreuzigt, gestorben und begraben, hinabgestiegen in das Reich des Todes, am dritten Tage auferstanden von den Toten, aufgefahren in den Himmel. Er sitzt zur Rechten Gottes, des allmächtigen Vaters. Von dort wird er kommen, zu richten die Lebenden und die Toten.«

2.1. Das war der entscheidende Artikel (daher auch so ausführlich), der die Christen von den anderen Religionen in der Antike unterschied und bis heute unterscheidet:

Der vom Judentum am *Ende der Zeiten* erwartete Messias (Christus) *ist schon* gekommen. Er hieß Jesus und war ein historischer Mensch aus Nazareth in Galiläa. Daher beginnt unsere Zeitrechnung mit ›Christi Geburt‹ als Anfang einer ›neuen‹ Zeit, denn die ›alte‹ musste gemäß der Erwartung des Judentums ja mit dem Erscheinen des Messias zu Ende gegangen sein.

2.2. Dass er am Ende aller Tage wieder kommen wird, diese Erwartung teilt das Christentum mit der jüdischen Religion dann wieder, nachdem es erkennen musste, dass der für den Messias gehaltene Jesus aus Nazareth gestorben war. Das Ende der Zeiten hielt der Apostel Paulus noch für schon herbeigekommen. Die nächste Generation merkte, dass Paulus und andere Anhänger dieses Glaubens sich getäuscht hatten. Es war zwar das Ende des Alten Bundes (Alten Testamentes) und des alten, national definierten Gottesvolkes gekommen, aber ein neuer Bund hatte begonnen, und ein neues, internationales Gottesvolk entstand. Jesu Geburt und Tod wurde nun als ›Zeitenwende‹ interpretiert. Jetzt glaubte man: Der Messias war zwar da, wird aber am Ende der Zeiten wiederkommen.

2.3. Dass der Messias als »*Gottes eingeborener Sohn*« bezeichnet wird, entspricht altorientalischer Tradition. Der erwartete Messias (der Gesalbte) ist ja der ›neue David‹ und als König selbstverständlich Sohn Gottes, auch wenn er wie alle Könige vor ihm als Mensch geboren wurde. Er wurde zunächst wohl als irdischer ›neuer David‹ verstanden und erhofft, der das alte glanzvolle Reich wieder aufrichten würde. Aber spätestens nach der Enttäuschung durch sein schmähliches Ende am Kreuz interpretierten seine Anhänger das messianische Königtum Jesu rein geistig (›spirituell‹). Die Christenheit verstand ihn außerdem auch bald als den ›Erstgeborenen unter vielen Brüdern‹, sich selbst als Geschwisterschar Jesu und damit insgesamt als ›Familie Gottes‹.

2.4. »*Geboren von der Jungfrau Maria*«: Diese Formulierung hat von jeher die Ausleger und Frommen beschäftigt. Handelt es sich um eine ›unbefleckte Empfängnis‹ wie bei Maria selbst, die zwar einen Vater (Joachim) und eine Mutter (Anna) hatte, aber nach der seit dem 1. vatikanischen Konzil (1869/70) offiziellen katholischen Lehre frei von aller ›Erbsünde‹ geboren worden sei? Soll die ›Jungfrauengeburt‹, die ohne einen Mann zustande kam, etwas Ähnliches aussagen? Oder muss man das griechische Wort für ›Jungfrau‹ anders übersetzen? Was soll man ›glauben‹? Heute wird kein vernünftiger Mensch mehr annehmen, dass Jesus ohne leiblichen Vater geboren sei, auch wenn gewisse kirchliche Kreise gerade die sog. Jungfrauengeburt als Zeichen für Jesu besondere Göttlichkeit lesen wollen. *Symbolisch* kann man der Jungfrauengeburt gewiss einiges abgewinnen: Wenn Maria als Bild für die *Kirche* verstanden wird, dann ist sie es, die durch Gottes Geist die Erkenntnis Jesu als des Messias empfängt. Schließlich jubelt sie auch mit den Worten der kinderlosen Hannah, der dann doch noch ein Sohn (Samuel) geschenkt wurde, aus dem Alten Testament: »Meine Seele erhebt den Herren, und mein Geist freuet sich Gottes, meines Heilandes; denn er hat die

Niedrigkeit seiner Magd angesehen ...« (1. Sam 2,1–10; vgl. Lk 1,46–55). Sehr viel Historisch-Konkretes vermag ich darin nicht zu erkennen, wohl aber Parallelen zwischen dem *Selbstverständnis* des ›alten‹ und des ›neuen‹ Gottesvolkes. Das Urbild (der Archetyp) der Mutter mit dem Kinde entspricht im übrigen auch dem zur Entstehungszeit des Christentums im Mittelmeerraum verbreiteten Bild der Isis mit dem Horusknaben und anderen Gottheiten.

2.5. Eine wissenschaftlich wohl unzureichende, aber immerhin historische Reminiszenz, die eventuell die irdische Tatsächlichkeit Jesu untermauern kann, stellt hingegen die Erwähnung des römischen Statthalters *Pontius Pilatus* dar. Pontius Pilatus soll von 26–36 nach Christus römischer Präfekt (›Statthalter‹) in der Provinz Judäa gewesen sein. Dass ein *Jesus* ungefähr um 33 nach Jesu Geburt *in Jerusalem gekreuzigt* wurde, scheint eines der ganz wenigen historischen Daten zu sein, die feststehen. Dass Jesus jedoch der Messias (der Christus = der Gesalbte und damit in der alten Königstradition stehende Davidide) war, ist fromme Zuschreibung, »Gemeindebildung«, wie die Wissenschaft sagt: Fromme Juden und bald auch Nichtjuden im Mittelmeerraum sahen im Nachhinein in den umlaufenden Erzählungen über Jesus alttestamentliche Prophezeiungen (die ursprünglich ganz anderen historischen Situationen galten, aber im Laufe der Zeit mehr und mehr spiritualisiert wurden) und apokalyptische Erwartungen (die sich auf das Weltende richteten und immerhin das tatsächliche Ende Israels und seines Tempels implizierten) erfüllt. Sie sahen ihren Glauben bestätigt. Dazu dürften die Visionen der Anhänger Jesu nach seinem Tod und vor allem die Überzeugungsarbeit des bekehrten Pharisäers Paulus, der in einer Person Jude und römischer Staatsbürger war (und dementsprechend beides in einem biographischen und weltanschaulichen Kompromiss zu verbinden suchte) eine große Rolle gespielt haben.

2.6. Dass Jesus nach seinem Tod ins *Reich des Todes und der Toten* hinabgestiegen sei, entspricht Vorstellungen der hellenistischen Zeit, in der die Schriften des Neuen Testaments entstanden, und muss nicht weiter mit mythologischem Tiefsinn gefüllt werden, wie das spätere Generationen getan haben (Jesus sei zu den Toten hinabgestiegen, um auch sie zu erlösen, usw.). Die Toten ›wohnen‹ nach antiker Auffassung im Totenreich unter der Erdscheibe, eventuell bis sie daraus erlöst (auferweckt) werden. Theologisch wird dieser Satz (»… hinabgestiegen …«) von Luther als Stellvertretung gedeutet: »Für uns« – Martin Luthers Zentralformel – sei Jesus gestorben und ins Totenreich gegangen, um uns davon zu befreien. Heutige Theologie liest das »Hinabgestiegen in das Reich des Todes« oft einfach als Bekräftigung: ›gestorben, begraben, *wirklich* tot‹. Umso glänzender erstrahlt dann das Bekenntnis zur Auferstehung von den Toten. Psychologisch kann man freilich in Jesu Abstieg ins Totenreich eine Voraussetzung für umso größere Lebendigkeit und vitale *Verwandlung* sehen, indem man die Leidens- und Sterbensgeschichte symbolisch interpretiert.

2.7. Schwierigkeiten bereitet vielen Zeitgenossen heute das Bekenntnis zur *Auferstehung von den Toten*. Dass der »dritte Tag« darin vorkommt, entspricht alten Mustern der Mythologie, die selbstverständlich tiefenpsychologisch, z. B. als ›Mutterleib‹ vor der Wiedergeburt, gedeutet werden können: Jona z. B., den das Neue Testament auch in diesem Zusammenhang erwähnt, blieb drei Tage im Bauch des Fisches, bevor er an Land geworfen wurde. Dass aber ein Mensch nach drei Tagen im alltäglichen Sinne wieder lebendig aus dem Grab hervorkommt, stellt ein *fundamentalistisches Missverständnis einer symbolischen Aussage* dar. (Fundamentalisten sind nicht in der Lage, zwischen der Welt der berechenbaren Fakten und der Welt der Bedeutungen zu unterscheiden. Sie nehmen religiöse Aussagen *wörtlich*, anstatt alle sprachlichen und darstellerischen Äußerungen von Religion *im übertragenen Sinne* zu verstehen.)

Dass der Glaube an die Auferstehung der Toten – im Christentum durch den ehemaligen Pharisäer Paulus zu einer zentralen Glaubensaussage erhoben[5] – mitsamt den *Visionen* des Auferstandenen eventuell auch geeignet war, die *Trauerarbeit* der enttäuschten Messiasgläubigen nach Jesu Tod zu erleichtern, liegt nahe. So erleichtert dieser Glaube noch heute die Trauer vieler Menschen um einen lieben Angehörigen. Ohne Zweifel kommt dieser Glaube allen entgegen, die gerne leben und sich das absolute Ende ihres Daseins nicht vorstellen wollen. Und das werden die meisten sein. Dazu gehört der Glaube an bzw. die Hoffnung auf »das ewige Leben«, die auch andere Religionen teilen und teilten (z. B. schon die Ägypter).

Existential interpretiert, kann man die Auferstehung von den Toten mit Eph 5,14 verstehen: »Wache auf, der du schläfst, und steh' auf von den Toten, so wird dich Christus erleuchten.« Oder mit Goethe: »Und solang du das nicht hast, dieses Stirb und Werde, bist du nur ein trüber Gast auf der dunklen Erde.«[6] In diesen Zusammenhang gehört auch die biblische Rede von der neuen Geburt, z. B. im Gespräch zwischen Jesus und Nikodemus (Joh 3,3–10).

2.8. »*Aufgefahren in den Himmel*«: Die Apotheose des Menschen (Emporhebung des Menschen zu Gott, ›Gottwerdung‹) entspricht der göttlichen Inkarnation (›Menschwerdung‹), Himmelfahrt entspricht Weihnachten. Es gibt im christlichen Glauben eine Bewegung von ›oben‹ nach ›unten‹ und eine von ›unten‹ nach ›oben‹, vom Himmel zur Erde und von der Erde zum Himmel. Wie schon bei der Jakobsleiter im Alten Testament gibt es eine Wechselbewegung aus der *Transzendenz* in die *Immanenz* und umgekehrt. Himmel und Erde, Oben und Unten, Innen und Außen sind dabei Bilder für etwas, was eigentlich *ineinander* liegt und von uns nur *in* der Immanenz wahrgenommen werden kann. Seit alters haben sich die Menschen in den unterschiedlichsten Religionen den Sitz der Götter auf Bergen und in Wolken (also ›oben‹) vorgestellt.

2.9. Dass der Messias schließlich *»von dort wiederkommen«* wird, *»zu richten die Lebenden und die Toten«*, ist eine vorchristliche Vorstellung, wobei die Anhänger des Messias im Sinne des Christentums sich – entsprechend ihren Ängsten und Wünschen – als Begnadigte phantasieren.

Hier wird in die Zukunft verlegt, was in jedem Leben schon in der Gegenwart als ängstliche und hoffnungsvolle Auseinandersetzung zwischen schlechtem Gewissen und Urvertrauen erfahren werden kann, wenn es eben nicht abgewehrt wird, z. B. durch Verlagerung in eine ferne Zukunft. Luther erlebt dieses Dilemma auch als Vater-Sohn-Konflikt, in welchem er sich zu seinem Bruder Christus gegen den zürnenden Vater flüchtet.[7]

Diesem Christus gegenüber geloben die Getauften Treue und erneuern sie bei jedem neuen Nachsprechen des Bekenntnisses.

3. »Und an den Heiligen Geist, eine heilige christliche Kirche, Gemeinschaft der Heiligen, Vergebung der Sünden, Auferstehung des Fleisches und ein ewiges Leben«:

3.1. Die erste Christenheit erlebt und deutet jene Gemeinsamkeit und Kraft, die sie an Pfingsten wie auch sonst und überall zusammenführt und sich verständigen lässt, als den ›Geist Gottes‹, der als Sturmwind und Gottes Lebensodem schon die Schöpfung begleitet und belebt hat. – Dass Gott keine irdisch-gegenständliche Person ist, die man dingfest machen kann, war schon der frühen Christenheit klar, ebenso, dass es nicht um *gesetzliche Richtigkeiten*, sondern um *existenzielle Wahrheiten* geht (Luther spricht von »certitudo«, Gewissheit, statt »securitas«, Sicherheit). Deshalb antwortet Jesus im Johannesevangelium auf die Frage, wo denn nun der richtige Ort der Anbetung sei (und man kann das ausweiten auf die richtigen Formen der Liturgie und der Theologie, des Frömmigkeitsvollzugs und der Ethik):

»Gott ist Geist, und die ihn anbeten, die müssen ihn im Geist und in der Wahrheit anbeten.« (Joh 4,24) Für mich ist das Bekenntnis zum Glauben an den Heiligen Geist auch ein Bekenntnis zum Geist der Freiheit, der uns nicht festlegt auf bestimmte dogmatische Richtigkeiten, auf theologische und philosophische Autoritäten, die Bibel oder andere heilige Bücher, sondern der uns wie einst die Rauch- und Feuersäule dem auserwählten Volk auf seiner Suche nach einer neuen und freien Heimat (2. Mose 13,21 f.) immer *voraus* geht in eine ungewisse Zukunft hinein zu größerer Weite, Freiheit und mit einem herrlichen Blick ins offene, weite Land.

Darauf sollen sich die Getauften verlassen.

3.2. Er ist ein Geist der Gemeinschaft, der Liebe und deshalb auch der *Vergebung*, die eine *soziale* Notwendigkeit ist, der Belebung und deshalb auch des ewigen Lebens, des Lebens und deshalb auch der Auferstehung der Toten. Dass Vergebung und Geist Gottes in Zusammenhang gebracht werden, hat damit zu tun, dass die Vergebung unter Menschen nicht selbstverständlich und gar nicht leicht erscheint. Es bedarf des Glaubens an Gottes Vergebung und seines Geistes, um vergeben zu können. Deshalb heißt es im Neuen Testament: »Nehmet hin den Heiligen Geist: Welchen ihr die Sünden vergebt, denen sind sie vergeben, und welchen ihr sie behaltet, denen sind sie behalten.« (Joh 20,22 f.) Das ist von Jesus zu den Jüngern gesagt, also zu den ersten Christen, nicht etwa nur zu Priestern oder Pfarrerinnen. Es schließt unheimlicherweise auch die Möglichkeit ein, dass Menschen einander nicht vergeben.

(Bei Mt 18,18 und 16,19 wird auch noch die Entsprechung von Erde und Himmel analog 6,10 benannt, die Missverständnisse eines privilegierten ›Amtes der Schlüssel‹ ermöglicht hat.)

Darauf sollen sich die Getauften verlassen.

3.3. Als Geist der Liebe und der Gemeinschaft bzw. Gemeinsamkeit ist er der Geist der Christenheit oder der *Kirche*. Diese ist die *Gemeinschaft der Getauften*, die als Geschwister Christi und Erben des Reiches Gottes an dessen Heiligkeit teilhaben. Sie sind nicht etwa ›heilig‹, weil sie sündlos oder besonders gut wären, sondern weil sie *als böse Sünder* auf Gottes Großzügigkeit vertrauen. Ihr Zusammenkommen im Gottesdienst ist Ausdruck der spezifischen *Anbetungsgemeinschaft*, die sich »Kirche« (vom griechischen ›kyriaké‹: zum *Herrn*, dem Gott Israels, der den rätselhaften Namen JHWH trägt, bzw. dem *Kyrios* Christus, gehörig) nennt. Die ›Heiligen‹ sind also *alle* Getauften, nicht nur besonders herausragende Modellchristen (die gerade als solche *auch* ›gerecht und sündig *zugleich*‹ wären). Sie versprechen einander *Solidarität.*

Darauf sollen sich die Getauften verlassen und erneuern ihre Absicht bei jedem neuen Nachsprechen des Bekenntnisses.

3.4. Man kann natürlich fragen, ob dieser Geist der Solidarität *heute*, in einer vielfach gespaltenen und hierzulande weithin anonym gewordenen Kirche, noch wirke und ob man sich dieser vielfältigen und zerstrittenen Kirche (der drei großen Konfessionen und der vielen Freikirchen) gegenüber noch verpflichten könne. Ich halte das *nur noch bedingt für möglich*. Wenn man außerdem Gottes ›Offenbarung‹ für als in allen Religionen vorhanden und nur kulturell bedingt verschieden ansieht, dann wird der *Absolutheitsanspruch* des Christentums obsolet. Aber da man als Mensch meist nur *einer* Familie, *einem* Volk, *einer* Nation und *einem* Kulturraum zugehört, obwohl man genau weiß bzw. wissen müsste, dass die eigene Familie, das eigene Volk, der eigene Staat und die eigene Tradition *relative* Größen sind, kann man aufgrund der eigenen begrenzten Kulturzugehörigkeit nur *einer* religiösen Tradition angehören und sich mit ihr identifizieren. Wenn man dieser heute Solidarität verspricht, tut man das, jedenfalls als gebildeter Mensch, in dem Bewusstsein der Relativität dieser Tradition und ihrer jetzigen Sozialformen. Mit der *Kindertaufe* ist das nur dadurch zu vereinbaren, dass ohnehin die meisten Eltern ein magisches Taufverständnis zeigen, das mit der konfessionellen Identität wenig zu tun hat. Vielmehr geht es den Leuten um den religiös unspezifischen *Segen* für das junge Leben, den man dem Schöpfungsglauben zuordnen kann und nicht mehr wie einst bei der Erwachsenentaufe um das Bekenntnis zum Christentum. Dieses ›magische‹ Taufverständnis und Segensbegehren ist allerdings als solches nicht zu verurteilen, sondern eine durchaus berechtigte Form von Frömmigkeit. Schließlich ist alle Frömmigkeit ›magisch‹, z. B. indem sie Bittgebete an Gott richtet.

Welchen Sinn hat das Apostolikum heute noch?

1. Es formuliert zusammen mit dem (historisch jüngeren) nikänokonstantinopolitanischen (kurz: nikänischen) Credo (das bei uns an Festtagen gebetet wird) einen *christlich-ökumenischen Konsens*, der nicht aufgegeben werden sollte, wenn man denn an einem Weiterbestehen des Christentums interessiert ist.

2. Dabei kann es heute nicht mehr um vergegenständlichende Glaubensaussagen gehen, die wörtlich nehmen, was im übertragenen Sinne, also *symbolisch* zu verstehen ist.[8]

3. Nach wie vor gehört dieses Bekenntnis zur *Taufe* und kann in jedem Gottesdienst wiederholt werden, wie die Bekreuzigung mit Weihwasser zur Tauferinnerung am Kircheneingang wiederholt wird und auch evangelischen Christenmenschen nicht als ›heidnisch‹ oder ›magisch‹ ausgeredet werden sollte. (›Magisch‹ ist Religion *per se*. Jedes Bittgebet und jede Fürbitte z. B. erwarten einen gleichsam zaubernden, Wunder wirkenden Eingriff der Gottheit, jeder Glaube an Gott oder Götter, denen Allmacht über die Welt oder deren Teilbereiche zugeschrieben wird, schreibt ihnen ›magische‹ Kräfte zu, der Exorzismus ist eine magische Praxis, usw. Schon die gängigen christlichen Riten von Segnung und Bekreuzigung, Anwendung von Weihwasser und Weihrauch, aber auch von Musik lassen sich als Magie verstehen.)

4. Es ist aber wichtig, der gottesdienstlichen *Gemeinde* von Zeit zu Zeit zu erläutern, was sie da eigentlich im Credo nachspricht. Dass es weder um die sog. *Jungfrauengeburt* noch um das *Herauskommen von Verstorbenen aus ihren Gräbern* oder um eine besondere *Göttlichkeit* eines einzigen Menschen namens Jesus (der im antiken Sinne eine Art Halbgott wäre) und um andere sog. *Wunder* gehen kann, dürfte deutlich geworden sein.

5. Dass Jesu *Kreuzestod* im Apostolikum (und auch im nikänischen Credo) nicht als Opfertod, also im Sinne einer verbreiteten archaischen Vorstellung von der Besänftigung der Götter durch das Darbringen von Opfern, gedeutet wird, sei angemerkt.

6. Schließlich kann man auch überlegen, was denn wäre, wenn sich eines Tages doch herausstellte, dass Jesus eine *historisch* zu belegende Person gewesen und nachweislich leiblich von den Toten auferstanden sei. Das würde *überhaupt nichts* an der *theologischen* Sachlage ändern. Denn dass Jesus der erwartete neue David, der Messias oder der zweite Adam gewesen sei, könnten wir auch dann nur ›im Glauben‹ (›sola fide‹) wahrnehmen. Und vor allem ginge es *auch dann* darum, die *Bedeutung* der Vorstellungen vom ›zweiten Adam‹, vom ›zweiten David‹, vom ›Sohn Gottes‹ usw. zu verstehen. Ohne historische Erklärungen und ohne Hermeneutik der religiösen *Interpretation* historischer Personen oder Ereignisse wäre das in keinem Fall möglich. Das Interesse an der *Historizität* Jesu *als des Christus* halte ich deshalb von vornherein für verfehlt.

Jesus *als Christus* (Messias) bleibt eine *Kunstfigur des Glaubens*, die allmählich im Laufe der Jahrhunderte durch die Wechselwirkung von praktischer Frömmigkeit und Auslegung der Tradition entstanden ist. Die Dimension des Glaubens und (der Inhalte) der Frömmigkeit gehört empirisch gesehen in das Reich der *Phantasie*. Allerdings muss man deutlich sagen, dass Phantasie eine der wichtigsten Fähigkeiten des Menschen ist, mit deren Hilfe er sein Leben bewältigt, Erfindungen macht, Kunst hervorbringt und die Realität erlebt, deutet und versteht. Phantasie ist also in unserem Zusammenhang auf keinen Fall abwertend gemeint. Sie ist unentbehrlich. Deshalb betont schon Theodosius Harnack, ein bedeutender Erlanger Theologe des 19. Jahrhunderts, »ohne Phantasie« sei »kein Glaube an ihn (Gott) möglich«.

Im Bereich der *Empirie* hingegen wird gezählt und vermessen, beobachtet und gewogen. Hier ist Gott und sind Götter nicht zu finden. Lediglich ihre *Abbilder* sind omnipräsent. Aber gerade diese werden aus gutem Grund schon im Dekalog (in den Zehn Geboten) abgelehnt. Empirisch zu finden ist aber, *dass* Menschen fromm sind und beten, dass sie also im Kontext ihrer Kulturen Religionen hervorbringen. Religiöse *Inhalte* hingegen (Glaubensvorstellungen, Dogmen) entziehen sich jeglicher Beweisführung und Beobachtung, denn sie ›transzendieren‹ (überschreiten) ja – ihrem Selbstverständnis entsprechend, also per definitionem – gerade alle Empirie in ein ›Jenseits‹, das der Wissenschaft nicht zugänglich ist. Die ›Existenz Gottes‹ kann daher nicht bewiesen werden, folglich auch nicht die seines ›Sohnes‹. Bewiesen werden kann aber, dass Menschen einen ihrer Zeitgenossen für den Messias gehalten und diesen Glauben mit allem, was er Christen bis auf den heutigen Tag bedeutet, weitergegeben haben – *und auch, dass sich dieser Glaube weiterentwickelt hat.*

7. Das Credo als *Solidaritätsbekenntnis* zur Kirche hat *nur noch bedingt* Sinn, pflegt jedoch einen christlichen Grundkonsens. Die *Kindertaufe* hat damit kaum etwas zu tun, stellt aber eine frömmigkeitspraktische Gemeinsamkeit der großen Konfessionen dar. Die *Konfirmation* bzw. der *Konfirmandenunterricht* (vielleicht auch schon der in früherem Alter einsetzende Firmunterricht) könnte deshalb als notwendige Unterweisung in der Tradition der Kirche und als Hinführung zu einem bewussten Solidaritätsbekenntnis verstanden werden.

8. Schließlich muss noch ein Wort zum für manche sehr schwierigen Glauben an die *Dreieinigkeit* Gottes gesagt werden, die im – bereits trinitarisch aufgebauten – Credo vorausgesetzt ist und heute gerade im Dialog mit dem Islam ein Problem darstellt: Glauben wir Christen nicht doch an mehrere Götter? Diesem trinitarischen Glauben sind erhebliche theologische Auseinandersetzungen in der frühen Christenheit vorausgegangen, bis der in mancher Hinsicht umstrittene Kirchenvater Tertullian (gest. 230) die sog. Trinitätslehre erstmals formulierte. Das christliche ›Basisdokument‹ des *Vaterunsers* (Mt 6,9–13; Lk 11,2–4) enthält noch keinen Hinweis auf einen solchen Glauben. Die einzige Stelle im Neuen Testament, wo die drei Personen der Trinität vorkommen, findet sich bei Matthäus

(28,19): »Gehet hin und machet zu Jüngern alle Völker und taufet sie auf den Namen des Vaters und des Sohnes und des Heiligen Geistes!« – Die Christenheit hat das Bekenntnis zum ›dreieinigen‹ Gott später geradezu zu einem ihrer Spezifika gemacht. Deshalb schließt sie jedes Psalmgebet mit dem »Ehre sei dem Vater und dem Sohne und dem Heiligen Geiste« (dem ›Gloria patri‹). Das hat folgenden Sinn: Wir Christen beten die alten jüdischen Gebete in Kontinuität mit unseren Vorfahren im Glauben an Gott, den Vater, und zugleich im neuen Kontext unseres Glaubens an den Gott, der uns an Weihnachten seinen Messias und an Pfingsten den Geist gesandt hat, der uns über alle Gottferne und alles Kreuz hinweg tröstet und begleitet »bis an der Welt Ende« (Mt 28,20).

Die zahllosen theologischen Spekulationen darüber, wie denn nun das *Verhältnis* der drei Personen in der Einheit Gottes intellektuell zu verstehen sei, müssen uns, so meine ich, nicht besonders beschäftigen. Manch einer gewinnt dieser geheimnisvollen Überlieferung heute vor allem den Sinn ab, dass dadurch der Glaube an einen *kommunikativen* Gott ausgedrückt werden solle: Gott schweigt uns nicht an, sondern er spricht mit uns ›im Geiste‹ bzw. als Geist (»Gott ist Geist …«), wie er mit Jesus gesprochen hat und sich von ihm als »Vater« anreden ließ. Ich will das Geheimnis der Dreieinigkeit so, wie es nun einmal überliefert ist, stehen lassen und *anbetend* verwenden, aber nicht als eine dogmatische Formel verstehen, an der sich entschiede, ob jemand richtig oder falsch glaubt.

9. *Konsens*, *Kontinuität* mit der Christentumsgeschichte und dadurch *Identität* der Kirche kommen im Credo – sowohl im Apostolikum als auch im Nikäno-Konstantinopolitanum – zum Ausdruck. Deshalb muss das Glaubensbekenntnis auch weiterhin als regelmäßiges Bekenntnis der Christenheit im Gedächtnis bleiben und ausgelegt werden, wenn sich die Kirche nicht selbst aufgeben will.

Ein neues Credo?

1. Manche ziehen aus dem Gesagten und aus ähnlichen Überlegungen den Schluss, man müsse heute ein neues Credo formulieren. Ich habe da meine Zweifel. Wenn schon, müsste ein solches Glaubensbekenntnis den Kriterien interkonfessioneller Konsens, Anschlussfähigkeit an die christliche Überlieferung (Hl. Schrift und Tradition, Geschichte der Liturgie und des Glaubens, letztere von Fachleuten »Dogmengeschichte« genannt) und Beschreibung dessen, was die Essenz des christlichen Glaubens ausmacht, genügen.

Der immer wieder geäußerte und praktizierte Vorschlag, Christen sollten »ihr eigenes und persönliches Credo« formulieren, erscheint mir pädagogisch nützlich, aber bezogen auf die Kirche als Gemeinschaft der Glaubenden nicht besonders hilfreich, denn die Substanz des Apostolikums besteht in den grundlegenden *Gemeinsamkeiten*, die Christenmenschen verbinden und die gemeinsame Überlieferung zum Ausdruck bringen. Subjektive Credo-Formulierungen bleiben hingegen unverbindlich und werden sich letzten

Endes doch auf die Tradition beziehen, aber wesentliche Elemente daraus beliebig verwenden. Man kann, ja muss gewiss individuelle Varianten dieses Glaubens realisieren, aber man kann sie nicht zur Grundlage *gemeinsamen* kirchlichen Glaubens machen. Man kann auch nicht ohne die Gemeinschaft der Kirche Christ sein. »Extra ecclesiam nulla salus« (»Außerhalb der Kirche kein Heil«, Cyprian von Karthago, 200–258 n. Chr.): Auch wenn dieser Satz in einer ganz konkreten Anfechtungssituation der Kirche entstanden ist, entspricht er doch einer allgemeinen anthropologischen Realität. Religion ist immer Ausdruck einer *gemeinsamen* Kultur und Ausdruck ihrer Weise, die Gottheit anzubeten und die Banalitäten des Alltags zu transzendieren. Individuelles Frommsein reicht nicht aus, weil es das Bedürfnis nach Zugehörigkeit als eine Wurzel von Religiosität ausblendet.

2. Da es in der Christenheit starke konservative Gruppierungen gibt, in erster Linie vor allem die beiden großen Konfessionen der römisch-katholischen Kirche und der ostkirchlichen Tradition, abgesehen von großen freikirchlichen Gruppierungen im Protestantismus, müsste ein *dogmatischer Konsens* mit ihnen erreicht werden. Das scheint heute noch in weiter Ferne. Dies ist umso bedauerlicher als das Apostolikum eine *Konsensformulierung* der alten Kirche darstellt, die von allen wichtigen christlichen Gruppierungen auch heute akzeptiert wird.

3. Es scheint mir daher sinnvoller, in der Frömmigkeits-*praxis* möglichst viel gemeinsam zu tun. Kirche als *Anbetungsgemeinschaft* kann Gemeinsamkeit in der Feier des Gottesdienstes praktizieren. Allerdings lässt sich das derzeit aufgrund dogmatischer Vorbehalte der römisch-katholischen und orthodoxen Kirchen, die von ihrem dogmatistischen und juridischen, also aus meiner Sicht abergläubischen, Kirchen- und Wahrheitsverständnis nicht lassen wollen, nur unter Ausschluss des Altarsakraments realisieren. Das ist ein Defizit an zentraler Stelle. Es sind im Übrigen viele Unterschiede in der *Form* denkbar, weil religiöse Ausdrucksformen und dogmatische Definitionen durch soziokulturelle und ökonomische Faktoren *historisch bedingt* sind. *Interkonfessionalität* und *Interreligiosität* sind die notwendige Konsequenz. Es wäre jedoch fatal, daraus abzuleiten, dass die traditionellen liturgischen Formen aufgegeben werden könnten. Sie bleiben als erprobte Träger der Überlieferung ebenso Bestandteil kirchlichen Frömmigkeitsvollzugs wie das Credo selbst.

4. Verschiedene Frömmigkeits*stile* (z. B. katholische Volksfrömmigkeit in Niederbayern oder – ganz anders geartet – in Südamerika, evangelikale Formen, kollektive Anbetung und individuelle Tempelbesuche in anderen Religionen) lassen sich jedoch erst dann friedlich aufeinander beziehen und tolerant akzeptieren, wenn der Stellenwert dogmatischer Festlegungen in seiner historischen und kulturellen Relativität erkannt und damit nicht länger als grundlegende Voraussetzung für religiöse Verständigung betrachtet wird. Dies ist dann der Fall, wenn die *ästhetische Qualität* der

Religion höher bewertet wird als deren mythologische und dogmatisierte Inhalte. Auch davon sind wir noch weit entfernt.

5. Ob Hans Küng recht hat, der internationale, interreligiöse und interkonfessionelle Verständigung über ein »Weltethos« erreichen möchte, scheint mir zweifelhaft. Denn Ethik ist eine Sache der Rationalität und nicht der Frömmigkeit, auch wenn sie sich daraus ergeben kann bzw. innerhalb der Religionen daraus abgeleitet wird. Hier zeigt sich letzten Endes ein Unterschied des katholischen und des evangelischen (lutherischen) Ansatzes: Denn die Verbindung von Ethik und Glaube ist im Katholizismus – ebenso übrigens im Calvinismus – zweifellos oft enger als im Luthertum, wo die Unterscheidung von Glaube und Werken sowie von Gesetz und Evangelium von fundamentaler Bedeutung ist, so dass das ›Dogma‹ kaum über das ›Ethos‹ erreicht werden kann.

6. Die paulinische Reihenfolge von *Indikativ und Imperativ* ist unumkehrbar. Daran ändert die unbezweifelbare Tatsache nichts, dass auch in der (rudimentären) evangelischen Volksfrömmigkeit und Auffassung von ›Religion‹ oftmals geradezu eine Gleichsetzung von Moral und Frömmigkeit erfolgt. Dass viele Menschen über ein gesetzliches Verständnis von Frömmigkeit und Glaube nicht hinauskommen, hat mehr mit Entwicklungspsychologie als mit Verständnis des Evangeliums und mit Theologie zu tun. Das heißt, Menschen sind mit dem paulinisch-lutherischen Pathos von Freiheit und Mündigkeit der ›Kinder Gottes‹ oft überfor-

dert. Ob man deshalb hinter die Einsichten des Apostels und des Reformators zurückgehen sollte, scheint mehr als zweifelhaft. »Zur Freiheit hat uns Christus befreit. So steht nun fest und lasst euch nicht wieder das Joch der Knechtschaft auflegen!« (Gal 5,1)

Die Bedeutung des Credos und der christlichen Überlieferung für die Zukunft

1. Das Selbstverständnis des Christentums als *neues Gottesvolk* geht auf die *Erweiterung* der religiösen Vorstellungen des jüdischen Glaubens von einer Nationalreligion zu einer internationalen Glaubensgemeinschaft zurück. Wie aus einer Stammesreligion die Religion eines Volkes geworden war, so nun aus einer Volksreligion eine Menschheitsreligion. (Das meint auch der Begriff ›katholisch‹ = weltweit, allumfassend.) Das schließt eine *Überwindung* des Freund-Feind-Denkens ein. Kriege sind daher für Christen überhaupt keine Option zur Lösung von Konflikten, Eroberungskriege Verbrechen gegen die Menschlichkeit.

2. Mit dieser Öffnung in die Weite der Menschheit hinein geht eine Erweiterung des Verständnisses der alten religiösen Handlungen und Symbole einher. Sie werden zunehmend spiritualisiert und im übertragenen Sinn interpretiert, so z. B. das Opfer (bis hin zu der – wäre sie nicht symbolisch zu verstehen – absurden Idee der Opferung des Gottessohnes bzw. Gottes selbst).

3. Das Christentum hat prinzipiell das alte *Wahrheitsverständnis* überwunden. Die alten Mythen sind nun historisch bedingte ›Sprachen‹ einer begrenzten Kultur, Dialekte der Frömmigkeit. Sie entwickeln sich auf eine ›Weltsprache‹ hin, die dem Phänomen der Transzendenz bzw. des Transzendierens als eines Humanum weltweit zum Ausdruck verhelfen will. Religiöse Differenzen sind *Sprachdifferenzen*, die man durch *Übersetzung* überwinden kann. Soweit sie sich als unüberwindbar erweisen, hat das mit der Befürchtung eines Verlustes kultureller Heimat zu tun, die als Bedrohung der eigenen Identität erlebt wird und ängstigt. Daher will man lieber die eigene kulturelle Heimat durch Mission vergrößern als sie in der Begegnung mit anderen Kulturen und Religionen aufs Spiel setzen.

4. Damit erweisen sich jeder *Wahrheitsanspruch* und jede *Überlegenheitsbehauptung* nur einer Kultur und ihrer Religion oder Konfession als kurzschlüssig. Theologische Streitigkeiten um *die* alleingültige Wahrheit führen deshalb ins Abseits, ja sie unterstützen feindselige Auseinandersetzungen und Kriege. Es geht nicht um die abstrakte allgemeingültige Wahrheit einer Religion, sondern um *Verstehen und Verständigung*. Dazu dient Theologie. Es ist daher völlig abwegig, *eine* Konfession *einer* Religion als die schlechterdings im Besitz der absoluten Wahrheit befindliche zur ›Leitreligion‹ der Welt machen zu wollen. Eine Kirche, die das Credo als wörtliche Definition der absoluten Wahrheit festschriebe und verstünde, machte aus dem Bekenntnis des Glaubens in fundamentalistischer Manier eine Ideologie.

5. Verschiedene *ästhetische Ausdrucksformen* von Religion wird man unter der Voraussetzung kultureller Relativität aber nicht nur tolerieren, sondern als Bereicherung begrüßen dürfen. Es erscheint deshalb kleinkariert und provinziell, puritanische Gottesdienstformen (wie die calvinistische) gegen eine reichhaltige und festliche Liturgie (wie die der römisch-katholischen und erst recht der ostkirchlichen Messe) oder die karge und strenge Zenmeditation gegen den Reichtum der hinduistischen Götter- und Symbolwelt ausspielen zu wollen. Friedrich D. E. Schleiermacher meinte: »Religion und Kunst gehören zusammen wie Leib und Seele.«

6. *Musik und andere Künste* sind bereits weiter als Religionen, die sich dogmatisch festgelegt haben. So erscheint es heute nicht mehr als Problem, in einer evangelischen Kirche das Requiem Verdis aufzuführen oder in einer katholischen Bach zu spielen. Mithilfe der Weltsprache der Musik lässt sich eine internationale und interreligiöse Kommunikation herstellen, die die engen Grenzen kleinlicher Rechthaberei hinter sich lassen kann.

So hat beispielsweise und beispielhaft Daniel Barenboim mit seinem verstorbenen ägyptischen Freund Edward Said die Barenboim-Said-Stiftung gegründet und mit einem internationalen Jugendorchester, »West-Eastern-Divan-Orchestra« genannt, das Juden und Araber vereinigt, jene tief sitzenden Feindseligkeiten, die das Miteinander der Völker im nahen Osten so unerträglich erscheinen lassen, wenigstens in einem Zusammenhang und unter den beteiligten Musikerinnen und Musikern, aber auch Hörerinnen und Hörern (z. B. in Ramallah) als eine Realutopie schon überwunden (aber leider auch bei den ewig Unverbesserlichen und Konservativen in Israel erst recht angefacht).

7. Der allen religiösen und politischen Vorstellungen und Dogmen übergeordnete Begriff heißt *Menschlichkeit*. Damit kommen wir nun doch in die Nähe der Absichten, die Hans Küng mit dem Projekt »Weltethos« verfolgt. Ich denke nur: *Religion und Evangelium sind nicht mit Ethik und Moral gleichzusetzen.* Dieses Missverständnis liegt immer wieder nahe. Und: Ein Ethos lässt sich nicht konstruieren, wenn es nicht von einem tiefen Glauben, der Vertrauen meint, unterfüttert und mit tiefen Emotionen der Liebe verbunden ist. Das Küng'sche Projekt bedürfte jedenfalls auch emotionaler Kategorien, die stärker sind als jene Emotionen, die immer wieder Nationalismus, Fundamentalismus und Egoismus einzelner Interessengruppen stützen, ja hervorbringen. Dazu gehören Angst und Gier, Unsicherheit und der Wunsch nach Zugehörigkeit.

8. Das *Gebet der Menschheit*, in mannigfachen Traditionen und kultischen Ausdrucksformen überliefert, ja die betende Menschheit selbst bedarf der *Kunst*, die Grenzen und Egoismen, Sprachbarrieren und Feindseligkeiten überwindet. Wo sich Religionen, politische Anschauungen und wirtschaftliche Interessen *ideologisch* und folglich *intolerant* gebärden, sind sie selbst nicht länger zu tolerieren und jedenfalls mit größter Wachsamkeit zu beobachten.

9. *Menschlichkeit* umfasst wesentlich mehr als *Ethos* (›Sitte‹, Verhalten und Verhaltensregeln) und *Dogma* (Erkenntnis und Lehre): Der *Logos* (Wort, Sinn, Kreativität, Ästhetik, Wahrnehmung und Anschauung) gehört unbedingt dazu. Und dieser geht nicht in pragmatisch umsetzbaren, etwa politischen, Erkenntnissen und Regeln auf, sondern schließt alle Bereiche der Wahrnehmung ein. Deshalb ist die Kategorie einer weit gefassten *Ästhetik* für das Verständnis und die Feier des Credo unverzichtbar. »Den endgültigen Vorrang im Gesamtbereich des Lebens soll nicht das Tun haben, sondern das Sein.« (Romano Guardini, vgl. Erich Fromm)

10. Wie radikal auch immer der Bruch mit der Vergangenheit ausfallen muss, so notwendig bleibt im Interesse einer stabilen *Identität* eines einzelnen Menschen wie ganzer Gruppen doch die *Erinnerung* an die kulturelle und damit auch religiöse Herkunft. Die Fragen nach der *Tradition* – »*Woher* komme ich, kommen wir, *wie* bin ich, sind wir hierher gekommen?« – und ihre Beantwortung sind als Basis für den Aufbruch in die Zukunft – »*Wohin?*« – in jedem Augenblick unerlässlich. Deshalb bleibt das Apostolikum als eine Bezugsgröße, ein wichtiger Teil von »Schrift und Bekenntnis«, wie man unter Theologen sagt, um Bibel und kirchliche Glaubenstradition zusammenzufassen, unverzichtbar, solange es das Christentum gibt.

---

[1] Die Ostkirchen bevorzugen das Credo der Konzile von Nikäa und Konstantinopel (kurz ›nikänisches Glaubensbekenntnis‹ genannt), das ebenfalls in unseren Agenden und Gesangbüchern zu

finden ist und an Festtagen gebetet bzw. gesungen wird. Im Unterschied zum Apostolischen Glaubensbekenntnis zeigt sich hier bereits eine Weiterentwicklung des ursprünglichen Verständnisses von Jesus: Er wird jetzt als »Gott von Gott« verstanden und der übrigen Menschheit gegenübergestellt. Martin Luthers Glaubenslied (EG 183), das lutherische Christen gerne statt des gesprochenen Credos singen, ist als Teilstück einer deutschen Singemesse (»Missa cantata«) gedacht, bei dem der Liturg jeweils die erste Zeile intoniert und die Gemeinde dann einfällt.

[2] Die geschwisterlichen Wahrnehmungen Gottes verweisen uns auf die Gestalt Jesu und die Christologie, um die es im Zweiten Artikel des Credos geht.

[3] C. G. Jung, Versuch einer psychologischen Deutung des Trinitätsdogmas, in: Ders., GW 11, Zürich 1963, 119–218; speziell 179 ff. u. in anderen Texten zur Religion.

[4] Nach M. Kroeger, a. a. O., (s. Lit.-Verz.) 77.

[5] Die Pharisäer glaubten leidenschaftlich an die Auferstehung der Toten, die Sadduzäer jedoch hingen der älteren Auffassung des Judentums an, in der es diesen Glauben noch nicht gab.

[6] Selige Sehnsucht, in: J. W. v. Goethe, West-östlicher Divan, 1819.

[7] Zu Luther vgl. in diesem Zusammenhang Erik H. Erikson, Der junge Mann Luther, Reinbek 1970. Zu den Jesus-Vorstellungen des Christentums vgl. den knappen und präzisen Artikel von Wolfgang Stegemann: Magier, Heiler oder Prophet? In: Publik – Forum 2007, Nr. 18, 42–44.

[8] Es ist mir bewusst, dass der Ausdruck ›symbolisch‹ mehr bedeutet als ›im übertragenen Sinne‹. Er kann eine neue und ganz andere Wirklichkeitsdimension bezeichnen und realisieren.

6. Das Rätsel: Gott

Ein Rätsel

Das Rätsel, um das alles kreist, was die Inhalte unseres Glaubens ausmacht, nennen wir »Gott«. Wenn Dietrich Bonhoeffer sagt, einen Gott, den es gebe, gebe es nicht, und ich ihm zustimme, dann wird es vielleicht verwundern, dass ich nun sage: *Und es gibt ihn doch!* Es gibt ihn, weil ich an ihn glaube und zu ihm bete. Naturwissenschaftlich betrachtet spielt sich das aufgrund meiner religiösen Phantasien, zu denen ich erzogen wurde, ab; phänomenologisch aber ist es einfach so, dass ich, wie viele andere auch, fromm bin und Gott liebe, wie ich meine Eltern geliebt habe und noch immer liebe, wenn ich mich an sie erinnere.

Alle wollen wissen, manche *meinen* sogar zu wissen, wer Gott sei – ja, was er wolle und was seine Absichten seien. Von Kanzeln hört und in Kirchenblättern liest man: »Gott will …«. Dabei ist es äußerst zweifelhaft, ob das, was Einzelne für Gottes Willen halten, nicht vielmehr ihr eigener Wille ist, den sie gerne anderen oktroyieren oder für den sie werben wollen. Die deutsche Vokabel »Gott« ist jedenfalls kein Eigenname für einen ganz bestimmten, etwa den jüdisch-christlich-islamischen, Gott, sondern eine Gattungsbezeichnung, von der man einen Plural bilden kann: »Götter«. Sie sagt inhaltlich nichts aus – außer, dass es sich um einen Gott und nicht um einen Menschen, ein Tier oder sonst etwas in unserer Welt, das man beschreiben und vermessen könnte, handelt. In der Christenheit ist selbstverständlich der dreieinige Gott, Vater, Sohn und Heiliger Geist, gemeint. Ich bin jedoch allmählich immer vorsichtiger geworden: »Was Gott ist, wird in Ewigkeit kein Mensch ergründen; doch will er treu sich alle Zeit mit uns verbünden.« (Angelus Silesius) Der Zürcher Reformator Ulrich Zwingli sagt: »Was Gott an und für sich ist, wissen wir so wenig als ein Käfer weiß, was ein Mensch ist.« Und Martin Luther meint, Gott sei entweder in Jesus Christus – der unser Mitmensch war und den wir in seiner Menschlichkeit, seinem Verhalten und Leiden verstehen können – zu finden oder gar nicht. Die jüdischen Frommen in vorchristlicher wie heutiger Zeit wissen, dass der Gottesname JHWH (man weiß bis heute nicht sicher, wie er zu übersetzen sei), mit dem man ihn schließlich unter Freunde oder Feinde einreihen könnte, *tabu* ist. Sie lesen daher, wo immer er steht, »HERR« oder nennen ihn anders als er eigentlich heißt, z. B. »Herr der Heerscharen«, »Gott unserer Väter«, »Der Heilige« u. a. Jesus nennt ihn im Neuen Testament »Vater«. Soweit er mit dem Sohn, Jesus Christus, also mit einem Menschen identifiziert wird, nennt man ihn auch »Bruder«. In unterschiedlichen Situationen unseres Lebens werden wir uns Gott unterschiedlich vorstellen und ihn unterschiedlich in Anspruch nehmen. Über sein ›Wesen‹ oder seinen ›Willen‹ sagt das aber nichts, sondern nur über uns und unseren Zustand, unsere Wahrnehmung und unsere Bedürfnisse. Wer ›er‹ wirklich ist, wissen wir nicht, obwohl wir zu ihm beten und von Jugend an von ihm gehört haben. *Die einzig plausible Antwort auf das Rätsel Gott ist, dass wir an ihn glauben.*

Das tun die Menschen je nach Kultur und Geschichte auf die unterschiedlichste Weise. Dabei ist der *Polytheismus*, in welchem viele Gottheiten verehrt werden, eine leicht nachzuvollziehende Frömmigkeitsform, geht es doch einfach darum, sich in den verschiedenartigsten Zusammenhängen und Notwendigkeiten des individuellen und kollektiven Lebens geistliche Hilfe von personifizierten Kräften, die größer als wir selbst und unsere Weltwahrnehmung sind, zu erhoffen und entsprechend vorzustellen. Dies in jeder Situation stets nur auf den EINEN Gott, der noch dazu unvorstellbar und unnennbar ist, zu beziehen, erfordert ein hohes Abstraktionsvermögen. Mir will auch scheinen, dass die *monotheistischen* Religionen, vor allem Judentum und Islam, ihren einzigen Gott nur deshalb so radikal durchhalten können, weil er zugleich das Symbol für ihren politischen und religiösen Exklusivitätsanspruch darstellt. Der ägyptische Pharao Echnaton (ca. 1353–1336 v. Chr.) und seine (vielleicht auch narzisstisch, d. h. durch Eitelkeit gefärbten) Projektionen auf die Sonne als den wahren und zentralen Gott, auf welche manche Religionsgeschichtler (wie übrigens auch Sigmund Freud) den Monotheismus als auf *eine* seiner Wurzeln zurückführen möchten, hat seine Einsichten und Erkenntnisse denn auch gegen die Volksfrömmigkeit durchgesetzt, so dass seine Nachfolger alsbald zur *vor*monotheistischen Religiosität zurückkehrten. Das Christentum kann einem in diesem Zusammenhang als eine Art Mischform aus Monotheismus und Polytheismus erscheinen, obwohl es stets energisch behauptet hat, nur den *einen* »Gott und Vater Jesu Christi« zu verehren. Immerhin wurde Jesus, geglaubt und verehrt als der wiedergekommene und (mit Judentum und Islam) am Ende der Zeiten erwartete Messias, allmählich zum Gott: »sitzend zur Rechten des Vaters«. Immerhin hat man der an Konkretem interessierten Volksfrömmigkeit durch Heiligenverehrung, Marienkult, Verehrung der Engel und Furcht vor Dämonen Genüge getan. All das ist eine *Verkleinerung* (die Theologen sprechen z. B. von der »Kenosis« Gottes, seiner »Selbstentäußerung« nach Phil 1,6 f.) des einen Gottes, der uns nur fragmentarisch und partiell, eben ganz klein – *unserer* Kleinheit entsprechend – zugänglich ist. So verstehe ich auch die polytheistischen Religionen. Die äußerst komplizierte Lehre von der Dreifaltigkeit – Vater, Sohn, Heiliger Geist als drei in Einem – vermag im Übrigen nur scharfsinnige (um nicht zu sagen: spitzfindige) Theologen davon zu überzeugen, dass es sich hier um eine monotheistische Religion handele.

Ein Geheimnis

Ich stelle mir zwar Gott in konkreten Situationen, in denen ich mit ihm spreche, ihn um Hilfe bitte, befrage, ihm mein Leid klage oder ihn verehre und lobpreise, durchaus konkret vor: ungefähr so wie meinen Großvater, den ich als Kind noch im Talar und auf der Kanzel, aber auch als gütigen ›Opa‹ erlebt habe, oder wie meinen Vater, der ein äußerst ausgeglichenes und ausgleichendes Wesen hatte und mich stets beruhigte. Aber andererseits schätze ich sehr die *leere Mitte* im Kreise Meditierender, vor der man sich beim Hereinkommen und Weggehen verneigt. Sie bleibt jedoch *prinzipiell undefiniert.* Hier können verschiedene Menschen Gott gleichzeitig auf unterschiedliche Weise wahrnehmen – oder auch nicht. Denn hier ist ein *Freiraum* der Stille, der Leere und gegenseitiger Akzeptanz. Dieser offene Raum im Zentrum wird von manchen nur schwer ertragen: Sie füllen ihn mit Blumen, Kerzen, Figuren usw. – und wäre es ein (heiliges?) Buch. Man nennt das dann »gestaltete Mitte«. Damit wird nicht nur eine Grenze zwischen den im Kreis Sitzenden oder Stehenden errichtet, sondern auch der Raum blockiert, der »dem unbekannten Gotte« (Apg 17,23) allein vorbehalten ist. Ähnliches geschieht beim Schweigen in einer Kirche: Manche halten es keine zwei Minuten aus und beginnen alsbald ein munteres Gespräch, wenn nicht gerade Musik erklingt oder wenn nicht Pfarrerin oder Priester das Wort ergreifen. So wird auch während des Abendmahls oft Musik gemacht; es darf keine Stille aufkommen. Aber *so* kann Gott nicht vernommen werden. Das heißt keineswegs, dass Musik das Hören auf Gott in jedem Falle unmöglich mache – im Gegenteil. Nicht zu Unrecht hat man Johann Sebastian Bach den »fünften Evangelisten« genannt. Es kommt auf die Situation und auf die jeweilige Funktion der Musik wie anderer Künste an. Es ist übrigens ein rationalistischer Unfug, Musik im Kirchenraum nur dann gelten zu lassen, wenn sie mit dem biblischen Wort oder mit Ansprachen der Pfarrerschaft und anderer Redner oder Rednerinnen verbunden, also inhaltlich eindeutig theologisch qualifiziert sei.

Jedenfalls gilt grundsätzlich und trotzdem: *Kirchen sind Schweige- und Meditationsräume.*

Schweigsame Ehrfurcht ist die angemessene Haltung gegenüber einem Gott, der größer ist als alles, was wir sind, erkennen und lieben. Mit der Ehrfurcht soll das *Vertrauen* einhergehen. Es stellt das Gleichgewicht her zwischen Distanz und Nähe, das wir brauchen, um vor dem übergroßen Gott nicht zu vergehen.

> *»Warum geben wir uns hin*
> *jenem eitlen Grauen?«,*

fragt der Arzt und Dichter Hans Carossa und fährt fort:

> *»Lasst uns doch mit höchstem Sinn*
> *dem Gestirn vertrauen,*
> *das zwar ewig nicht vernimmt*
> *unser Jubeln, Klagen,*
> *doch sein Licht so milde stimmt,*
> *dass wir es ertragen!«*

Mag es mit »dem Gestirn« sein, wie es wolle – des monotheistischen Pharao Echnaton Sonnengott ist nicht so weit weg vom jüdisch-christlichen Glauben, wie es scheinen mag: »Gott, der Herr, ist Sonne und Schild« (Ps 84,12), oder: »Wie schön leuchtet der Morgenstern« (EG 70,1; vgl. u. v. a. 4. Mose 24,17: »Es wird ein Stern aus Jakob aufgehen«) –, mag es unser Jubeln und Klagen vernehmen oder nicht (ich glaube, ›es‹ vernimmt es *doch*), entscheidend ist in unserem Zusammenhang, dass es »sein Licht so milde stimmt, dass wir es ertragen«. Der Pfarrer und Liederdichter Paul Gerhardt (1607–1676) drückt das so aus:

> *»Mein Jesus ist mein Ehre,*
> *mein Glanz und schönes Licht.*
> *Wenn der nicht in mir wäre,*
> *so dürft und könnt ich nicht*
> *vor Gottes Augen stehen*
> *und vor dem Sternensitz;*
> *ich müsste stracks vergehen*
> *wie Wachs in Feuershitz.«*
> (EG 351,4; vgl. Offb 1,16)

Jesus, ein Mensch wie du und ich, der uns eine geradezu familiäre Nähe zu Gott beigebracht hat, wird im Christentum oft als Mittler zwischen dem übergroßen Gott und dem allzu kleinen Menschen verstanden. Nach der Erfahrung des Paulus und anderer biblischer Zeugen wirkt er *in* uns, so dass wir zu jenem Rätsel und Geheimnis, das wir Gott nennen, »Vater« sagen dürfen. In uns ist ›etwas‹, das es uns ermöglicht und uns ermutigt, »Unser Vater« zu beten, ohne der Größe der kosmischen Schöpferkraft auch nur irgendwie gewachsen zu sein. Der unendlich erscheinenden Distanz zwischen Gott und Mensch entspricht eine unendlich große Nähe. Sie darf allerdings nicht mit einer billigen Kumpanei verwechselt werden. »Gott ist anders« (John A. T. Robinson), und die Ehrfurcht muss bleiben. Dass das Thema ›Gott als Vater‹ gerade in Zeiten einer »vaterlosen Gesellschaft« (Alexander Mitscherlich) noch ganz andere Aspekte aufweist, sei hier nur angemerkt. Gegen den väterlichen Zug der Gottheit zu polemisieren und sofort seine *Mütterlichkeit* ins Spiel zu bringen, wäre gerade in diesem Zusammenhang kaum angebracht, macht es doch allzu deutlich, wie sehr unsere Vorstellungen von Gott unseren narzisstischen (ichbezogenen) Interessen entsprechen. Aber selbstverständlich dürfen sich Menschen, denen Gottes Mütterlichkeit wichtig ist – vielleicht, weil sie mit ihrer Mutter bessere Erfahrungen gemacht haben als mit ihrem Vater –, Gott auch als Mutter vorstellen. Dafür gibt es einige biblische Belege (z. B. Jes 66,13). Er ›ist‹ schließlich weder Mutter noch Vater, Bruder oder Schwester, sondern größer und anders. Gott ist kein Mensch, auch wenn ihn ein Mensch uns auf neue Weise nahe gebracht hat.

Weil Gott kein Mensch ist, sind alle Aussagen, die ihn als gut oder böse, liebevoll und streng, gnädig oder zornig beschreiben, als *anthropomorph* (analog zu menschlichen Verhaltensweisen) zu verstehen. Wir können uns ihn eben nicht anders vorstellen. Aber schon die Vorstellung, dass Gott ins Leben rufe *und* Leben vernichte, in dem er alles Leben wieder sterben lässt, übersteigt menschliches Verhalten. Dass unsere Welt und unser einzelnes Leben *endlich* sind, bringt uns täglich an eine rätselhafte, wenn auch leicht einzusehende, Grenze. Wir können uns schließlich auch keine Erde vorstellen, auf der alle Menschen und anderen Lebewesen, die es jemals gegeben hat, gleichzeitig leben und sich auch noch vermehren. Endlichkeit ist für unseren endlichen Verstand notwendig. Diese und andere Aporien lassen es geraten erscheinen, viele Vorstellungen von Gott entweder aufzugeben oder wenigstens in ihrer Relativität zu erkennen. Ich stelle mir Gott je nach Situation ganz verschieden vor, verneige mich aber auch gerne vor jener *Leerstelle* in der Mitte – in Kirchen und Tempeln symbolisiert durch den Altar, ein heiliges Buch bzw. Torarollen, die Gebetsnische (Michrab) o. Ä. –, die der Gottheit, die die Welt am Leben erhält und begrenzt, ihren Platz freihält.

Gott ist eben *anders*. Denn »Gott ist Geist. Und die ihn anbeten, die müssen ihn im Geist und in der Wahrheit anbeten.« (Joh 4,24) Ihn auf absolute Güte oder auf den gerechten Richter usw. festzulegen, hieße eigene – biographisch bedingte – Bedürfnisse zum Glaubensmaßstab für alle zu machen. Gott als *Geheimnis* zu begreifen, heißt ihn ehrfürchtig und ohne übergriffig zu werden zu verehren. Es heißt auch, seine Gegenwart in allen Religionen anzuerkennen. Und es heißt, seine *Verborgenheit* – Luther sprach vom »Deus absconditus« – zu akzeptieren.[1] Die Christenheit führt das Geheimnis allerdings noch weiter: »*Geheimnis des Glaubens!* Deinen Tod, o Herr, verkünden wir. Und deine Auferstehung preisen wir, bis du kommst in Herrlichkeit«, singt sie beim Abendmahl nach den Einsetzungsworten (EG 189). Hier wird das Geheimnis des Glaubens auf Tod und Auferstehung des Messias, der wiederkommen wird, bezogen. Ich singe diesen Vers sehr gerne mit, weil er eben das *Geheimnis* von Religiosität und Frömmigkeit artikuliert. Ich singe es auch gerne, weil Tod und Auferstehung mir geheimnisvoll erscheinen und *Hoffnung* machen. Ich habe aber Zweifel, wenn »der Herr« als Jesus und dieser als Messias zum einen als Person des dreieinigen Gottes und damit zum anderen als von uns übrigen Menschen unterschieden wird. »Gott als Geheimnis der Welt« (Eberhard Jüngel) – ja! Aber ob dieses Geheimnis nun unbedingt in der üblichen Weise christlicher Theologien – Gott sei ja Mensch geworden und uns auf diese Weise höchst konkret begreifbar und greifbar – so einfach gelüftet werden kann, wie das manchmal unter Christenmenschen geschieht, halte ich mindestens für fraglich. Es kommt mir vor wie die »billige Gnade«, von der Dietrich Bonhoeffer gelegentlich gesprochen hat. Ein harmlos-netter, lieber, immer gnädiger und vergebender Gott ist nur der halbe Gott. Da würde ein Teil der *Realität* unseres Lebens ausgeblendet, welches oft genug unbegreiflich, deprimierend und enttäuschend, kränkend, voller Fragen und schließlich immer tödlich ist. Auch wenn die so genannte ›Theodizeefrage‹ – »Wie kann Gott so etwas Grauenvolles zulassen?« – unrealistisch ist, indem sie nämlich einen nur guten und lieben, aber dennoch allmächtigen Gott voraussetzt und damit Realität in gut und böse spaltet, so entspricht sie doch der menschlichen, aber auch ein wenig kindlichen *Sehnsucht* nach einer guten und gerechten Welt und nach einem ewigen Leben, das uns von außen gegeben werden soll. Wir müssen, so vermute ich, lernen, dass *nicht Gott* ungerecht ist, sondern dass *wir* böse sind, ungerecht, habgierig, gewalttätig – Kriege sind Habgier kombiniert mit Gewalttätigkeit schlechthin –, verantwortungslos, bequem und unterwürfig. Es liegt doch an uns Menschen, diese Welt gerechter und friedlicher zu machen, selbst weniger egoistisch zu handeln und entschlossen-energisch weniger Egoismen anderer zuzulassen. Dazu ist es u. v. a. nötig, dass alle Bürgerinnen und Bürger lernen, politisch wach zu sein und sich mitverantwortlich zu fühlen für das, was um uns herum geschieht. Aus dieser Untertanenmentalität wollten uns schon Jesus (u. a. nach Mk 2,27 f.) und Paulus (z. B. Gal 5,1) befreien. Brave christliche Untertanen sind nicht das, was ich unter mündigen Frommen verstehe. Aber damit sind wir schon weit weg vom »Geheimnis des Glaubens«, so scheint es jedenfalls, und bei den gar nicht geheimnisvollen Auswirkungen des Respekts vor dem »Geheimnis des Glaubens« (vgl. u. a. auch 1 Tim 3,16), der uns dazu bringt, unsere eigene Verantwortung für diese Welt nicht leichtfertig an ›Papa und Mama Gott‹ abzugeben.

Gott ist heilig

Respekt gegenüber Gott bedeutet *Abstand*. Heiligkeit ist fast gleichbedeutend mit Tabu. Gott ist tabu. Wir können ihn nicht erreichen, nicht berühren, nicht sehen. »Denn er allein ist heilig, er ist allein der Herr« (vgl. EG 180,1). »Heilig, heilig, heilig ist Gott, der Herr der Heerscharen.« (Jes 6,3) Wer diese Heiligkeit auch nur erahnt oder einen kleinen Rocksaum davon zu schauen bekommt, meint zu vergehen. Deshalb ist der unendliche Abstand Gottes nicht in erster Linie ein Unglück für uns, sondern ein Segen, der uns schützt. Dass wir Gottes Heiligkeit aber erahnen und durch sie hindurch Gott anbeten, verehren und preisen können, hat Folgen, z. B.: »Sei nicht schnell mit deinem Munde und lass dein Herz nicht eilen, etwas zu reden vor Gott. Denn Gott ist im Himmel, und du bist auf der Erde. Darum lass deiner Worte wenig sein.« (Pred 5,1) Daran erinnert die Bergpredigt (Mt 6,7): »Wenn ihr betet, sollt ihr nicht viel plappern wie die Heiden …« An heiliger Stätte soll man die Schuhe ausziehen, wie es die Muslime noch heute tun: »Ziehe deine Schuhe aus; denn die Stätte, darauf du stehst, ist ein heiliger Ort.« (2. Mose 3,5)

Weil Gott heilig ist, sind auch die, die ihn verehren, heilig. Das ganze Volk, das den Gott des Mose anbetet, soll »ein Königreich von Priestern und ein heiliges Volk« (2. Mose 19,6) sein. Die Christen, die sich später als internationale Nachfolger des alten nationalen Gottesvolkes verstehen und dem ›alten Bund‹ einen ›neuen Bund‹ zwischen Gott und seinem heiligen Volk hinzufügen werden, wenden diese Verheißung auf sich an: »Ihr aber seid das auserwählte Geschlecht, die königliche Priesterschaft, das heilige Volk, das Volk des Eigentums (das Gott gehört), dass ihr verkündigen sollt die Wohltaten dessen, der euch berufen hat von der Finsternis zu seinem wunderbaren Licht.« (1. Petr 2,9) Darum steht im Glaubensbekenntnis über die Kirche: »… Gemeinschaft der Heiligen …« Das Volk Gottes ist heilig, weil sein Gott, dem es angehört, heilig ist.

---

[1] Vgl. Dietrich Stollberg, Der verborgene und der offenbare Gott, in: Eugen Biser u. a. (Hg.), Der Glaube der Christen. Bd. I: Ein ökumenisches Handbuch, München 1999, 424–442.

7. Das Geheimnis oder Heilig – alltäglich, sakral – profan

Rätselhafte Ambivalenzen zwischen ›Sakral‹ und ›Profan‹

Ambivalenzen sind als solche allgegenwärtig

Gott sei »heilig« war die letzte Aussage des vorigen Kapitels. Das lässt sich genauer betrachten: Was hat es mit der Heiligkeit auf sich, die, soweit ich sehe, in den meisten Religionen eine große Rolle spielt? Ich behaupte, Heiligkeit habe es entscheidend mit dem Phänomen der *Ambivalenzen* zu tun.

Diese bezeichnen Spannungen zwischen inneren Neigungen, die man gleichzeitig empfindet. Sie zerren einen, erst einmal wahrgenommen, hin und her, ja führen zuweilen zu inneren Zerreißproben. Ich liebe und hasse, begehre und fürchte eine Person gleichzeitig, ich möchte eine Reise unternehmen und kann mich zugleich nicht entschließen, sie wirklich anzutreten, ich will einen Beruf ergreifen, aber ›eigentlich‹ doch lieber einen anderen usw. Ich möchte ein unverwechselbares Individuum mit eigener Meinung sein und gleichzeitig ein anerkanntes Mitglied der Gemeinschaft: Die Ambivalenzen zwischen Autonomie und Heteronomie, Unabhängigkeit und Abhängigkeit, Selbstständigkeit und Zugehörigkeit, Distanz und Nähe, Anpassung und Freiheit sind gerade in einer ›individualisierten‹ Gesellschaft deutlich wahrnehmbar. Ambivalent erleben wir auch unseren Drang nach

›vorne‹, nach Entwicklung und Entfaltung (›Progression‹); ihm steht unser Zögern, ja unsere Angst davor gegenüber, die uns bisweilen Rückschritte machen lässt (›Regression‹). In Seelsorge und Psychotherapie begegnen wir dieser Ambivalenz allenthalben: Ratsuchende begehren Hilfe, fürchten aber nichts mehr als Veränderung, ohne die jedoch Schwierigkeiten selten zu lösen sind. Ambivalenz ist also *eine zwiespältige Haltung* oder Einstellung gegenüber Personen oder Sachverhalten. Manchmal ist Ambivalenz auch die *Vorstufe zu einer klaren Entscheidung.* Ambivalenz wird nicht selten *abgewehrt,* wo sie ausgehalten werden müsste. Denn Ambivalenzen werden oft schlecht ertragen. Sie scheinen zu ängstigen. Jedenfalls fühlen sie sich sehr unangenehm an. Man hat das Empfinden, nicht zu wissen, was man will. Deshalb *spalten* wir entweder in gute und böse Menschen und Sachen auf, um uns dann vermeintlich nur den guten Objekten unserer Neigung zuzuwenden, oder wir *nivellieren* den Gegensatz, um eine Person, eine Sache oder einen Sachverhalt besser ertragen zu können. Es macht uns Mühe, unsere Mutter (und von da aus in der Übertragung alle Frauen) *sowohl* zu lieben *als auch* kritisch zu sehen; es macht uns Mühe, unseren Vater (und von da aus alle Männer) als ›Patriarchen‹ zu kritisieren und trotzdem zu lieben. Ähnliches kennen wir gegenüber Ehe- und Lebenspartnern; vermutlich gehen manche Scheidungen auf solche unbewältigten *Ambivalenzkonflikte* zurück.

Ambivalenzen zwischen Sakral und Profan sind nicht ganz leicht wahrnehmbar. Klar ist aber schon: Die Behandlung des göttlichen Geheimnisses anhand der Spannung sakral – profan wird einige Aspekte berühren und benennen müssen, denen in diesem Buch ein eigenes Kapitel gewidmet ist. Der niederländische Religionswissenschaftler Gerardus van der Leeuw ist jedenfalls der Ansicht, »das religiöse Erlebnis« sei »immer« ambivalent: »Das Verhältnis gegenüber der Macht [gemeint ist hier das Göttliche oder Numinose, D. St.] ist immer ein Hingezogen- und ein Abgestoßenwerden … Die Liebe im religiösen Sinne ist also keineswegs eine rein harmonische Lebenshaltung. Sie ist nie ganz ohne ihren scheinbaren Widerpart, die Furcht, wie die Furcht nie ganz ohne die Liebe ist … Das ambivalente Liebeserlebnis kann sogar als Grunderlebnis der Religion gelten; ohne das Hingezogenwerden gäbe es keine Furcht, keine Begehung, überhaupt keine Religion.« Hätte van der Leeuw recht, würde man bei Johannes – 1. Joh 4,18: »Furcht ist nicht in der Liebe, sondern die vollkommene Liebe treibt die Furcht aus …« – eine Realität abwehrende Aufhebung der Ambivalenz beobachten können. Und ich denke, van der Leeuw hat recht. Wo sind nun die Ambivalenzen der Spannung sakral – profan?

Ambivalenzen – schon in der Sprache

Als Erstes muss ich schon einmal zur Kenntnis nehmen, dass das lateinische Wort »sacer« sowohl ›heilig‹ als auch ›verflucht‹, die griechische Vokabel »hagios« sowohl ›rein‹ als auch ›unrein‹ bedeutet. Die Wahrnehmung der zur Debatte stehenden Ambivalenz hat sich also längst in der Sprache niedergeschlagen. ›Rein – unrein‹ ist allerdings ein Begriffspaar, das nicht ohne weiteres mit dem von ›sakral – profan‹ identisch ist. Aber verwandt sind die Begriffe schon. Heiliges kann in der Religionsgeschichte als rein, Unheiliges als unrein angesehen werden. Daher machen viele Religionen *Reinigungsrituale* zur Pflicht, bevor man sich den Gottheiten nähern kann. Im Christentum wird zum einen die *Taufe* als Reinigungsritual angesehen, zum andern stehen *Sündenbekenntnis* und *Zuspruch der Vergebung, Confiteor* und *Absolution* am Anfang vieler Gottesdienste, ja mancherorts gehen – früher eine verbreitete Sitte – eigene Beichtgottesdienste der Kommunion voraus: Man muss sich von Sünde reinigen, bevor man den Bereich des Heiligen betritt. Theologisch wird das zwar in Frage gestellt, weil Gottes Gnade bedingungslos sei, religionswissenschaftlich ist der Brauch jedoch durchaus nachvollziehbar. Wenn das Abendmahl in Teilen des Christentums nüchtern genossen werden soll, haben wir es auch hier mit der Voraussetzung von Reinigung zu tun. Der fromme Moslem wäscht sich, bevor er die Moschee betritt. Die Sitte, samstags ein Bad zu nehmen und hernach frische Kleider für den Sonntag anzuziehen, hat eine Reminiszenz an die alte Praxis kultischer Reinigung bewahrt. In der neueren Praktischen Theologie hat vor allem Manfred Josuttis immer wieder aus religionsphänomenologischer Perspektive auf die Notwendigkeit präparativen Reinigungsverhaltens hingewiesen. Darunter versteht man Reinigungsriten, die der Vorbereitung zur Begegnung mit dem Heiligen dienen. Dazu rechnet Josuttis auch Askese in allen Formen (Fasten, Schweigen, sexuelle Enthaltsamkeit usw.). Die Begegnung mit dem Heiligen setzt nach dieser Ansicht Reinigung voraus. Sie versucht damit allerdings, die Ambivalenz aufzuheben. Wird diese Perspektive moralisch verstanden, gerät sie zur Gesetzlichkeit und entspricht überhaupt nicht Martin Luthers Erfahrung und Theologie.

Weniger ambivalent zeigt sich die Vokabel »profanum« (das »Profane«). Sie bezeichnet das, was sich vor dem Tempel oder heiligen Bezirk befindet oder geschieht, also ›außerhalb des Heiligen‹ ist. Von daher kann es auch ›unheilig‹, ›schändlich‹, ›ungeweiht‹ und Ähnliches bedeuten. Das entsprechende Verbum meint ›entweihen‹ u. dgl. Ein Tempel oder eine Kirche, die ›profaniert‹ wird, wird geschändet; so noch immer der Sprachgebrauch im Deutschen. Allerdings kann das lateinische ›profanare‹ auch bedeuten: ›etwas zum Tempel bringen‹, ›*vor* dem Tempel (also im unheiligen Bereich) darbringen‹, ›opfern‹. Hier ist sie wieder, wenn auch leise, die Ambivalenz von ›heiligen‹ und ›entheiligen‹, ›konsekrieren‹ und ›profanieren‹. Interessant ist jene Bedeutung von ›profanare‹, welche ›ein Geheimnis aufdecken‹, ›… ausplaudern‹ oder auch ›… offenbaren‹ meint. Das »Geheimnis des Glaubens«, das in der eucharistischen Liturgie besungen wird (EG 189), bezeichnet ganz ähnlich eine *Offenbarung*, die doch zugleich verhüllt und rationalem Verstehen verschlossen bleibt.

Sakral und profan – im Blickfeld eines Praktischen Theologen

Sakral sind für mich zunächst einmal Räume, also Tempel und Kirchen, kultische und liturgische Handlungen, Kunstwerke und künstlerische Vollzüge, die in sakralem Kontext erscheinen, z. B. Bilder und andere Kunstwerke in Tempeln und Kirchen, kultische Musik, Kirchenmusik. Sakral sind auch religiöse Feiertage und dazugehörige Verhaltensweisen, z. B. Festtagskleidung, ehrfürchtige Tempel- und Kirchenbesuche. Sakral sind selbstverständlich auch die Vorstellungen und theologischen Inhalte einer Religion.

Profan ist für mich das, was sich diesseits von Religiosität, Feier und Kult abspielt, außerhalb heiliger Bezirke im wörtlichen und übertragenen Sinn, z. B. auch eine ganz und gar alltägliche, unheilige, banale und ›platte‹ Gebrauchskunst – falls das dann noch Kunst ist. Profan sind Alltagsvollzüge, die unabhängig jeglicher Religiosität und Ästhetik vonstatten gehen (etwa der Besuch der Toilette). Da aber alles, was als profan gelten könnte, sich ›heiligen‹ und religiös interpretieren lässt, da auch die weltlichsten und irdischsten Lebensvollzüge ›vor‹ oder ›unter‹ Gott oder Göttern geschehen können, verspüren Theologen immer wieder die Neigung, *die Unterscheidung von sakral und profan aufzuheben.* Damit würde jedoch unser Erleben verarmen. Profanierung, wie sie etwa mit Tempeln und Kirchen geschieht, trägt zur kulturellen Verarmung bei. Kirchen werden nicht nur profaniert, wenn man sie zu Museen oder Gasthäusern umgestaltet, sondern auch, wenn sie als ganz normale Versammlungsräume betrachtet werden und sich das liturgische Verhalten von Zelebranten und Gemeinde entsprechend respektlos, unfeierlich und profan zeigt. Hier lässt sich die mangelnde Bereitschaft oder *Unfähigkeit, Ambivalenzen auszuhalten,* erkennen.

Klassisch ist die *symbolische Zweiteilung* der Lebensbereiche in sakrale und profane. Man hat seit jeher *kultische* Orte von Orten des Alltagslebens unterschieden, ob man nun schlicht einen Steinhaufen in der Steppe errichtete, zu dem man dann an besonderen Tagen pilgerte, oder einen Tempel samt Tempelbezirk ausgrenzte – im Christentum Kirchen mit den ursprünglich immer dazugehörigen Friedhöfen als heiligen Bezirken geweihter Erde, die von der übrigen Stadt, dem übrigen Dorf immer durch eine Mauer oder einen Zaun deutlich getrennt werden, ohne die Zugehörigkeit zum Gesamtleben des Ortes völlig zu unterbinden. Ahnen und ›Geister‹ nehmen am Alltagsleben teil. Die Ambivalenz wird dargestellt und zugleich akzeptiert. Wie man auch noch heute in ganz profanen Wohnungen besondere Räume oder, wenn man solche nicht hat, wenigstens Winkel ausgrenzt, um dort Andenken und andere quasireligiöse Gegenstände der *Erinnerung* und *Verehrung* zu deponieren, aber auch: wie man ganz säkular eine ›gute Stube‹ hat, die dem Feierabend und Feiertagen vorbehalten ist, so man sie sich leisten kann, so hat man stets Orte für das Besondere ausgesucht, gepflegt und mit sakraler Bedeutung aufgeladen. Aber man hat auch Orte entdeckt, denen das Besondere nicht erst durch Erinnerung oder Angst *zugeschrieben* werden musste, sondern denen es gleichsam schon von selbst anhaftete: *geomantische* Bezirke z. B. an Quellen und Flüssen, Felsen (vgl. den Berg Zion mit dem Tempel bzw. heutigen Felsendom) und Bergspitzen.

Die Zweiteilung in sakrale und profane Orte scheint dem Bedürfnis zu entsprechen, ambivalente Empfindungen klar *wahrnehmen* und *ausdrücken* zu können und sie zugleich durch Eindeutigkeit und Ordnung zu *bändigen*. Im Unterschied zur Abwehr werden die Pole nicht geleugnet, sondern behalten ihre Geltung innerhalb des größeren Ganzen, z. B. eines Dorfes oder einer Stadt. Denn es gibt (mit dem Pastoralpsychologen und Theologen Michael Klessmann) »psychologische Wahrheit immer nur in der Vermengung mit interessengeleiteter Wahrnehmung und mit Abwehr«. Das heißt: Wir nehmen immer schon aus unserem Blickwinkel heraus wahr, haben bestimmte Interessen und wollen bestimmte Tatsachen nicht anerkennen. Ich füge hinzu: *Jegliche* Art von Wahrheit ist nur »in der Vermengung« zu haben.

Symbolisierung und Deutung als religiöse Ambivalenzbewältigung

Geradezu eingefangen, aber keineswegs aufgelöst sind die religiösen Ambivalenzen in *symbolischer Interaktion* und *Symbol*. Symbole für den Gegensatz von sakral und profan sind z. B. die Unterscheidung sakraler und profaner *Orte*: besondere Berge, Gewässer, Haine, Bauwerke. Durch *Abgrenzungen* wird die Unterscheidung bzw. der Gegensatz gekennzeichnet. Dies gilt auch für die *inhaltlichen Aussagen* einer Religion: bildhafte Vorstellungen, Auditionen, Erzählungen und Geschichten, heilige Texte und Bücher, Konsensformulierungen wie etwa die ›altkirchlichen Symbole‹, theologische Erörterungen u. dgl. (vgl. z. B. im Protestantismus die Formel »Schrift und Bekenntnis«). Unterschieden werden ferner heilige und unheilige *Zeiten*, z. B. im Rhythmus von Woche und Kirchenjahr, heilige und unheilige Geräte, etwa Kelche und Brotschalen beim Abendmahl gegenüber Putzlappen und Besen, die ebenfalls in Kirchen vorhanden sein müssen. Ihren symbolisch-heiligen Charakter bekommen all diese Dinge durch ihren *Kontext* in der Frömmigkeitspraxis und deren *Interpretation* ansonsten ganz profaner Phänomene und Gegenstände. Das lässt sich generalisieren: *Sakral wird etwas Profanes durch die Deutung, welche eine Ambivalenzspannung zwischen profan und sakral erst aufbaut.* Das aber scheint für eine nicht nur banale, alltägliche, nüchterne und ausschließlich zweckrationale und öde Weltsicht, sondern für Glanz, Hoffnung und Genuss, letzten Endes für Freude am Leben *unerlässlich* zu sein. »Symbolisch« nennen wir sakrale Phänomene und Gegenstände, weil sie nicht ›an sich‹ heilig sind, sondern durch fromme Deutung und Gebrauch heilig werden. Martin Luther legt deshalb Wert darauf, dass dies deshalb nur ›in usu‹ (während des Gebrauchs), nicht ›extra usum‹ (außerhalb des Gebrauchs) so sei. Die Ambivalenz zwischen den zur Debatte stehenden Erscheinungen, die wir mit den Begriffen ›sakral‹ und ›profan‹ beschreiben, liegt also nicht an den Steinen von Kirchen oder im Gold von Abendmahlskelchen, an kultischen Gewändern oder liturgischen Vollzügen ›an sich‹, sondern an *unserer* Überschreitung (*Transzendierung*) der messbaren und berechenbaren Realität in eine Dimension hinein, die unserer frommen und durch religiöse Überlieferung genährten *Phantasie* entspringt. Sie bestimmt unsere religiöse *Identität*. Hier scheint nicht eine Spaltung, die Realität abwehrte, sondern eine *Erweiterung unserer Wahrnehmung* vorzuliegen: durch Geschichte und Geschichten, durch Feste und Feiern, durch die Unterscheidung von ›Himmel‹ und ›Erde‹, durch Verehrung und Anbetung der Gottheit. *Der unambivalenten Realität wird Ambivalenz hinzugefügt.*

Ambivalenzen in der theologischen Tradition

Es gibt *ambivalente Empfindungen* gegenüber ›heiligen
Personen‹, Bischöfen und Priestern oder Pfarrerinnen, einschließlich Gottes selbst bzw. der Dreieinigkeit: »Wir sollen Gott fürchten und lieben ...« (Luthers Kleiner Katechismus). Und es gibt die berühmte Beobachtung der
Spannung eines ›Mysterium fascinosum‹ und ›Mysterium
tremendum‹, die nach dem Marburger Theologen Rudolf
Otto Frömmigkeit kennzeichnet. *Das Heilige* fasziniert
und erschreckt oder ängstigt gleichzeitig – wie übrigens
andere Geheimnisse auch. Das Heilige löst sowohl ›Liebe
und Ehrfurcht‹ als auch ›Hass und Furcht‹ aus. Vielleicht
gehört hierhin auch die Ambivalenz von *Wünschen und
Ängsten*, die oft (wenn nicht immer) gemeinsam, quasi als
zwei Seiten derselben Sache, auftreten. Wir hoffen auf Gott
und fürchten ihn. Wir wünschen uns ein ewiges Leben und
möchten unser Leben am liebsten bald beenden. Man kann
dann auch *spalten*, wie Paulus es getan hat (1. Kor 15,19;
Phil 1,23), und den bösen Teil »in *diesem* Leben« wahrnehmen, den guten aber ins *Jenseits* verlegen, *hier* leiden, *dort*
auf ewige Freuden hoffen – und darauf, »bei Christus zu
sein«. Der Apostel scheint mir überhaupt ein Beispiel für
vielerlei Ambivalenzen zu sein, die hier nicht alle aufgezählt werden können. Eine der typischsten ist vielleicht
die des »Schon-jetzt und Noch-nicht« (z. B. auf die Rechtfertigung bezogen Röm 5,1 u. v. a., auf die Auferstehung
bezogen Röm 6,2–4; Phil 3,12f., Eph 2,5f.; zu denken
ist neben Paulus auch an die Rede vom »Reich Gottes« in
den Evangelien), eine andere die zwischen *Gesetz und*

Freiheit (z. B. Röm 7,22–23). Aber gerade in seinen Ambivalenzen wirkt Paulus sehr menschlich und geradezu sympathisch.

Hingegen sind mir Menschen suspekt, die ihre Ambivalenz gegenüber Gott *leugnen* und nur noch in Liebe zu Jesus und Nähe zu Gott aufzugehen scheinen, oder Menschen, die sich mit der Kirche in nicht ambivalenter Weise identifizieren. Hier wird die Ambivalenz durch Spaltung abgewehrt – und schon deshalb zusätzlich zum ›guten Gott‹ auch noch ein ›böser Gott‹, der Teufel, benötigt. Dem entsprechen auf der anderen Seite Zeitgenossen, die Religion einseitig nur kritisieren oder leidenschaftlich ablehnen. Auch in ihrer Leidenschaft verbirgt sich Ambivalenz, die spaltend abgewehrt wird. Der ›bösen‹ Kirche wird z. B. ein ›gutes Leben‹ gegenüber gestellt. Aber: *Ambivalenz und Realität gehören zusammen*. Theologisch wie frömmigkeitspraktisch schlägt sich das u. v. a. in der Zusammengehörigkeit von *Glaube und Zweifel* nieder.

Gott wird in der jüdisch-christlichen Überlieferung als liebevoller und barmherziger Vater, aber auch als zorniger und bedrohlicher Richter beschrieben und angebetet. Ihm steht qua Spaltung in der nachexilischen (durch die persischen Eroberer zoroastrisch beeinflussten), also schon vorchristlichen und folglich auch christlichen Tradition des *Dualismus* der Teufel oder Satan gegenüber. Luther beschreibt Gott als »verborgen« (absconditus) *und* »geoffenbart« (revelatus). Den verborgenen würde ich eher dem sakralen *Geheimnis* zuordnen, den offenbaren der profanen Menschlichkeit – allerdings ohne das eine gegen das andere auszuspielen. Denn die *Christologie* betont im Chalkedonense[1] die *zugleich* vorhandene Menschlichkeit – wenn man so will, die Profanität, und Göttlichkeit – wenn man so will, die Sakralität – des Kyrios, die durchgehalten werden muss und nicht nach der einen oder anderen Seite aufgelöst werden darf. Der *Heilige Geist* tröstet und leitet »in alle Wahrheit«, aber er verzeiht auch nicht, wenn er verspottet wird (Mk 3,29). Führt man diese Glaubensaussagen auf die Frömmigkeit der Glaubenden zurück, so spiegeln sie deren eigene Ambivalenzen und dazugehörige Erfahrungen – zunächst mit Eltern und anderen Mitmenschen, dann vielleicht direkt mit Repräsentanten der Religion und mit ihrem Gott, insofern sie ihr Leben auf ihn beziehen: Einmal hat er geholfen, ein anderes Mal hat er die Gebete nicht erhört. Die Theodizeefrage (Frage nach der Gerechtigkeit Gottes) – »Warum gerade ich? Wie kann Gott so etwas zulassen?« – impliziert nicht zuletzt Ambivalenzen: Ich hoffe auf Gott, ich bin von ihm enttäuscht; ich liebe ihn, ich hasse ihn; und: ich bin selbst für mein Leben verantwortlich, aber Gott ist für mein Glück (oder eben Unglück) zuständig (der mündig-unmündige Christ). In diesem Zusammenhang ist die Ambivalenz von *Sünde und Gnade* zu nennen. Die Sünde ist das Profanum (Weltlich-Gottlose) schlechthin, die Gnade ihr Gegenpol und das absolut Sakrale (Heilige). »Wo aber die Sünde mächtig geworden ist, ist doch die Gnade viel mächtiger geworden.« (Röm 5,20) Einerseits wird Gottes Gnade als ›gratia praeveniens‹ (allem schon vorausgehende Gnade) vorausgesetzt, verkündigt und geglaubt, andererseits wird gerade durch die ständige Zusage der Vergebung Gottes das menschliche Schuldbewusstsein gestärkt und das Selbstwertgefühl in Frage gestellt; das Heilige oder

Sakrale wird zurückgedrängt zugunsten einer äußerst profanen Beschwörung des Es und einer entsprechenden Stärkung des Überich, obwohl die Befreiung des Ich von Es und Überich, der Mündigkeit von Triebhaftigkeit und Moral, gepredigt wird. Denn diese Art von Ethik gehört nicht in den Kontext des Sakralen und des *Glaubens*, sondern in den des Profanen und der *Vernunft*, auch wenn sie immer wieder als ein Hauptstück des Glaubens betrachtet wird. Damit ist eine weitere Ambivalenz benannt. Zur Ambivalenz von Sünde und Gnade gehört auch die von *Gericht und Gnade*. Wird nur noch Gnade verkündigt, wird nicht nur an der Realität vorbei gepredigt; wird nur das Gericht angesagt, wird die Ambivalenz nach der anderen Seite hin ausgelöst. Luthers realistische Anthropologie beschreibt eine Ambivalenz schlechthin: Der Mensch sei ›simul iustus et peccator‹, Gerechter und Sünder zugleich. Diese Spannung muss im Glauben an *Gottes* Gerechtigkeit ertragen und darf nicht in ein Nacheinander aufgelöst werden, wenn sie nicht zu unrealistischer Selbstgerechtigkeit und zu geistlichem Hochmut führen soll: Früher war ich ein Sünder, jetzt bin ich ein Gerechter. So nicht!

Der Glaube kommt nach Paulus bekanntlich »aus dem Hören«. (Röm 10,17: Die Übersetzung der Luther-Bibel mit »Predigt« ist nicht korrekt.) Dem *Hören* korrespondiert das *Schweigen*. Hören und Schweigen bilden Pole der Ambivalenz wie auch *Sehen* und *Bildlosigkeit*. Wird im Gottesdienst jede Schweigepause mit Reden oder Musik zugedeckt, entsteht eine ähnliche Wirkung wie beim Bildersturm: Die Spannung wird als ängstigend abgewehrt. Die protestantische Predigtmonomanie löst die Ambivalenz einseitig auf, die im Sakrament und auch in der Doppelheit von ›Wort *und* Sakrament‹ gewahrt bleibt.

Schließlich sei auf die Ambivalenz von *Segen und Fluch* hingewiesen: Segen heiligt und kennzeichnet etwas oder jemanden als zum Bereich des Heiligen gehörig; Fluch entheiligt, ja verteufelt und wirft ihn aus dem Bereich des Heiligen hinaus. Wird am Ende eines Gottesdienstes gesegnet, soll dies einen Übergang vom Sakralen ins Profane schaffen dergestalt, dass die Kraft des Heiligen die Menschen in die Welt des Profanen hinaus begleitet. Die Ambivalenzspannung wird überbrückt. Umgekehrtes geschieht, wenn man sich beim Eintritt in das Gotteshaus bekreuzigt und/oder am Weihwasserbecken der Taufe erinnert und vergewissert. Die Volksfrömmigkeit verbindet mit dem Ritus zugleich apotropäische (Dämonen bannende) Wirkungen. Das weist selbstverständlich wiederum auf die Bewältigung von Ambivalenzen hin. Die Eröffnung des Gottesdienstes mit der trinitarischen Formel »Im Namen des Vaters und des Sohnes und des Heiligen Geistes!« und dem anschließenden liturgischen Gruß »Der Herr sei mit euch!«, der von der Gemeinde erwidert wird »Und mit deinem Geist!« dient ebenfalls der Heiligung für die Begegnung mit dem Heiligen. Absurd und völlig unangemessen ist es – wie ich es tatsächlich erlebt habe! –, den Gottesdienst zu beginnen mit »Ich begrüße Sie im Namen des Vaters ...«.

Einige praktische Beispiele:
Kirchenraum, Ökumene, Ordination

Kommen wir noch einmal auf den *Kirchenraum* zurück! An dem Verhältnis evangelischer Pfarrerinnen und Pastoren zu diesem besonderen Ort (und allem, was dazugehört) lässt sich die Ambivalenz von sakral und profan gut verdeutlichen. Während katholische Priester das Haus Gottes eindeutig als geweihten Ort – sakral – verstehen und entsprechend ehrfürchtiges Verhalten zeigen und fordern, kann man bei Protestanten die Zwiespältigkeit gegenüber ihrer Kirche von außen wie innen – und auch noch im übertragenen Sinne – beobachten. Auf der einen Seite wird Konfirmanden beigebracht, dass man in der Kirche nicht isst oder raucht, während des Gottesdienstes nicht schwätzt und kichert, auf der anderen Seite benehmen sich Pfarrerinnen und Pfarrer dort nicht selten selbst so, als wären sie in einem Gasthaus-Saal oder Schulzimmer. Sie schwätzen nicht nur während der Orgelvor- und -nachspiele, sondern rennen unmittelbar vor dem Gottesdienst im Talar hin und her, begrüßen hier jemand, besprechen dort noch etwas, rufen durch den ganzen Kirchenraum etwas zum Organisten hinauf, umarmen nach dem Segen direkt vor dem Altar jemanden, der zu Besuch gekommen ist, oder legen sich gar im *Talar* wie auf dem Bild einer Fußballmannschaft nach dem Gottesdienst zum offiziellen Erinnerungsfoto vor die Konfirmandengruppe (vor etwa zwei Jahren in den »Nürnberger Nachrichten« zu sehen). Die Differenz zwischen einer geweihten Kirche und einem profanen Versammlungsraum ist nicht geklärt, ja mehr noch: Hier wird der sakrale Pol der Ambivalenz abgewehrt. Man darf fragen, welche Ängste und welche »Religionsabwehr« (Klaus Winkler) insgesamt hinter einem solchen Verhalten stecken. Gerade im Gegenüber zum *Katholizismus* (oder zu den *Ostkirchen*) lösen Protestanten gelegentlich die Ambivalenz auf und entscheiden sich dafür, den Kirchenraum ausschließlich als profanen Versammlungsraum zu verstehen. Als sakral bleibt nur die Heilige Schrift übrig. Allerdings wird oft alsbald der Ort, auf dem die Bibel liegt, sakralisiert. So habe ich beispielsweise in der calvinistischen Hochburg Debrecen (Ungarn) anstelle des katholischen oder lutherischen Altarraums ähnlich wie beim Thora-Schrein in Synagogen einen klar abgegrenzten und in feierlichem Purpurrot gehaltenen Ort des Bibelbuchs, der Predigt und darüber der Orgel gesehen. Das Bedürfnis nach einer Unterscheidung von sakral und profan hat sich auch hier wie andernorts im reformierten Bereich durchgesetzt. Im reformierten Basel zeigte man mir stolz einen besonders alten und aus einem einzigen Baumstamm geschnittenen Abendmahlstisch, dem offenbar eine besondere Würde zugeschrieben wurde. Als sakral Empfundenes und Verehrtes zeichnet sich oft aus durch Alter und Geschichte, besonderes Material, überdurchschnittlichen Wert (z. B. von Gold), Schönheit und ein damit verbundenes Geheimnis (etwa die rätselhafte und legendäre Herkunft eines Gegenstandes, die Farbe – z. B. einer schwarzen Madonna – und besondere Wirkungen, z. B. von Wundern). Das Sakrale lässt sich nicht ausrotten, und wäre die ›rabies theologorum‹, der Eifer puristischer Theoretiker und Bilderstürmer, psychologisch: ängstlicher

Menschen, die Ambivalenzen nicht ertragen wollen, noch so groß.

Anzumerken ist, dass die Sakralität samt der dazugehörigen Ambivalenz von Kirchen nicht zuletzt von ihrer Lokalisation auf und über *Friedhöfen* und über (Märtyrer- bzw. Heiligen- und anderen Prominenten-)Gräbern herrührt. Sie sind Orte der Totenruhe und Ehrfurcht vor den Ahnen (auch der Ahnen im Glauben) und zugleich des Fluchs des Todes, der über allem menschlichen Leben liegt. Nachts allein in alten Kirchen umherzugehen, ist ähnlich gruselig wie nachts allein Friedhöfe zu besuchen. Hier verspüre auch ich eine starke Ambivalenz, ein Pendeln zwischen Geborgenheit und Grauen. Das ist anders als ein nächtlicher Gang durch einsame Gassen einer Stadt.

Ambivalent sind Protestanten oft auch gegenüber ihrer älteren Schwester selbst, der *römisch-katholischen Kirche* und ihren Vertretern, besonders dem Papst. Sie betonen ihre theologische Distanz und beschäftigen sich doch ständig mit dieser Abgrenzung, als wären sie sich ihrer Sache nicht sicher. Das Stichwort ›Ökumene‹ löst viele Ambivalenzen aus. Eine sachlichere und ausgeglichenere Haltung gegenüber ›Rom‹ wie gegenüber anderen christlichen Konfessionen wäre weniger von Ambivalenzen als von nüchternen Beobachtungen und Notwendigkeiten, auch weniger von *Ideologie* als von praktischer Frömmigkeit bestimmt. Ideologien dienen häufig der Auflösung von Ambivalenzen. Auch der Affekt, der sich innerhalb des Protestantismus mit der Vokabel ›hochkirchlich‹ verbindet – oftmals ist von »katholisierenden Tendenzen« die Rede –, lässt auf Ambivalenzen schließen. ›Sakral‹ wird, wohl meist unbewusst, als Negativpol, ›profan‹ als Positivpol der Spannung betrachtet.

Auch hinsichtlich der *Ordination zum geistlichen Amt* (Berufung in das Amt eines/einer Geistlichen) fehlt dem Protestantismus – ausgenommen Anglikanismus und skandinavisches Luthertum, die das Konstrukt der apostolischen Sukzession (Weitergabe des Amtscharismas von den Aposteln auf Bischöfe und Priester) aus der vorreformatorischen Zeit beibehalten haben – eine klare Sicht auf Situationen, welche es notwendig erscheinen lassen, die Ambivalenz von sakral und profan zu ertragen, und solche, in welchen diese Ambivalenz zugunsten einer eindeutigen und entschiedenen Haltung aufgegeben werden muss. Die Ordination zum geistlichen Amt wird im Protestantismus oft ausgesprochen ambivalent verhandelt: Man will keinesfalls in die Nähe der römisch-katholischen Ämterlehre geraten, andererseits den Pfarrberuf auch nicht profanieren; denn er hat nun einmal mit dem Heiligen zu tun und ist nicht einfach irgendein Beamten-Job, so dass die Ordination als eine simple Berufseinstandsfeier zu begreifen wäre. Offen ist schon seit der Reformationszeit, wie dieser Ambivalenz, die letztlich in der Sache begründet ist, ein angemessener Ausdruck verliehen werden kann. Das geistliche Amt wird einerseits von dazu ausgebildeten und beauftragten Mitgliedern der Gemeinde ausgeübt, andererseits stehen ihr diese Beauftragten als ›Diener an Wort und Sakrament‹ gegenüber. Zugehörigkeit zur Gemeinde und Zugehörigkeit zur ›Sache Gottes‹, an die sie glaubt, machen den Pfarrberuf äußerst zwiespältig. Der

Katholizismus löst die Ambivalenz auf, indem er den Priester durch die Hypothese der apostolischen Sukzession, und eine entsprechende Weihe, die einen ›Character indelebilis‹ (einen unzerstörbaren Zustand) verleiht, eindeutig aus der ›normalen‹ Gemeinde herausnimmt; der Protestantismus schwankt *zwischen Sakralität und Profanität* dieses Berufs, hat aber bis heute kein klares Ja zu dieser Ambivalenz und keine entsprechende Ausdrucksform gefunden.

Pfarrerinnen und Pfarrer werden von unbewussten wie bewussten Ambivalenzen gegenüber ihrem Beruf häufig geplagt. Pfarrer X träumt eines Tages, er habe »in die Kirche geschissen«. Erschrocken wacht er auf und stellt qua Erinnerung fest, dass er »zum Glück das Seitenschiff aufgesucht« und nicht das Hauptschiff benutzt habe. Pfarrerin Y berichtet, sie komme »auch nach 25 Jahren« nicht von dem Gedanken los, den falschen Beruf ergriffen zu haben. Vikar Z erzählt entsetzt, es mache ihm zu schaffen, dass er immer an Stellen im Gottesdienst, die er als besonders heilig empfindet, »von ganz unheiligen Gedanken überfallen« werde, z. B. dass er sein Auto reparieren müsse, dass sich auf »Gottes Lob und Preis« »Scheiß« reime, u. dgl. Dem entspricht die von Pfarrern und Gemeindegliedern öfter zu hörende fromme Erfahrung, wo Christus sei, lasse sich alsbald der Teufel blicken oder dieser sei gerade dort mit aller Wachsamkeit zu vermuten. Die Heiligengeschichten und -legenden enthalten viele solche Erfahrungen und Deutungen. Ich selbst habe vor nicht allzu langer Zeit einen Text überschrieben: »Ich liebe meine Kirche, ich finde sie unerträglich«. Die Ergänzung, die ich damals anfügen zu müssen meinte: »Ich gebe die Hoffnung nicht auf«, kann und will nicht verdecken, dass es sich um eine heftige Ambivalenz handelt. Sie betrifft allerdings weniger die Polarität von sakral und profan als die von Ideal und Wirklichkeit der Kirche. Aber wer kann das schon so genau trennen?

Die Berufung des Propheten Jesaja als Beispiel archaischer Ambivalenz

Der archaische Bericht über die geheimnisvolle Berufung des Propheten im Tempel (Jes 6,1–13), veranschaulicht die Spannung sakral-profaner sowie anderer Ambivalenzen. Unter den Bedingungen einer Vision im opfer- und weihrauchgeschwängerten, vom Rufen des Thronstaats der Gottheit erfüllten Tempel ›stehen‹ Serafim ›über‹ dem hohen und erhabenen Thron des Herrn. Sie fliegen mit zwei Flügeln, mit zweien bedecken sie ihre Füße, mit zweien ihr Antlitz. Vor dem Heiligen müssen sie sich bedeckt halten: Offener Kontakt ließe nicht nur die Ehrfurcht vermissen, sondern brächte sie um. Ähnlich der Prophet selbst: Er scheint nur den Saum des Gewandes des ›Herrn‹ und die Serafim zu sehen und diese auch laut zu hören, denn der Anblick des Erhabenen wäre unerträglich. Er spürt zudem das Beben des Hauses. Gottes Thron und alles, was dazu gehört, sind ›hoch‹, Jesaja hingegen ist ›unten‹ oder ›tief‹. Die Serafim rufen das Trishagion (Dreimalheilig), das bis heute zu unserem Gottesdienst gehört und uns wie vieles andere mit dem Judentum verbindet. Der Prophet erlebt Todesangst: »Weh mir, ich vergehe!« Er begründet seine

Angst (ähnlich wie viel später Petrus, der dem Heiligen begegnet: Lk 5,8) mit der Sündhaftigkeit seines Volkes, dem auch er angehört, und damit, dass er ein *Tabu* gebrochen hat: Er hat den Herrn gesehen. Irdische Augen sind Überirdischem begegnet, für das sie nicht geschaffen sind. Einer der Serafim reinigt Jesaja mit der feurigen Kohle. Nun darf er überleben. Ja, nun darf er es wagen, sich der Gottheit als Bote zur Verfügung zu stellen und den Auftrag von Fluch und Segen entgegenzunehmen. – Elemente der in diesem Text enthaltenen vielfältigen Ambivalenzspannungen sind im Einzelnen: Gott – Mensch, Tempel (drinnen) – Volk (draußen), Beben und Feststehen des Tempels, groß – klein, hoch – tief, offen – bedeckt, Tabubruch – Begegnung (und Berufung), Lärm des Lobrufens der Serafim – Angstrufen und Hören des Propheten, unrein – rein (Glut reinigt), Sünde – Sühne (nicht einfach Vergebung, sondern Sühne durch einen – symbolischen? – Schmerz), Fluch – Verheißung.

Der doppelgesichtige Gott Janus

Nicht zufällig zum Schluss dieses Kapitels sei – aus einem anderen Kulturkreis der Antike – an den römischen Gott Janus, nach dem der Monat Januar heißt, erinnert.

Diese doppelgesichtige Wächtergottheit blickt *zugleich* in die Zukunft und in die Vergangenheit, auf das soeben sich schließende und auf das sich neu öffnende Tor. Er bewacht die Tore und Türen, aber er begleitet auch den Durchgang, z. B. vom alten zum neuen Jahr, weshalb der erste Monat des Jahres nach ihm ›Januar‹ heißt. Janus stellt eine Art von Ambivalenz per se dar. Allerdings steht zunächst wohl weniger die von *profan* und *sakral* im Vordergrund. Man kann aber auch hier gerade diese Ambivalenz entdecken, insofern z. B. das Jahr bis heute und nicht nur in Europa einerseits sehr weltlich verabschiedet bzw. willkommen geheißen wird, andererseits in dieser ›Weltlichkeit‹ von Feuerwerk, Sekt und guten Wünschen durchaus sakrale Reste erhalten sind – ganz abgesehen von archaischem Brauchtum in den Rauh- oder Rauchnächten »zwischen den Jahren« (man achte auf diese Formulierung!), z. B. dem Perchtenlaufen und ähnlichen Riten in den Alpen und im Schwäbisch-Alemannischen: eine apotropäische (böse Geister bannende) Identifikation mit gut-bösen Gespenstern durch Verkleidung und ihre ›Vertreibung‹ bzw. Besänftigung, dem Ausräuchern der Häuser und Ställe, das zwar wie alle sakralen Riten durchaus der Nützlichkeit entstammt, indem es Häuser und Ställe desinfiziert, aber zugleich eine Segnung darstellt, usw. In diesen Zusammenhang gehört auch das Dreikönigslaufen, bei dem Jugendliche die Häuser besuchen und mit Weihrauch segnen: Zum Zeichen dafür schreiben sie an die Türen »C + M + B« samt Datum, volkstümlich gelesen als »Caspar, Melchior und Balthasar« nach der Legende von den drei Königen, theologisch verstanden als »Christus Mansionem Benedicat«: Christus möge das Haus segnen! Sie sammeln dabei für einen guten kirchlich-sozialen Zweck.

Janus könnte man auch als eine *mystische* Gottheit bezeichnen, denn er vereinigt viele Ambivalenzen. So ist er selbst schon aus einer Göttin, Juno, entstanden, nicht etwa, weil sie seine Mutter wäre, sondern auf religionsgeschichtliche Weise. Er vereinigt also weibliche und männliche Pole. Sodann vereinigt er Kultisches und Alltägliches, Tempeltore und Haustüren. Er vereinigt, wie bereits gezeigt, die Zeiten. Und »jener Dualismus zwischen einer Welt des Profanen und des Heiligen«, die in der Mystik, z. B. auch des christlichen Mittelalters, wieder zu einer Synthese findet, indem z. B. Meister Eckart »im weltlichsten wie im heiligsten Werk der Einigung mit Gott gewiss ist«, vermochte er auch schon zu symbolisieren. Meister Eckart vertrat »eine letztlich überkirchliche Mystik« und »fühlte … sich (dennoch) als treuer Sohn seiner Kirche«. So zeigt sich ein integrativer Umgang mit Ambivalenz bei einem großen Lehrer der Christenheit. Die kirchliche Hierarchie jedoch wusste nichts Besseres zu tun, »als eine Reihe seiner Thesen« zu verwerfen und damit die ängstigende Ambivalenz abzuwehren. So soll es wenigstens in den reformatorischen Kirchen nicht sein.

Janus blickt *an der Schwelle zwischen Sakralem und Profanem* voraus in die kommende Welt und zurück in das vergangene Heiligtum, vielleicht sogar durch den Vorhang hindurch in das Allerheiligste oder die Cella hinein, wo die Serafim fliegen und rufen. Hinter sich sieht er aber nicht nur Sakrales, sondern zugleich auch die Welt; und vor sich hat er nicht nur Profanes, sondern auch das Heilige, das immer schon vorausgeht wie einst die Feuer- und Rauchsäule dem Gottesvolk des Alten Bundes. Was er aber vor sich hat, ist zugleich vergangen, und was er hinter sich hat, liegt noch vor ihm. Der Mensch zwischen Vergangenheit und Zukunft, Zukunft und Vergangenheit lebt in der Gegenwart immer auf der Schwelle. Die *Gegenwart* ist ambivalent, äußerst profan und heilig. Gott ist Vergangenheit und Zukunft, Gott ist pure Gegenwart, Gott ist heilig.

[1] Das Konzil von Chalcedon hat 451 Christus als wahren Gott und wahren Menschen zugleich definiert.

8. Mein Freund – der Teufel

> *»Der Teufel ... der hochmütige Geist ... kann es nicht ertra-*
> *gen, verhöhnt zu werden.«*

(Thomas More)

> *»Das beste Mittel, den Teufel auszutreiben, wenn er der*
> *Schrift nicht weichen will, ist, ihn zu verspotten und auszu-*
> *lachen, denn Verachtung kann er nicht ertragen.«*

(Martin Luther)[1]

Wo von »Gott« gesprochen wird, ist der »Teufel« nicht
weit. So ambivalent wie die Rede von Gott ist auch die vom
Teufel. Beide Male geht es um Ängstigendes und Beleben-
des, um Faszinierendes und Unheimliches. Wie sich zeigen
wird, neige ich dazu, die dualistische Ambivalenz zwischen
Gut und Böse, aber auch die zwischen Gott und Teufel auf-
zulösen. Deshalb will ich schon zu Beginn betonen, dass andererseits diese Ambivalenz zur *Realität*, psychologisch gesprochen: mindestens zum *Realitätsbezug unserer Wahrnehmung*, gehört. Einen nur ›guten‹ Gott ›gibt es‹ ebenso
wenig wie einen nur ›bösen‹ Teufel. Wie soll man das verstehen?

Mein Freund der Teufel: Darf man überhaupt so formu-
lieren? Ein bisschen Angst habe ich ja schon noch vor ›ihm‹.
Ist er nicht stärker als ich? Könnte er diese Bezeichnung als
Vereinnahmung und Anbiederung verstehen und sich rä-
chen? Dann halte ich ihm entgegen: »Du bist ein Diener
Gottes. (Hi 1,6; Sach 3,1 f.) *Gott* hat das letzte Wort.« »Die

Rache ist mein, spricht der Herr.« (Röm 12,19 nach 5. Mose 32,35, vgl. 3. Mose 19,18) Und außerdem bin ich ja gerade dabei, mich mit ihm auf eine gewisse Weise anzufreunden bzw. von einer schon länger andauernden Freundschaft zwischen uns zu berichten. Bei Jes 45,6–7 findet sich eine gute Zusammenfassung des altisraelitischen, noch monistischen (noch nicht dualistischen), Gottesglaubens, der begründet, weshalb ich den Teufel so stark relativiere: »Ich bin der Herr und sonst keiner mehr. Ich schaffe das Licht *und* die Finsternis. Ich gebe den Frieden *und* schaffe Unheil. Ich bin der Herr, der dies alles tut.« Bei Amos kommt das noch deutlicher heraus: »Gibt es etwa ein Unglück in der Stadt, das der Herr nicht tut?« (Am 3,6) Es gibt nur einen Gott und keinen Antigott.

Vielleicht sollte ich noch einmal (wie schon in der Einleitung) anmerken, dass ich Theologie zwar ernst, aber nie ›bierernst‹ und humorlos treibe. Daher ist beim Theologisieren auch immer ein kleiner Schalk aus meinen Augenwinkeln zu erkennen. Gott sagt (in Goethes »Faust«, Prolog im Himmel) zu Mephistopheles:

> »*Ich habe deinesgleichen nie gehasst.*
> *Von allen Geistern, die verneinen,*
> *ist mir der Schalk am wenigsten zur Last.*
> *Des Menschen Tätigkeit kann allzu leicht erschlaffen,*
> *er liebt sich bald die unbedingte Ruh;*
> *drum geb' ich gern ihm den Gesellen zu,*
> *der reizt und wirkt und muss als Teufel schaffen.*«

Wer ist der Teufel?

Da heute sogar konservativere Glaubensgenossen oft schon der Meinung sind, der Teufel sei eine mythologische Figur aus der antiken Vorstellungswelt, spricht man gemeinhin und versachlichend von »*dem* Bösen« – als ›*das* Böse‹ neutral verstanden. Das lässt offen, ob es sich um die bösen *Aspekte* des menschlichen Lebens und Verhaltens oder um eine *selbstständige Größe* handelt. Die biblischen *Dämonen*, Verursacher von Krankheiten ebenso wie Verursacher menschlicher Sünden, sind als Teile eines überholten antiken Weltbildes in die jeweiligen Ansichten vom Bösen eingeschlossen. Sie sind sozusagen Familienmitglieder des Bösen oder – etwas abstrakter – Teilaspekte des personifizierten Bösen.

Der Teufel tritt übrigens immer paarweise auf: Zum Teufel gehört die *Angst* als Furcht vor etwas und als *Gier* nach etwas. Die Gier löst wiederum Angst aus, es nicht oder nicht vollständig zu bekommen. Diese Angst verleitet ebenso zu bösem Handeln wie die Angst vor realer oder vermeintlicher Bedrohung. In Todesangst z. B. erschlägt man eventuell, wenn man noch kann, den, der einen bedroht; das wird sogar vor Gericht als ›Notwehr‹ anerkannt. – Weitere Fragen sollen dem Phänomen des Bösen noch etwas genauer auf die Schliche kommen.

Nein. Ich unterscheide zwischen meinem *Schatten* und meinem *Teufel*.

Mein *Schatten* (wie der bekannteste Schüler und spätere Gegner Sigmund Freuds, der Schweizer Psychiater C. G. Jung, unsere unbewussten Anteile der Psyche nennt) enthält all die abgewehrten Persönlichkeitsanteile, die sich aus dem Unbewussten in unkenntlicher Form in mein Fühlen, Denken und Verhalten einschleichen. Sie verlangen nach zunehmender *Integration* in meine bewusste Persönlichkeit, sind aber zunächst einmal nicht bewusst wahrnehmbar.

Mein Teufel hingegen meldet sich mit Ratschlägen und Einflüsterungen unterschiedlicher Art so zu Wort, dass ich ›ihn‹ durchaus hören und von anderen Einfällen unterscheiden kann. Er gehört zu meinem ›inneren Komitee‹, das ich sehr bewusst wahrnehmen, ja manchmal sehen und hören kann, und zwar auch *nach* der sog. Integration mancher Schatten-Anteile.

Die Rede vom ›inneren Komitee‹ macht auf die ›dialogische‹ oder besser noch: kommunikative Verfasstheit unserer Psyche aufmerksam. In unserer Phantasie, die unserem Handeln und Verhalten vorausgeht, finden ständig unbewusste und bewusste ›Gespräche‹ statt. Teils hört man die eigenen Eltern sprechen und setzt sich mit ihnen auseinander, teils andere Personen aus der eigenen Geschichte und eigenem Erleben. Dazu gehören auch Personen aus der Lektüre, schöner Literatur ebenso wie der Bibel und anderen heiligen Schriften, entsprechend aus verschiedensten Zeiten, Ländern und Epochen der Menschheits- und Kulturgeschichte. Dazu gehören auch Personen und ›Wesen‹, die überhaupt nur in der Phantasie, unserer Traumwelt also, vorkommen, z. B. personifizierte innere und äußere Erfahrungen, einander widerstrebende Bedürfnisse usw. – Die *Integration* des Schattens bedeutet, dass er nicht länger abgewehrt, geleugnet oder auf andere Weise der Wahrnehmung entzogen, sondern als Teil von einem selbst akzeptiert wird.

Wer kennt nicht z. B. diese innere moralische Auseinandersetzung zwischen einer Tendenz, etwas zu tun, und einer anderen, es zu lassen? Meist bewertet diese eine ›Stimme‹ das eine als ›gut‹ und das andere als ›schlecht‹, während die andere meint: Dies oder jenes sei ›ja nicht so schlimm‹ oder sogar ›nützlich‹, ›gesund‹ usw. Die eine scheint das schlechte Gewissen zu artikulieren und zu unterstützen, die andere will es besänftigen, zum Schweigen bringen, abwehren.

Goethes Faust beschreibt im Gespräch mit seinem philiströsen Assistenten Wagner beim sog. Osterspaziergang ›vor dem Tor‹ die Zerrissenheit zwischen ›derber Liebeslust‹ an der bzw. zur ›Welt‹ und Sehnsucht nach einer sinnlich-geistigen Welt und Lebendigkeit, die dem akademischen Spießbürger verschlossen bleibt:

> »*Du bist dir nur des einen Triebs bewusst,*
> *O lerne nie den andern kennen!*
> *Zwei Seelen wohnen, ach! in meiner Brust,*
> *Die eine will sich von der andern trennen;*
> *Die eine hält, in derber Liebeslust*
> *Sich an die Welt mit klammernden Organen;*
> *Die andere hebt gewaltsam sich vom Dust (= Staub)*
> *Zu den Gefilden hoher Ahnen.*«

Dieser Zwiespalt ist nicht einfach identisch mit dem, was herkömmlicherweise als Ambivalenz von Gut und Böse beschrieben und erlitten wird. Aber er ist mindestens *auch* ein Dilemma zwischen sinnlicher Versuchung und geistigem Widerpart. Und er ist ein Beispiel der Kämpfe, die sich in unserem Innern abspielen, wenn wir sie denn wahrnehmen. Faust sucht eine Synthese zwischen akademisch-abstrakter Forschertätigkeit und sinnlicher Lebendigkeit, zugleich zwischen Wissen und Geist. (Der Bücherwurm Wagner nimmt ja nur den einen Pol wahr – und diesen nur auf äußerst spießbürgerlich-moralistisch-arrogante Weise. Seine ›Geistesfreuden‹ sind in Wahrheit weit weg von jenem Geist, der nach 2. Kor 3,6 im Gegensatz zum Buchstaben lebendig macht.)

Wie macht der Teufel sich bemerkbar?

Mit dem beschriebenen inneren Dilemma haben wir schon eine Art kennen gelernt, wie sich der Teufel bzw. das, was wir individuell – und in konservativen Kreisen auch kollektiv – als das Böse oder die Versuchung zum Bösen empfinden, bemerkbar machen kann. Irgendwie haben wir ja alle ein Gewissen, das inhaltlich durch die konventionelle mitteleuropäische Moral geprägt ist. Es gibt unzählige weitere Weisen, wie sich der Teufel bemerkbar macht. Oftmals kommen mir die Ideen des Teufels *vernünftig* und *nützlich* vor, ja sie sind es auch, aber ich spüre meist ziemlich genau, wann sie eigentlich unangebracht, lieblos und egoistisch sind und besser zu vermeiden wären. Der Teufel steckt in meinen *Bedürfnissen* und in meiner *Verführbarkeit*: in meinem Hunger und Durst, meiner Sehnsucht nach Kontakt, Gemeinschaft, Kommunikation und Wärme, meiner Sexualität, meinem Geltungsbedürfnis, meiner Lust, mich zu zeigen, meiner Angst, dass das alles nicht befriedigt werden kann und ich zu kurz komme usw. usf. Der Teufel ist meist am eigenen *Vorteil* eines Menschen interessiert. Er fördert die Profitorientierung und Geschäftemacherei. Darüber hinaus schätzt er die *Lust*: Lebenslust, Sexualität und Erotik, Vergnügungssucht. Besonders ist er dem *Geld* und der *Macht* zugetan. Er schätzt aber auch ganz allgemein den *Luxus* und ein gepflegtes teures Acht-Gänge-Menü. Er gibt Fragen ein wie: »Was werden wir essen, was werden wir trinken, womit werden wir uns kleiden?« (Mt 6,31 f.) Allerdings kann der Teufel auch das Gegenteil anraten: Man müsse Askese üben; Sexualität zu empfinden und auszuleben sei Sünde; wer sich um Geld und Macht kümmere, gehöre ihm schon an; wer seinem Geltungsbedürfnis fröne, gehöre in die Hölle; überhaupt solle man dieses Leben verachten und sich ganz auf das eigentliche Leben *nach* dem Tode einstellen. Er schürt sowohl die *Gier* als auch die *Angst*, je nachdem, was einen Menschen mehr einschüchtert und von seiner Bestimmung, d. h. von seiner Authentizität, seinem Er/Sie-selbst-Sein, abbringt. Der Teufel legt Wert darauf, dass ich nicht mehr ›Herr im eigenen Hause‹ bin, sondern von *Bedürfnissen* und *Ängsten*, *Affekten* und *fixen Ideen* beherrscht werde. Autonomie mag er gar nicht. Er macht *abhängig*. Manchmal aber rät er dazu, den *Aufstand* gegen das schlechte Gewissen zu wagen. Der Teufel kann sich auch die *Wut* eines Menschen zunutze machen. Wut macht aggressiv. Nun ist Aggression an sich nichts

Schlechtes, sondern die Fähigkeit, Wichtiges in Angriff zu nehmen. Aber sie kann selbstverständlich fehlgeleitet werden, Unschuldige, etwa Kinder, attackieren oder sich sogar gegen den Wütenden selbst richten.

Der Teufel ist Herr oder Herrin der *Leidenschaft*. Nicht nur deshalb ist er mein Freund. Leidenschaftslose und amusische Zeitgenossen finde ich ziemlich unerträglich, vor allem, wenn sie Berufen nachgehen, die Leidenschaft erfordern wie z. B. Musik und Kunst – oder auch das Pfarramt. Alle Künstler, wenn sie denn etwas taugen, haben ›etwas Dämonisches‹. Alle Theologen auch: Ich kenne keinen leidenschaftlicheren Theologen als den Apostel Paulus, der mit sich, seinem Dämon und seinen Engeln in ständiger Fehde liegt. Im Alten Testament denke ich an den Propheten Jeremia. – Der Teufel verführt mich, ich merke es und folge ihm trotzdem. Paulus: »Das Gute, das ich will, das tue ich nicht; aber das Böse, das ich nicht will, das tue ich.« (Röm 7,19) Dazu passt die Beobachtung aus Mt 15,19: »Aus dem Herzen kommen böse Gedanken: Mord, Ehebruch, Unzucht, Diebstahl, falsches Zeugnis, Lästerung.« Kurz zusammengefasst finden wir das schon am Anfang der Bibel: »Das Dichten und Trachten des menschlichen Herzens ist böse von Jugend auf.« (1. Mose 8,21) Allerdings wird diese urmenschliche Erfahrung hier nicht lange auf einen Teufel projiziert, den man zur Entstehungszeit dieses Textes im Judentum noch nicht kannte, sondern direkt als menschliches Verhalten beschrieben.

Der Teufel arbeitet allerdings mit dem *Schatten*, denn hier liegen meine verführbaren, weil unterdrückten und unbewussten, manchmal tatsächlich bösen Tendenzen und frustrierten Bedürfnisse. Sie wollen und wollen zugleich doch nicht ans Tageslicht des verantwortlichen Bewusstseins. Dass jemand etwas Böses vorhat oder dass etwas Böses drohen könnte, merke ich daran, dass meine eigenen Tendenzen zum Bösen wie ein Wachhund anschlagen. Psychoanalytisch nennt man das Gegenübertragung. Mein *Misstrauen*, das die *Vorsicht* bewirkt, die ja dringend notwendig ist, beruht auf eigenen Tendenzen. Ich denke, man muss das wissen, um nicht hemmungslos andere zu verdächtigen und unrealistische Anschuldigungen vorzunehmen, indem man Eigenes auf sie projiziert, *und* um Eigenes und Fremdes, das mich tatsächlich bedroht, zu unterscheiden. Es ist allerdings nicht ganz leicht, diesen Schatten wahrzunehmen. Man muss das – in der Regel unter kompetenter Begleitung – üben.

Der Teufel ist grausam – und hier nicht mehr ›mein Freund‹

Die am schwierigsten zu erklärende Tatsache scheint die von *Grausamkeiten* wie Kinderschändung, Vergewaltigung, Verschleppung, Völkermord – Holocaust (Shoa), Mord am armenischen Volk, Verfolgung der Palästinenser, Unterdrückung der Tibeter usw. – und *Krieg* zu sein. Diese individuelle und kollektive ›Massenbosheit‹ als die Summe kollektiver Schattenphänomene lässt sich vielleicht damit erklären, dass Bedürfnisse ganzer Kollektive zu kurz kommen und von kleinen (z. B. wirtschaftlichen) Interessengruppen angesprochen und ausgenützt werden können. Man nennt das »Mobilisierung der Massen«. Bei den zuletzt genannten Erscheinungen hört die ›Freundschaft‹ auf. Aber

gerade da ist es eine besonders wichtige Aufgabe, eigene
›perverse‹ Bedürfnisse und Neigungen wahrzunehmen und
zu kennen. Gerade der christliche Glaube an Gottes bedin-
gungslose Annahme unserer guten und zugleich angeboren
bösen, weil ängstlich-egoistischen Natur kann uns helfen,
unsere Schattenseiten nicht länger zu verdrängen. Das führt
zu der nächsten Frage:

Wie geht man mit dem Teufel um?

In der Kirche St. Lorenz zu Nürnberg steht im Südschiff
der Altar der *Hl. Martha*. Auf seinem linken Standflügel
sieht man Martha, die Schwester der Maria und des Lazarus (Lk 10,38–42), auf einem Spaziergang am Fluss, aus
dem der Drache stammt, mit dem Kreuz als Wanderstab
und dem Drachen an einer Leine, der zahm wie ein Hund
neben ihr hertrottet. Martha hat ihn mit dem Kreuz ge-
zähmt und mit ihrem Gürtel, den er um den Hals trägt,
gebändigt. (Leider soll er später von den Bewohnern der
Gegend erschlagen worden sein.) Diese Legende hat et-
liche Parallelen, u. a. schon in der griechischen Mythologie. Immer geht es um die Bezwingung von Tod und
Teufel durch *Glaubensmut*. Ich denke auch an Albrecht
Dürers Holzschnitt »Ritter, Tod und Teufel« – ein tref-
fendes Bild für das verantwortliche Ich zwischen dem
tödlichen Überich und dem verführenden bzw. verführbaren Es.

Ja, es geht noch um wesentlich mehr: um die *Indienst-
nahme* des Teufels als Helfer, Verteidiger und Kämpfer,

denn der Drache ist zweifellos eine Verkörperung von Aggressivität und Kampfbereitschaft. Disziplinierte Aggressivität, den Drachen an der Leine, braucht der Mensch, um Kontakt aufzunehmen; er braucht sie aber auch, um sich zu verteidigen; und er braucht sie, um notwendige Arbeiten und Unternehmungen *in Angriff* zu nehmen. Es ist im Leben nicht selten notwendig, *böse* zu werden; und es ist im Leben notwendig, das *gezielt* einsetzen zu können, um nicht vom eigenen Bösen übermannt zu werden, so dass es einen beherrscht, anstatt von mir selbst beherrscht zu werden. Psychoanalytisch geht es darum, gegenüber den Impulsen des Es und den Drohungen, Verboten und Normen des Überich die Souveränität des Ich zu gewinnen. Dass dies nur partiell gelingt, ist von vornherein selbstkritisch ins Auge zu fassen.

Wer über Glaubensmut verfügt, kann seinem Teufel ins Antlitz schauen, mit ihm sprechen und sich mit ihm beraten. Etwas davon scheint die Legende auszudrücken, die Luther auf der Wartburg ein Tintenfass nach ihm werfen lässt. Es kommt allerdings darauf an, dass man sich nichts von ihm einreden lässt, was man nicht will. Wenn das nur so einfach wäre! Aber ›der Böse‹ wird einen auch dazu ermutigen, im Leben mehr zu wagen, ja das Leben, sein Leben erst recht zu riskieren, anstatt seine Möglichkeiten verkommen zu lassen und seine Pfunde zu vergraben (Mt 25,14–30; Lk 19,11–27).

Weil der Teufel jedoch zweifellos *gefährlich* ist – so gefährlich wie das Leben selbst –, meinen manche, es sei am besten, ihn zu meiden, und bemühen sich nach Kräften, brav zu sein. Das kann nur schief gehen. Wer brav, d. h. angepasst sein und das Böse bzw. den Bösen meiden will, wird hinterrücks von ihm überfallen, ohne es rechtzeitig zu merken. Er kämpft dann gegen das Böse, bis ihm die Kraft ausgeht, und *unterdrückt* alle Lebensimpulse, deren ihm negativ erscheinende Aspekte er an anderen entdeckt oder auf sie projiziert, um sie an ihnen zu bekämpfen und sich selbst für unschuldig zu halten. Solch ein Phänomen war der Hexenwahn, vor allem von zölibatären Klerikern gepflegt, die den Anblick schöner Frauen oder Männer und die damit verbundene Versuchung nicht ertragen konnten. Ihre eigenen lebhaften Phantasien wurden nach außen *projiziert* (externalisiert), so dass nächtlich phantasierte Sexualerlebnisse und erotische Tagträume als Begegnungen mit dem Teufel und seinen Angestellten beschrieben und bekämpft werden konnten. Dass auch heute noch – über Symbolhandlungen wie die apotropäische (Dämonen abwehrende) Segnung mit dem Kreuzzeichen bei der Taufe hinaus – *Exorzismen*, Teufelsaustreibungen, vorgenommen werden, macht jene Kirchen und frommen Kreise, die so etwas praktizieren, des modernen Hexenwahns und Dämonenglaubens, und d. h. massiver *Projektionen* zum Schaden der Opfer, verdächtig. Man braucht aber nicht Hexenwahn und Rassenwahn oder andere grauenhafte kollektive Wahnvorstellungen zu bemühen, sondern kann durchaus im Alltag überall die Tendenz beobachten, den für das eigene Leben übernommenen Normen so zu genügen, dass man ihnen nicht Entsprechendes abwehrt, projektiv anderen anlastet und sich selbst dann als gut empfindet. Die Psychoanalyse hat uns gelehrt, solchermaßen abgespaltene Impulse mutig wahrzunehmen, sich mit ihnen auszusöhnen und sie nach Kräften zu beherrschen, also nicht zu unterdrücken, sondern gezielt und verantwortet einzusetzen.

Massenphänomene

Mit *teuflischen Massenphänomenen* wie Krieg und Völkermord ist allerdings kaum nur über die Psychologie des *einzelnen* Unbewussten fertig zu werden. (C. G. Jung sprach vom »individuellen« bzw. vom »kollektiven Unbewussten«.) Dass ist schon deshalb unmöglich, weil die Arbeit mit einzelnen ein Tropfen auf dem heißen Stein ist. Allerdings kann ich mir vorstellen, dass einzelne Menschen, die ihre eigenen unbewussten Impulse der Destruktivität, des Hasses und der Gier kennen gelernt haben, auf eine Weise Verantwortung übernehmen, dass sie den Massen zu einem gegenüber Verführungen widerstandsfähigeren Verantwortungsbewusstsein verhelfen. Generell ist mindestens *soziales Lernen* in Gruppen angesagt. Es reicht auch nicht, sich mit dieser Art von Bösem in der Welt abzufinden oder nur zu Gott zu beten, dass *er* endlich Frieden schaffe. Krieg und Frieden sind in die Verantwortung der *Menschen* gegeben. Es geht um die Überwindung *kollektiver* Schattenphänomene wie die Schizoidie einer ganzen Gesellschaft (Fritz Riemann), es handelt sich u. a. um einen Mangel an sozialer Wahrnehmung und um Kontaktunfähigkeit, Wahnvorstellungen (Rassenwahn, Hexenwahn, Verarmungswahn, Phantasie einer Bedrohung durch den ›Feind‹, nationaler Größenwahn usw.) und Habgier (früher nach Gold, Ländereien und anderen Schätzen, heute vor allem nach Öl,

Uran usw. – immer aber nach Macht). Es geht um *Bildung*, vor allem auch politische, die kritikfähig und damit weniger anfällig für fremde Verführer macht. Es geht allerdings auch um Mündigkeit im Zusammenhang mit Führungsqualitäten und Handlungsfähigkeit. Daran fehlt es ›Gebildeten‹ nicht selten. Jesu Rat, nicht nur den Freund, sondern auch die Feinde zu lieben (Mt 5,44), könnte unter anderem auch die ganz rationale Bedeutung haben, dass es besser ist, einem »Feind« zu helfen und seine zutiefst frustrierten Bedürfnisse zu befriedigen, soweit es in meiner Macht steht, anstatt ihn immer mehr zu frustrieren, bis er aus Verzweiflung nur noch um sich schlägt – ins Politische gewendet: Man hat z. B. dem heutigen Israel (von jüdischer Seite!) empfohlen, anstatt den palästinensischen Terrorismus durch permanente militärische Demonstration der Überlegenheit und Rache- oder Straf-Aktionen anzuheizen, die Palästinenser mit allem Lebensnotwendigen nach Kräften zu versorgen und es ihnen so gut gehen zu lassen wie nie zuvor, um sie sich auf diese Weise zu Bundesgenossen und Freunden zu machen. Leider ist dieser Rat bisher nicht auf fruchtbaren Boden gefallen. Das Gesagte gilt auch für den *Feind im eigenen Unbewussten.* – Die Legende vom Wolf von Gubbio symbolisiert die Möglichkeit eines *gewaltfreien Umgangs* mit dem Bösen: Dieser Wolf galt in dem Ort Gubbio als böse, gefährlich und absolut zu vermeiden. Der heilige Franziskus aber sprach mit ihm als mit einem Bruder, verpflichtete ihn im Zeichen des Kreuzes und seines Schöpfers zum Frieden und empfahl den Leuten, dieses hungrige Tier regelmäßig zu füttern. Daraufhin wurde der Wolf zum Freund, holte sich regelmäßig sein Futter ab, und als er starb, trauerten die Menschen um das liebe Tier, das einst der Inbegriff des Bösen gewesen war.

Pflichtenkollision

Leute wie Dietrich Bonhoeffer hingegen haben ihren Teufel auch dafür in Anspruch genommen, dass sie sich auf die *Mordabsicht gegenüber einem Tyrannen* einließen – nichts für ›zarte Seelen‹, die brav sein und nichts Böses tun wollen. In diesem Fall von Diktatur und Tyrannei schien ihnen die Feindesliebe nicht mehr angebracht. Sie konnten das tun, weil sie sich der eigenen Bosheit im Inneren bewusst waren und ihren Drachen an der Leine hatten, um ihn im geeigneten Moment einzusetzen. Dass ihr Versuch missglückt ist, steht auf einem anderen Blatt. In der Ethik spricht man in diesem Zusammenhang von Pflichtenkollision: Bin ich z. B. mehr meiner moralischen Integrität oder dem Gemeinwohl verpflichtet?

Der Böse sagt übrigens oft die *Wahrheit*. Es ist der Teufel, der Faust vorschwärmt: »Grau, teurer Freund, ist alle Theorie und grün des Lebens goldner Baum!« Weil das von Gott geschenkte Leben gelebt werden darf und nicht vermieden werden soll, hat Martin Luther seinem skrupulösen Freund Philipp Melanchthon – wohlgemerkt in einer ganz konkreten Situation und keineswegs allgemeingültig auf jede Lage anwendbar – empfohlen: »Pecca fortiter, et fortius crede!« (»Sündige kräftig und glaube umso kräftiger!«)

Musik

Martin Luther war (im Anschluss an Johannes Tinctoris) der durchaus biblischen Ansicht, *Musik* vertreibe den Teufel. Musik ist ein Mittel gegen die *Schwermut*, und diese ist ein Werk des Teufels. Die Schwermut stellt sich u. a. auch aufgrund ungelebten Lebens ein. Der ›Seher von Lublin‹, ein chassidischer Rabbi, antwortete auf die Klage eines Gemeindegliedes, dass es »von bösen Lüsten geplagt werde und darüber in Schwermut gefallen sei …: ›Hüte dich über alles vor der Schwermut, denn sie ist schlimmer und verderblicher als die Sünde. Was der böse Geist im Sinn hat, wenn er die Lüste im Menschen weckt, ist nicht, ihn in die Sünde, sondern ihn durch die Sünde in die Schwermut fallen zu lassen.‹ «[2] Aber, wie gesagt, die Schwermut ist nicht immer Folge von Sünde, sondern kann auch die Folge von *unterdrückter Lebenslust* sein (es sei denn, man nennt diese Unterdrückung selbst Sünde – eine im Christentum gar nicht so seltene Erscheinung).

Aggression

Vor allem ist es wichtig, die *aggressive Potenz* nicht zu unterdrücken. Sie ist dazu da, Gutes *in Angriff* zu nehmen. Wut kann ausgesprochen *konstruktiv umgewandelt* werden: Der Schauspieler Karl-Heinz Böhm nennt ›Wut‹ über die Ungerechtigkeit und Unmenschlichkeit der Welt als Motiv für die Gründung seiner Stiftung »Menschen für Menschen«, die in Äthiopien landwirtschaftliche Projekte fördert, Schulen baut und Menschen auf alle erdenkliche Art Hilfe zukommen lässt. Statt ohnmächtig wütend zu bleiben, hat er etwas Gutes in Angriff genommen. Psychologisch wird man vermuten dürfen, dass er auf diese positive Art der Umwandlung seiner Wut einer dauerhaften und ohnmächtigen Depression entkommen ist. Im Umgang mit dem Teufel kommt es darauf an, sich nicht in die Passivität hineinfallen zu lassen und zu resignieren, sondern *aktiv* zu werden.

›Gesetz‹

Weil er einen in die Resignation drängt und passiv machen kann, wird der Teufel bei Paulus und Luther mit dem ›Gesetz‹ (dogmengeschichtlich: mit dem ›zweiten Brauch des Gesetzes‹) in Verbindung gebracht: Er macht permanent ein *schlechtes Gewissen*, er redet den Leuten ein, sie hätten immer wieder und gerade jetzt gesündigt. Als ›Feind‹ verklagt er das Leben vor Gott und treibt so den Sünder in die Arme Christi, des Anwalts, Beschützers und Erlösers vor Gottes Gericht. So wird der Böse zum Wegbereiter von einem unterdrückten und ängstlichen Ich zu einem mündigen und selbstbewussten Christenmenschen. Der ständige ›Widersacher‹, der Vertrauen und Mündigkeit untergraben und Duckmäusertum fördern will, provoziert die Flucht nach vorn: hin zum barmherzigen Gott. Eine sehr paulinisch-lutherische Geschichte findet sich bei Martin Buber:[3] »In Lublin lebte ein großer Sünder. Sooft er mit dem Rabbi zu sprechen begehrte, war der ihm zu Willen und unterredete sich mit ihm wie mit einem vertrauten und erprobten Mann. Viele Chassidim[4] ärgerten sich daran, und einer sagte zum andern: ›Wie kann es sein, dass der Rabbi, der jedem zum ersten Mal Erblickten sein Leben bis zu diesem Tag, ja die Herkunft seiner Seele von der Stirn abliest, nicht sehen sollte, dass dieser ein Sünder ist? Und wenn er es sieht, wie kann es sein, dass er ihn des Verkehrs und des Gesprächs würdigt?‹ Endlich fassten sie sich den Mut, vor den Rabbi zu treten und ihn zu fragen. Er antwortete ihnen: ›Wohl weiß ich davon wie ihr. Aber es ist euch ja bekannt, wie sehr ich die Freude liebe und die Schwermut hasse. Und dieser Mann ist ein so großer Sünder – andere bereuen doch im Augenblick, nachdem sie gesündigt haben, grämen sich einen Augenblick lang und kehren dann erst zu ihrer Torheit zurück; er aber kennt keinen Gram und kein verdrießliches Besinnen, sondern wohnt in seiner Freude wie in einem Turm. Und der Glanz seiner Freude überwältigt mein Herz.‹« Freude gegen Selbstgerechtigkeit – das heißt Engel gegen den Teufel herbeirufen. Ich kann ihn aber, wo nötig, auch entschlossen wegschicken: »Weg mit dir, Satan!« (Mt 4,10; Mt 16,23)

Gott ist größer

Mir scheint, ohne den Teufel und die Wagnisse, die er mir eingibt, komme ich nicht weiter im Leben. Aber verfalle ich ihm, bin ich verloren. Ich muss seine *Relativität*, seine *Zugehörigkeit zum Gefolge Gottes*, erkennen und mich immer wieder des Kontakts zu Gott ›selbst‹, dem väterlichen, mütterlichen und brüderlichen, und seiner Solidarität versichern, quasi an ihm festhalten und mich von ihm festhalten lassen: »Dennoch halte ich stets an dir, denn du hältst mich bei meiner rechten Hand. Du leitest mich nach deinem Rat und nimmst mich endlich in Ehren an.« (Ps 73,23 f.) Dann darf ich auf Erlösung vom Bösen – aus Gnade und nicht aus Verdienst – hoffen. Dies alles hat Goethe in beiden Teilen des »Faust« wunderbar dargestellt: Ohne Mephistopheles bliebe Faust ein unglücklicher Spießbürger, mit ihm wird er von der grauen Wissenschaft befreit, in ein dramatisches Leben hineingeführt; mit ihm wird er schuldig und kreativ; und noch im Tode scheint nicht klar, wer im Kampf zwischen Teufeln und Engeln siegt. Doch am Ende erlöst den Faust Gottes gnädige Liebe, wie sie schon am Anfang, im »Prolog im Himmel«, von Gott selbst verheißen ist.

Gibt es den Teufel überhaupt?

Selbstverständlich gibt es den Teufel. Es gibt ihn so, wie es andere Personen und Figuren unserer Glaubenswelt auch gibt. Es gibt ihn nicht als eine besondere Spezies Mensch unter ›normalen‹ Menschen, auch nicht als eine Art unsichtbare Person, die irgendwo zwischen, über oder unter uns herumschwirrt. Aber es gibt ihn als *Personifikation* eines umfassenden Aspekts unserer seelischen Wirklichkeit, nicht zuletzt *auch* unseres zwischenmenschlichen Erlebens, ja des Erlebens aller unserer Beziehungen zu Mitmenschen, Tieren, Pflanzen, Steinen, zur Gesellschaft (einschließlich ihrer religiösen Institutionen), Landschaft usw. Es gibt ihn – gemäß einer dualistischen Vorstellung vom Kampf zwischen Gut und Böse – wie die Engel auch, ja als einen von ihnen, der ›gefallen‹ und aus einem Gefolgsmann zu einem Gegenspieler Gottes geworden ist. Dieser Kampf zwischen Gut und Böse spielt in unserem Innern und beruht auf starken Ambivalenzen: Man ist hin und her gerissen zwischen Pflicht und Neigung, Gehorsam und Aufstand, gängiger Moral und Verführung usw. – Um ihn als Kampf zwischen Michael und dem Drachen (Offb 12,7–9) oder gleich zwischen einem ›guten Gott‹ und dem Satan oder Teufel wahrzunehmen, bedarf es freilich der *Phantasie*. Gläubige Menschen (Homines religiosi) sind phantasiebegabte Menschen. Der Dorpater und Erlanger Theologe Theodosius Harnack (1817–1889) stellte daher fest: »Gott ist kein Phantasma, und doch ist ohne Phantasie kein Glaube an ihn möglich.«[5] Dabei ist der erste Halbsatz freilich selbst eine reine Glaubensaussage und keine empirische Beobachtung. Harnack formuliert seine These im Zusammenhang mit der Notwendigkeit, Kinder rechtzeitig mit der religiösen Vorstellungswelt des Christentums vertraut zu machen. Wir stellen uns ja nicht nur Gott, sondern auch Jesus, seine zwölf Jünger, die Engel, andere biblische und kirchengeschichtliche Gestalten – und eben auch den Teufel und die Dämonen auf allerlei Weisen vor. Die Glaubensphantasie wird nun aber inhaltlich angeregt durch *Vorgaben* der Überlieferung, Erzählungen, Geschichten, Gedanken. In diesem Sinne hilft sie auch zur sozialen Eingliederung in den jeweiligen kollektiven Erzählzusammenhang und das Selbstverständnis einer Kultur.

Deshalb ist die Religionspädagogik bzw. Katechetik an der Einführung der Kinder und Jugendlichen in die religiöse bzw. christliche Tradition interessiert.

Diese *kreative Aktivität* der menschlichen Psyche ist der Tätigkeit von Künstlern, vor allem von Dichtern, verwandt. Während durchschnittliche Menschen vorwiegend im Traum, während sie schlafen, kreativ phantasieren, praktizieren Künstler die Fähigkeit des Wachträumens. Dichter und Schriftsteller beherrschen diese – in der Regel im Wachzustand weithin *unbewusste* – Tätigkeit der Phantasie besonders gut, so dass sie innere Monologe, Dialoge und Auseinandersetzungen zwischen mehreren Personen *bewusst* nach außen bringen und zu Erzählungen und Dramen verarbeiten können. Sie laden sich auch ›Gedankengäste‹ aus allen Ländern und Jahrhunderten zum fiktiven Gespräch ein und entdecken dabei geistiges Neuland. Letztere Praxis beherrschen eigentlich alle Menschen, insofern sie mit nicht Anwesenden, an die sie denken und an die sie sich erinnern, Gespräche führen und andere Möglichkeiten des Kontakts fiktiv realisieren.

Unsere religiöse Vorstellungswelt gehört selbstverständlich der *archetypischen Bilderwelt* menschlicher *Mythologien* an und nicht der beobachtbaren, zähl- und messbaren Welt der *Naturwissenschaften*. Diese Bilderwelt verleiht dem Leben des Einzelnen wie dem menschlichen Zusammenleben Glanz und Sinn über die Banalitäten des Alltags hinaus. Sie lässt Festtraditionen entstehen, gibt Feiertagen besondere Inhalte, die oft mit der Geschichte der Gemeinschaft und ihrer Deutung verbunden sind, und verlangt rituellen Ausdruck im Kult. Das aus vielen Religionen bekannte *Bilderverbot* (2. Mose 20,4: »Du sollst dir kein Bildnis machen …«) bezieht sich auf die Notwendigkeit, die Vorstellungen und dann eben auch Abbildungen der religiösen Welt nicht mit den dahinter stehenden Realitäten, also Gott nicht mit Götterbildern zu verwechseln und statt der wahren Gottheit deren Statuen usw. anzubeten. Sich keinerlei Vorstellungen von Gott und Teufel etc. zu machen, ist nicht nur nicht verboten, sondern auch unmöglich. Sie mit der Realität zu verwechseln, die dahinter steht, hieße, Immanentes mit Transzendentem zu verwechseln, den ›Himmel‹ mit der ›Erde‹. Das bedeutete Vergegenständlichung der nicht-gegenständlichen Welt. Sie gilt als eine Kardinalsünde, also als ein Werk des Teufels, und findet sich überall, wo Fundamentalismus das ›Jenseits‹ als ›Diesseitiges‹ behandelt und damit auflöst. Deshalb glauben die Christen an Gottes Menschwerdung. Denn der Mitmensch ist uns zugänglich, er ist zwar nicht identisch mit Gott, aber doch »göttlichen Geschlechts« (Apg 17,28f.). So wird das Sakrileg der Vermenschlichung und Verharmlosung der Gottheit umgangen, diese aber doch in eine liebevolle und zugängliche Nähe hereingeholt. In dieser ›verkleinerten‹ Gestalt wird sogar Gott in der Gestalt Jesu vom Teufel versucht, mit dem er übrigens ein energisches Gespräch führt (Mt 4,1–11).

Der Teufel hat als Gestalt böser Einfälle, ängstigender Bedrohungen, als vom Ganzen der Realität abgespaltene ›Kehrseite‹ allen Lebens durchaus seinen Platz im Panoptikum unserer religiösen Vorstellungswelt. Ohne ihn wäre diese nicht vollständig. Dass er in der frühen Zeit der alttestamentlichen Frömmigkeit nicht vorkommt, hängt damit zusammen, dass hier sowohl das Böse als auch das Gute *unabgespalten* von Gott kommt. So heißt es noch bei Hiob: »Haben wir Gutes empfangen von Gott und sollten das Böse nicht auch annehmen?« (Hi 2,10) Eine dualistische Spaltung in den ›guten Gott‹ und den ›bösen Teufel‹, die einander bedrohen und miteinander kämpfen, kommt erst relativ spät aus anderen religiösen Traditionen (wohl vorwiegend aus dem Parsismus bzw. Zoroastrismus) in die jüdische und von da aus in die christliche Glaubenswelt hinein. Der islamische Dichter und Mystiker Tschallaludin Rumi (gest. 1273) meint: »Aus dem Blickwinkel des Menschen mag ein Ding gut oder böse erscheinen. Aber aus dem Blickwinkel Gottes ist alles gut. Zeige mir etwas Gutes, in dem nichts Böses enthalten ist, oder Böses, das nichts Gutes birgt. Gut und Böse sind untrennbar. Das Gute kann ohne das Böse nicht existieren.«

Mein ›Freund‹

Mein Freund ist dieses Ungetüm, das man gemeinhin »Teufel« nennt, insofern, als er mich immer begleitet und ich mich ständig mit ihm auseinandersetzen muss. Wäre nicht auch Gott selbst – gewiss in sehr verkleinerter Form – mein Gesprächspartner, müsste ich mich vor dem Bösen fürchten und meine Kräfte im Kampf gegen den Teufel verbrauchen. So aber, und nachdem ich mannigfache Erfahrungen mit ihm gemacht habe, Fehler über Fehler in meinem Leben, die sich im Endeffekt oft doch als Möglichkeiten, freier zu werden, erwiesen haben, weiß ich, dass die biblische Behauptung zutrifft, dass Gott alles zum Besten wenden kann (Röm 8,28; vgl. Hebr 12,6–11, wo der Teufel weitgehend zurückgenommen wird in die Züchtigung Gottes). Ich weiß allerdings auch, dass manches nicht mehr zu korrigieren ist und ich mit meinen Unterlassungen, Fehlern, Sünden und ihren Folgen leben muss. Als Energie der schöpferischen – und damit auch der religiösen – Leidenschaft ist der böse Wolf und böse Drache ohnehin mein Freund. Ja, ich wünsche verklemmten und gehemmten ZeitgenossInnen, dass sie ihren inneren Dämon entdecken und lebendig, ja sündig und der Gnade Gottes bedürftig werden. Im Übrigen kommt es mir nicht selten so vor, als seien Gott und Teufel letztlich ein und derselbe, der mich herausfordert und treibt, aber auch beruhigt, tröstet und rettet. Dazu passt auch Martin Luthers Aussage, die Welt und eben auch der Teufel seien »Masken Gottes« (»larvae Dei«).

Was meine Theologie anlangt, so finde ich mich bei dem gerade zitierten Reformator wieder, der in einer Tischrede von 1532 sagte:

»Meine Theologie hab ich nicht auf einmal gelernt, sondern ich habe immer tiefer und tiefer danach forschen müssen. Da haben mich meine Anfechtungen dazu gebracht. Denn die Heilige Schrift kann man nimmermehr verstehen ohne Lebenspraxis und Anfechtungen. Das fehlt den Schwärmern und Sektierern, dass sie den richtigen Widersprecher, nämlich den Teufel, nicht haben, der es einen wohl lehrt. So hat der heilige Paulus auch einen Teufel gehabt, der ihn mit Fäusten geschlagen und ihn so mit seinen Anfechtungen getrieben hat, fleißig in der Heiligen Schrift zu studieren. So habe auch ich den Papst, die Universitäten und alle Gelehrten und durch sie den Teufel mir im Nacken sitzen gehabt; die haben mich in die Bibel gejagt … Wenn wir sonst einen solchen Teufel nicht haben, so sind wir nur spekulative Theologen, die bloß mit ihren Gedanken spielen und mit ihrer Vernunft allein spekulieren … wie etwa die Mönche in ihren Klöstern auch getan haben.«[6]

Mein *Feind* ist der Teufel allerdings dort, wo er mit dem *Tod*, mit Qual und Leiden zusammenarbeitet, dem Tod des Leibes und/oder der Seele: Wo Mord und Totschlag, Kinderschändung, Tierquälerei, Gewaltanwendung u. dgl. ins Spiel kommen, ist eine ganz andere Qualität erreicht als die oben geschilderte von Leidenschaft und künstlerischer Provokation, von Schattenphänomenen und bürgerlicher Unmoral, ja sogar eine andere Qualität als die von schwerer Krankheit und medizinischem Leiden bis zum Tode. Man könnte in der Tat sagen, hier gehe es um das absolut Böse. Aber jede Versachlichung (›das Böse‹) verharmlost diese Dimension des Verbrechens. Es geht um unvorstellbare menschliche Bosheit. Es sind *wir Menschen*, die solche kriminellen Handlungen begehen, nicht ›das Böse‹ oder irgendein ›Satan‹, ›Teufel‹ oder ›Dämon‹. Bleibt man aber zunächst bei der Mythologie, dann bringt mich das mit Goethe auf den Gedanken, verschiedene Teufel und Dämonen, unterschiedliche »Geister, die verneinen«, zu unterscheiden: Wenn »der Schalk« Gott »am wenigsten zur Last« fällt (Faust, Prolog im Himmel), dann jener Satan, der Leben vernichtet und zerstört, Lust am Leiden anderer hat und den Wahn fördert, Töten sei notwendig, wohl am meisten. Ich weiß nicht, ob und wie er im Gefolge

Gottes, des Herrn über schlechterdings alles, Leben und Tod, auftreten kann. Aber wenn ich Gott nicht dualistisch aufspalten will in einen ›guten‹ und einen ›bösen‹ Weltenherrscher, dann muss ich wohl vorläufig das ungelöste Rätsel ertragen, dass Gott die schrecklichsten Bosheiten, die Menschen einander antun, mit ansieht und toleriert. Die – begrenzte – Freiheit zum Guten und Bösen, die wir Menschen haben, nimmt uns die Verantwortung für alle Grausamkeit der Welt nicht ab, sondern bürdet sie uns vielmehr auf. Aber uns auf den ›unfreien Willen‹ – »Ich konnte nicht anders, ich kann nichts dafür!« – zurückzuziehen, von dem Luther durchaus realistisch gesprochen hat, wäre Drückebergerei. Wir sind frei und unfrei zugleich. Wir gehen unseren Weg zwischen Gott und Teufel oder *mit Gott* ›zwischen Tod und Teufel‹, wie Albrecht Dürer das so eindrücklich in dem Holzschnitt »Ritter, Tod und Teufel« dargestellt hat.

[1] Nach Clive S. Lewis, Dienstanweisung für einen Unterteufel, München 1981, 5.

[2] Martin Buber, Die Erzählungen der Chassidim, Zürich 1949, 476.

[3] A. a. O. 477.

[4] Chassidim: Gläubige der chassidischen Gemeinden.

[5] Theodosius Harnack, Katechetik, Erlangen 1882, 124. Th. Harnack war der Vater des bekannter gewordenen Theologen Adolf v. Harnack.

[6] WA TR 1, 147, 3–14. Ich habe den Text sprachlich etwas geglättet und modernisiert.

9. Mein Feind – der Tod

Der Tod gehört zum Leben

Wer vom Teufel spricht, muss auch vom Tod reden. Der Teufel gehört zum Leben, der Tod – ja, leider gehört auch er zum Leben als dessen Ende und ständige Bedrohung. Ich wünsche mir seit meiner Kindheit, niemals zu sterben, also das ›ewige Leben‹. Es soll Menschen geben, die sich den Tod wünschen, und solche, die ihn als Freund willkommen heißen. Ich habe auch früh ein bekanntes Bild aus der Romantik gesehen, das den »Tod als Freund« zeigt, der einem alten Türmer das Läuten des Totenglöckleins abnimmt (Alfred Rethel, 1851). Doch mich hat er, ob als Gerippe oder im Gewand eines Mönchs (wie auf Rethels Bild), als Totengräber oder als Tänzer, immer geängstigt. Ich habe als Chorschüler ungefähr zwischen meinem 9. und 14. Lebensjahr unzählige Beerdigungen miterlebt, jahrelang ängstlich von Särgen geträumt, später als Pfarrer Tote ausgesegnet und sogar die Trauerfeier für meinen treuen Jugend- und Schulfreund, der dem Tod durch Suizid in die Arme gesprungen war, geleitet, schließlich meine Eltern sterben sehen. Aber als ›Freund‹ ist mir dieses böse Wesen nach wie vor suspekt – obwohl es natürlich mit ›dem Teufel‹ zu tun hat. Schon der Apostel Paulus sah diesen Zusammenhang, wenn er im Gefolge einer bestimmten theologischen Überlieferung den Tod als »der Sünde Sold« bezeichnete (Röm 6,23). Paulus denkt u. a. an den Mythos vom sog.

Sündenfall, der diesen Zusammenhang zu erklären sucht (1. Mose 3,19). Mir geht es, inzwischen im biblischen Alter von über 70, immer noch wie jenem jungen Mädchen, das in Franz Schuberts Lied »Der Tod und das Mädchen« (nach dem Text von Matthias Claudius) heftig ruft:

> *»Vorüber, ach vorüber!*
> *Geh', wilder Knochenmann.*
> *Ich bin noch jung, geh', Lieber!*
> *Und rühre mich nicht an,*
> *und rühre mich nicht an!«*

Der Tod antwortet:

> *»Gib deine Hand, du schön und zart Gebild!*
> *Bin sanft und komme nicht zu strafen.*
> *Sei guten Muts, ich bin nicht wild.*
> *Sollst sanft in meinen Armen schlafen!«*

Ich möchte den Tod auch nicht schmeichelnd mit »Lieber« anreden. Und »in seinen Armen schlafen« will ich schon gar nicht. Ich weiß allerdings, dass mir eines Tages gar nichts anderes übrig bleiben wird, als mich ihm zu ergeben oder auch gegen meinen Willen von ihm geholt zu werden.

Der Tod ist für manche ein Freund

In unserem Gästebuch findet sich unter dem 9. Januar 2000 folgender Eintrag:

> *»Thomas Mann lässt seinen Essay ›Der alte Fontane‹ wie folgt schließen:*

›*Im Nachlass der Verewigten fanden sich die schönen Worte:*
Leben! Wohl dem, dem es spendet
Freude, Kinder, täglich Brot;
Doch das Beste, das es sendet,
ist das Wissen, dass es endet,
ist der Ausgang, ist der Tod.‹ «

Der Freund, der diesen Eintrag machte, starb, ohne dass Anzeichen dafür bei seinem Besuch erkennbar waren, noch im selben Jahr.

Nun erleben ja auch fromme Christenmenschen den Tod als Freund, der sie zu Jesus Christus geleitet (Phil 1,23). Sie erleben oder deuten ihn *als Tor zum Leben.* Ich kenne Menschen, die irdische Konflikte im Jenseits zu lösen, mit ihren Eltern oder Lehrern dort abzurechnen, und solche, die ihre Lieben dort freudig wieder zu sehen hoffen. Der Tod begegnet hier als Scheintod: Es geht ja nachher alles weiter, und zwar besser. Die Jüngerinnen und Jünger Jesu haben ihre Enttäuschung und Trauer über Jesu schrecklichen Tod am Kreuz schließlich mit den Auferstehungsvisionen und dem Glauben an Jesu Auferstehung und Himmelfahrt bewältigt. »Er ist nicht hier. Er ist auferstanden, wie er gesagt hat.« (Mt 28,6) Vor allem Paulus, bei den Pharisäern, die an die Auferstehung der Toten glaubten, geschult, legte größten Wert auf die Überwindung des Todes durch die Auferstehung Christi als »des Erstgeborenen unter vielen Brüdern« (Röm 8,29): »Ist aber Christus nicht auferstanden, so ist unsere Predigt vergeblich, so ist auch euer Glaube vergeblich.« (1. Kor 15,1–57; hier: 14) Trotzdem dichtet ein evangelischer Pfarrer: »sterblich zu sein ist bitter genug am bittersten aber dass selbst der tod zur gnade uns wird.« (Kurt Marti, Leichenreden 1969, 49)

Unter dem Eindruck des Todes wandelt sich das Leben

Rainer Maria Rilke hat in einem ›Märchen vom Tod‹[1] von zwei Liebenden berichtet, die sich in der Heide ein einsames Häuschen bauten. Zwei Türen hatte es: eine für die Frau und eine für den Mann. Und jeder empfing die ihm gemäßen ›Gäste‹ durch seine Tür. Eines Tages stand vor der Tür des Mannes – der Tod. Der Mann schlug entsetzt seine Tür zu. Nach einiger Zeit kam der Tod an die Türe der Frau. Auch sie schlug die Türe zu und verriegelte sie fest. Beide sprachen nicht miteinander über diese schrecklichen Besuche, aber öffneten ihre Türen nur noch selten und lebten aufgrund der Isolierung, die dadurch eingetreten war, »viel ärmlicher als vorher«. Eines Nachts hörten sie den Tod an der Hauswand graben und pochen. Seitdem blieben ihre Türen tagsüber gänzlich zu. Und sie übertönten ihre große Angst mit Lärmen und Lachen. – An die Geschichte wird dann ein Schluss angefügt, den eine Leserin des alten Buches, aus dem die Erzählung stammen soll, hinten in den Bucheinband hineingeschrieben hat: Der Tod, den die Frau noch nie gesehen hatte, kam dann eines Tages an ihre Tür und gab ihr ein Päckchen Samen für ihren Mann. Sie gab ihm diesen nicht, sondern säte ihn in ein Gartenbeet. Im nächsten Frühjahr ging der auf: »Er hatte schmale, schwärzliche Blätter« mit einem »sonderbaren Glanz auf ihrer Dunkelheit«. Die Frau zeigte ihrem Mann den Strauch und wollte ihm seine Herkunft erklären, verschob die Erklärung aber von Tag zu Tag. Im dritten Frühjahr kam »eine blasse, blaue Blüte«. Sie standen Hand in Hand davor und wussten: Jetzt blüht der Tod. Dann neigten sie sich über die Blüte und kosteten ihren Duft. – Die Geschichte schließt: »Seit diesem Morgen aber ist alles anders geworden in der Welt.« Was da eigentlich für wen anders geworden ist in welcher Welt, wird nicht gesagt. Jedenfalls verändert hier der Tod selbst das Leben – einmal engt er es ein durch den riesengroßen Schrecken, den er auslöst, das andere Mal, in der Nachschrift einer ›Leserin‹, führt er zu noch größerer Liebe und wohl zu gemeinsamem und ausgesöhntem Auf-den-Tod-Zugehen der Liebenden. Ob die sonderbare Blüte auf die Verwandlung des Samens in eine andere, schönere Gestalt hinweist wie im Bild des Paulus, scheint mir fraglich: »Es wird gesät ein natürlicher Leib und auferstehen ein geistlicher Leib.« (1. Kor 15,42–44)

Der Tod ermöglicht neues Leben

Neues Leben wird nur durch den Tod möglich: Die Lebensgemeinschaft des Urwalds ist nur möglich, weil fortwährend Leben stirbt und neues aus und auf dem alten hervorgeht, landwirtschaftliche Felder werden bestellt, indem der alte Acker mitsamt den Resten alter Pflanzen umgepflügt wird, alte Menschen machen jungen Platz. Darum erleben viele auch das Abgeschobenwerden aufs Altenteil und damit hinaus aus der täglichen Arbeitsgemeinschaft als sozialen Tod. Tod ist in jedem Falle schmerzhaft, traurig, impliziert Abschiede und Loslassen. Schließlich und endlich muss ich mich selbst loslassen, aufgeben und abgeben. An dieser Stelle bringt der Theologe Dietrich Korsch den christlichen Glauben ins Spiel:[2] Mit dem Tod verlieren wir das Verhältnis zu uns *selbst*, das ja nicht nur durch unser Körpergefühl und unseren Kontakt zu anderen, sondern auch durch unsere Geschichte und die Erinnerung daran konstituiert wird, und zur *Welt*, die wir wahrnehmen und deuten. Aber wir glauben, so Korsch, dass Gott, zu dem wir im Glauben ein vitales Verhältnis haben, diese Beziehung nicht aufgibt, auch wenn wir sterben. Er hält sie durch, wir verlieren sie. Aber wir hoffen, dass Gott uns neu erschafft, weil er treu ist. Mehr als *Hoffnung* darauf, dass Gott sich – menschlich gesprochen – an uns *erinnert*, bleibt uns nicht. – Aber alle diese Versuche, die felsenfeste Überzeugung des Paulus, dass wir auferweckt werden, zu verstehen, scheinen mir etwas konstruiert. Wir teilen sie in ihrer *ursprünglichen* Form eben nicht mehr. Jeder Trost, in dem Gott beschworen wird, der mein ›ewiges Leben‹ ›wolle‹, in dessen Hand ich falle, der mich zu sich heimhole und schließlich neu zu seinem Gegenüber erschaffe, erscheint mir allzu voreilig. Tod ist Tod, und das heißt: Schluss! Ich lebe aber trotz mancher Gebrechen gerne, und zwar jetzt: Doch »alle Lust will Ewigkeit.« (Friedrich Nietzsche) Aber ob meine Lebenslust bzw. ich Ewigkeit will oder nicht – ich werde wohl sterben müssen. Da bleibt nur eines: sich auszusöhnen mit der eigenen Endlichkeit. Ohne Frage gelingt das vielen Menschen leichter durch den Glauben an Gott, der uns durch den Tod hindurch zu neuem Leben begleitet.

Man lebt auf jeden Fall in der Erinnerung anderer weiter

Eine ›Lust‹ wenigstens, die sexuelle, schafft Nachkommen. Und die können sich an ihre Eltern und Vorfahren *erinnern*, wenn diese ihnen Platz gemacht haben. Erinnerung hält Tote lebendig. Eine jüdische Spruchweisheit, die wir auch in unseren Kontext stellen können, lautet: »Das Geheimnis der Erlösung heißt *Erinnerung*.« Könnte es sein, dass wir auch deshalb so viel schaffen und möglichst viel von unserer Leistung öffentlich machen, weil wir insgeheim hoffen, wenigstens dadurch über den Tod hinaus im Gedächtnis der – begrenzten – Gemeinschaft (z. B. der Bibliotheken) zu bleiben? Jedenfalls hat (nach Erik H. Erikson) die Lebensphase, die dem Tod vorausgeht, die Aufgabe der *Generativität*. Das bedeutet, dass wir als Erwachsene, zumal als ältere, ja alte Menschen, unser Leben nicht mit dem Totschlagen der Zeit im Rentenalter und Pensionistendasein zubringen müssen oder gar sollen, mit Urlauben und Urlauben vom Urlaub, Kreuzworträtseln usw., sondern uns nun gerade und erst recht der Verantwortung für die Welt nach uns stellen und Einfluss nehmen können. Bedeutende Leistungen in Kunst, Politik, Sozialwesen und Wissenschaft wurden und werden von alten Leuten vollbracht. Deshalb dürfen sich Alte weder selbst ausgrenzen noch ausgrenzen lassen.

Jesus lebt auf jeden Fall in der Erinnerung der Christenheit weiter. Ob er selbst davon weiß und sich seiner Bedeutung, so wie er sich selbst auf Erden wahrgenommen hat, bewusst ist, erfahren wir nicht. Nur die äußerst irdische christliche Kirche bekennt in einem anschaulichen Bild, er sei gen Himmel aufgefahren und sitze zur Rechten Gottes. Traditionell fromme Christen und Theologen werden jegliche Zweifel daran oder auch Übersetzungsversuche in unsere Vorstellungs- und Gedankenwelt heute – so auch die Rede von der »Erinnerung der Christenheit« – weder für ausreichend noch für zutreffend, sondern für baren Unglauben halten. Aber sie kommt sogar bei jeder Abendmahlsfeier vor: »Solches tut zu meinem Gedächtnis!« (S. u.)

Religionswissenschaftlich wird man jedoch feststellen können, dass der Tod eine der *Wurzeln* – bzw. als Person gedacht einer der maßgeblichen Verursacher – von *Religion* ist. *Trauerarbeit* bringt sie hervor. Die Großeltern und Eltern, manchmal auch Geschwister und Freunde sterben. Schon das Kind und der Jugendliche machen entsprechende Erfahrungen. Sie pflegen pietätvoll (darin steckt das Wort »pietas«: Frömmigkeit) das *Andenken* der Vorfahren, Geschwister und Freunde vor Bildwänden und auf ›Hausaltären‹, wie sie auch heute in fast jeder Familie vorkommen. Sie zünden Kerzen an vor den *Bildern der Ahnen*, stellen ihnen Blumen hin und verweilen andächtig vor ihnen. »Dis manibus«, den Ahnen als Hausgöttern, opferten die Römer. Vergleichbares geschieht an den *Gräbern*, besonders an eigens dafür ausgesonderten Gedenktagen wie »Allerheiligen« und »Allerseelen«, »Totensonntag«, »Volkstrauertag« und »Ewigkeitssonntag«. Grabsteine und Mausoleen dienen der Erinnerung, dem *Memento mori* (»Denke daran, dass du sterben musst!«) und, da sie meist aus Stein sind, einer Art ›ewiger‹ Dauer.

Nekropolen (Totenstädte) finden sich als steinerne Friedhöfe mit hausähnlichen Grabstätten und Gebetsräumen in vielen Kulturen. An den Gräbern besonders herausragender Persönlichkeiten der Geschichte, und wären sie im realen Leben noch so grausame und autoritäre Herrscher gewesen, wird gebetet, zu ihnen wird gewallfahrtet, und an ihnen geschehen Wunder. Dass die frühen Christen ihre Kirchen und Altäre über den Gräbern der Märtyrer erbauten, gehört in diesen Kontext. Vergleichbares geschieht auch täglich unbewusst in der Psyche, wenn Werte und Normen der Eltern und der Tradition hochgehalten und gegen Andersdenkende verteidigt werden. So haben auch Jesu Jüngerinnen und Jünger, besonders Paulus und vielleicht auch Petrus, auf die Entstehung der Kirche ›generativ‹ Einfluss genommen – und dabei mehr als die pietätvolle Pflege des Andenkens ihres Meisters über ein, zwei Generationen hinweg erreicht. So entstand die Kirche: »Dieses tut zu meinem Gedächtnis« (Lk 22,19), d. h. ›mir zum Andenken‹.

Der Ausdruck »Andenken« hat zwei Bedeutungen, zum einen das Denken an jemanden oder etwas, zum andern die eines Gegenstandes, der mit dem Erinnerten verbindet: ein Bild, eine Locke, ein Blatt oder eine getrocknete Blüte, ein Kleidungsstück, ein Lieblingsspielzeug usw. Manche stellen sich sogar die *Urne* mit der Asche ihres Partners aufs Bücherregal, andere ihr verstorbenes, inzwischen ausgestopftes Haustier. All das nennt man lateinisch »Reliquien« (Überbleibsel). Ihre Pflege entspricht einem zutiefst menschlichen Bedürfnis. Erst ihr mit finanziellen Konnotationen und der Ausbeutung von Angst bzw. mit Sammlerprestige und Ablassvorstellungen verbundener kirchlich-professioneller Kult hat sie obsolet gemacht.

Der Zusammenhang von *Tod und Erinnerung* als Voraussetzung der Pflege des Andenkens Verstorbener und ihrer Bedeutung für uns dürfte nun jedenfalls deutlich sein. Das ist auch der Hintergrund für die unter Theologen verbreitete Rede von Gottes Gedächtnis, das uns über den Tod hinaus bewahre.

Aussöhnung mit dem Tod

Nach der Bergpredigt (Mt 5,44) sollen wir unsere Feinde lieben. Ich habe immer gefunden, dieses sei die tiefsinnigste und fortschrittlichste ethische Aussage des Neuen Testaments. Nun wende ich sie einmal auf meinen ärgsten Feind an, den Tod. Wenn die Sterblichkeit zu mir gehört wie alle anderen Schattenphänomene auch, so bedeutet das auch eine Aussöhnung mit meiner Destruktivität und unausweichlichen Tendenz zur Selbstzerstörung. (Sigmund Freud sprach vom »Todestrieb«.) Leicht fällt sie mir nicht. Aber Selbstzerstörung ist allemal besser als Fremdzerstörung, also Mord. Und ich erinnere mich daran, dass neben und über Tod und Teufel auch ihr *Herr*, Gott selbst, in mir anwesend ist. Deshalb bete ich: »Herr Gott, du bist unsere Zuflucht für und für … Lehre uns bedenken, dass wir sterben müssen, auf dass wir klug werden!« (Ps 90,1 und 12) In diesem Psalm wird das Sterbenmüssen mit dem Klugwerden verbunden. Wenigstens insofern ist der Blick auf den Tod nützlich: Die Aufregungen des Alltags werden relativ, bisher für wichtig Gehaltenes wird unwichtig. »Wie gar nichts sind alle Menschen, die doch so sicher leben! … Nun, Herr, wes soll ich mich trösten? Ich hoffe auf dich.« (Ps 39,6–8) Auch wenn ich ein Fremdling und Gast in diesem Leben bin wie alle meine Vorfahren (Ps 39,13), so bin ich doch zugleich *dein* Gast und *du* bist mein Begleiter auf meinem Weg durch die Wüste. Dass du, Gott, mir den Wunsch nach Ewigkeit erfüllst, ist nicht die Bedingung für meinen Glauben an dich. Aber lass mich ruhig und geborgen in dir sterben. Das muss genug sein. Mit und in Gott werde ich dem Tod ins Antlitz schauen und seinen Zugriff durchstehen. Denn Gott ist auch sein Herr. Das ist ein Satz des Glaubens, nicht der Empirie.

Gott als Schöpfer zu bekennen eröffnet die Möglichkeit, an die Auferstehung der Toten zu glauben

Wenn wir also im Bekenntnis unseres Glaubens *Gott als den Schöpfer und Herrn des Kosmos* bekennen, dann dürfen wir Ihn auch als Schöpfer und Herrn über den Tod und über den Tod hinaus bekennen. Ob es empirisch als unwahrscheinlich oder denkbar erscheint, dass Gott Menschen vom ewigen Totsein zum ewigen Lebendigsein erretten kann, ist ebenso relevant wie irrelevant wie unser

Glaube an den Schöpfer der Welt. Beide Male geht es um Glauben an den Schöpfer, der die ›erste‹ und die ›zweite Schöpfung‹ hervorbringen kann. Aber dass wir das glauben *müssten*, davon kann – im Unterschied zur Meinung des Paulus – m. E. keine Rede sein. Wenn es uns tröstet – warum nicht! Der Glaube an den Gott der Freiheit zwingt uns nicht in irgendeine Dogmatik hinein. Aber von *Verantwortung* für dieses jetzige und in diesem jetzigen Leben entlastet uns das nicht – schon gar nicht davon, Menschenleben in jedem Falle zu respektieren, so todeswürdig es uns durch Einflüsterungen unseres Überich (das auch der Teufel sein kann) auch erscheinen mag. Deshalb ist die Todesstrafe keine christliche Option – ebenso wenig wie der Krieg – und zu töten, ob ›legal‹ oder ›illegal‹, in *jedem* Falle Mord. Auszunehmen wären allenfalls unabsichtliche Tötungen wie die bei einem Verkehrsunfall.

[1] In: R. M. Rilke, Geschichten vom lieben Gott, Frankfurt/M. 1973, 77–82.
[2] Dietrich Korsch, Dogmatik im Grundriss, Tübingen 2000, 266–270.

10. Die Auferstehung der Toten

Der Tod löst bei uns Menschen fast unweigerlich den Wunsch aus, ihm zu entgehen und irgendwie hernach weiterzuleben. Die Hoffnung auf die Auferstehung von den Toten, von der im Glaubensbekenntnis die Rede ist, liegt nahe. Ist das Leben ohne eine solche Vorstellung nicht trostlos?

Ich habe die folgenden Erfahrungen und Gedanken zuerst mit Angehörigen des Hospizvereins Bielefeld-Bethel ausgetauscht. Dieser Blickwinkel dürfte aber auch für Leser, die nicht in der Hospizarbeit tätig sind, von Interesse sein, gilt doch für uns alle: »Mitten wir im Leben sind mit dem Tod umfangen« (Martin Luther; EG 518,1).

Eine Erfahrung

Meine erste Amtshandlung am ersten Tag meiner Arbeit im Pfarramt war der Besuch bei einer Sterbenden, zu der ich gerufen wurde. Als ich hinkam, war sie schon nicht mehr ansprechbar. Die Angehörigen erwarteten im katholischen Umfeld in Oberbayern wohl auch nicht mehr als ein Vaterunser und einen Segen, für das Abendmahl war es zu spät. Die Sterbende sollte ihre Lieben aber nicht ohne *geistlichen Beistand*, letztlich: ohne *Gottes Geleit*, verlassen und mit Gottes Segen die Reise ins Jenseits antreten. Hier zeigt sich

die in fast allen Religionen verbreitete, d. h. allgemein-
menschliche, Vorstellung, dass an den *Schwellen* des Lebens von der Geburt bis zum Ende eine höhere, größere
Macht und Hilfe nötig sei, als wir Menschen allein sie uns
geben können.

Vorstellungen von der Auferstehung bzw. einem Weiterleben nach dem Tode

Der schweizerische Pfarrer und Poet Kurt Marti dichtet in
seinen »Leichenreden«:

> *»ihr fragt*
> *wie ist*
> *die auferstehung der toten?*
> *ich weiß es nicht*
>
> *ihr fragt*
> *wann ist*
> *die auferstehung der toten?*
> *ich weiß es nicht*
>
> *ihr fragt*
> *gibt's*
> *eine auferstehung der toten?*
> *ich weiß es nicht*
>
> *ihr fragt*
> *gibt's*
> *keine auferstehung der toten?*
> *ich weiß es nicht*

ich weiß
nur
wonach ihr nicht fragt:
die auferstehung derer die leben

ich weiß
nur
wozu Er uns ruft:
zur auferstehung heute und jetzt«

Kurt Marti, »Leichenreden«,
© 2001 Nagel & Kimche im Carl Hanser Verlag München

Eine weitergehende Vorstellung ist die vom *Weiterleben der Seele*. Dass der Körper nicht weiterlebt, wissen wir alle aus Erfahrung. Aber wir wollen uns nicht gerne vorstellen, dass es ganz und gar Schluss mit uns sein könnte. So haben die Menschen seit der Antike den Gedanken gehabt, etwas am Menschen sei unsterblich; die Griechen nannten es *Seele*. Der griechische Philosoph Platon hat deshalb vor mehr als 2000 Jahren empfohlen, die Menschen sollten sich vor allem um die Seele kümmern, denn auf sie komme es angesichts der Sterblichkeit an. – Zu erwähnen sind auch Vorstellungen von *Seelenwanderung*, *Wiedergeburt* u. dgl., wie sie aus anderen Kulturkreisen in neuerer Zeit nach Europa gekommen sind und sich bei manchen großer Beliebtheit erfreuen.

Das frühe Judentum kannte die Vorstellung von einer unsterblichen Seele nicht. Was wir aus dem Hebräischen mit Seele übersetzen (*näphäsch*), ist eher die *Lebenskraft*. Sie steckt im Blut, das deshalb heilig ist. Wenn man starb, legte man sich ›zu den Vätern‹, in ein Reich des Vergessens, aber auch der Ruhe. Man lebte vor allem in seinen Kindern und in der Erinnerung der Angehörigen und Freunde fort. Diese pflegten deshalb mit Liebe das *Totengedenken* im Sinne eines archaischen *Ahnenkults*.

Bei den Propheten, z. B. Ezechiel 37, findet sich die *Hoffnung*, Gott werde sein Volk, das von Fremden beherrscht wird und dessen Oberschicht nach Babylon deportiert ist, erretten. Ezechiel gebraucht das *Bild vom Totenfeld*, auf dem wie auf einem Schlachtfeld die Knochen der Getöteten herumliegen: Gott werde ihnen seinen Atem einhauchen wie bei der Schöpfung und sein Volk – bildlich gesprochen! – vom derzeitigen Tode erretten, also gleichsam neu erschaffen.

Dass die Toten weiterleben, nur in einem anderen Reich, ist allerdings eine uralte Vorstellung, die schon die *Ägypter* hatten, längst bevor es Israel gab. Erst spät, ungefähr 200 Jahre vor Christus, kam auch die Vorstellung in die jüdische Religion hinein, die Toten würden »aufwachen« (Dan 12,2); sie würden dann entweder ›ewiges Leben‹ als Lohn oder ›ewige Schmach und Schande‹ als Strafe ernten. Der mit dem Perserkönig Kyros II., dem Befreier aus der sog. babylonischen Gefangenschaft (ca. 539 v. Chr.), nach Babylonien gekommene *Zoroastrismus*, der vermutlich eine Quelle der dualistischen Unterscheidung von Gott und Teufel im Judentum darstellt, könnte auch bereits bestehenden volksreligiösen Vorstellungen von einer realen Wiederbelebung Verstorbener nach dem Tode Auftrieb gegeben haben.

Der fromme jüdische Orden der *Pharisäer* machte sich den Glauben an die Auferstehung der Toten zu eigen; der strenge Orden der *Sadduzäer*, die nur die 5 Bücher Mose gelten ließen, lehnte ihn hingegen ab. Zur Zeit Jesu gab es beide Auffassungen. Der Apostel *Paulus* war ursprünglich Pharisäer. Durch ihn ist der Auferstehungsglaube zur entscheidenden christlichen Glaubenssache geworden. Er beruft sich dabei auf die Visionen der Jünger, die Jesus nach seiner Kreuzigung gesehen hatten, und auf seine eigene Vision vor Damaskus, bei der ihm Christus erschienen war (Apg 9). In der ersten Christenheit war man sich noch keineswegs über die Auferstehung der Toten einig. Deshalb schreibt Paulus an die Korinther (1. Kor 15,12–32): »… Wieso sagen einige von euch, es gebe keine Auferstehung der Toten? Wenn es keine Auferstehung der Toten gibt, so ist auch Christus nicht auferstanden. Ist aber Christus nicht auferstanden, so ist unsere Predigt vergeblich, so ist auch euer Glaube vergeblich … so sind auch die, die in Christus entschlafen sind, verloren. Hoffen wir allein in diesem Leben auf Christus, so sind wir die elendesten unter allen Menschen.« Danach widmet sich der Apostel u. a. der Frage, wie man sich die Auferstehung vorstellen müsse, wo doch unser Körper verwest. Unser jetziger Leib sei nur ein Samenkorn: »Es wird gesät verweslich und wird auferstehen unverweslich. Es wird gesät in Armseligkeit und auferstehen in Kraft. Es wird gesät ein natürlicher Leib und auferstehen ein geistlicher Leib … Der erste Mensch ist von der Erde und aus Erde (deshalb sterblich, ›irdisch‹), der zweite ist vom Himmel.« (ebd., 35–49)

Dieser paulinische Glaube hat sich in der Christenheit durchgesetzt und ist als zentrales *Glaubensgut*, vermischt mit der griechischen Vorstellung von der Unsterblichkeit der Seele, auf uns gekommen. Er hat sich auch im *Haupt-*

fest der Christenheit, Ostern, niedergeschlagen: Die Auferweckung Jesu aus dem Grabe durch Gott und der Glaube der Jünger daran stehen am *Anfang der Christenheit*. Die Jünger waren bitter enttäuscht gewesen, weil ihr Meister nicht Israel gerettet und ein siegreicher politischer Held geworden, sondern schändlich am Kreuz geendet hatte. In diese *Trauer* – bei Paulus sogar in den Hass – hinein erschien ihnen Christus. Sie entwickelten ganz *neue* – geistigere – Vorstellungen vom Messias, überwanden ihre lähmende Trauer und wurden aktiv. Nun waren sie überzeugt, dass der heiß ersehnte Messias da gewesen sei. Sie sollen sogar Tote wieder zum Leben erweckt haben (z. B. Apg 9,36–42).

Man kann selbstverständlich wie Pfarrer Marti die Vorstellung von einer Auferstehung der Toten existentialisieren, d. h. nicht mehr wörtlich, sondern im übertragenen Sinne verstehen. Dann geschieht sie hier und heute mitten im Leben. Goethe tut das auch:

»… Sie feiern die Auferstehung des Herrn, denn sie sind selber auferstanden aus niedriger Häuser dumpfen Gemächern, aus Handwerks- und Gewerbesbanden, aus dem Druck von Giebeln und Dächern, aus der Straßen quetschender Enge, aus der Kirchen ehrwürdiger Nacht sind sie alle ans Licht gebracht.« So existentialisiert Goethe im »Faust« (»Osterspaziergang«) das Erwachen der Natur und der Menschheit am Ostermorgen im Frühling. Oder auch so: *»Und solang du das nicht hast, dieses: Stirb und werde, bist du nur ein trüber Gast auf der dunklen Erde.«* *(Goethe, Selige Sehnsucht in: West-östlicher Diwan)*

Auch in der Bibel lassen sich dann Beispiele für *diese* Art von Auferstehung finden: angefangen vom Auszug der Kinder Israel aus Ägypten bis hin zu Jonas Errettung aus dem Bauch des Riesenfisches oder der Bekehrung des Apostels Paulus.

Mir will aber trotz aller Großartigkeit dieser Denkfigur scheinen, dass wir uns damit – auf durchaus sinnvolle Weise – um die konkretistische Vorstellung des Paulus und vieler Juden, Christen und Muslime herumdrücken, die meinen, dass wir *nach unserem Tode* weiterleben und am ›jüngsten Tage‹ von Gott auferweckt werden. Deshalb möchte ich die Frage nach der Auferstehung eher unbeantwortet und offen lassen. Ich weiß nicht einmal so viel wie Kurt Marti in dem eingangs zitierten Gedicht.

Was bedeutet die Überlieferung des Auferstehungsglaubens für die Sterbebegleitung?

Fragen wir zunächst nach der *Funktion dieses Glaubens* für Menschen, die ihm anhängen:

Wozu glauben Menschen an die Auferstehung der Toten?

Angesichts des Todes beschäftigt viele Menschen, wie ihr Leben oder das ihrer Angehörigen nun *weitergehen* soll: »Was kommt danach?« Ich habe den Eindruck, die meisten haben eine Antwort auf diese Frage – aber eine individuell unterschiedliche. Die Skala reicht von einer gelassenen Überzeugung von der *Auferweckung* durch Gott oder

Christus ›am jüngsten Tage‹ zum *ewigen Leben* (gemäß der kirchlichen Bestattungsagende), einem Leben ohne Todesgefahr also, bis zur Hoffnung auf ›ewige Ruhe‹ durch ein *Nicht-mehr-Sein.* Wenn wir als Begleiter und Begleiterinnen gefragt werden, ob denn mit der Auferstehung zu rechnen sei, wünschen sich die einen Bestätigung ihres längst vorhandenen Glaubens, die anderen vielleicht Bestätigung des Gegenteils, nämlich Befreiung von quälenden Vorstellungen, die etwa gar ein *Wiedersehen* ungeliebter Mitmenschen einschließen. Diese Vorstellung vom Wiedersehen ist sehr ambivalent: Die einen hoffen auf liebevolle Begegnungen und *Überwindung der Einsamkeit* des Sterbens – jeder stirbt letztlich für sich allein, selbst wenn er oder sie liebevoll begleitet wird (weshalb manche mit jemandem *gemeinsam* in den Tod gehen wollen, z. B. der Kronprinz Rudolf von Habsburg mit einer 16-jährigen Freundin, nicht selten auch Paare) –, die andern eventuell auf eine Chance, hier Versäumtes nachzuholen, die dritten wollen die *Leiden der Zwischenmenschlichkeit* endlich los sein. Und alle hoffen auf *Befreiung vom Leiden überhaupt,* auf eine Rückkehr ins Paradies, wie immer es für verschiedene Menschen aussieht. So wird der Tod als Chance der *Erlösung* verstanden. Die Menschen, welche sich nur das *ewige Ende* erhoffen, sind wohl eher selten. Sie brauchen die Vorstellung von einem wie auch immer gearteten Leben nach dem Tode nicht. Aber Trauer, als Vorwegnahme des Abschieds, bleibt auch ihnen nicht erspart. Und auch sie hoffen auf Erlösung – Erlösung vom schmerzlichen Leben.

Mit dem Erleben von Einsamkeit sowie mit der Frage nach dem Jenseits des Todes ist auch *Angst* verbunden. Was wird kommen? Alle Menschen fürchten das *Ungewisse und Unklare*. Wenn wir nur etwas darüber wüssten, wenn wir nur Gewissheit hätten! Werde ich *einsam* bleiben wie im Tode? Erwartet mich *Glück oder Unglück*? Im Lukasevangelium (16,19–31: Geschichte vom reichen Mann und armen Lazarus) kommt die *Angst* vor dem »Ort der Qual« (28), *vor der Hölle und ihrem Feuer*, zur Sprache. Der Reiche kommt in die Unterwelt, wo ihn Durst und Flammen quälen, der Arme ruht in Abrahams Schoß, wo ihm nichts mehr fehlt: *Wird es nach dem Tode eine ausgleichende Gerechtigkeit geben, die hiesige Verhältnisse auf den Kopf stellt?* Der Reiche will noch in der Hölle *haben*: Lazarus soll ihm wenigstens einen Tropfen Wassers reichen; und als das nicht geht, will er, dass Abraham Lazarus zu seinen noch lebenden Brüdern schickt, um sie zu einem barmherzigeren Leben, also zur Umkehr, zu bewegen, damit sie nicht das gleiche Schicksal erleiden. Da zeigt sich erstmals etwas Mitleid mit anderen. Aber es ist zu spät. – Die Geschichte lehrt zugleich noch etwas: Sterben lernen, heißt: Schon im Leben *verzichten* zu lernen, ›haben, als hätte man nicht‹, andere Prioritäten zu setzen als Wohlstand und Kapital. Das mindert die Angst, etwas oder gar alles zu *verlieren*. – Diese Verlustangst kann sich auch auf den *Verlust meiner selbst* beziehen: Werde ich mich selbst verlieren, meinen einzigen treuen Freund?

Schließlich und endlich, das mag banal klingen, haben auch Sterbende oft noch immer die im täglichen Leben vorher kreatürliche, gesunde und notwendige *Angst vor dem Tod an sich*: Bin ich nun *für alle Zeiten* ausgelöscht? Angst vor dem Tod kann auch die bewusste oder unbewusste

Angst vor einem *grausam sich rächenden Gott*, dem man dann ausgeliefert sein wird, enthalten. »Der Tod ist der Sünde Sold, …« heißt es bei Paulus (Röm 6,23). Erst wenn diese Angst vor einem grausam rächenden Gott kleiner geworden ist, kann der Sterbende loslassen und ausatmen. Dieses Schrumpfen des Monsters Gott (oder Teufel) wird nicht intellektuell-theologisch auf der argumentativen Ebene – »So ist doch der christliche Gott gar nicht!« –, sondern auf der Gefühlsebene und durch die Wahrnehmung ›Ich bin nicht allein‹ bewirkt. Dass es bei Paulus weitergeht: »… die Gabe Gottes aber ist das ewige Leben in Christus Jesus, unserm Herrn«, kann nur die trösten, die daran glauben. Es zeigt aber, wenn wir uns die *Funktion* solcher Bekenntnisse anschauen, dass die Angst vor dem Tod und seiner Strafe bei Paulus und seinen Mitchristen durch die Hoffnung auf das ewige Leben gebändigt wird. Es ist uns dadurch sicher, meint der Apostel, dass wir in der Taufe mit Christus bereits gestorben und in ein neues Leben, welches wie das Leben Christi den Tod grundsätzlich schon bewältigt hat, hinein genommen sind. Dadurch wird der Tod ein Tor ins Leben. Dieser Glaube wird manchen von uns schwer fallen. Aber Gott verlangt von uns nicht, dass wir alles glauben, was in den Heiligen Schriften dieser Welt oder auch nur in unserer Bibel steht, sondern dass wir dankbar sind für die Freiheit, die er uns gegeben hat.

Auch in den Hoffnungen auf Wiedersehen *und* denen auf Ausgelöscht-Werden steckt oft das Thema ›Schuld‹. Es ist mit dem Tod insofern unauflöslich verbunden, als man *immer* Unerledigtes zurücklässt bzw. den Angehörigen ebenfalls keine Chance mehr lässt, Unerledigtes zu erledigen. Sterbende *und* Überlebende bleiben sich in jedem Falle etwas schuldig. Und vor allem haben beide das Gefühl, hinter dem, was ihre Ideale sind oder waren, zurückgeblieben zu sein. Luther soll auf dem Sterbebett gesagt oder notiert haben: »Wir sind Bettler, das ist wahr.« Das bezieht sich auch darauf, dass wir uns selbst (und Gott, falls wir wie Luther an ihn glauben) Wichtiges schuldig geblieben sind, was wir gerne noch erledigt hätten oder sowieso nicht erledigen konnten. Wir haben unseren Lebensauftrag, was immer der war, nur ungenügend erfüllt; unsere Ideale waren höher als ihre Erfüllung. Wir *haben* nichts, was angesichts des Todes beständig wäre, und bringen schon gar nichts mit ›hinüber‹, wir müssen betteln wie der reiche Mann: um Hilfe, Trost, Entschuldung und Vergebung. Hier haben das Gebet um Vergebung und der Zuspruch der Absolution ihren Platz, *wenn* denn der Sterbende in diesen Kategorien denkt. Ansonsten müssen wir die jeweilige Sprache des *Sterbenden* lernen und uns mit ihm in seiner Sprache verständigen, nicht in der der *Kirche*. Wie auch sonst in der Seelsorge ist da keine inhaltliche Norm, kein Dogma, vorgegeben, sondern ist, jedenfalls für Christenmenschen, Freiheit und Toleranz oberstes Gebot.

Ein Abkömmling der Angst ist die *Sorge*. Sterbende machen sich nicht selten Sorgen um jene, die sie zurücklassen müssen: Partner, Kinder, Freunde, aber auch um ihr Erbe und ihren Besitz: Wer wird das bekommen? Wird es weiterhin sorgsam gepflegt? Oder sie müssen ihr Engagement, eine Gründung, Stiftung, ein Ideal, eine Gemeinschaft aufgeben. Auch hier tröstet das Neue Testament: »Alle eure Sorge werfet auf ihn, denn er sorgt für euch.«

(1. Petr 5,7) Gemeint ist der Auferstandene, der Angst und Tod hinter sich gebracht hat und nun »aus einer andern Welt«, wie man sagt, für die sorgt, die sich ihm anvertrauen, und der den Hinterbliebenen beisteht.

Der *Glaube an die Auferstehung tröstet, indem er diese Ängste und Sorgen beantwortet* – zum einen mit der Verheißung von Gemeinschaft, sodann von Glück, Gewissheit, Gerechtigkeit, Frieden (also Konfliktfreiheit), Vergebung der Schuld auch gegenüber mir selbst und gegenüber Gott. Last but not least tröstet der Auferstehungsglauben mit der Verheißung eines endlosen, immerwährenden (›ewigen‹) Lebens ohne Tod, wie es sich viele wünschen.

Wir: Angehörige, Begleiterinnen und Begleiter

Alles, was exemplarisch über die Funktion des Auferstehungsglaubens für die Sterbenden gesagt wurde, gilt auch für die Angehörigen und Begleiter und Begleiterinnen.

Für die Angehörigen ist es manchmal wichtiger als für die Sterbenden, sich mit der *Hoffnung* auf ein Wiedersehen oder jedenfalls auf ein Weiterleben zu trösten. Sie nähren diese Hoffnung schon vor dem Tod des geliebten Menschen und sie sprechen mit den Verstorbenen nach deren Tod; sie begegnen ihnen im Traum, holen sich von ihnen Rat und Hilfe. Manche Juden gehen an die Gräber, um sich dort mit ihren Angehörigen zu beraten. Im Märchen vom Aschenputtel bekommt das Mädchen Trost und Segen am Grab der Mutter sogar mit schönen Ballkleidern, damit es seinen Weg zum Glück gehen kann – übrigens nicht, bevor es nicht den Baum gepflanzt und mit seinen Tränen begossen, also heftig getrauert, hat, von dem ein Vogel Gold und Silber über es wirft. *Das Grab ist hier der tröstliche Ort der hilfreichen Präsenz der Verstorbenen.* Für manche sind die Toten ›im Himmel‹ und helfen uns von dort, ja sie sind Engel, die uns im Himmel vor Gott vertreten und uns von dort aus begleiten. Eine gängige Vorstellung kennen wir in Bezug auf Kinder, die so unschuldig wie Engel und als ›Englein‹ gestorben seien, die uns begleiten. Jedenfalls sind das tröstliche Gedanken, die ich niemandem ausreden möchte.

Auch Angst und Schuldempfinden, Versagensgefühle – Was hätte ich alles für den Sterbenden bzw. Verstorbenen noch tun können! – und Sorge um das weitere Ergehen des Verstorbenen (im Katholizismus mit Ablassvorstellungen bekämpft) beschäftigen *Hinterbliebene* und *Begleiter bzw. Begleiterinnen*. Deshalb geht es im Zusammenhang mit Sterben und Tod immer auch um Vergebung (s. o.).

Es ist wichtig, dass *wir selbst* als Sterbebegleiterinnen und -begleiter uns über unsere *eigene* Einstellung zum Tod und zum Glauben an die Auferstehung klar werden und nichts vormachen. Wer immer wieder dem Tod begegnet, gewinnt vermutlich eine sehr nüchterne und realistische Einstellung zum Leben und seiner Endlichkeit. Bei den einen wird sich vielleicht auch der Glaube an die Auferstehung der Toten festigen, bei anderen wird der Eindruck wachsen, dass dieser Glaube für ihre Gelassenheit dem eigenen Tod gegenüber nicht nötig ist. Dritte hätten ihn vielleicht gerne, aber sind noch auf der Suche nach dem eigenen und angemessenen Umgang mit der Bedrohung durch den

Tod. – Ich habe allerdings auch von Pfarrern gehört, die ihr ganzes Berufsleben lang Menschen ausgesegnet und beerdigt haben und trotzdem große Angst vor dem Tod hatten, ja in einer Art Protesthaltung gegenüber dem Tod verharrten, aus der sich auch ihr leidenschaftlicher Auferstehungsglaube speiste.

Kurt Marti hat eine berühmte »Leichenrede« geschrieben:

»*dem herrn unserem gott*
hat es ganz und gar nicht gefallen
dass gustav e. lips
durch einen verkehrsunfall starb

…

dem herrn unserem gott
hat es ganz und gar nicht gefallen
dass einige von euch dachten
es habe ihm solches gefallen

im namen dessen der tote erweckte
im namen des toten der auferstand:
wir protestieren gegen den tod
von gustav e. lips«

Die Begegnung zwischen uns und den Sterbenden

Alles, was mit dem Glauben an die Auferstehung der Toten zu tun hat, begegnet uns einerseits von Sterbenden und Angehörigen her, andererseits aus uns selbst heraus, die wir dem Tod so oft in die Augen schauen. Da liegt die Frage nahe: Soll man den Sterbenden und ihren Angehörigen etwas von der eigenen Hoffnung auf das ewige Leben sagen, soll man ihnen den christlichen Glauben an die Auferweckung der Toten bezeugen? Bleibt man ihnen etwas schuldig, wenn man es unterlässt? Soll man ihnen ehrlich die eigenen Zweifel bekennen?

Frühere Generationen von Seelsorgern und Sterbebegleitern haben die Auferstehung Jesu Christi als »des Erstgeborenen unter vielen Brüdern« (Röm 8,29) regelrecht ›verkündigt‹: mit Bibelzitaten, in eigenen Worten u. a. Ihre Sterbebegleitung war formalisiert. Die Sterbenden kannten diese Formeln und waren in der biblisch-kirchlichen Tradition zuhause. Heute ist das nicht mehr allgemein der Fall.

Zum Glück bieten uns viele Sterbende, soweit sie das noch können, ihre *eigene Sicht* der Dinge an, mehr oder weniger offen bzw. versteckt. Es ist daher eher unsere Aufgabe, darauf einzugehen und uns um *Verstehen* dessen, was uns gesagt wird, zu bemühen. Diese unterschiedlichen Möglichkeiten, sich und die Angehörigen zu trösten, zu akzeptieren, fällt vielleicht nicht immer leicht, ist aber hilfreicher, als unsere eigene Sicht, etwa den Glauben an die Auferstehung, dem Gegenüber aufzudrängen. *Manchmal verkündigen auf diese Weise die Sterbenden uns.* Und in, mit und unter Worten, auf jeden Fall aber, wo Worte nicht mehr möglich sind, kommt es weniger auf Glaubensinhalte an als auf liebevoll zugewandten *Kontakt.*

In diesen Zusammenhang gehören aber vier weitere Funktionen seelsorgerisch-hilfreichen Kontakts: das *Erzählen* biblischer (oder anderer: etwa chassidischer) Geschichten, das *Singen* und *Beten,* das *Segnen.* Ich habe die Erfahrung gemacht, dass manche Sterbende als Antwort auf irgendein Problem oder auch einfach, weil ein Gespräch nicht möglich ist, wie Kinder gerne *Geschichten* hören und sich davon anrühren lassen. Welche, das ist dann eine Sache der Einfühlung und Intuition. Ähnliches gilt für das *Singen von Gesangbuch- und anderen Liedern,* das manche tröstet und beruhigt. Schließlich wünschen sich manche ausdrücklich, dass man mit ihnen *betet* – z. B. für sie und ihre Lieben. Andere sagen es nicht, aber wären ebenfalls dankbar dafür. Das *Segnen* ist im privaten bzw. nicht öffentlichen Kontakt nicht allein Pfarrern und Pfarrerinnen vorbehalten. Jeder Christenmensch darf segnen und damit Gottes Kraft durch Zeichen der Handauflegung und Bekreuzigung weitergeben, etwa mit dem Satz: »Es segne dich Gott, der Vater, der Sohn und der Heilige Geist!« In all diesen Handlungen – im katholischen, neuerlich auch im evangelischen Bereich kommen noch Krankensalbung und (im katholischen Kontext) Sterbesakramente hinzu – geht es weniger um den theologischen Inhalt des Glaubens an die Auferstehung als um liebevollen und verständnisvollen Beistand.

Auch ohne den Glauben an die Auferstehung und ohne die Hoffnung auf ein Weiterleben sterben Menschen getröstet und ausgesöhnt

Schon lange vor der christlichen Zeit starben Menschen fromm und im Glauben an Gottes Segen, z. B. im alten Israel. Sie lebten eher naturreligiös und wussten: Zum Leben gehört, dass es auch wieder aufhört. So heißt es von Abraham: Er starb »alt und lebenssatt« (1. Mose 25,8). Er hatte schlicht genug. So gibt es immer wieder – vorwiegend wohl alte – Menschen, die mit dem Tod einverstanden sind, nicht weil er ihr Leiden beendete, sondern weil sie zufrieden, dankbar und ›lebenssatt‹ einfach *ruhen* möchten. – Man kann den christlichen Auferstehungsglauben im Gegensatz dazu auch als Verursacher ständiger Unzufriedenheit und der Verschiebung von hier und heute anstehenden Aufgaben (etwa der Versöhnung mit jemandem) ins Jenseits benützen. So betrachtet, hilft das Alte Testament mit seinem sog. Schöpfungsglauben, uns mit der Endlichkeit aller Dinge dieser Welt abzufinden und Ja zu sagen zum Tod. In manchen Situationen ist deshalb ein Glaube hilfreich, der unabhängig davon, ob wir nun auferstehen oder nicht, sich einfach auf Gott verlässt: Er hat uns dieses Leben geschenkt; es ist sein Recht, es uns wieder zu nehmen. So ist mein persönlicher Wunsch, »alt und lebenssatt« sterben zu dürfen. Aber wenn der Tod früher kommt, ist es Gottes Ratschluss. Das weiß ich nicht, sondern das glaube und hoffe ich. Wir sind nicht gefragt worden, ob wir geboren werden wollen, und wir werden nicht gefragt, ob wir sterben wollen. Traurig ist der Abschied auf jeden Fall, aber die Vermeidung von Traurigkeit und Trauerarbeit – etwa durch Verleugnung des Todes – wäre Flucht und keine Lösung. Der christliche Glaube gibt uns den Mut, den Tatsachen ins Auge zu sehen und auf Gott zu vertrauen.

11. Die Sünde

Dieses Kapitel habe ich ursprünglich für eine Konferenz von Pfarrerinnen und Pfarrern entworfen. Das merkt man ihm gewiss noch an. Es scheint mir aber auch für andere interessant; denn ich glaube nicht, dass die Frage nach der persönlichen oder gar kollektiven Schuld heute nicht mehr aktuell sei und niemanden außer Pfarrerinnen und Pfarrern beschäftige. Außerdem möchte ich bewusst Nichttheologen einmal an der Perspektive von Pfarrerinnen und Pfarrern teilnehmen lassen. Die Frage, die diese beschäftigte, war u. a.: ob man den Gottesdienst weiterhin mit einem Sündenbekenntnis beginnen lassen solle.

Der Begriff ›Sünde‹

Die Sünde ist eine Angelegenheit, die manche schon vom Begriff her für total altmodisch halten. Das deutsche Wort wird etymologisch manchmal von ›Absonderung‹, manchmal von ›Trennung‹ (eine Meerenge ist ein ›Sund‹ und trennt zwei Teile des Festlands) hergeleitet. Aber die Etymologie bleibt umstritten. Im Deutschen kennt erstaunlicherweise noch immer jeder dieses Wort und meint, dass ›Sünde‹ ein Vergehen gegen irgendwelche Regeln sei. So ist die Rede von »Verkehrssündern« oder »Diätsündern«, »Datenschutzsündern« oder »Steuersündern«. In Judentum und Christentum hat die Rede von der Sünde eine lange Tradition. Hier geht es um *Schuld* gegenüber Gott und dem oder den Mitmenschen. Schon das 3. Kapitel der

Bibel ist in den Luther-Bibeln mit »Der Sündenfall« über-schrieben. Was geschieht? Der Mensch übertritt ein Gebot Gottes. Dazu wird er von der Schlange verführt, die Zwei-fel in ihm sät und ihm Großes verheißt, wenn er sich von diesem Gesetz befreit: Er soll »wie Gott«, d. h. moralisch autonom werden und zwischen Gut und Böse zu unter-scheiden lernen. Gott hatte aber diese Übertretung mit der Todesstrafe belegt. Selbstständigkeit und Schuldgefühl scheinen im Erleben des Menschen sehr tief und schon sehr lange verankert zu sein. Wer erwachsen wird, muss ein Stück der ›Nabelschnur‹ zwischen sich selbst und seinem ›Sozialuterus‹ zerschneiden; das ist ein Trennungsakt. Die Tiefenpsychologie lehrt uns: Aktiv herbeigeführte Tren-nung – wovon und von wem auch immer – wird von den meisten mindestens unbewusst als Schuld erlebt, und wäre sie noch so sinnvoll und nötig. So ist der Weg zur Mündig-keit mit Schuldbewusstsein gepflastert. Das mag zunächst Eltern und Erziehern gelten, dem frommen Menschen schon in der Antike galt es aber letztlich immer als lebens-gefährliche Trennung von Gott. Da Gott oder Götter aber das Selbstverständnis eines Stammes bzw. Volkes symbo-lisieren, hängt die Sünde immer auch mit der Abweichung von den Normen zusammen, die das Kollektiv zusammen-halten. Wer sündigt, sündigt gegen die Gemeinschaft. Er bedarf der Versöhnung. Sie wird durch die Repräsentanten des Kollektivs, meist die Priester, gegen Auflagen und Op-fer vollzogen und betrifft Versöhnung mit der Gottheit und mit der Gemeinschaft, die sie verehrt.

Der Apostel Paulus sah seiner religiösen Überlieferung gemäß einen engen Zusammenhang von Tod und Sünde.

Er stand damit in der Tradition des Glaubens, wie er uns schon im 1. Buch Mose bezeugt ist. Gott spricht dort zu Adam: »… Im Schweiße deines Angesichts sollst du dein Brot essen, bis du wieder zu Erde werdest, davon du genommen bist. Denn du bist Erde und sollst zu Erde werden.« (1. Mose 3,19). Der Tod wird hier zwar nicht direkt als Folge der Sünde bezeichnet, sondern wie selbstverständlich als das Ende eines Menschen erwähnt, aber doch im Zusammenhang mit dem Fluch genannt, den Gott über den ungehorsamen Adam verhängt. Schon vorher hatte Gott gedroht, Adam werde »an dem Tage«, an dem er vom Baum der Erkenntnis von Gut und Böse esse, »des Todes sterben« (1. Mose 2,17). Der Zusammenhang von Tod und moralischer Unterscheidungsfähigkeit erscheint mir sehr geheimnisvoll. Ich gestehe, dass ich ihn bis heute zwar nicht richtig verstehe, aber für eine tiefe Weisheit halte, der ich gern auf die Spur käme.

Scham statt Schuld?

Eine bekannte These lautet: »Heute fühlt sich kaum noch einer schuldig, dafür schämt sich jeder immerzu.« Stimmt das denn?

Keiner will es gewesen sein

Ich habe nicht den Eindruck, dass das (keiner fühle sich schuldig, jeder schäme sich immerzu) in dieser Radikalität zutrifft.[1] *Selbstvorwürfe, Minderwertigkeitsgefühle*, aber auch ein schlechtes Gewissen gegenüber anderen sind nach wie vor häufig. Hingegen fühlen sich Menschen gegenüber *Gott* und seinen ›Geboten‹ wohl seltener schuldig als vielleicht früher: »Ich habe doch nichts Schlimmes getan, nicht gestohlen, nicht gelogen, nicht gemordet …«. Manchmal rechtfertigen sich Leute, ohne dass man sie wegen irgendetwas kritisiert hätte – nur weil sie einem Pfarrer oder einer Pfarrerin begegnen, die sie als ihr eigenes wandelndes Überich begreifen: »Ich habe mich immer an den Zehn Geboten orientiert. Und dass ich im Geschäft auf meinen Vorteil bedacht bin, kann ja wohl keine Sünde sein.« In der letzteren Aussage steckt vielleicht noch ein Stück schlechten Gewissens, insofern sie defensiv klingt. Verteidigung gegen wen? In diesem Falle gegen *eigene* Normen, die auf die Kirche projiziert werden. Möglicherweise wird die Kirche von vielen deshalb abgelehnt oder kritisiert, weil sie ihr eigenes rigides Überich der Kirche in die Schuhe schieben, um sich selbst freier zu fühlen. Die modernen *Medien* stellen permanent die Schuldfrage. Sie könnten das nicht, würden sie nicht gerade so auf breite Zustimmung stoßen. Nirgendwo wird so hemmungslos moralisiert und nach Sündenböcken gesucht wie dort: Es muss doch einer oder eine Gruppe verantwortlich sein, damit die andern nicht schuld sind. Das heißt: *Schuld begegnet uns heute vor allem als ihre Abwehr, vor allem via Projektion.* Keiner will es gewesen sein. Schuld sind immer die anderen.

Das hängt im ›narzisstischen Zeitalter‹, in welchem viele Menschen sich – vielleicht aus Mangel an Kontakten zu ihren Mitmenschen – übertrieben stark um sich selbst drehen, wohl auch mit der *mangelnden Bereitschaft, Verantwortung* und damit auf jeden Fall auch Schuld zu übernehmen, zusammen, und diese wiederum kommt von einer unglaublichen *Kränkungsbereitschaft.* Wir modernen Menschen sind außerordentlich kränkbar. Manche kränkt schon der Gedanke, selbst Hilfe, Seelsorge oder Psychotherapie zu benötigen: »Ich doch nicht …«. Das sei ›peinlich‹. In der Tat sehen manche ihre Mitmenschen, die sich einmal einer Psychotherapie unterzogen haben, oft als ›geisteskrank‹ o. ä. an – eine absurde Sicht, die auf große Unkenntnis der psychischen Bedürfnisse und Zusammenhänge schließen lässt, aber auch auf eine Abwehr eigener seelischer Notwendigkeiten. Viele haben Angst davor, sich dem eigenen Unbewussten, ihren Phantasien und Träumen zu stellen. Kein Wunder, denn diese könnten viel Unangenehmes, ja Böses offenbaren! Wenn es nach mir ginge, müssten sich alle Führungspersönlichkeiten einer gründlichen Psychoanalyse von mindestens 400 Stunden stellen, um bessere Selbsterkenntnis zu erlangen, und mindestens ebenso vielen Stunden einer gruppendynamischen Arbeit, um soziale Kompetenz zu erwerben.

Die moderne *Wirtschaft* mit ihren Riesenansprüchen an Intelligenz, Cleverness, Geschäftstüchtigkeit, Souveränität usw. usf. stärkt die Vorstellung, man müsse perfekt sein. Ehrgeiz und Kränkbarkeit hängen ebenso zusammen wie

Verunsicherung durch die Individualisierung der Massengesellschaft, in der die Menschen nicht mehr regelmäßig ausreichend vielfältigen Kontakt, kritische und positive Rückmeldungen, also Anerkennung und offene Kritik, sowie Sicherheit durch einen festen Platz in einer stabilen Bezugsgruppe, den früher Familie und Sippe, aber auch eine ganze Dorfgemeinschaft boten, erfahren. In letzterer wären auch klare soziale Regeln und Normen erlebbar, das Gewissen hätte eine klare Orientierung, so dass man wüsste, wann man schuld ist und wie man wieder die Akzeptanz der Gruppe findet. Diese Verunsicherung, Kränkbarkeit und tief sitzenden *Selbstzweifel* lassen gegenüber der Wahrnehmung von Schuld die der *Scham* in den Vordergrund treten. *Kirchengemeinden* könnten eine gewisse soziale Heimat, d. h. Ersatz für Sippe und dörflich-bürgerliche Gemeinschaft darstellen, sind jedoch meist einseitig milieugebunden und können nicht ohne weiteres diese Funktion wahrnehmen, die sie im freikirchlichen Raum und vor allem in den USA (schon durch ihre dortige Vielfalt, so dass für jeden die ihm zusagende Gemeinde zu finden ist) haben. *Bei alledem ist zu berücksichtigen, dass die Ursachen der zu besprechenden Phänomene weitgehend auch im Unbewussten liegen.*

Das Gewissen schlägt heute mehr gegenüber individuell unterschiedlichen Normen

Wir müssen jedenfalls, geht es um die Schuldfrage, vom *Gewissen* reden. Das ist allerdings in einer pluralistischen Gesellschaft zunehmend schwierig: Das Gewissen als inneres *Sozialorgan* gibt Nähe oder Abstand zur herrschenden moralischen sozialen Norm der jeweiligen Bezugsgruppen an. Alle Menschen haben eines, aber inhaltlich wird es je nach Sozialisation unterschiedlich gefüllt. Ein Moslem mag es als Schande für seine Familie empfinden, dass seine Tochter sich mit einem Nichtmoslem eingelassen hat. Ein Deutscher empfand es im 18./19. Jahrhundert noch als Schande, dass die Schwester ein uneheliches Kind bekam (Goethe, Faust I: Gretchen), einer der ein Mädchen, mit dem er nicht verheiratet war, geschwängert hatte, wurde im 18. Jahrhundert in Marburg noch gehängt. Noch im 20. Jahrhundert verboten manche Eltern ihren Kindern, ein Mitglied der jeweils anderen Konfession zu heiraten, wurden Suizidanten nicht ordentlich christlich bestattet, sondern mit kleinem Zeremoniell an der Friedhofsmauer verscharrt, und wurde Schwangeren bei der Hochzeit an der Kirchentüre der Brautkranz abgenommen etc. – *Heute* hat sich unsere westeuropäische Gesellschaft endlich hin zu mehr Freiheit entwickelt und sind unsere Kirchengemeinden liberaler geworden. Aber die Immigranten und manche Konservativen in der Kirche haben Schwierigkeiten, diese moralische Freiheit als *religiös* gerechtfertigt zu akzeptieren. Ihr Gewissen schlägt anders – eher mittelalterlich, eher an einem konservativen Kollektiv ausgerichtet – wie das christliche vor noch nicht allzu langer Zeit auch. Moralistische Kirchturmmentalität ist leider nicht ausgestorben. Generell gilt: Früher fühlte man sich schuldig gegenüber *allgemeingültigen* Normen, heute mehr gegenüber *individuellen* Ansprüchen *an sich selbst*.

Entsprechend haben sich Schuldwahrnehmung und Vergebungsbedürfnis gewandelt. Wir verstehen beides heute stärker psychologisch. Mit einer etwas plakativen Unterscheidung: Es gibt nach wie vor *gewissenhafte* und *gewissenlose* Menschen. Bei solchen Unterscheidungen muss man freilich immer berücksichtigen, dass in der *Realität* Menschen »gemischte Charaktere« (Friedrich Schiller) sind, dass also gewissenhafte gelegentlich bzw. *sektoral* auch weniger Skrupel zeigen und gewissenlose manchmal und *sektoral* durchaus mit Gewissensbissen, Zweifeln usw. reagieren können.

Gewissenhafte sind meist auf andere bezogen und nehmen ihre Aufgaben sehr ernst. Sie neigen dazu, auch die Schuld anderer auf sich zu nehmen, bevor sie jemanden angreifen. Sie fühlen sich oft schuldig und im Vergleich mit anderen schlechter als diese. Der psychische Mechanismus der *Autoaggression* herrscht vor. Fritz Riemann nannte diesen Typus »depressiv«. Diesem Typus gehört auch das Gefühl zu, etwas sei peinlich, man habe sich nicht angemessen benommen, es anderen nicht recht gemacht, man hätte etwas anders machen müssen, habe etwas unterlassen, sich nicht genug um andere gekümmert usw. Man schämt sich meist eher vor anderen als vor sich selbst. Skrupelhaftigkeit ist eine Steigerungsform der entsprechenden *Ängste*. Auch die *Zwanghaftigkeit* mit ihrem Perfektionismus kommt hier ins Spiel: Alles, was vielleicht nicht richtig gewesen sein könnte, wird als peinlich empfunden. Darunter liegen unbewusst massive Selbstzweifel und Unsicherheiten.

Schuld und Scham sind zwar unterschiedliche Wahrnehmungen, hängen aber zusammen. Beide Male geht es um eine intensiv wahrgenommene Beziehung zu anderen. Bei der Scham scheint mir ein stärkerer Bezug auf das eigene Selbst dazuzukommen: Mir ist etwas peinlich, weil ich mich blamiert habe; mein Selbstwertgefühl ist in Gefahr. Bei der Depression ist das ähnlich. Ich fühle mich kraftlos, habe zu wenig Freude an mir selbst, aber nicht weil ich mich schäme und verstecken möchte, sondern weil ich – aus den unterschiedlichsten Gründen – niedergeschlagen bin. Wenn es stimmt, dass die Depression in verschiedensten Varianten heute eine ›Volkskrankheit‹ bzw. ein Massenphänomen ist, dann sind weder Schuld- noch Schamgefühle ausgestorben – im Gegenteil. Da es aber in manchen sozialen Kontexten und einer äußerst moralistischen Gesellschaft – je gottloser desto moralistischer! – heute eher als unpassend gilt, Schuld offen zuzugeben oder überhaupt über sich selbst und eigene Gefühle zu sprechen, wird diesbezüglich viel unter den Teppich gekehrt. Da, wo es erlaubt und sogar erwünscht ist, sich zu zeigen, z. B. in themenzentriert-interaktionellen Gruppen[2] oder in der Psychotherapie, in Ehe- und Familienberatung etc., kommen Schuldgefühle, Scham u. dgl. durchaus und keineswegs selten zur Sprache. Manchmal dauert das längere Zeit, bis sich jemand öffnet. Das ist eine Frage des *Vertrauens* und des wachsenden Mutes, sich dem eigenen Gewissen und Gefühlsleben zu stellen. *Denn auch vor dem eigenen Gewissen hat man Angst.*[3]

Das mit der Angst ist erst recht bei den sog. *Gewissenlosen* der Fall. Sie haben einen Freiheitskampf gegen ihr

Gewissen – und d. h. oft gegen ihre internalisierten Eltern und Erzieher, auch die Kirche – geführt, dabei manches, nicht selten auch ihr Feingefühl, *partiell* unterdrückt, und fürchten nun, die erworbene Freiheit wieder zu verlieren. Gewissenlose verhalten sich egoistisch, nehmen ihre Aufgaben nur insofern ernst, als sie sich einen Nutzen davon versprechen. Schuld sind, falls sie in eine Verteidigungssituation kommen, immer die andern. Hier wird *Projektion* als Abwehrmechanismus eingesetzt, der Splitter im Auge des andern wahrgenommen, der Balken im eigenen Auge aber geleugnet. Dieser Typus kommt so bei Riemann noch nicht vor, es sei denn man ordnet ihn dem »schizoiden« Muster zu.[4] Ich würde jedoch eher von einer Art des »narzisstischen« Typus sprechen, die stets auf ihren Vorteil bedacht ist. Leider entspricht dieser Typus des eher rücksichtslosen und karrierebewussten Erfolgsmenschen heute mehr dem, was die Wirtschaft verlangt oder zu verlangen scheint.

Beiden Charakteren begegnen wir selbstverständlich auch in anderen Berufen und auch in der Pfarrerschaft.

Schuldgefühle treten in der Bewältigung von Trauer auf

Was die Schuldgefühle angeht, so müssen wir noch die *Trauerarbeit* erwähnen. Angesichts des Verlustes eines geliebten Menschen machen sich viele Vorwürfe und fühlen sich insofern schuldig, als sie ihm nicht rechtzeitig noch etwas Gutes getan, mit ihm eine Angelegenheit bereinigt, sich ausreichend um ihn gekümmert, ihm eine Bitte erfüllt haben u. dgl. Das ist nach wie vor sehr häufig – nur, dass die

Leute dies primär nicht als Schuld vor Gott, sondern als Schuld gegenüber dem Verstorbenen empfinden.

Zusammengefasst: *Auch heute* empfinden viele Menschen durchaus Schuld, *und* sie schämen sich nicht selten. Aber Schuld wird *anders wahrgenommen und formuliert* als vor 500 Jahren, und auch Scham bezieht sich auf andere Normen als damals.

Schuldbekenntnis und Vergebung in der Kirche

Nun wird sich mancher Seelsorger und manche Pfarrerin Mühe geben, einem Menschen entsprechende Selbstvorwürfe *auszureden* – auch durch so genannte Verkündigung und unter Berufung auf Gottes Vergebung –, aber feststellen müssen, dass das den Betroffenen *nicht hilft*. Wir bekennen zwar zu Beginn vieler Gottesdienste unsere Schuld, bekommen Vergebung zugesprochen und hören Predigten über Gottes Gnade, aber es wirkt nicht. Auch eigens eingerichtete Beichtgottesdienste helfen oft nichts. Das ist die Stelle, an der mein ehemaliger Kollege und Freund Joachim Scharfenberg nach eigener Aussage beschloss, Psychoanalytiker zu werden. Dazu ist vielerlei zu sagen:

Die ›Offene Schuld‹ ist unverbindlich

Ein *allgemeines und unverbindliches Schuldbekenntnis*, wie wir es im evangelischen Beichtgottesdienst sprechen (›offene Schuld‹), geht an konkreten Schuld- und Schamgefühlen vorbei, weil es öffentlich ist und wohl bei den meisten eher eine innere Abwehr auslöst: ›Niemand soll merken, woran ich jetzt denke! Besser ich denke gar nicht erst daran!‹ Nicht umsonst hat schon ein Reformator wie Andreas Osiander in Nürnberg heftig gegen die Abschaffung der individuellen Ohrenbeichte gekämpft – und verloren. Den Nürnberger Patriziern lag sehr daran, zumal bei ihrem keineswegs besonders moralischen Lebenswandel, von der kirchlichen Jurisdiktion wegzukommen. Die offene Schuld hingegen war *von Anfang an* mit *Unverbindlichkeit* verbunden. Die Freiheit von Menschen und ihre *Unmittelbarkeit zu Gott* – ein lutherisches Proprium – beinhaltet zum einen eine gewisse *Überforderung*[5], zum andern einen ethischen *Subjektivismus,* der sie selbst als ›Gesetzgeber‹ fordert.[6] Kirchliche Vergebungsrituale *mussten* also an Wirksamkeit verlieren, insofern sie letzten Endes auf ›Verkündigung‹ reduziert wurden. Ob dieser Verlust an Wirksamkeit nun wirklich so schlimm ist, wie es scheint, ist eine andere Frage. Für das Selbstwertgefühl von Pfarrerinnen und Pfarrern jedoch ist das wohl ein zentrales Problem. Es dürfte u. a. darin liegen, dass die Kirche mit ihren Ritualen unabsichtlich eine Wirksamkeit und soziale Wirklichkeit vortäuscht, die nicht mehr gegeben ist, so dass es zu Missverständnissen der Gläubigen kommt: ›Es müsste doch helfen. Warum tut es das nicht?‹

Individualisierung, Säkularisierung, Transzendenzverlust,
Pluralismus sind einige Ursachen
der Wirkungslosigkeit von ›Verkündigung‹

Die *Wirkungslosigkeit* kirchlicher Vergebungsrituale heute
hängt auch damit zusammen, dass gerade im Protestantismus (aber zunehmend auch im Katholizismus) das *Kollektiv* von Kirche und Gesellschaft gegenüber der *Individualisierung* und dem eigenständigen Individuum seine Macht
verloren hat.

Dabei spielte ferner das Auseinandertreten von staatlichen und kirchlichen Instanzen durch die sog. *Säkularisierung* eine entscheidende Rolle. Als *Privat*person bin ich
ziemlich frei; nur als *Staats*bürgerIn muss ich mich dem
Kollektiv und der *öffentlichen* Moral beugen. Die Vergebung, die ein Pfarrer »als verordneter Diener der christlichen Kirche« im Namen der höchsten Instanz der Kirche,
des dreieinigen Gottes, zuspricht, *wirkt nicht* mehr – im
Unterschied zu *Gerichtsurteilen* »im Namen des Volkes«,
die notfalls auch durch das staatliche Gewaltmonopol
durchgesetzt werden.

Man kann die Nichtwirksamkeit der kirchlichen Vergebung natürlich durch die reformatorische Unterscheidung
von *effektiver* und *forensischer Absolution* (tatsächlicher
Befreiung durch Ungeschehenmachen eines Vergehens und
Freisprechung, die aber an den einmal geschehenen Tatsachen nichts ändert) erklären, aber mir jedenfalls wäre in
manchen Fällen mehr an einer ›effektiven‹ Vergebung, die
meine Fehler rückgängig macht, gelegen als an einer ›foren-
sischen‹, die eher im Kopf als im Herzen angenommen wer-

den kann. Es ist schwer, mit realer Schuld zu leben; aber es befreit auch und gibt menschliche Souveränität.

Gott als Autorität mit irgendeinem Machtmonopol hat hingegen an Wirksamkeit auf unsere Seelen und unser Empfinden verloren. Das hat u. a. einerseits mit der *einseitigen Verkündigung* des ›lieben‹ und ›guten‹ Gottes, während der Aspekt des Richters und des zornigen Gottes klein geredet wird, zu tun, andererseits wiederum mit *Individualisierung* und *Säkularisierung*. Eine *pluralistische Kultur* lässt kein verbindliches transzendentes Symbol *kollektiver* Identität mehr zu, auch wenn ein Teil der Gesellschaft daran noch festhält (Soll Gott – welcher? – in die Präambel der europäischen Verfassung?).[7] Verschiedene Kulturen – verschiedene Götter und verschiedene Moralvorstellungen, folglich verschiedene Gewissensinhalte und verschiedene Anlässe für Schuld- und Schamgefühle, folglich verschiedene Vergebungsinstanzen, im Zweifelsfalle einerseits nur noch Individuen, denen man vertraut und die einem wichtig genug sind, andererseits staatliche Gerichte, die aufgrund politisch festgelegter Normen freisprechen oder verurteilen. Das wirkt sich auf die Seelsorge aus. Hinzu kommt ein erheblicher genereller *Transzendenzverlust*. C. G. Jung spricht davon, dass die Sterne vom Himmel gefallen seien, und zwar in unser Inneres hinein.

›Begleitung‹ ist heute eher eine Kategorie der Seelsorge als ›Verkündigung‹

Das ist für die *Seelsorge* ein entscheidender Gesichtspunkt, obwohl wir nach wie vor auf eine erstaunliche Akzeptanz aufgrund unserer Rolle, die das Heilige und eine letztgültige Wahrheit und Autorität sowie die Kirche als entsprechende Institution repräsentiert, stoßen. *Pastoralpsychologisch* geht es daher im Umgang mit Schuld, Scham und Schuldgefühlen, darum, dass wir Pfarrerinnen und Pfarrer Menschen dabei *begleiten*, sich zunehmend selbst zu akzeptieren (u. a. sich also selbst zu vergeben, dass man den eigenen Idealen nicht gerecht wird), auf der Basis von mehr Selbstakzeptanz Projektionen, Vorwürfe gegen Eltern und Erzieher, Lehrer und Partner etc. zurückzunehmen und ihnen (Eltern u. a. Bezugspersonen) da, wo reale Fehler und Schlimmeres vorliegen, zu vergeben. Dies ist ein längerer *Prozess* und kann nicht mit einem kurzen Bekenntnis und Absolutionsspruch erledigt werden. Entscheidend ist, dass Vergebung und Hilfe suchende Menschen *Begleitung* finden und – oft über längere Wegstrecken – nicht allein gelassen werden. Sie werden nicht selten auch lernen müssen, *mit realer Schuld zu leben* und nicht wieder gut zu machende Fehler – eigene und fremde – zu ertragen. Das provoziert Glauben, d. h. Vertrauen auf Gottes Vergebung und Solidarität. Die traditionellen biblischen und rituellen kirchlichen Symbolvorstellungen können dabei als *Sprachhilfe* dienen, weil sie Erfahrung widerspiegeln und insofern die Ratsuchenden diese Sprache noch verstehen oder verstehen wollen. (Das wird bei Menschen, die Kontakt mit

PfarrerInnen suchen, meist der Fall sein.) Die Rede von der Sündhaftigkeit *aller* Menschen und der Vergebung Gottes z. B. trägt der Realität Rechnung, dass niemand vollkommen ist und es auch nicht werden kann, so sehr er es gerne wäre. Manche martern sich in ihrem Perfektionismus ab wie einst Luther im Kloster mit seiner Askese. Realität ist, dass das nicht weiterbringt, sondern in den Abgrund führt, wenn solch ein Mensch nicht irgendwann riskiert, seinen Kampf aufzugeben (wie Martin Luther im Kloster). Um solchen Mut zu schöpfen, braucht er Begleitung. Luther hatte sie in Johann v. Staupitz. Das Evangelium bedeutet also die Möglichkeit, sich so realistisch wahrzunehmen, wie man wirklich ist: fehlerhaft, peinlich, schuldig und unmoralisch. Wenigstens in der Kirche müsste man das auch öffentlich zugeben können. Das ist aber bekanntlich keineswegs der Fall. Die Volkskirche ist eben keine Vertrauensgemeinschaft, obwohl sie theoretisch so definiert wird. Letzten Endes gelten leider auch hier oft nicht Vergebung und Realismus, sondern kleinbürgerlich-pharisäisch-moralistische Maßstäbe der jeweiligen Zeit. Religion ist eben Ausdruck der gesellschaftlichen Wirklichkeit, auch wenn eine Wechselwirkung zwischen beiden besteht.

Reue, Bekenntnis und Konsequenzen sind drei heute noch gültige Seelsorgephasen

Trotzdem: Die klassischen drei Stufen aus der mittelalterlichen Seelsorge *contritio*, *confessio* und *satisfactio* (Reue, Bekenntnis und Wiedergutmachung) entsprechen im Prozess seelsorglicher Begleitung (durch Pfarrer oder Freunde) durchaus einer psychologischen Abfolge des Bewältigens von Schuld: Erst muss Schuld überhaupt einmal *wahrgenommen* werden. Das ist mit *Reue* verbunden. Manchen fällt es sehr schwer, ihr schlechtes Gewissen überhaupt zuzulassen: Viel Energie geht in die Unterdrückung von Schuldgefühlen. Erst dann geht es darum, sie zu bekennen, d. h. *dazu zu stehen* und sich nicht länger vor ihrem Eingeständnis zu drücken. Schuld muss übernommen werden. Schließlich sind Wege zu finden, evtl. verursachte Schäden *wieder gut zu machen*. Wo das aber nicht möglich ist, wird man nach evangelischem Verständnis nicht einfach Sühnopfer bei der Kirche deponieren, sondern darum kämpfen müssen, sich selbst *mit* der nicht mehr rückgängig zu machenden Schuld anzunehmen – früher hätten wir hier schlicht gesagt: sie sich von Gott vergeben zu lassen. Gerade dazu bedarf es meist einer verständnisvollen und beharrlichen, manchmal auch konfrontativen Begleitung. Deshalb hat der Schweizer Theologe Eduard Thurneysen von Seelsorge als einem »Kampfgeschehen« gesprochen. Wie in der Psychoanalyse so geht es auch in der kirchlichen Seelsorge im engeren Sinne um eine oft nicht nur angenehme Auseinandersetzung, um den Kampf um die Wahrheit.

Zusammengefasst: Allgemeine Schuldbekenntnisse (›Offene Schuld‹) und allzu häufige, billige Absolution helfen im konkreten Falle wenig. Um Vergebung zu vermitteln, bedarf es meist geduldiger seelsorglicher Begleitung. Manchmal muss erst an der *Wahrnehmung* von Schuld und schlechtem Gewissen gearbeitet werden.

Das kirchliche Sündenbekenntnis (›Confiteor‹)

»Kann man unter den genannten Bedingungen ›auch heute noch den Gottesdienst mit dem Confiteor beginnen‹ – zumal an Tourismus-Orten?« So wurde ich von Pfarrerinnen und Pfarrern gefragt. In lutherischen Gottesdiensten beginnt man in der Regel mit der Aufforderung, die Sünden zu bekennen und um Vergebung zu bitten. Die Gemeinde spricht dann: »Der allmächtige Gott erbarme sich unser. Er vergebe uns unsere Sünde und führe uns zum ewigen Leben.« Darauf spricht der oder die Geistliche eine Vergebungsformel.

Auch im kulturellen Pluralismus können wir nicht einfach Schwieriges weglassen

Es stellt sich erneut die Frage nach einer *zeitgemäßen* kirchlichen Praxis. Diese ist allerdings deshalb so schwer zu beantworten, weil wir gegenwärtig in den unterschiedlichsten Bewusstseinsepochen und Milieus gleichzeitig leben und unsere Arbeit tun müssen. Während die einen gar nicht in der Lage sind, zwischen Historie und Geschichte, also auch zwischen Symbol und Alltagsfakten, zu unterscheiden, verstehen andere die gesamte Religion als ästhetisches Symbolgefüge; die einen unterwerfen sich willig alten hierarchischen Vorstellungen von Kirche und flüchten in dogmatische Sicherheiten, die anderen bestehen auf ihrer religiösen, d. h. evangelischen, ›Reichsunmittelbarkeit‹ und basteln sich ihr eigenes Weltbild; die einen leben quasi im Mittelalter, die anderen sind in Aufklärung und Rationalismus stecken geblieben, die dritten haben sich von Kirche und allem, was Assoziationen an eine staatsnahe und obrigkeitliche Organisation erinnert oder was ihnen als naiv erscheint, losgesagt. Wir Pfarrerinnen und Pfarrer können nicht einfach alle mythologischen Aspekte unserer kirchlichen Tradition über Bord werfen – auch deshalb nicht, weil wir die Sache, die Botschaft des Evangeliums (das ›Kerygma‹) und nicht nur diese, nur in mythologischer und durchaus magischer Form überliefert bekommen haben (ich denke z. B. an die Bittgebete) – und wir müssen um unserer eigenen wie kirchlichen *Identität* willen *anschlussfähig* an unsere Tradition bleiben.

Unsere Aufgabe als Pfarrer und Religionslehrer
ist die Übersetzung

Wir haben das Übersetzen gelernt und sollen Hermeneuten (Menschen, die ihre Botschaft heutzutage verständlich machen können) sein. Ob Predigt, Unterricht oder Gespräch – unsere Aufgabe ist es, die Tradition verständlich zu machen. Dann werden auch die unverständlichsten Bibeltexte aktuell und lebendig, weil sie *Erfahrung* gespeichert haben und von Höhe- wie Tiefpunkten des Lebens in einem transzendentalen, die Alltagsbanalitäten *überschreitenden*, Kontext sprechen. Dazu müssen wir *verschiedene Sprach- und Wahrnehmungsebenen* kennen und je nach unserem Gegenüber auch anwenden. Bei einer soziologisch sehr gemischten Gemeinde oder Schulklasse, die aus einer vielleicht eher konservativen Kerngemeinde und Touristen verschiedener Bildungsgrade besteht, wird man

eine Sprache wählen, die einerseits modernes Reflexions-
niveau erkennen lässt und andererseits dennoch überkommene Bilder und biblische Vorstellungen ernst nimmt. Im
übrigen sind die Touristen, die in die Kirche kommen,
wenn sie nicht sowieso kirchlich sind, erfreulich tolerant
gegenüber Konventionen und Traditionen, ja sie suchen
geradezu das Fremdartige oder lange nicht mehr Erlebte,
Kultische und Religiöse, wenn es nur nicht völlig unverständlich bleibt. Aber um Unverständliches verständlich
zu machen, gibt es ja die Predigt. Man darf die Menschen
nur nicht für dümmer verkaufen als sie sind und muss ihnen auch geistig etwas zumuten. Meine Erfahrung als jah-
relanger Kurpastor auf Juist und anderswo ist, dass Kurgäste und Touristen für anspruchsvollere geistige Kost sehr
dankbar sind. Allerdings: Es jedem recht zu machen, ist
unmöglich. Man sollte es gar nicht erst versuchen.

Für die eingangs dieses Abschnitts gestellte Frage heißt
das: *Ja, wir können sehr wohl mit dem Confiteor beginnen.*
Dass das Thema ›Schuld‹ überhaupt angesprochen wird,
mag für abgestumpfte Kirchenchristen schon langweilig
sein, für seltenere Gäste ist es das nicht. Aber wir sollten
uns nicht auf das Thema ›Schuld und Vergebung‹ *beschrän-
ken*. Diese *Reduktion* stammt aus der spätmittelalterlichen
Bußfrömmigkeit und wird weder der Vielfalt des menschlichen Lebens noch der der biblischen Schriften gerecht.
Wolfgang Huber weist darauf hin, dass das Sündenbekenntnis, also nicht nur der folgende Zuspruch der Vergebung, auch als »Gebet der Hoffnung« verstanden und wirksam werden könne. Wer um Vergebung bittet oder diese
Bitte hört, hofft auf Erfüllung dieser Bitte oder wird in

diese Hoffnung mit hinein genommen, auch wenn er oder sie sich im Moment gar keine bewussten Gedanken darüber macht.

Zusammengefasst: Ob wir mit oder ohne Sündenbekenntnis beginnen, ist nicht entscheidend, kann jedoch für manche sehr wichtig werden. Aber wir dürfen unsere Theologie und unseren Glauben nicht auf Schuld und Vergebung reduzieren.

Wie ist in diesem Zusammenhang die Stellung des Menschen vor Gott heute zu beschreiben?

> *»Wir sollen Gott über alle Dinge fürchten, lieben und vertrauen.«*
>
> (Martin Luther)

Eine über dogmatisch Gelerntes hinausgehende Antwort auf die Frage nach der »Stellung des Menschen vor Gott« weiß ich zunächst einmal nicht. Entsprechend protestantischer Tradition ist die Stellung eines Menschen vor Gott – um nicht zu sagen: vor *seinem* Gott – *individuell ganz unterschiedlich*, weil jeder selbst ohne kirchlich-hierarchische Vermittlung Zugang zu ›Ihm‹ hat. Die Frage ist ja schon, ob ein durchaus religiös suchender Mensch eine bzw. seine ›Stellung vor Gott‹ sucht oder beschreiben möchte. Matthias Kroeger[8] plädiert in seinem ausgezeichneten Buch für ein »*nontheistisches* Christentum«, also ein Christentum, ohne Gott auf die eine oder andere Erscheinungsweise festzulegen. In der kirchlichen Praxis wird das derzeit nicht generell möglich sein. Wir würden die meisten Mitglieder und ihre Vorstellungswelt ausgrenzen. In einzelnen Gesprächen mit Intellektuellen werden wir jedoch auf Hinweise bzw. Ermutigungen von Kroeger und Klaus-Peter Jörns[9], so unterschiedlich beide Bücher sind, zurückgreifen können. Eines scheint mir jedenfalls klar: Die ontologische Rede von einem gleichsam gegenständlich existierenden Gott zielt an Gott und am Menschen vorbei. *Es ist nicht wichtig, ob es Ihn gibt, sondern ob und wie wir an Ihn glauben.* Wenn das Judentum den *heiligen Namen* Gottes achtet, indem es ihn verschweigt und stattdessen »Herr« liest, dann ist das etwas, was wir von ihm lernen können. Die distanzlose und burschikose Anbiederung an den ›guten Gott‹, den ›lieben Herrn Jesus‹ und den allzeit verfügbaren Gott des ›Evangeliums‹ wird dem, was Luther mit »fürchten und lieben« meint, kaum gerecht – auch wenn diese Respektlosigkeit auf *christologische* Überzeugungen von Gottes Brüderlichkeit zurückgeht, die die geheimnisvolle Leerstelle des Gottesnamens mit einem menschlichen Namen füllen. Angesichts einer Fülle von heute anzutreffenden Gottesbildern halte ich es für sinnvoll, die Stelle des Namens Gottes mit der Mystik ehrfürchtig weitgehend offen zu lassen. In der *Seelsorge* hingegen werden sich häufig sehr konkrete Gottesbilder der einzelnen Menschen zeigen, oftmals sehr strenge und Furcht erregende. Dagegen im Namen des Evangeliums anzureden, hilft, wie wir sahen, wenig. Das Zeugnis von Gottes Barmherzigkeit bedarf hier der Erfahrung einer verlässlichen, vertrauensvollen und um Verständnis bemühten *Beziehung.*

Was bedeutet das für die Frage nach dem Menschen in seiner *Schuld vor Gott*?

Früher repräsentierte das abendländische Gottesbild des Christentums nicht zuletzt das Selbstverständnis der Gesellschaft. Gerade deshalb hatten es Gruppen mit einem anderen Gottesbild und folglich anderen kultischen Formen – wie z. B. das Judentum – in dieser Gesellschaft schwer und wurden als fremd oder sogar als feindlich erlebt. Wer seine Schuld bekannte und beichtete, beichtete immer zugleich der Gesellschaft in ihrem Repräsentanten, dem Priester bzw. Pfarrer. Wer Absolution erhielt, erhielt sie entsprechend zugleich von Gott und der Gesellschaft, die diesen Gott verehrte. Durch Individualisierung und Säkularisierung besteht diese Verbindung nicht mehr. Daher auch die vielen Unsicherheiten hinsichtlich der Funktion von Religion in unserer Gesellschaft. Jetzt sind Schuld gegenüber gesellschaftlich anerkannten Normen und Schuld gegenüber Gott, seinen ›Geboten‹, christlicher Ethik o. Ä. getrennt. Theologen konstruieren nun rational Zusammenhänge zwischen der Schuld gegenüber Menschen und gegenüber Gott, oft relativ unabhängig von dem, was gesellschaftlich gerade gilt, und Psychologen beobachten einen Zusammenhang von *Gottesbild* und *Selbstbild* bzw. *Ich-ideal*. Die Schuldfrage wird zu einem *narzisstischen* Problem, d. h. Selbstverhältnis und Gottesverhältnis entsprechen sich. Ich fühle mich nicht etwa schuldig, wenn ich gegen staatliche Normen verstoße, sondern wenn ich ein schlechtes Gewissen habe, und das kann manchmal schneller gegenüber Übertretungen eigener Normen und Ideale auftreten als gegenüber staatlichen oder kirchlichen Regelungen. Wer hat schon das Gefühl, zu sündigen, wenn er bewusst zu schnell fährt oder falsch parkt?

Aktives Zuhören hilft, verschiedene Gewissen wahrzunehmen

In einer pluralistischen Gesellschaft haben wir es mit individuell ganz verschiedenen Gewissensinhalten und folglich verschiedenen Situationen und Bedingungen zu tun, unter denen Menschen ein schlechtes Gewissen entwickeln. In der *Seelsorge*, soll sie gründlich geschehen (was nicht immer möglich ist), müssen wir uns deshalb von Fall zu Fall erst einmal mit der ›Gestalt‹ des Gewissens eines Menschen vertraut machen – vorwiegend wohl durch *aktives Zuhören* (wie wir es heute in der Seelsorge-Ausbildung gelernt haben). Dabei verstehen wir allmählich, weshalb dieser Mensch sich schuldig fühlt, und können mit ihm daran arbeiten. Vergebung *Gottes* wird dann für den Rat und Vergebung suchenden Menschen erst allmählich durch zunehmende Verständigung und Akzeptanz in der Beziehung zur Seelsorgerin bzw. zum Seelsorger wahrnehmbar.

Die dualistische Spaltung des Gottesbildes ist ein besonderes Problem

Ein besonderes Problem mit allerdings sehr langer Tradition stellt die *dualistische Spaltung* des Gottesbildes in einen guten und einen bösen Gott (Teufel) dar. Ein Problem für das

Selbstbild der Menschen und die Seelsorge ist das deshalb, weil damit die anthropologische *Realität* des Luther'schen »Simul iustus et peccator« (›zugleich gerecht und sündig‹) konterkariert wird. Ein ganzheitlicher Gott, der gut *und* böse, aber dennoch treu ist, wie ihn die älteren Passagen des Alten Testaments zeichnen, würde es den Menschen erleichtern, ihre eigene Ganzheitlichkeit zu akzeptieren, ihren Schatten zu integrieren (wie Jung gesagt hätte) und sich nicht länger dafür zu schämen, dass sie nicht so sind, wie sie sein möchten. Die Wahrnehmung dieses Gottes, der dem Neuen Testament ja wenigstens nicht fremd ist (auch wenn dort alles getan wird, um ihn immer wieder nur gut erscheinen zu lassen, vgl. z. B. die soteriologische Interpretation der Kreuzigung Jesu), halte ich heute für wichtiger denn je.

Zusammengefasst: Dogmatisch ist das Problem in der *kirchlichen Praxis* heute nicht mehr zu lösen. Entsprechend reformatorischer und aufklärerischer Tradition, die eine starke Individualisierung hervorgebracht hat, ist die Stellung des Menschen vor seinem Gott individuell unterschiedlich. Verschiedenste Gottesbilder lassen eine Festlegung auf ein allzu enges Gottesverständnis nicht mehr zu. Schuld vor Gott und christlich-gesellschaftlichen Normen wird heute *weniger*, Schuld gegenüber Mitmenschen und gegenüber eigenen Idealen *mehr* empfunden.

Zusammenfassung

Selbstverständlich empfinden Menschen auch heute *Schuld* und *suchen Vergebung*. Aber sie wollen es oft nicht zugeben. Gerade weil die Kirche ständig darauf herumreitet – auch indirekt durch die Betonung der Annahme durch den barmherzigen Gott –, aber auch, weil die Menschen sehr oft allzu anspruchsvolle Selbstbilder mit sich herumtragen, werden entsprechende Wahrnehmungen oft abgewehrt.

Eine realistische Beziehung zu sich selbst, die einen in der Selbstwahrnehmung erheblich schrumpfen lässt, ist oft – besonders wenn sie gleichzeitig nicht in Scham und Depression führen soll – erst auf einem langen Weg erreichbar. Dabei nehmen Menschen ihre Schuld meist weniger als Schuld vor Gott und der Gemeinschaft der Kirche bzw. der Gesellschaft wahr, sondern als Schuld gegenüber sich selbst. In einer pluralistischen Gesellschaft haben wir es mit einer Pluralität *verschiedener* Gewissensinhalte und folglich Schuldgefühle zu tun.

Die *Reduktion* kirchlicher Arbeit auf Schuld und Vergebung ist eine spätmittelalterlicher Bußfrömmigkeit geschuldete moralistische Reduktion, die in dieser Einseitigkeit nicht fortgesetzt werden sollte. Glaube, Liebe, Hoffnung, Freiheit, Wahrheit und andere biblische Kategorien (z. B. Zorn und Liebe, Rückschau und Vorwärtsorientierung) wären für die Erweiterung heranzuziehen. Vor allem scheint mir wichtig, dass unser Glaube zur Wahrnehmung der *Realität* befreit. Viele fromme und im pastoralen Alltag allzu wohlfeile Sprüche scheinen mir einer *Abwehr* der Tatsachen zu dienen. Dem möchte ich jedenfalls nicht aufsitzen oder gar das Wort reden.

Ob wir mit dem *Confiteor* (Sündenbekenntnis) den Gottesdienst beginnen – und mit anderen vielleicht nicht mehr ohne weiteres verständlichen Stücken aus der Tradition (wie Introitus, Hallelujah oder Kyrie[10]) fortsetzen –, ist den Menschen, soweit sie eher als Gäste zu uns kommen, relativ egal, für die *Ökumene* aber wichtig. Wir Menschen suchen sinnenhaft-konkrete Feierlichkeit, transzendentale Ästhetik als Alternative zum profanen und oftmals banalen Alltag, Einkehr, geistliche Heimat, Erinnerung, Kontakte und nicht eine zu anspruchslose Predigt, die uns zu Kindern und Objekten der Belehrung machte. Wir suchen auch den Segen Gottes.

Die ›Stellung des Menschen vor Gott‹ ist heute in der Praxis kaum noch dogmatisch zu bestimmen, sondern anthropologisch: Welche Gottesbilder herrschen vor, auf welche Emotionen treffe ich vermutlich, wo stehe ich selbst und was kann ich ehrlicherweise bezeugen, wie sieht meine Frömmigkeit aus, wie fülle ich die liturgische Tradition inhaltlich für mich, so dass ich, während ich mit der Gemeinde feiere, innerlich dabei sein kann, und was habe ich den Menschen, die mir zuhören – welch eine Ehre! –, über den biblischen Text und den evangelischen Glauben zu sagen? In der Seelsorge geht es um verschiedene Gewissensstrukturen und -inhalte. Allgemeinverbindliche moralische Normen können nur noch bedingt vorausgesetzt werden. Zuhören, Verstehen und Verständigung sind mehr denn je angesagt.

[1]   … obwohl auch der bekannte Psychoanalytiker und Pastoralpsychologe Klaus Winkler diese These vertreten hat. Das »er-
schrockene Gewissen« sei dem gekränkten Gewissen in der Erle-
bensstruktur vieler Menschen gewichen: Ders., Seelsorge, Berlin
2000, 290 u. ö. Vgl. dort das Kapitel zum Gewissen: 282–296.
Winkler sieht darin allerdings keine Alternative, sondern findet in
der Realität vor allem Mischformen zwischen Überich-orientier-
ter und narzisstischer Gewissensprägung (296). Er sieht auch,
dass Wahrnehmungen von Schuld und Scham meist in unseliger
Verquickung auftreten.

[2]   Eine gruppenbezogene Kommunikationsmethode nach Ruth
C. Cohn für verschiedenste Themenbereiche, vor allem pädagogische, aber auch therapeutische. Psychoanalytisch gesehen bleibt
sie stets auf der Ich-Ebene.

[3]   Fragwürdig ist es allerdings, wenn Menschen in der Seelsorge
allzu rasch ihre Schuld bekennen und sofort Vergebung haben
wollen. Hier wäre erst einmal genauer zu verstehen, was sich hinter diesem Verhalten verbirgt und worum es wirklich geht. Das ist
bei der Urlauberseelsorge, wie sie in einem Kurort aktuell ist,
eher schwierig, weil es sich meist um Kurzzeitkontakte handelt.

[4]   Fritz Riemann, Grundformen der Angst, München 1961 ff.;
ders., Die schizoide Gesellschaft, München 1975. Eine verwandte, jedoch anders akzentuierte und erweiterte Sicht der Charakterstrukturen bei: Ilsabe von Viebahn, Seelische Entwicklung
und ihre Störungen, Göttingen 1972.

[5]   Klaus Winkler, Die Zumutung im Konfliktfall. Luther als Seelsorger …, Hannover 1984.

[6]   Vgl. Erich Neumann, Tiefenpsychologie und neue Ethik,
München (Kindler) 1964.

[7]   An die Stelle des früheren Gottes als Autorität einer ganzen
Gesellschaft tritt entweder irgendwann ein neuer Gott, den alle
akzeptieren, oder ein nationales Symbol, starker Nationalismus,
evtl. auch ein Diktator usw. Nicht von ungefähr steht in jeder

US-amerikanischen Kirche neben der Kirchenfahne die Staatsflagge, und bei öffentlichen Gebeten heißt die *interreligiöse* Anrede der Nationalgottheit ungeachtet der jeweiligen Konfession oder Religion »Almighty and everlasting God«.

[8] Matthias Kroeger, Der fällige Ruck in den Köpfen der Kirche, Stuttgart 2004.

[9] Klaus-Peter Jörns, Notwendige Abschiede, Gütersloh 2004.

[10] Beim Kyrie (»Herr erbarme dich«) sollte allerdings der Eindruck eines magischen Flehens um Erbarmung zugunsten des historisch zutreffenderen Verständnisses als Huldigungsruf (ursprünglich gegenüber dem Kaiser und in bewusster Opposition zum Kaiserkult bei den Christen gegenüber dem Herrn der Kirche) und im Sinne des hebräischen *adonai* (»Herr« statt des unaussprechlichen Gottesnamens) als Platzhalter des heiligen Namens Gottes aufgegeben werden.

12. Anfechtung und Trost nach Luther

›Anfechtung‹ kennen heute viele nur noch als juristischen Begriff: Man kann ein Testament oder ein Urteil, die Vaterschaft oder einen Beschluss anfechten. In diesem Kapitel geht es um einen andersartigen Begriff von Anfechtung: Für Martin Luther war Theologie keine abstrakte Wissenschaft, sondern das Ergebnis *leidenschaftlich* durchlebten und durchlittenen Lebens. Theologie sei eine »vornehmlich praktische Wissenschaft«, weil sie nicht auf Erdachtem, sondern auf Erlittenem beruhe, sagte er. Der Begriff der ›Anfechtung‹, also jener *Erfahrung*, die uns zweifeln, zuweilen fast verzweifeln lässt und der Hoffnungslosigkeit ausliefert, spielt deshalb in seinen Äußerungen zum Glauben eine zentrale Rolle. Das Motto des Kapitels, dass ein Mensch viel Anfechtung erleiden müsse, um einen starken Glauben zu entwickeln, hat der Reformator in einer Predigt 1521 formuliert, in der er über die Versuchungen Jesu in der Wüste (nach Mt 4,1–11) spricht. Hier sehen wir schon, dass ›Versuchung‹ ein zentraler Aspekt des Themas ›Anfechtung‹ ist.

Nicht nur die Kirche ficht mich an

Beginnen wir bei meiner weit über den Beruf hinausgehenden spirituellen Heimat, der Kirche. Wer die *Kirche* seine Heimat nennt, kann sich – jedenfalls zur Zeit und in Mitteleuropa – über diese Heimat grün und blau ärgern. Da ist viel Lärm und Betrieb, da werden ›Angebote‹ gemacht ›noch und nöcher‹, wird gereist und getagt, organisiert und politisiert, »gebetet und gefastet und werden gute Werke getan«[1], d. h. sehr viele Gottesdienste und vor allem Reden gehalten, wird durchaus viel gearbeitet, karitativ und diakonisch geholfen und immer wieder ängstlich untersucht, wie es denn um die Zukunft der Kirche stehe. Und da herrschen viele Missverständnisse dessen, was das Zentrum oder der Sinn von Kirche sein soll, fundamentalistischer, moralistischer und historisierender Art, als ginge es um eine Ideologie, d. h. eine verabsolutierte ›Wahrheit‹, von der alles Weitere abzuleiten sei, um ›Gebote‹ und Gesetze, die befolgt werden müssten, und um historische Tatsachen, aus denen sich unser Seelenheil ableiten ließe. Nun war die Kirche zur Zeit Martin Luthers vermutlich korrupter als heute, und die Menschen waren zweifellos weniger gut informiert und deshalb leichter manipulierbar, etwa durch Höllenangst und den berüchtigten Ablasshandel. Der Leidensdruck war insofern größer. Andererseits leiden wohl nicht allzu wenige heute als Katholiken an der rückwärts gewandten und autoritären Kirchenpolitik ›Roms‹, als Evangelische an der Vielfalt eines nicht klar zu ortenden und theologisch undefinierbaren Protestantismus, der zwar noch durch diakonische Aktivitäten zu imponieren vermag, aber theologisch verbraucht wirkt.

Aber auch wer sich als Mitglied der Kirche, also als Christenmensch, zugleich als waches Mitglied der, inzwischen pluralistischen, *Gesellschaft* versteht, wird ein Unbehagen nicht los. Die Kirchen sind offiziell anerkannt und unangefochten. Zwar besuchen immer weniger ihre Gottesdienste, aber – ein Aufatmen geht durch die Reihen der Kirchenleute – der »Sinn und Geschmack fürs Unendliche« (F. D. E. Schleiermacher) nimmt anscheinend wieder zu, die religiöse Sehnsucht wird deutlicher, die Zahlen der Kirchenaustritte gehen zurück. Dass sich die religiöse Sehnsucht deutlicher artikuliert, mag ja zu begrüßen sein. Aber: Was imponiert ›draußen‹ an der verfassten und traditionellen *Kirche*? »Dass sie Gutes tut«, »dass sie moralisch gegen politische Ideologien schützt« (z. B. gegen den seinerzeit gefürchteten Kommunismus oder gegen allzu viel Aufmüpfigkeit, gegen terroristische Tendenzen, gefährliche, weil die Freiheit des einzelnen bedrohende Sekten etc.), »dass sie ein positiver Faktor im kulturellen Leben ist« usw. usf. Dieses und ähnliche Zuschreibungen wird man nicht einfach aburteilen dürfen, weiß doch niemand, ob seine vermeintlich ›richtige‹ Theologie nicht ebenfalls auf Missverständnissen beruht. Ein ›spiritueller Aufbruch‹, wie wir ihn *Martin Luther* verdanken, zeigt aber doch eindeutigere Konturen als individualistische und pluralistische religiöse Schwärmerei. Allerdings wird man *seinen* Aufbruch kaum normativ missbrauchen und dogmatisch festschreiben dürfen. Das wäre das Ende des Durchbruchs lebendiger Frömmigkeit, wie er im 16. Jahrhundert mitten in Deutschland geschah.

Andere Anfechtungen

Zur *Anfechtung* gehören aber nicht nur das »Leiden an der Kirche« (H. Thielicke), sondern auch ganz andere Erfahrungen: schwere *Erkrankungen* und *Angst,* ja Todesangst, *Depressionen, Zweifel* am Glauben und am Sinn des Lebens, *Versuchungen* erotischer, kulinarischer, egozentrischer und egoistischer Art, *Schuld* und Schuldgefühle, Armut, Einsamkeit, Streit, drohendes Martyrium, Folter u. dgl., kurz: alles, was dazu angetan ist, einen Menschen dazu zu verführen, sich gegen Gott und den Nächsten zu stellen. Immer geht es um schweres *Leiden*, das an Gottes Liebe zweifeln lässt und zur Sünde verführt. Luther sieht seine Erfahrung von Anfechtung vorgebildet bei Paulus (2. Kor 12,7). Paulus empfindet immer wieder die Versuchung des Hochmuts: »Damit ich mich wegen der hohen Offenbarungen – d. h. wegen der Visionen und Einsichten, die Gott mir gegeben hat – nicht überhebe, ist mir gegeben ein Pfahl ins Fleisch, nämlich ein Bote des Satans, der mich mit Fäusten schlagen muss, damit ich mich nicht überhebe.« Die Parallele sieht Luther wohl in dem Satansboten, der auch ihn mit Fäusten traktiert, so dass er durch Krankheit und Niedergeschlagenheit bis hin zur Arbeitsunfähigkeit der Verzweiflung ausgeliefert ist.

Beispiel Hiob

Was Anfechtung im Sinne Luthers bedeutet, kann man besonders gut am Beispiel Hiobs studieren: Der Satan meint, Hiob sei nur deshalb fromm, weil – und damit – Gott es ihm besonders gut gehen lasse; und er wettet mit Gott, Hiob werde von Gott abfallen, sobald ihm all sein Glück und Reichtum genommen werde. Hiob wird dann vom Teufel gequält; *alles*: Haus und Hof, Kinder und Knechte, Hab und Gut, Gesundheit und Ehre, einfach *alles* wird ihm genommen, bis ihm nur noch sein nacktes Leben bleibt. Von Freunden wird er mit frommen, aber falschen Ratschlägen überschüttet; seine Frau rät ihm, Gott abzusagen und zu sterben, aber Hiob antwortet: »Haben wir Gutes empfangen von Gott und sollten das Böse nicht auch annehmen?« Das Ende der Geschichte ist die Erfüllung seines Glaubens: »Ich weiß, dass mein Erlöser lebt. Und als der Letzte wird *er* sich über dem Staub – d. h. über dem ganzen Scherbenhaufen meines Lebens – erheben. Und ist meine Haut noch so zerschlagen und mein Körper dahingeschwunden, so werde ich doch Gott sehen … Danach sehnt sich mein Herz in meiner Brust.« Hiob werden schließlich Reichtum und Glück zurückgegeben, er erlangt ein hohes Alter und stirbt »alt und lebenssatt« wie einst das Vorbild eines frommen Lebens, der Erzvater Abraham.

Auch Luther leidet unter seiner Kirche, unter Todesdrohungen und schweren Depressionen. Er kämpft sich durch

In der bereits zitierten Predigt aus der Hoch-Zeit der Reformation geht es Luther darum, die Versuchungen Jesu als Modell für uns zu beschreiben. »Es wird kein Christenmensch auf Erden ohne Anfechtung sein.«

»Wenn wir begännen, fromm zu werden, würden wir wohl lernen, dass wir ohne Anfechtung nicht möchten in den Himmel kommen, und so würden wir auch lernen, sie zu überwinden. Es ist Christus zuerst widerfahren, wieviel mehr soll es uns begegnen!« Warum sollte es uns besser gehen als unserem Herrn!

Der *Trost* in dieser Lage bestehe nun darin, dass wir sie *entgegen allem Augenschein* einer besonderen Zuneigung Gottes verdanken. Wie Jesus nicht aus eigenem Impuls heraus in die Wüste gegangen, sondern vom Heiligen Geist in die Wüste geführt worden sei, damit er dort der Anfechtung begegne, so führe auch uns der Geist in die Versuchung. »Was ›Geist‹ ist in der Schrift, das ist das Beste, was von Gott kann gesagt werden. Es ist so viel wie eine göttliche Liebe … Gott hat den Christus durch die große Liebe, die er gehabt hat, zu der Anfechtung geführt …« Wie »niemand anders Christus in die Anfechtung führt als göttliche tiefe Liebe, so sollen wir auch danken, wenn wir in die Anfechtung kommen. Sie kommt weder aus unserem eigenen Willen noch aus Gottes Gebot, sondern aus lauter Gnade, nicht aus Hass, sondern aus Liebe. Gott schickt dir die Anfechtung nur, um über dich seine Barmherzigkeit auszuschütten.« Von Natur aus und unter Aspekten der Vernunft können wir es nicht als gut betrachten, dass wir leiden sollen. Wir halten es für gut, reich und gesund zu sein, ein gutes und gelingendes Leben zu führen. Als nicht gut sehen wir es an, arm und krank zu sein, verachtet zu leben und sterben zu müssen. Von uns aus wollen wir in dieses Leben der Anfechtung nicht hinein gehen. Deshalb muss uns das Evangelium stärken und trösten, dass wir uns mit Freuden auf diese widernatürliche Art der Liebe Gottes einlassen. Der böse Geist könne nicht ein Haarbreit Gewalt über uns haben, verordnete uns nicht Gott selbst durch seinen gütigen Willen alles, was uns in das schlechte und nicht gelingende Leben stürzt.

Diese Theologie ist übrigens insofern alles andere als dualistisch, d. h. von einem echten Gegensatz zwischen Gott und Teufel geprägt, als der Teufel an seinen angestammten Platz unter Gott gestellt, ja sogar ignoriert wird, denn »wir halten dafür, der Teufel sei tot«. Wir sind schon *selbst* für »unsere Torheit und Bosheit« verantwortlich.

Jesu Versuchungen sind Luthers und unsere Versuchungen

Die Versuchungen, die uns zuschließen für Gottes Liebe und Barmherzigkeit, und »Torheit und Bosheit« hervorbringen lassen, sind gewiss vielfältiger und unterschiedlichster Art. Luther nennt aufgrund der Perikope, über die er predigt, jene drei, die auch heute besonders hervortreten: *Essen, Geltungsbedürfnis* und *Macht*. Gott schickt die

Anfechtung aus Liebe, denn wenn Jesus »vom Geist in die Wüste geführt« wurde, so tat dies die ureigenste Gestalt Gottes, seine Liebe. *Sie* schickt ihm den Versucher, der ihm die *Sorge ums Essen*, den *absoluten Wagemut aufgrund einer missverstandenen Gottesbeziehung* und die gottgleiche *Allmacht* nahelegt. So schickt Gott auch uns Versuchungen aller Art, denen wir erliegen, wenn wir nicht lernen, nur nach Gottes Liebe und Gnade zu fragen und alles andere fahren zu lassen. Hier geht es um *Verzicht*, um das »Haben als hätte man nicht«, als *Voraussetzung* jener Gottseligkeit, welche Anfechtungen aller Art nicht nur zu ertragen, sondern als Gottes Liebe zu deuten und zu bewältigen hilft. Durch Verzicht »hat Gott Raum, seine Gnade zu geben …« So macht das Evangelium »aus Bitter Süß« und »aus dem Tod das Leben«.

Für die Regierenden und die Kirche seiner Zeit schließt Luther: »Paulus und alle Propheten schreiben den Prälaten (Vorgesetzten), die in der Welt regieren, kein (Röm 16,18) größeres Laster zu als die *Sorge um den Bauch*. Im Brief an die Römer sagt er, man solle sich vor den Lehrern hüten, die da nicht das Wort Gottes predigen, sondern reden, was man gerne hört, und des Bauches Knechte sind. Wenn sie Gottes Wort predigten, meinen sie, ohne so großen Überfluss würden sie verderben. So tun jetzt auch unsere Vorgesetzten (Prälaten), Papst, Bischöfe und Pfaffen. Jeder sagt: Würde ich so predigen, verlöre ich bald mein Bistum, Pfründe, Pfarrei. Es muss aber Anfechtung sein, soll es recht gehen. Man muss Gott vertrauen, er werde uns nicht verlassen. Ob du schon das oder etwas anderes verlierst, liegt nichts daran: Es ist Gottes Wille. Darum: Würde man heute recht predigen, wäre es gewiss, dass alle Klöster und Bistümer würden untergehen; alle Pfaffen und Mönche würden um des Evangeliums willen außer Landes getrieben werden. Weil es nun aber still steht und (sogar noch) wächst, ist es gewiss des Teufels Regiment; würde es aber angefochten, so wäre das gewiss ein Zeichen dafür, dass Gott sein Augenmerk darauf richtete und ihm das Spiel wohl gefiele.«

Mir scheint, dies gilt unverändert auch heute – in der Volkskirche wie in der Freikirche, in der großen und kleinen Politik. Zwar leben volkskirchliche Geistliche in einem gesicherten Beamtenstatus, während freikirchliche direkt von der sie finanzierenden Gemeinde abhängen, aber das *Bedürfnis nach Anerkennung und Geltung* verführt zu unverbindlichen und theologisch mangelhaften Predigten mit niveaulosen Versuchen, die Gemeinde durch einleitende Plattitüden ›abzuholen‹ und durch naive Geschichtchen verstehen, ja generalisierend beseelsorgern oder gar trösten zu wollen. So versuchen wir Pfarrerinnen und Pfarrer wohl allzu oft, ›zu reden, was man gerne hört‹. Dass der *Ehrgeiz*, in der kirchlichen Hierarchie aufzusteigen, auch vor der Pfarrerschaft nicht halt macht, ist nicht zu bestreiten. Auch das gehört zur ›cura ventris‹ (Sorge für den Bauch). Dass die derzeit in aller Munde befindlichen Managergehälter und Diätenerhöhungen der Abgeordneten pars pro toto auch in diesen Zusammenhang gehören, dürfte einsichtig sein. Mannigfache *menschliche Bedürfnisse* verursachen ›Hunger‹, der auf unterschiedliche Weise Sättigung sucht.

»Das ist nun unser *Trost*: Wenn uns die Anfechtung überfällt mit ihren *zeitlichen Sorgen, erkenne sich der*

Mensch selbst, sehe sein Herze an, so wird er finden, dass ein Teufel bei ihm stehe, der ihm das eingegeben hat, und *halte sich den Spiegel vor*, fechte mit dem Evangelium so, wie Christus den Teufel allein mit der Schrift schlägt und sagt ›*Ich muss daran denken, wie ich die Seele ernähre und nicht allein den Leib*‹.« Beruhigend, dass Luther fortfährt: »Das will ich ihm wohl lassen, dass er seine Nahrung auch habe …«. Aber sobald die Freude am Essen sich verselbstständigt und die Sorge für die Seele vergessen lässt, ist der Teufel am Werk. »Der Teufel sagt: ›Bist du nun hungrig, kümmere dich darum, dass du genug hast‹, und setzt nicht hinzu: ›Sieh' auch, wo die Seele bleibt.‹ Christus antwortet: ›… Der Leib hab' seine Nahrung, aber dass du willst mich allein dahin ziehen, das lass ich dir nicht zu‹.«

Es ist gar nicht zu übersehen, wie sehr hierzulande derzeit auch das Essen (im wörtlichen Sinne) die Interessenlage der Menschen – durchaus auch innerhalb der Kirche – bestimmt: Das Fernsehen bringt fast auf allen Kanälen andauernd Koch-Sendungen auf guten Sendeplätzen; sogar hochkulturelle Veranstaltungen wie Opern oder Kunstausstellungen werden mit Luxusmahlzeiten kombiniert; selbst Gottesdienste werden schon mit Essen (nicht nur für die Armen) angeboten. Muss man darauf hinweisen, wie viele Menschen immer neue Mode kaufen, ohne sie wirklich zu benötigen? Oder vielleicht doch? Es dürfte oft so sein, dass der Hunger der Seele mit Essen und Trinken, Kleidung und Luxus aller Art zugedeckt, dabei aber immer stärker wird. Glücklich, wer rechtzeitig merkt, dass und wie eine Kurskorrektur nötig ist, sei es durch Seelsorge, Kunst, Psychotherapie und in all dem durch Freundschaft und Gemeinschaft. Ernesto Cardenal meint: »In den Augen der Menschen wohnt eine unstillbare Sehnsucht.« Ob Kinder oder Greise, Mütter und Väter, Polizisten und Angestellte, Abenteurer und Angestellte, Revolutionäre und Diktatoren, ja auch Heilige – »In allen wohnt der gleiche Funke unstillbaren Verlangens … der gleiche Durst nach Glück und Freude und Besitz ohne Ende. Dieser Durst, den alle Wesen spüren und von dem auch in …« der Erzählung »… von der Samariterin am Brunnen gesprochen wird, ist die Liebe zu Gott. Um dieser Liebe willen werden alle Verbrechen begangen und alle Kriege gekämpft, ihretwegen hassen und lieben sich die Menschen … Alles menschliche Tun, sogar die Sünde, ist eine Suche nach Gott; nur sucht man ihn meistens dort, wo er am wenigsten zu finden ist.« Wir finden ihn »einzig und allein in uns selbst«.[2]

»Das ist nun das Listigste in der Anfechtung: ›Wenn du der Sohn Gottes bist‹, als wollte der Teufel sagen: ›Du bist das liebe Kind, unser Herrgott wird mit dir nicht sobald zürnen.‹ Wenn der Teufel einen überwinden will, nimmt er ihm bald die Furcht, macht ihn sicher. Er sagt nicht: ›Du bist Gottes Sohn‹, sagt weder ja noch nein, lässt einen hängen, kümmert sich nicht darum, ob er Gottes Sohn sei oder nicht, wird unachtsam. Dann führt er ihn hinein in die Anfechtung. Und wir werden's nicht inne.« So werden wir leichtsinnig, hoffen auf Gottes Großzügigkeit, »geh'n danach und beten und fasten, tun gute Werke, achten nicht darauf, dass uns so der Teufel führt«. Wenn wir die Augen aufmachten und fragten, was das Wort Gottes sagt, und uns innerlich Zeit ließen damit, der Versuchung nachzugeben (»muss nicht so bald folgen«), so könnten wir den Teufel überwinden. Dietrich Bonhoeffer spricht von der »billigen Gnade«.

Luther meint *nicht*, es sei angebracht, biblizistisch in der Heiligen Schrift nach Lösungen für die Krise der Versuchung zu finden, sondern denkt an Stellen wie »Du Narr! Diese Nacht wird man deine Seele von dir fordern.« (Lk 12,20) oder »Sorget nicht um euer Leben, was ihr essen und trinken werdet, auch nicht um euren Leib, was ihr anziehen werdet! … Darum sollt ihr nicht sorgen und sagen: Was werden wir essen, was werden wir trinken? Womit werden wir uns kleiden? Nach dem allen trachten die Heiden. Denn euer himmlischer Vater weiß, dass ihr all dessen bedürft. Trachtet am ersten nach dem Reich *Gottes* und nach *seiner* Gerechtigkeit, so wird euch solches alles zufallen.« (Mt 6,25 ff.)

Wir sind frei!

Der Marburger Theologe Hans-Martin Barth spricht von »einer gemeinsamen Mitte, aus der alle evangelische Spiritualität erwächst«, und wäre sie noch so unterschiedlich (z. B. auf einer Skala von ›hochkirchlich‹ bis ›evangelikal‹): *Gottes Wort*.[3] »Evangelische Spiritualität erwächst aus der Verkündigung des Wortes Gottes.«[4] Das *Wort* schafft den *Glauben*, der Glaube *befreit*. Luthers ›spiritueller Aufbruch‹ führt ja nicht nur in die Anfechtung, sondern durch sie hindurch in die *Freiheit*. Das war für Luther selbst neu, das war wohl in seiner Zeit für die Mehrheit der Christen überhaupt neu und das ist für viele auch heute neu – weil es immer wieder ›vergessen‹, besser gesagt: nicht verstanden wird. Verantwortungsvolle und mündige Freiheit ist die schwerste Lektion, die Menschen lernen können. Zum ›spirituellen Aufbruch‹ der Reformation gehört deshalb als entscheidender Beitrag Luthers Schrift »Von der Freiheit eines Christenmenschen«[5].

Luther sagt, ein Christenmensch sei »ein freier Herr aller Dinge und niemandem untertan«, er sei zugleich aber auch »ein dienstbarer Knecht aller Dinge und jedermann untertan«. Paulus und sein Pathos der Freiheit haben Pate gestanden, z. B.: »Ich weiß und bin gewiss in dem Herrn, dass nichts unrein ist an sich selbst; nur für den, der es für unrein hält, ist es unrein. Wenn aber dein Bruder wegen deiner Speise betrübt wird, so handelst du nicht mehr nach der Liebe … Es ist zwar alles rein; aber es ist nicht gut für den, der es mit schlechtem Gewissen isst. Es ist besser … du tust nichts, woran sich dein Bruder stößt. Den Glauben, den du hast, behalte bei dir selbst vor Gott. Glücklich ist, wer sich nicht zu verurteilen braucht, wenn er sich prüft … Wir aber, die wir stark sind, sollen das Unvermögen der Schwachen tragen …« (Röm 14,14 – 15,1). Am Beispiel des Essens von aus jüdischer Sicht unreinen Speisen wird hier verantwortliche Gewissensfreiheit aus dem Glauben an Gottes Gnade mit der Rücksichtnahme auf die moralistischen, durch ihre überkommene Gesetzlichkeit angefochtenen Mitchristen verbunden. Es geht hier nicht um körperliche Stärke und Schwäche, sondern um moralische Freiheit und Unfreiheit.[6] Es geht auch um Realitätssinn: »Alles ist mir erlaubt, aber nicht alles dient zum Guten.

Alles ist mir erlaubt, aber es soll mich nichts gefangen nehmen.« (1. Kor 6,12) »Alles ist erlaubt; aber es ist nicht alles zuträglich! Alles ist erlaubt, aber nicht alles dient zum Guten.« (1. Kor 10,23) »Alles ist euer. Ihr aber seid Christi. Christus aber ist Gottes.« (1. Kor 3,22f.) Das betrifft schlechterdings alles: andere Theologien, »Welt oder Leben oder Tod … Gegenwärtiges oder Zukünftiges«. Summa: »Christus ist des Gesetzes Ende; wer an den glaubt, der ist gerecht.« (Röm 10,4)

Jeder Mensch sei »von zweierlei Natur …, geistlicher und leiblicher. Nach der Seele wird er ein geistlicher, neuer, innerlicher Mensch …, nach dem Fleisch und Blut wird er ein leiblicher, alter und äußerlicher Mensch genannt«. Deshalb gehe es um Freiheit des neuen und um Rücksicht auf den alten Menschen, um die Seele und den Leib. So platonisch und dualistisch diese Anthropologie aussieht, so sehr hilft sie Luther, sich verständlich zu machen. Die Seele könne »alle Dinge entbehren …, ausgenommen das Wort Gottes …«. Und dieses zielt auf Glauben. »Glaubst du, so hast du; glaubst du nicht, so hast du nicht.« »… allein das Wort und der Glaube regieren in der Seele.« Der Mensch braucht keine Werke mehr, um fromm zu sein. »Bedarf er keines Werkes mehr, so ist er gewiss entbunden von allen Geboten und Gesetzen. Ist er entbunden, so ist er gewiss frei.«

Weil sich nun im Glauben die Seele mit ihrem Bräutigam Christus vermählt, nimmt er ihr die Sünden ab und sie partizipiert an seiner Kraft, wider die Sünde zu bestehen. Das ist der berühmte »fröhliche Wechsel«[7]. Der Christenmensch wird nun ein »geistlicher Herr aller Dinge …; denn es kann ihm kein Ding zur Seligkeit schaden. Ja, es muss ihm alles untertan sein und zur Seligkeit helfen ...«[8]

Trotzdem leben wir auf *Erden* und nicht im *Himmel*, im *Leib* und nicht nur im *Geist*. Wir müssen unseren »eigenen Leib regieren und mit Leuten umgehen«. »Da heben nun die Werke an; hier kann er (der Mensch) nicht müßig gehen; da muss fürwahr der Leib mit Fasten, Wachen, Arbeiten und mit aller mäßigen Zucht getrieben und geübt werden, damit er dem innerlichen Menschen und dem Glauben gehorsam und gleichförmig werde, ihn nicht hindere noch ihm widerstrebe, wie es seine Art ist, wenn er nicht gezwungen wird. Denn der innerliche Mensch ist mit Gott eins, fröhlich und lustig um Christi willen, der ihm so viel getan hat, und all seine Lust besteht darin, dass er umgekehrt Gott auch umsonst in freier Liebe dienen möchte.«[9] Diesen Konflikt zwischen Geist und Fleisch sowie die Lust an Gottes Willen, die immer wieder scheitert, findet Luther bei Paulus vorgebildet (Röm 7,22 f.; Gal 5,24).

Aber keine Bemühung um geistliche Disziplin darf in der Absicht geschehen, damit Gott zu beeindrucken. Denn »gute Werke machen nimmermehr einen guten, frommen Mann, sondern ein guter Mann macht gute, fromme Werke. Böse Werke machen nimmermehr einen bösen Mann, sondern ein böser Mann macht böse Werke, so dass allewege die Person *zuvor* gut und fromm sein muss vor allen guten Werken, und gute Werke folgen und gehen aus von der frommen, guten Person.«[10] Deshalb sei es durchaus gut, in mittelalterlicher Tradition von Reue (contritio), Beichte (confessio) und Genugtuung (satisfactio) zu reden und zu schreiben, aber es müsse unbedingt der *Glaube* hinzukommen. Man müsse sowohl »die Gebote« (mit der Konsequenz der drei eben genannten Stufen des Poenitenzsakraments) als auch »die Zusage der Gnade« predigen. Denn der Glaube fließe aus der Gnadenzusage Gottes, nicht aus dem Gesetz. Durch den Glauben werde er mit Gott eins (»fährt er über sich in Gott«), durch die Liebe wende er sich aus dieser Einheit mit Gott dem Nächsten zu (»fährt er wieder unter sich … und bleibt doch immer in Gott und göttlicher Liebe …«[11]).

Das ist in der Tat ein spiritueller Aufbruch, der Menschwerdung und Himmelfahrt als anthropologisches Phänomen und doch durchaus streng theologisch beschreibt. »Sieh, das ist die rechte, geistliche, christliche Freiheit, die das Herz frei macht von allen Sünden, Gesetzen und Geboten, die alle andere Freiheit übertrifft wie der Himmel die Erde.«[12] Luther weiß freilich, wie schwer diese Lektion zu lernen und wie selten sie gelernt worden ist. Deshalb schließt er mit einem Gebet: »Das gebe uns Gott recht zu verstehen und zu behalten. Amen.«[13]

Luthers *Liebe* zur »Frau Musica« hat weitere Impulse für evangelische Frömmigkeit – mit ihrem Höhepunkt in Johann Sebastian Bachs Lebenswerk – gesetzt. Das lutherische vierfache »Solus« (»Allein«) erscheint bei dem ›fünften Evangelisten‹ (J. S. Bach) unter seinen Werken komprimiert als »S. D. G.«: »Soli Deo Gloria!« (»Allein Gott die Ehre!«) Und darüber zum jeweiligen Anfang christologisch (auf Christus bezogen): »J(esu) J(uva)!« (»Jesus, hilf!«) Luthers Betonung des Hörens und seine dementsprechende Liebe zur Musik lässt es durchaus zu, evangelische Spiritualität auf die Integration von *Kunst* sowie auch auf die Verselbstständigung der Kunst in der Neuzeit zu beziehen. (Auf Einzelheiten zu Luthers Verhältnis zur Kunst im Allgemeinen und bildenden Kunst im Besonderen sowie zu Künstlern wie Lukas Cranach kann im gegebenen Rahmen nicht weiter eingegangen werden.) Schleiermachers Diktum (aus einem seiner Briefe) »Religion und Kunst gehören zusammen wie Leib und Seele« kennzeichnet die Weite einer evangelischen Haltung, die als ihren Schatten die dogmatische Verengung auf ›Wort‹ und ›Predigt‹ hervorgebracht hat.

Radikale Umkehr ist aktuell.
Anschluss an die Tradition ist notwendig

Es geht in diesem Aufbruch, der sich im 16. Jahrhundert innerhalb einer Gesellschaft mit einem mehr oder weniger *geschlossenen* Weltbild vollzog, auch heute noch um eine *andere Dimension* unseres Lebens: die geistliche oder spirituelle, die auch zu kurz kommen kann, wenn man brav und fromm zur Kirche geht, die Bibel liest und nichts begreift. Die meisten Protestanten sind bis heute leider auch nicht über das moralistische Verständnis von Religion und Spiritualität hinausgekommen. Aus Luthers wie aus heutiger Sicht scheint der spirituelle Aufbruch der lutherischen Reformation dem des Paulus inhaltlich sehr verwandt. Man wird aber nicht übersehen können, dass die Reformation zugleich an der Schwelle zur Neuzeit steht und unter *Rückgriff auf Ursprüngliches* (vgl. ›Re-Formation‹) einen neuen

Bewusstseinsschritt eingeleitet und begleitet hat.[14] Dabei ging es keineswegs nur vom gegenwärtigen ›Schlechten‹ zum wiederentdeckten ›Guten‹ alter Zeiten, sondern um *substanzielle Veränderung*. Gerade darin dürfte eine strukturelle Parallele zu Paulus und zur Entstehung des Christentums zu sehen sein. Sowohl Paulus als auch Luther waren Neuerer, verstanden sich aber zugleich als Anwälte ihrer jeweiligen religiösen Überlieferung.

Luther ist wie Paulus oder auch Augustinus (schließlich war Luther Augustiner-Eremit) nicht plötzlich vom Himmel gefallen und steht wie seine Vorläufer in einer langen *Frömmigkeitstradition*, die er keineswegs neu erfinden musste. Es gab nicht nur Ablass und mönchische Selbstkasteiung, sondern ernsthaften, durchaus evangeliumsgemäßen Glauben. Sein Ordensoberer und Beichtvater Johann Staupitz, der nie Protestant geworden ist, darf zurecht als einer der ›Großväter‹ der Reformation gelten. Spätmittelalterliche echte Spiritualität lebte auch noch zu Luthers Zeit. Die mittelalterliche Mystik gehört ebenfalls zu den Wurzeln der Spiritualität Luthers. Der schweizerische Nationalheilige und Mystiker Nikolaus von der Flüe beispielsweise, der in mancher Hinsicht mit Luther verwandt ist und ein bedeutender Seelsorger war, wurde genau 100 Jahre vor Luthers Thesenanschlag geboren und starb, als der Reformator vier Jahre alt war. Seine und verwandte Wirkungen waren nicht vergessen. »Es sind wohl noch Prediger übrig geblieben, die die Reue über die Sünde und die Gnade predigen.« Das nimmt auch Luther wahr. Aber die Reue komme aus den Geboten und der Glaube, auf den letztlich alles ankommt, »aus den Zusagen Gottes«.[15]

Dass Luther in der ersten seiner 95 Thesen von 1517 die *Buße* thematisiert, ist kein Zufall. Es geht in der Reformation und bei Luther selbst nicht nur um befreiende Polemik, sondern wie schon in beiden biblischen Testamenten um eine *radikale Kurskorrektur* der Biographie, wie sie im Übrigen auch Menschen heute immer wieder aus ihrem Leben berichten, durch die sie andere mitreißen, im transzendentalen Kontext des damaligen Weltverständnisses, das allerdings präzisiert und modifiziert wird in einem vierfachen »Solus«: solo verbo, solus Christus, sola fide, sola gratia. Am Ende steht Glaubensgewissheit als Gottesgewissheit: Gott ist mir gnädig. »Mit meinem Gott (kann ich) über Mauern springen.« (Ps 18,30)

Luther steht nicht nur in einer langen Frömmigkeitstradition und spirituellen Entwicklungsgeschichte, sondern auch in einem *gesamthistorischen Kontext.* »Keineswegs verhält es sich so, dass mit dem einen Individuum Luther eine neue Epoche beginnt«, schreibt Dietrich Korsch.[16] »Abgesehen von der religiösen Weltbildkonstanz« spreche dagegen »die notwendige Einzeichnung dieses individuellen Lebens in den politischen und wirtschaftlichen Zusammenhang der Zeit«. Luther habe allerdings »auf der Basis des Heilsverlangens – also auf (der Grundlage) der Suche nach letzter Authentizität und Anerkennungsfähigkeit des eigenen Lebens – eine religiöse Neudeutung der christlichen Botschaft vorgenommen, die für die Zeitgenossen in ihren Denkformen und Erwartungshorizonten aufschlussreich und zustimmungsfähig war«. Insofern ging Luthers persönliches Ringen um Individualität und Legitimation weit über seine eigene Lebensbewältigung hinaus. »Luther machte den Bruch mit der Tradition als Bruch zum Thema, indem er ihn in der Form religiöser Selbstdeutung prinzipielle Schärfe gewinnen ließ. Den Bruch als Bruch zu thematisieren, bedeutet erstens, akut von Freiheit Gebrauch zu machen, sofern diese sich stets in einer Unterbrechung des Überkommenen artikuliert ... Es bedeutet zweitens, sich selbst mit in diese Unterscheidung einzubeziehen: Durchgreifend ist der Bruch nur dann, wenn er auch die eigene Person betrifft.« Drittens lasse sich ein solcher notwendiger Bruch nur als Bruch thematisieren, wenn er zugleich anschlussfähig an die Tradition bleibt, die die auseinanderstrebenden Teile zusammenhält, ohne dass die Schärfe des Bruchs verschwindet.[17]

Der Aufbruch zu einer neuen und lebendigeren Spiritualität verdankte sich einem starken *emanzipatorischen und frühaufklärerischen Impuls.* Luther wollte sich selbst und seine Mitchristen von der Last gesetzlicher Selbsterlösung durch »Möncherei«, ängstlicher Werkgerechtigkeit inklusive Ablass und – wohl ›darunter‹ liegend – vom Druck des inneren Erbes seines mit harter Arbeit stadtbürgerlich und Ratsherr gewordenen Vaters, in alledem aber von der ungeheuren Last eines extrem autoritären und bedrohlichen kirchlich-kollektiven Überich befreien.[18] Das Gewitter bei Stotternheim veranlasst ihn zuerst, sich in die Arme der Mutter Kirche, ja in deren bergenden und engen Schoß hinter Klostermauern zu werfen. (»Mütter« im übertragenen Sinne sind immer Gemeinschaften.) Sein immer schlimmer werdendes inneres Leiden zwischen Selbstentfremdung und Selbstfindung kehrt sich unter der Hilfe seines verständnisvollen Ersatzvaters Staupitz um in

Aufstand und Befreiung, Ausbruch und Kreativität, nicht unähnlich der so genannten Bekehrung des Paulus. Kein Wunder, dass *Freiheit* im Zentrum der Spiritualität beider stand! Ähnliches kann ich mir heute in autoritären und konservativen, unaufgeklärten Religionen vorstellen. Freiheit als Befreiung.

Die Sehnsucht nach Spiritualität in unserer westlichen, postmodernen Gesellschaft verdankt sich hingegen der Hilflosigkeit und Frustration durch eine individuelle und bürgerliche *Freiheit, für die viele nicht reif sind,* und der Enttäuschung über die konfessionell-kirchlichen Sozialgestalten herkömmlichen Christentums. Das Pathos der *Freiheit* des ›inneren Menschen‹, die Paulus und Luther meinen, mag noch gar nicht bei der Mehrheit angekommen sein, aber die moderne ›äußere‹ Freiheit des *Individualismus,* der *Unverbindlichkeit* und des *Pluralismus* setzte sie eigentlich voraus, macht einsam, fordert mehr Verantwortung, Selbstdisziplin und den Aufbau von geistlichen Wahlverwandtschaften (herkömmlicherweise sprach man von »Gemeinden«), die uns bisher – abgesehen von Kommunitäten – nur fragmentarisch gelingen.

Der spirituelle Aufbruch, den Luther gebracht hat, ist deshalb mehr denn je nachzubuchstabieren, wollen wir nicht in emotionaler Leere, religiösem Vakuum und Anfälligkeit für Ersatzreligionen, Diktaturen und Ausbeutung durch kriminelle Heilbringer versinken. Der zeitgenössische *Hunger*[19] nach geistlicher Nahrung, nach Überschreitung der Schwelle aus Alltagsbanalitäten und Zweckrationalität in irrationale Dimensionen, denen sich Kunst und Religion widmen, ist unverkennbar. Aber er wird nicht gestillt werden können durch angeblich biblische ›Antworten auf alle Fragen‹, die als ›seelsorglich‹ gemeinte und Antworten versuchende Predigten von den Kanzeln herabtönen. So hat Luther die Bibel nicht gelesen. Sein Aufbruch kam wie schon bei Abraham – »Geh' aus deinem Vaterland und von deiner Verwandtschaft und aus deines Vaters Hause in ein Land, das ich dir zeigen will« (Gen 12,1) – und mutatis mutandis (mit entsprechenden Änderungen) bei Paulus durch einen oder mehrere einander folgende Entwicklungsschritte und innere Impulse, die er Gottes Wort zuschrieb. Entscheidend für die Stillung des *spirituellen* Hungers sind weder gut gemeinte Ratschläge noch andere kirchliche ›Angebote‹, sondern Unterstützung bei der – ängstigenden – Begegnung des modernen Menschen *mit sich selbst* und ›darin‹ und ›dahinter‹ mit Gott, wer auch immer ›er‹ sein mag. Von da aus wird auch echte *Begegnung mit anderen* möglich, die mit geselliger Betriebsamkeit und Networking wenig zu tun hat. Diese Begegnungen sind u. a. begleitet von einer Haltung des *Staunens*. Es geht nicht um *Verhalten*, sondern um *Haltung*, nicht um *Sicherheit* (securitas), sondern um *Gewissheit* (certitudo), nicht ums *Gesetz*, sondern um *Glauben*. Wege dorthin sind z. B. liturgisches Feiern, meditatives Schweigen, alle Formen der Begegnung und Auseinandersetzung mit Kunst, sind Psychoanalyse (Sigmund Freud und die folgenden Schulen) und analytische Therapie (Carl Gustav Jung), eventuell auch Bibliodrama und verschiedene andere Formen von Gruppenarbeit, wenn sie die Möglichkeit realistischer und personaler Begegnung und ganzheitlicher (Selbst- und Fremd-)Wahrnehmung fördern. Innerhalb der Kirchen sind nach dem altkirchlichen Motto »lex orandi lex credendi« (»Das Gesetz des Betens bestimmt das Gesetz des Glaubens«, Irenäus v. Lyon) ferner eine ernsthaftere Auseinandersetzung mit der liturgischen Tradition und ihrer Geschichte ebenso notwendig wie liebevoll gefeierte Messen (ästhetisch ansprechende Gottesdienste mit Wort und Sakrament), das Verständnis des Kirchenraums nicht nur als eines nüchternen Versammlungsraums, sondern als eines heiligen Meditationszentrums, in welchem das Schweigen die Voraussetzung allen Hörens und Wahrnehmens ist, und last but not least religiöse Bildung. Luthers pädagogische ›Schlagseite‹ mag man infrage stellen, seinen aufklärerischen Impuls brauchen wir heute gerade hinsichtlich religiöser Bildung mehr denn je. Es fehlen unter den noch verbliebenen Gemeindegliedern schlicht Kenntnisse. Das religiöse Analphabetentum ist heute auch unter Akademikern manchmal fast so groß wie zu Luthers Zeiten, in mancher Hinsicht sogar noch größer. Das Wichtigste wäre wohl, dass die Menschen zwischen *wörtlich* gemeinter Überlieferung (Fakten, z. B. *historischen* Fakten) und *Bedeutung im übertragenen Sinne* (Symbolen, z. B. *historisch nicht dingfest* zu machenden, dennoch aber geschichtlich bedeutsamen ›inneren‹ Tatsachen wie ›Jungfrauengeburt‹, ›Auferstehung von den Toten‹ u. dgl.) zu unterscheiden lernen, wenn sie denn nicht entweder Fundamentalisten oder ignorante Atheisten werden sollen. Es könnte allerdings sein, dass Luthers emanzipatorischer Weg für manchen heute aus dem bergenden Schoß der Kirche heraus ins Unbekannte führte, »in ein Land, das ich dir zeigen will«. Ohne verständnisvolle Mitmenschen oder eine neue Gemeinschaft wird das in nur wenigen Fällen gelingen.

Ich halte es trotz aller Kritik mit dem Kirchenvater Cyprian von Karthago (gest. 258), der in freilich anderem Zusammenhang formulierte: »Extra ecclesiam salus non est.« (»Außerhalb der Kirche gibt es kein Heil.«) Das bedeutet aber keinesfalls: ›Außerhalb einer Landeskirche oder Diözese gibt es kein Heil‹. Die Frage ist hier, was *Kirche* sei. Vielleicht hilft die alte Unterscheidung zwischen sichtbarer und unsichtbarer Kirche weiter.

Jedenfalls brauchen Menschen im Aufbruch seelsorgliche Begleitung. Wie Luther seinen Staupitz hatte, so brauchen wir sehr gute und verlässliche Freunde und/oder Berater, die uns zur Seite stehen und mit denen wir das im Kloster selbstverständliche »mutuum colloquium fratrum« (et sororum: das wechselseitige Gespräch der Brüder und Schwestern) pflegen. Dass auch das intensive Gespräch mit den Vätern (und Müttern) vergangener Jahrhunderte und Jahrtausende dazu gehört, wollte dieser Beitrag zeigen. »Wer Luther liest, wird die eigentümliche Erfahrung machen können, dass das Selbstverständnis angerührt wird; stärker vielleicht, als es in anderen historisch-biographischen Studien der Fall ist.«[20]

Der ›Aufbruch‹ heute ist in vollem Gange. Luther und Paulus zu zitieren reicht kaum aus. Aber die beiden können uns zuverlässig begleiten.

[1] Zitate, wo nichts anderes angegeben, aus Luthers Predigt zum 17. Februar 1521 nach Mt 4,1–11. Eine Vorform dieses Kapitels erschien in A. Deeg (Hg.), Aufbruch zur Reformation, Leipzig 2008.

[2] Ernesto Cardenal, Das Buch von der Liebe, Wuppertal 2004; hier zit. nach Publik – Forum, Sonderausgabe Herbst 2006: Abenteuer Spiritualität, 28.

[3] Hans-Martin Barth, Spiritualität, Göttingen 1993, 44.

[4] A. a. O., 45.

[5] Die folgenden Zitate aus dieser Schrift, s. Anm. 15.

[6] Vgl. Luthers ›Sermon von den guten Werken‹ aus dem Jahre 1520: Prinzipiell ist alles, was aus dem Glauben an den großzügigen Gott kommt, Gott recht, ja sogar: »Alles, was nicht aus diesem Glauben heraus geschieht«, und wären es gute Werke, »das ist Sünde«. Es kommt also nicht auf die Qualität dessen an, was wir tun, sondern auf die Haltung, aus der heraus etwas geschieht: »… und wäre dieses Verhalten so gering wie einen Strohhalm aufzuheben«. »In diesem Glauben werden alle Werke gleich und ist eins wies andere … Denn nicht ihrer selbst wegen sind die Werke Gott angenehm, sondern des Glaubens wegen.« Und: »Ein Christenmensch, der in diesem Glauben lebt, bedarf keines Lehrers guter Werke, sondern alles, was er tut, ist wohlgetan.« Das ist Verkündigung des Evangeliums bezogen auf Ethik. Vgl. Erich Neumann, Tiefenpsychologie und neue Ethik, München 1964.

[7] A. a. O., 246.

[8] A. a. O., 248 unter Bezugnahme auf Röm 8,28 und 1. Kor 3,21 f.

[9] A. a. O., 252

[10] A. a. O., 254 f.

[11] A. a. O., 263

[12] Ebd.

[13] Ebd.

[14] Ich habe den Eindruck, das war in der Geistesgeschichte fast immer so: Fortschritte wurden unter Rückgriff auf die Tradition und ihre für ursprünglich und daher unbestreitbar gehaltenen Wurzeln, bei Luther war es die Hl. Schrift, erzielt. Die Fort-

schrittlichsten waren zugleich die Konservativsten und bemüht, ihren Konservatismus nachzuweisen.

[15] Von der Freiheit eines Christenmenschen, nach der Insel-Ausgabe, Frankfurt/M. 1982, 1, 238–263, hier: 258.

[16] Dietrich Korsch, Martin Luther. Eine Einführung. Tübingen 1997/2007, 19.

[17] A. a. O., 20f. Auffällig ist Korschs Verwendung des Terminus ›Bruch‹, der zumindest den Seelsorgetheoretiker an Eduard Thurneysens zentrale Kategorie des ›Bruchs‹ erinnert, die sich durchaus mit Luther interpretieren lässt.

[18] Vgl. u. a. Erik H. Erikson, Der junge Mann Luther, Reinbek 1970.

[19] Vgl. Frederick S. Perls, Das Ich, der Hunger und die Aggression. Die Anfänge der Gestalttherapie, Stuttgart 1989/2006.

[20] Korsch, a. a. O., 159.

13. Das Glück oder
»Jeder ist seines Glückes Schmied«

Glück in der Spaßgesellschaft –
Psychologische und theologische Aspekte

Nach Sünde, Tod und Anfechtung wird es Zeit, dass wir uns wieder positiveren Aspekten des Glaubens zuwenden. Die Frage nach dem Glück treibt vermutlich die meisten, wenn nicht alle Menschen an und steht auch hinter vielen Aspekten menschlicher Religiosität. Gewährt uns Gott Glück oder steht das Glück, das wir uns wünschen, vielleicht sogar im Gegensatz zu dem, was Gott von uns will? Ich beginne mit einer Situation hier und jetzt: Habe ich Glück mit diesem Text?

Manchmal hat man *Glück* bei einem Vortrag oder einem Buchkapitel: Dann sind die Leute, die zugehört oder gelesen haben, hinterher zufrieden, vielleicht sogar begeistert, sie klatschen, diskutieren fleißig und erzählen anderen davon, wie interessant und schön es gewesen sei. Manchmal hat man *Pech*: Dann sind Leserinnen und Leser unzufrieden, werden schon während des Vortrags oder der Lektüre unruhig, möchten nach Hause oder aufhören und erklären hinterher, das sei ja nichts gewesen, man habe nichts davon gehabt oder gar – wie es mir einmal ergangen ist –, das sei nicht zu veröffentlichen (dieser Vortrag ist dann – zu meinem Glück – sogar zweimal publiziert worden). Das Glück besteht hier im Erfolg beim Publikum und in dessen zufriedenem Echo, in Anerkennung, Wertschätzung und Beliebtheit. Künstler aller Art kennen und suchen das.

Erste Beobachtungen

An diesem kleinen Beispiel wird bereits einiges deutlich: Glück lässt sich am besten zusammen mit seinem Gegenteil – ›Pech‹ oder ›Unglück‹ – beschreiben, Glück hat zu tun mit Erfolg, Zufriedenheit, Anerkennung und Wertschätzung, Glück beruht auf Kommunikation und Kontakt. Wer hohe Wertschätzung genießt, wird meist auch gut bezahlt und kann sich manchen Wunsch erfüllen: »Das Glück dient wie ein Knecht um Sold, es ist ein mächtig Ding, das Gold«, singt der Kerkermeister Rocco in Beethovens »Fidelio«; wir kennen aber auch das Sprichwort »Geld macht nicht glücklich«. Also hängt das Glück offenbar nicht an eindeutig bestimmbaren Tatsachen, z. B. am Geld oder am Besitz.

Was ist Glück?

Wir haben bisher von Bedingungen des Glücks gesprochen und so getan, als wüssten wir, was es sei. Genau gesagt, was wir darunter verstehen, haben wir allerdings noch nicht. Ein erfolgreicher Vortrag, eine erfolgreiche Aufführung oder ein erfolgreiches Geschäft ist ja noch nicht das Glück. Das Glück ist an Menschen gebunden, die es als solches empfinden. Man spricht von »Glücksgefühlen«. Eine hübsche Definition findet sich in der Operette »Die Fledermaus« von Johann Strauß: »Glücklich ist, wer vergisst, was doch nicht zu ändern ist.« Glück wäre demnach der Zustand eines Menschen, der unabänderlichen Ärger u. dgl. einfach vergessen kann. Andere hingegen sagen: Glück empfinde man gerade im Zustand größtmöglicher Bewusstheit und Wachheit, wenn man z. B. mit allen Sinnen genießt, etwa in höchster Liebeslust. Demnach gehörten Glück und Lust zusammen. Wieder andere stellen fest, sie seien erst glücklich, wenn die Anstrengung des Genießens und der Lust vorüber sei und sie sich entspannt der Zufriedenheit hingeben könnten. Viele Mütter berichten vom höchsten Glück ihres Lebens bei der Geburt ihres Kindes: Aber nicht der Vorgang des Gebärens bedeutet Glück, sondern erst die Situation hernach, wenn die Mutter glücklich ihr Neugeborenes in den Armen hält.

Vielleicht lässt sich vorerst zusammenfassen: Glück ist größtmögliches Wohlbefinden bei größtmöglicher Zufriedenheit.

›Eigenschaften‹ des Glücks

Der Zustand eines glücklich verliebten Paars, einer glücklichen Mutter oder eines erfolgreichen Künstlers dauert freilich niemals an: »Glück und Glas – wie leicht bricht das!« Es muss ja nicht immer gleich »brechen«, aber es ist offenbar regelmäßig nicht von Dauer. Und, so berechenbar es manchmal ist, so zufällig kann es auch sein. Man findet zufällig einen Pfennig, den berühmten Glückspfennig oder ein vierblättriges Kleeblatt und sieht darin ein Zeichen des Glücks, weil die Wahrscheinlichkeit, so etwas zu finden, relativ gering ist. Das größte Glück kommt unverhofft:

»Ich ging im Walde so für mich hin
und nichts zu suchen, das war mein Sinn.
Im Schatten sah ich ein Blümchen stehn,
wie Sterne leuchtend, wie Äuglein schön.
Ich wollt es brechen, da sagt es fein:
Soll ich zum Welken gebrochen sein?
Ich grub's mit allen den Würzelein aus,
zum Garten trug ich's am hübschen Haus.
Und pflanzt es wieder am stillen Ort;
nun zweigt es immer und blüht so fort.«

So Goethe (Gefunden, 1813). Und Hermann Hesse dichtet: »Solang du nach dem Glücke fragst, bist du nicht reif zum Glücklichsein.« Das Glück ist anscheinend nicht willentlich herbeizuzwingen, sondern stellt sich gerade dann ein, wenn man die Suche danach aufgegeben oder gar nicht begonnen hat. Man hat Glück nicht, sondern man ist glücklich. Man kann das Glück nicht festhalten: Da hat einer die überdurchschnittlich große Ernte eingefahren, großen Profit gemacht und will sich nun auf seinem Wohlstandspolster ausruhen, doch schon in der kommenden Nacht stirbt er; er hatte geschuftet und immer auf die Zukunft gehofft, aber als er am Ziel zu sein und sein Glück erreicht zu haben glaubt, ist es zu spät. (Lk 12,16–21) Das heißt doch, das Glück muss offenbar in der Gegenwart erkannt und ergriffen werden.

Die Erfahrung, dass das Glück immer zurückweicht, wenn man es aktiv konstruieren möchte, drückt sich auch in Schuberts bekanntem Lied »Der Wanderer« aus; es endet: »Dort, wo du nicht bist, dort ist das Glück.« Gibt es das Glück etwa gar nicht? Anscheinend ja doch, denn fast alle Menschen können von mehreren, wenn nicht sogar vielen Glücksmomenten in ihrem Leben berichten. Eine meiner Töchter rief im Alter von drei Jahren strahlend und gleich mehrmals aus: »Ich bin so glücklich!« Nur, weil sie einen Schokoladen-Osterhasen, den sie sich sehnlichst gewünscht, aber bisher nicht bekommen hatte, plötzlich überraschend neben ihrem Teller beim Mittagessen vorfand. Ein Schokoladenosterhase an sich macht nicht glücklich, auch die Erfüllung von Wünschen als solche nicht unbedingt, sondern nur dann, wenn sich an den erfüllten Wunsch nicht alsbald neue Wünsche anschließen, wenn sich also Zufriedenheit einstellt. Glück beruht somit auf Bescheidenheit und der Fähigkeit, nach dem Hunger auch einen natürlichen Sättigungsgrad realistisch wahrzunehmen.

Etwas ganz anderes scheint die Erfahrung zu sein, die wir machen, wenn wir gerade noch einmal davon gekommen sind – etwa bei einem Beinahe-Unfall auf der Straße: »Da habe ich ja noch einmal Glück gehabt.« Schlimme Verletzungen, das kaputte Auto, teure Geldausgaben, der ganze Ärger mit Versicherungen, ja vielleicht sogar der Tod sind nicht eingetreten. Das Glück besteht darin, dass das, was schon fast zu erwarten war, nicht eingetreten ist, also Glück in der Überwindung des Schreckens, wiederum in der Unwahrscheinlichkeit. Glück ist unwahrscheinlich. Ihm haftet stets ein Überraschungsmoment an.

Ferner ist die ›Beweglichkeit‹ des Glücks zu nennen. Es rollt wie eine Kugel nach allen möglichen und nicht vorauszusehenden Seiten. Deshalb stellten die Römer die

Glücksgöttin Fortuna als eine launische Frau, die auf der Kugel balanciert und einmal diesem und einmal jenem ihre Gunst schenkt, dar.

Schließlich weist uns auch das Sprichwort in der Überschrift dieses Kapitels auf eine ›Eigenschaft‹ des Glückes hin: Es ist abhängig von der jeweiligen Person, die es empfindet oder vermisst. »Jeder ist *seines* Glückes Schmied.« Es gibt ausgesprochene ›Glückspilze‹ oder ›Pechvögel‹: »Wie man sich bettet, so liegt man.« Außerdem sind die Wahrnehmungen von Glück ganz unterschiedlich und hängen offenbar mit unterschiedlichen Bewertungen und Idealvorstellungen zusammen: Die einen sind glücklich, wenn sie ihre Ruhe haben, die anderen, wenn sie von viel Betrieb und Lärm umgeben sind usw. Das Glück hat also mit der Persönlichkeitsstruktur eines Menschen zu tun. Vielleicht gibt es ›das‹ Glück gar nicht, sondern nur das Glück dieses oder jenes Menschen, also mein Glück oder dein Glück, und unser Glück ist dann ein besonderer Glücksfall.

Zur Psychologie des Glücks

Wenn wir von der Abhängigkeit des Glücks von der jeweiligen Charakterstruktur eines Menschen sprechen, sind wir bereits bei der psychologischen Perspektive. Ich erinnere an unsere Definition: Glück ist größtmögliches Wohlbefinden bei größtmöglicher Zufriedenheit. Wohlbefinden und Zufriedenheit sind Gefühlszustände, die bei verschiedenen Personen unter verschiedenen Bedingungen auftreten. Halten wir außerdem fest: Es handelt sich um Gefühle.

Eines freilich haben alle Menschen gemeinsam: Alle wollen diesen Gefühlszustand erreichen, alle haben Sehnsucht danach, und die meisten erleben ihn dann und wann auch, aber sie können ihn nicht festhalten, obwohl sie gerade das so gerne möchten.

Kinder scheinen diesen Zustand öfter zu erreichen als Erwachsene, sie sind auch mit weniger zufrieden. Das Glück hängt also von unseren Bedürfnissen und Ansprüchen ab. Diese kann man auf verschiedene Weise erziehen und ausbilden. Wenn das Glück mit unseren Ansprüchen zusammenhängt, verwundert es nicht länger, dass man sehr oft der kurzschlüssigen Vorstellung begegnet, je mehr man sich leisten könne, desto glücklicher würde man, größtmögliche Bedürfnisbefriedigung schaffe größtmögliche Zufriedenheit. Unser Sprichwort »Geld macht nicht glücklich« oder die biblische Sentenz »Es ist leichter, dass ein Kamel durch ein Nadelöhr gehe, als dass ein Reicher in das Reich Gottes komme« (Mt 19,24) geben dieser alten Weisheit Ausdruck.

Aber lässt sich größtmögliches Wohlbefinden bei größtmöglicher Zufriedenheit nicht doch durch größtmöglichen Lustgewinn – der für die einen durch menschliche Nähe und Wärme, für die anderen durch Abstand und Freiheit, für die Dritten beim Essen, für wieder andere beim Sex entsteht –, also durch größtmögliche Bedürfnisbefriedigung erreichen? Sigmund Freud stellt mit wissenschaftlicher Skepsis fest: »Man möchte sagen, die Absicht, dass der Mensch ›glücklich‹ sei, ist im Plan der ›Schöpfung‹ nicht enthalten. Was im strengsten Sinne Glück heißt, entspringt der eher plötzlichen Befriedigung hoch aufgestauter Bedürfnisse und ist seiner Natur nach nur als episodisches

Phänomen möglich. Jede Fortdauer einer vom Lustprinzip ersehnten Situation ergibt nur ein Gefühl von lauem Behagen; wir sind so eingerichtet, dass wir nur den Kontrast intensiv genießen können, den Zustand nur sehr wenig. Somit sind unsere Glücksmöglichkeiten schon durch unsere Konstitution beschränkt.« (Gesammelte Werke XIV, 434)

Glück entsteht also durch den Unterschied eines Zustandes vorher und nachher. Je stärker die Bedürfnisse angestaut sind, desto mehr Glücksgefühl erzeugt ihre plötzliche und überraschende Befriedigung. Deshalb sucht der Mensch Abwechslung, um den Kontrast auf unterschiedlichen Bedürfnisfeldern möglichst oft erleben zu können, und deshalb hält sich das Glück nicht auf Dauer, weil unsere Wahrnehmung des Unterschieds von vorher und nachher verblasst. Ein gesunder Mensch durchläuft während seines Lebens einen permanenten natürlichen Rhythmus von Annäherung, Kontakt, Distanzierung, Nachkontakt, Pause, erneuter Annäherung usw. Unzufriedenheit entsteht, wo dieser Fluss unterbrochen wird, z. B. durch Festhalten an einer dieser Phasen und durch den Versuch, das Glück auf Dauer zu stellen. Die Spaßgesellschaft verführt uns dazu, intensives Kontakterleben ebenso festhalten zu wollen wie anderen Lustgewinn und, sobald das nicht gelingt, sich ärgerlich abzuwenden, um anderswo und auf andere Weise erneut schnelles Glück zu suchen. Das führt bestenfalls von Spaß zu Spaß, aber auch von Frust zu Frust, nicht aber zum Glück. Spaß wäre sozusagen die hektische Staccatoform des Glücksrhythmus, die auf suchtartigem Habenwollen (statt auf Sein und Sich-dem-Fluss-des-Lebens-Hingeben) beruht.

Für die Psychotherapie heißt das u. a., der heftig geäußerten Sehnsucht nach mehr Glück eines Ratsuchenden nicht aufzusitzen, sondern ihm zu helfen, im Rahmen seiner realistischen Möglichkeiten den Kontrast von vorher und nachher möglichst oft zu erleben bzw. überhaupt wahrzunehmen. Dieser Kontrast begegnet im Leben ja ständig, wird nur meist nicht erkannt. Zu hohe Ideale, gerade auch narzisstische (»Ich möchte groß, bedeutend und mächtig sein«), stehen dem Glück oft im Wege. Auch hier tut Bescheidenheit not. Durch Neid z. B., also durch die Fixierung auf andere, wie sie für den depressiven Charakter (nach Riemann) typisch ist, übersieht man die eigenen Glücksmöglichkeiten, die ja unabhängig davon sind, was man (oder der andere) hat. S. Freud spricht davon, dass das Lustprinzip, dem der Mensch unterliegt, durch das Realitätsprinzip ausgeglichen werden müsse, wenn der Mensch zufrieden werden will.

Zum Glück gehört auch dessen ambivalenter Charakter: »Himmelhoch jauchzend, zu Tode betrübt – glücklich allein ist die Seele, die liebt.« (Goethe, Egmont III, 2) Hin und her gerissen zu sein zwischen Wünschen und Fürchten, Wollen und Zaudern, Angriff und Rückzug macht uns das Leben schwer, aber ermöglicht auch das Glück der Überwindung des Gefühls der Zerrissenheit durch momentane Eindeutigkeit: So ist es richtig, ich bin mir mir einig und deshalb zufrieden und glücklich.

Nun gibt es freilich etwas in uns, das uns auch das mögliche und realistische Glückserleben nicht gönnt. Freud nennt es das Überich. Wir tragen in uns ein mehr oder weniger stark ausgeprägtes Bedürfnis nach Anerkennung durch die Gemeinschaft. In dieser gelten aber stets bestimmte Normen, Gebote und Verbote dessen, was man tun oder lassen sollte. Sie geraten oft mit unseren übrigen Bedürfnissen in Konflikt: Ich habe Hunger, stehe vor einer Kuchentheke und könnte mir einfach ein Stück nehmen, aber das wäre höchst unsozial; also habe ich gelernt, dass ich bezahlen muss, um kein Dieb zu sein und weiterhin dazugehören zu dürfen; ich muss auf ein bisschen meines mühsam erworbenen Geldes verzichten, um zu bekommen, worauf ich Lust habe. Bekäme ich den Kuchen geschenkt, wäre ich vielleicht noch etwas glücklicher. Und wenn ein solches Geschenk sich überraschenderweise einstellt, dann freue ich mich, wie wir uns überhaupt über Geschenke freuen. Das Überich hingegen sagt selbst dann noch: »Du darfst das Geschenk nicht annehmen, ohne es alsbald wieder gutzumachen!« oder: »Schäme dich, glücklich zu sein, während so viele unglücklich sind!«

Eingangs habe ich schon den berühmten Satz erwähnt »Glücklich ist, wer vergisst, was doch nicht zu ändern ist!« Im psychologischen Zusammenhang darf man fragen: Lässt sich Glück durch Abwehr erreichen? Wir verfügen über eine große Skala von sog. Abwehrmechanismen, die uns dabei helfen, Unangenehmes nicht wahrnehmen zu müssen, z. B. durch Vergessen, durch Projektion u. dgl. Die Aktivierung unserer Abwehrmechanismen ist durchaus eine Leistung unseres Ich, darf also nicht von vornherein negativ abgewertet werden. Trotzdem muss die Frage erlaubt sein, ob echtes Glück dadurch zustande kommt, dass wir ein Stück der Realität ausblenden bzw. verleugnen. Es bleibt anzunehmen, dass solcher Art abgewehrte Wirklichkeit sich über das Unbewusste auf schwer erkennbare Weise, z. B. durch Krankheitssymptome, wieder meldet.

Ein erheblicher Feind des Glücks ist die Angst. Angst ist die Kehrseite unserer Wünsche – z. B. die allgegenwärtige Angst, zu kurz zu kommen – und daher gerade dort aktiv, wo wir das Glück suchen.

Halten wir fest: Weder ein kindliches Streben nach größtmöglicher Bedürfnisbefriedigung (im Erwachsenenalter) gemäß dem Lustprinzip – »Hauptsache: Ich bekomme, was ich will, und habe meinen Spaß!« – noch ein moralistisches Verbot von Wohlbefinden und Zufriedenheit entsprechen dem, was man wahres oder echtes Glück genannt hat. Zwischen Lustprinzip und Überich-Normen ermöglicht das *Realitätsprinzip* Glück da, wo es uns möglich ist, ohne anderen oder uns selbst zu schaden. Im Gegenteil: Glückliche Menschen sind auch für andere eine Wohltat. Sie schenken auch lieber als immer nur haben zu wollen. Glück ist lernbar, weil Zufriedenheit auch eine Folge der Bewertung eines Zustands oder einer Situation ist: Statt »Das hat mir gerade noch gefehlt, ist ja furchtbar!« können wir zu fragen lernen: »Wofür ist das gut? Wohin soll mein Weg gehen?« Wenn auch eine noch so unglückliche Situation eintreffen sollte, es liegt an mir, Positives darin zu entdecken (theologisch gesprochen: Gott meint es *letzten Endes* gut mit mir).

Theologische Gesichtspunkte

Theologie hat es immer mit Gott zu tun, man kann also fragen: »Was hat das Glück mit Gott zu tun?« In einigen Nebenbemerkungen haben wir bereits darauf ganz en passant Antworten gegeben. Zu allen Zeiten und in allen Religionen kommt gerade das Glück im Zusammenhang der Beziehung des Menschen zu seinen Göttern vor. Entweder machen sie glücklich oder sie nehmen das Glück fort. So heißt es im Buch Sirach: »Es kommt alles von Gott: Glück und Unglück.« (Sir 11,14) Und bei Hiob: »Habe ich Gutes empfangen von Gott und sollte das Böse nicht auch annehmen?« (Hi 2,10). Manchmal lehren die Götter den Menschen auch, auf das ›irdische‹ Glücksstreben zu verzichten, weil es ›höheres‹ Glück gäbe – im ›Jenseits‹, konkretistisch missverstanden als ›Leben nach dem Tode‹, so dass dann alle Glückshoffnungen auf die Zeit nach dem Tode verlegt werden: »Im Himmel soll es besser werden, wann ich bei deinen Engeln bin.« (EG 330,7)

Biblische Bilder für Glück sind z. B.: das Paradies – ein ehemals dauerhafter Zustand jenseits von Gut und Böse –, der Himmel, die Hochzeit (z. B. des »Lammes« in der Offenbarung des Johannes), das himmlische Mahl, die Ernte, das Reich Gottes, das himmlische Jerusalem, Gottes zugewandtes Angesicht (im Gegensatz zu seinem abgewandten Antlitz), Gottes Liebe, Barmherzigkeit, Gnade und Vergebung, Gottes Frieden, die Ruhe des Sabbats, ewiges Leben und ewige Seligkeit (Seligkeit ist das ältere Wort für Glück) usw. usf.

Es gibt eine berühmte Stelle im Neuen Testament, die

ausdrücklich vom Glück handelt. Wir erkennen sie nur deshalb nicht, weil sie einen älteren Ausdruck für Glück bzw. glücklich verwendet, nämlich Seligkeit bzw. selig. Ich spreche von den sog. *Seligpreisungen* der Bergpredigt (›makarios‹ heißt glücklich, lateinisch ›beatus‹, ›beatitudo‹; andere antike Vokabeln: ›eutyches‹, ›eudaimon‹, lat. ›felix‹, ›fortunatus‹, ›felicitas‹, ›fortuna‹).

Mt 5,1–12: *»Da er aber das Volk sah, ging er auf einen Berg und setzte sich; und seine Jünger traten zu ihm. Und er tat seinen Mund auf, lehrte sie und sprach: Selig sind, die da geistlich arm sind; denn das Himmelreich ist ihrer. Selig sind, die da Leid tragen; denn sie sollen getröstet werden. Selig sind die Sanftmütigen; denn sie werden das Erdreich besitzen. Selig sind, die da hungert und dürstet nach der Gerechtigkeit; denn sie sollen satt werden. Selig sind die Barmherzigen; denn sie werden Barmherzigkeit erlangen. Selig sind, die reines Herzens sind; denn sie werden Gott schauen. Selig sind die Friedfertigen; denn sie werden Gottes Kinder heißen. Selig sind, die um Gerechtigkeit willen verfolgt werden; denn das Himmelreich ist ihrer. Selig seid ihr, wenn euch die Menschen um meinetwillen schmähen und verfolgen und reden allerlei Übles gegen euch, so sie daran lügen. Seid fröhlich und getrost; es wird euch im Himmel wohl belohnt werden. Denn also haben sie verfolgt die Propheten, die vor euch gewesen sind. …«*

Hier wird das Glück *jenseits* dessen angesiedelt, was wir normalerweise als Bedürfnisbefriedigung bezeichnen würden: im Verzicht, im Leiden, im Hunger nach Gerechtigkeit, in der Großzügigkeit (›Barmherzigkeit‹), in der Reinheit des Herzens, in der Friedfertigkeit, im Verfolgtwerden um des Glaubens willen. Das ist sehr verwandt mit der Erkenntnis vieler Religionen und Weisheitslehren, dass es nicht darauf ankomme, möglichst viel zu besitzen, möglichst viel Macht und Einfluss zu erwerben, Sicherheit zu erkämpfen und eigene Interessen durchzusetzen, sondern darauf, auf dies alles zu verzichten und sich an einem ›Jenseits‹ des Habenwollens, an Gott selbst, zu orientieren. Der »Lohn« (Mt 5,12) ist freilich wiederum nicht als Folge einer Leistung oder als Belohnung für gutes Verhalten zu verstehen, sondern als Geschenk Gottes – der Geschenkcharakter (bei Luther: die Gnade), der für das Glück typisch ist, erscheint mir ganz wichtig.

Dieses Glück jenseits ›irdischer‹ Bedürfnisbefriedigung (bzw. Glück als »Glück im Unglück« oder Neuinterpretation unglücklicher Situationen bzw. anderer Umgang mit dem Glücksstreben) bedeutet *Risiko*. Die jüdisch-christliche Tradition nennt das *Glauben*. Es geht beim Glauben nicht darum, irgendetwas Irrationales für wahr zu halten, sondern darum, etwas gegen den Augenschein zu wagen, »Mut zum Sein« (statt zum Haben) zu entwickeln oder, wie eine vom Krebs auf wunderbare Weise genesene Frau neulich im Fernsehen sagte, sich »für das Leben zu entscheiden«. Auch das ist ›jenseits‹ dessen, was wir in unserem Alltagsbewusstsein und -empfinden für machbar halten. Es ist ein Geschenk, für dessen Empfang wir uns freilich durchaus vorbereiten können: durch Lockerheit, Loslassen, Dankbarkeit und Annahmebereitschaft.

Um dieses Loslassen geht es in vielen Geschichten der Bibel, z. B. der vom reichen Jüngling (Mt 19,16–26):

»*Ein reicher Mann fragt Jesus:* ›*Was soll ich tun, damit ich das ewige Leben ererbe?*‹ *Jesus antwortet:* ›*Halte die Gebote!*‹ *Der Mann antwortet ehrlich:* ›*Das habe ich alles gehalten; was fehlt mir noch?*‹ *Jesus:* ›*Verkaufe alles, was du hast, und gib's den Armen, so wirst du einen Schatz im Himmel haben; und komm und folge mir nach!*‹ *Da ging der Mann betrübt weg,* ›*denn er hatte viele Güter*‹, *und die wollte er nicht loslassen.*«

Das Unglück des Menschen besteht in seiner Fixierung auf seinen Besitz, und das ist durchaus auch im übertragenen Sinn zu verstehen. Nicht der Reichtum als solcher macht unglücklich, sondern die Fixierung darauf, die Abhängigkeit. Es könnte auch die Fixierung auf ganz andere Dinge sein. Luther sagt deshalb: »Das, woran du nun dein Herz hängst und worauf du dich verlässt, das ist eigentlich dein Gott.« Anders ausgedrückt: Frage dich, worauf du unter keinen Umständen verzichten möchtest, und du weißt, woher dein Unglück kommt bzw. was deinem Glück im Wege steht.

Alles, was wir bis jetzt zusammengetragen haben, hat in der Theologie zu dem Schluss geführt, das Glück sei vielleicht erst nach dem Tod und nach dem Ende der Welt möglich (es sei »ein eschatologisches Gut«, wie wir in der Fachsprache sagen) – ein konkretistisches Missverständnis, wenn man Glück als absolute und dauerhafte Bedürfnisbefriedigung im Bereich des Gegenständlichen, aber erst jenseits des Todes Möglichen versteht. Ein entsprechendes Missverständnis liegt in der überhöhten marxistischen Vorstellung, man könne das Himmelreich auf Erden errichten durch Änderung der ökonomischen und gesellschaftlichen Verhältnisse.

Heinrich Heine dichtete ironisch:

> *»Sie sang das alte Entsagungslied,*
> *das Eiapopeia vom Himmel,*
> *womit man einlullt, wenn es greint,*
> *das Volk, den großen Lümmel …*
> *ein neues Lied, ein besseres Lied, o Freunde, will ich euch*
> *dichten!*
> *Wir wollen hier auf Erden schon*
> *das Himmelreich errichten.*
>
> *Wir wollen auf Erden glücklich sein,*
> *Und wollen nicht mehr darben;*
> *Verschlemmen soll nicht der faule Bauch,*
> *Was fleißige Hände erwarben.«*

(Heinrich Heine, Deutschland. Ein Wintermärchen, 1844)

Zwischen Resignation (Glück gibt es nicht) und Aberglauben (Glück lässt sich durch geheimnisvolle Praktiken und Zauberei herstellen, wie es auch Faust versucht hat), zwischen Es und Überich, Lustprinzip und Moral, zwischen Nirgendwo und Niemals, Dort und Dann siedelt ein gesunder Glaube das Glück im Hier-und-Jetzt an: »Jetzt ist die Zeit der Gnade, jetzt ist der Tag des Heils!« (2. Kor 6,2) So der Apostel Paulus, und dann redet er von Nöten und

Ängsten, Gefangenschaft u. dgl., um zuletzt zusammenzufassen: Wir leben in der Zeit des Glücks »als die Sterbenden, und siehe, wir leben; als die Gezüchtigten und doch
nicht getötet, als die Traurigen, aber alle Zeit fröhlich; als
die Armen, aber die doch viele reich machen; als die nichts
haben und doch alles haben« (ebd. 9f.). Paulus spricht im
Folgenden gegenüber den Korinthern auch von einem weiten Herzen, das man offenbar für dieses Glück braucht und
das er selbstverständlich auf Gott, wie er ihn durch seine Begegnung mit Christus neu – nämlich als gnädig und großzügig, weitherzig – zu verstehen gelernt hat, zurückführt.

Paul-Gerhard Nohl stellt fest: »Ohne das Vertrauen in
eine höhere Instanz kann niemand zufrieden werden mit
dem, was er im Leben erreicht. Leiden ist gewiss auch in
diesem Sinne die größte Vertrauensprobe; denn hier geht es
darum, ob wir entgegen allem Augenschein glauben können, dass Gott aus Negativem Förderliches, aus Schwach-
heit Stärke, aus Verzicht Liebesfähigkeit, aus Tod Leben
machen kann – sich zur Ehre und mir zum Heil.« (P.-G.
Nohl, Nachdenken über mich. Chancen im Kranksein,
Göttingen 1984, 29.)

Auf Erden!

Glück auf Erden oder Glück im Himmel? So könnte man
zum Schluss fragen. Die Antwort lautet: Selbstverständlich
auf Erden (falls der ›Himmel‹ woanders angesiedelt sein
sollte), aber nicht durch immer mehr Besitz, immer mehr
Spaß und immer mehr Versprechungen, eine Veränderung

der gesellschaftlichen Verhältnisse herbeizuführen, sondern durch kreativen und glaubensvollen Umgang mit den eigenen Möglichkeiten und evtl. durch eine Neuinterpretation dessen, was ist, eine Umwertung dessen, was wir erleben. Diese Umwertung nennen wir im Christentum *Glauben*. Er bedeutet keine Vertröstung auf dort und dann, sondern den ›Himmel auf Erden‹, die Möglichkeit, den Kontrast zwischen Wunsch und Erfüllung, Bedürfnis und Befriedigung entweder durch Bescheidenheit im Kleinen oder durch spirituelle Zufriedenheit im geistigen Bereich zu erfahren, der unabhängig macht von dem, woran unser Herz festhängt, wir können auch sagen: im Vertrauen auf Gott.

14. Die Liebe

»Gott ist die Liebe«

Als höchstes Glück auf Erden gilt den meisten wohl die Liebe. Welche Liebe: Nächstenliebe, erotische Liebe, Sexualität? Ich halte diese Unterscheidung zwar durchaus für eine gute Beschreibung verschiedener Seiten der Liebe, aber eben doch für ›Seiten‹ ein und derselben Liebe. Die Aufspaltung der Liebe in eine besonders hoch zu schätzende Nächstenliebe und eine weniger gute erotische oder gar böse, weil triebhafte sexuelle Liebe geht zwar auf das Altertum zurück und fand im Christentum, besonders bei den Mönchen, ein positives Echo. Aber ich halte sie trotzdem für fragwürdig. Denn in der Nächstenliebe steckt immer auch ein eigener »Lustgewinn«, wie Sigmund Freud gesagt hätte, und hinter der erotischen Liebe verbirgt sich auch Interesse am geliebten Nächsten. Wenn Gott uns liebt, liebt er uns als der, der uns ›gezeugt‹ und die Welt erschaffen hat. Unter dieser Voraussetzung will ich nun einige Gesichtspunkte unseres Themas verhandeln.

Gottesliebe, Nächstenliebe, Eigenliebe

Nirgendwo wird vermutlich so viel von Liebe geredet wie in der Kirche. Zweifellos engagieren sich die christlichen Kirchen wirkungsvoll im sozialen Bereich. Die Institutionen von Diakonie und Caritas werden gelegentlich »Liebeswerke« oder »Werke christlicher Nächstenliebe« genannt. (Als Lutheraner gegenüber ›Werkgerechtigkeit‹ sensibilisiert, finde ich schon immer den Ausdruck ›Werke‹ bezeichnend und verdächtig.) Aber nicht nur diese institutionalisierten Formen christlicher Sozialpolitik nennt man »Liebe«, sondern vor allem die christliche »Nächstenliebe«, die jedem Mitglied der Gemeinde anempfohlen ist. »Du sollst lieben Gott, deinen Herrn, von ganzem Herzen, ganzer Seele, von ganzem Gemüte und mit allen deinen Kräften, und deinen Nächsten wie dich selbst,« heißt es in den Evangelien (Mk 12,30f. par., entsprechend dem 3. und 5. Mosebuch). Gottesliebe, Nächstenliebe und Eigenliebe (als deren Voraussetzung und Folge) fassen danach alles zusammen, was von den Angehörigen des alten wie des neuen Gottesvolkes gefordert wird. Wer sich selbst nicht liebt, kann auch Gott und den Nächsten nicht lieben; wer Gott und den Nächsten nicht liebt, kann auch sich selbst kaum wirklich lieben. Die Nächstenliebe schließt die Feinde ein: »Liebet eure Feinde und bittet für die, die euch verfolgen, damit ihr Kinder seid eueres Vaters im Himmel. Denn er lässt seine Sonne aufgehen über Böse und Gute und lässt regnen über Gerechte und Ungerechte.« (Mt 5,44f.) Dieser Satz macht Schluss mit jeglichem Moralismus und jeglicher Selbstgerechtigkeit. Um Feinde lieben zu können, muss man zu allererst die Feinde im eigenen Inneren lieben. Das bedeutet, sich mit jenen Seiten der eigenen Persönlichkeit anzufreunden und auszusöhnen, die nicht zum Ideal, das man von sich selbst hat, passen. Wer ständig leugnen muss, dass zu seiner eigenen Persönlichkeit Seiten gehören, die keineswegs zu dem passen, was gerade als ›sittlich‹ und ›gut‹ gilt, kann Feinde niemals lieben. Diese Lebenslügen entstehen aber nicht zuletzt durch Predigten und Unterricht, in denen eine bestimmte enge Moral mit Nachdruck als Gottes Wille verkündigt und gelehrt werden. Dem halte ich entgegen: »Wer unter euch ohne Sünde ist, der werfe den ersten Stein …« (Joh 8,7). Wer weiß schon wirklich, ob er sich zu den Guten und Gerechten rechnen darf oder ob er oder sie nicht vielmehr zu den Bösen und Ungerechten gehört! Nach Martin Luthers genialer Formulierung gehören wir allesamt zu beiden, denn wir sind immer »Gerechte und Sünder *zugleich*« (der Mensch sei »*simul* iustus et peccator«).

Ist Christentum gleich Liebe?

Vor allem in Anfängerpredigten hört man die jungen Theologinnen und Theologen von Gottes Liebe zu uns schwärmen, die uns liebesfähig mache. Meine ersten Predigten, als ich 25/26 war, sollen fast ausschließlich von der Liebe gehandelt haben, ganz gleich welcher Predigttext drankam. Vielleicht ist das altersgemäß. Schließlich fühlt man sich im Alter zwischen 20 und 30 oft einsam und sucht Liebespartnerinnen oder -partner. Keiner will gerne allein bleiben. Liebe ist eines der großen Themen junger Erwachsener. Sie bleibt aber auch weiterhin, selbst noch im Alter, eines der großen Themen der Menschheit. In der Kirche kommt Liebe dabei meist sehr platonisch vor: Gottes- und Nächstenliebe haben schließlich nichts mit Erotik oder gar Sexualität zu tun – so *scheint* es. Man unterscheidet sorgfältig zwischen Sexus, Eros und Agape (man könnte sagen: zwischen Sexualität, Erotik und ›reiner‹ Nächstenliebe) oder auch Eros, Agape und Diakonia (Caritas).[1] Diese ›gereinigte‹ Vorstellung von Liebe hat aber schreckliche Schattenphänomene hervorgebracht, z. B. den Hexenwahn. Auf die Folgen verdrängter Sexualität haben Sigmund Freud und seine Schüler – vor allem auch Wilhelm Reich – ausgiebig hingewiesen. Dass der Zölibat als Schatten der Enthaltsamkeit nicht nur Wahnideen, sondern starke sexuelle Bedürftigkeit, große Verführbarkeit und Verführungskünste, auch Unwahrhaftigkeit und moralische Spitzfindigkeit hervorbringt, sei nur am Rande vermerkt.

Die Christenheit hat Mühe zu lernen, dass es nur *eine* Liebe gibt, dass also Liebe Liebe ist und bleibt, so viele Spielarten es davon auch geben mag. Und wir müssen lernen, dass Wahrheit immer auch körperlich-konkret ist. Mir scheint, je mehr Angst, Verdrängung, Verklemmtheit und Prüderie sich im Christentum breit gemacht haben, desto depressiver und zwanghafter wurden die Menschen und desto mehr war von Liebe die Rede. Gerade im von der spätmittelalterlichen Bußfrömmigkeit herkommenden Protestantismus hat man sich trotz der Befreiung vom Pflichtzölibat nie so recht sexuell befreien können. Ich vermute, dass unsere jüdische Mutterreligion eine größere sexuelle Freiheit hervorgebracht hat als das Christentum, das schon von Anfang an – etwa durch Paulus und die von ihm besonders heftig thematisierte Naherwartung des Weltendes – mit sexuellen Problemen zu kämpfen hatte, z. B.: »… So meine ich nun, es sei gut um der kommenden Not willen … ledig zu sein … Fortan sollen auch die, die Frauen haben, sein, als hätten sie keine … und die sich freuen, als freuten sie sich nicht … Also, wer seine Verlobte heiratet, der handelt gut; wer sie aber nicht heiratet, der handelt besser …« (1. Kor 7,26–38 u. andernorts). Wer wie er, Paulus, ledig sei, der könne erst ganz frei sein für Gott – zumal angesichts des damals erwarteten Weltendes.

Völlig anders klingt, wie bei dem 75-jährigen Goethe in der Marienbader Elegie von 1823/24 der Schalom Gottes und der »heitere Frieden« der irdischen Liebe, wenigstens vergleichend, in eins fallen:

»Dem Frieden Gottes, welcher euch hienieden
mehr als Vernunft beseliget – wir lesen's –
vergleich ich wohl der Liebe heitern Frieden
in Gegenwart des allgeliebten Wesens;
da ruht das Herz, und nichts vermag zu stören
den tiefsten Sinn, den Sinn: ihr zu gehören.

In unsers Busens Reine wogt ein Streben,
sich einem Höhern, Reinern, Unbekannten
aus Dankbarkeit freiwillig hinzugeben,
enträtselnd sich den ewig Ungenannten;
wir heißen's: fromm sein! – Solcher seligen Höhe
fühl ich mich teilhaft, wenn ich vor ihr stehe.

…
Kein Eigennutz, kein Eigenwille dauert,
vor ihrem Kommen sind sie weggeschauert
…«

Vor der Geliebten stehend, fühlt sich der Dichter »fromm« und jener Liebe teilhaftig, die Paulus in 1. Kor 13 beschreibt: frei von Egoismus. Die Geliebte steht zugleich, aber nicht nur, für »Höheres, Reineres, Unbekanntes«, ja für Transzendenz. Doch die Götter, jene »Ungenannten« mit Namen, die tabu sind, trennen ihn von der Geliebten. »Sie drängten mich zum gabeseligen Munde, sie trennen mich und richten mich zugrunde«, klagt Goethe. Aber getröstet und ernüchtert stellt er wenig später fest: »Die Leidenschaft bringt Leiden.« Die Musik hat ihn »mit Engelsschwingen« umgestimmt. Und »reinster Dank« bleibt trotz des Selbstopfers übrig.

Wieder andere Töne klingen uns aus den johanneischen Schriften entgegen, z. B.: »Gott ist die Liebe. Und wer in der Liebe bleibt, der bleibt in Gott und Gott in ihm.« (1. Joh 4,16) Selbstverständlich wird man sagen: »Aber, aber! Diese Liebe hat nichts zu tun mit jener Sexualität, die Paulus für der Liebe zu Gott abträglich hält.« Wer weiß! Ich war bei einer mündlichen Doktorprüfung (Rigorosum) über diese Stelle anwesend, bei der Prüfer und Prüfling sich darin einig waren zum einen, dass Liebe *Liebe* und nicht irgendetwas anderes, weniger Erotisches sei, zum andern, dass man den ersten Satz auch umdrehen könne: »Die Liebe ist Gott.« Das klingt für christliche Ohren schon deshalb gefährlich, weil wir von klein auf gelernt haben, wie heidnisch und sündig etwa die Aphrodite-Tempel oder andere erotische Heiligtümer zur Zeit des Apostels Paulus im Mittelmeerraum gewesen seien. Es dürfte kaum zu bestreiten sein, dass paulinische wie johanneische Christen mit jenen Liebestempeln nichts zu tun haben wollten. Wenn Gott die

Liebe ist, dann also doch *ganz anders*. Da finden sich Paulus und Johannes. Das »Hohelied der Liebe« (1. Kor 13) des Paulus preist denn auch eine Liebe, die durchaus sehr konkret, wohl doch auch erotisch, aber jedenfalls nicht von sexuellem Begehren geprägt ist: »Nun aber bleiben Glaube, Hoffnung, Liebe – diese drei. Aber die Liebe ist die Größte unter ihnen.«

Erotische Bibel

Aber so unerotisch und vor allem anti- oder asexuell, wie es scheinen mag, ist die Bibel trotzdem nicht.

»Ohne dass ich's merkte, trieb mich mein Verlangen zu der Tochter eines Fürsten. Wende dich hin, wende dich her, dass wir dich schauen! Was seht ihr an Sulamith beim Reigen im Lager? Wie schön ist dein Gang in den Schuhen, du Fürstentochter! Die Rundung deiner Hüfte ist wie ein Halsgeschmeide, das des Meisters Hand gemacht hat. Dein Schoß ist wie ein runder Becher, dem nimmer Getränk mangelt. Dein Leib ist wie ein Weizenhaufen, umsteckt mit Lilien. Deine beiden Brüste sind wie junge Zwillinge von Gazellen. Dein Hals ist wie ein Turm von Elfenbein ... Das Haar auf deinem Haupt ist wie Purpur; ein König liegt in deinen Locken gefangen. Wie schön und wie lieblich bist du, du Liebe voller Wonne! Dein Wuchs ist hoch wie ein Palmbaum; deine Brüste gleichen den Weintrauben. Ich sprach: Ich will auf den Palmbaum steigen und seine Zweige ergreifen ...« (Hld 6,12; 7,1–9)

»Denn die Liebe ist stark wie der Tod und Leidenschaft un-
widerstehlich wie das Totenreich. Ihre Glut ist feurig und
eine Flamme des Herrn, so dass auch viele Wasser die Liebe
nicht auslöschen und Ströme sie nicht ertränken können.«
(Hld 8,6 f.)

Warum auch immer die Sammlung von Liebesliedern in die
hebräische Bibel gekommen sein mag – ängstliche Fromme
meinten, die Texte seien spirituell zu interpretieren –, hier
blüht das pure Leben, hier glüht die Leidenschaft, hier
wird die ganze und ungefilterte Liebe als »Flamme des
Herrn« besungen.

Ich vermisse die Leidenschaft

In den Kirchen wird zwar viel von der Liebe geredet, aber
ich vermisse Liebe im Sinne persönlicher Zuwendung – anstatt institutionalisierter Sozialarbeit, die gewiss auch ihren Platz haben soll – und vor allem *Leidenschaft*. Leidenschaftslose Predigten lassen darauf schließen, dass nicht von
dem gesprochen wird, was Predigerinnen und Prediger *unbedingt angeht*, sondern von dem, was man sagen zu sollen
meint. Meine Erfahrung ist jedoch, dass die den einzelnen
Sonntagen im Kirchenjahr zugeordneten Bibeltexte immer von dem reden, was auch mich, an durchaus einge-
grenzten und konkreten Stellen meines Lebens, unbedingt
angeht, *wenn* ich mich lange genug um das Verständnis der
Texte und Kontexte bemühe. Dann hört das irrelevante,
weil generalisierende Kanzelgeschwätz auf, und es beginnt

die Zeugenaussage: Ich bin dabei gewesen. Leidenschaft würde auch in den übrigen Bereichen Kirche lebendig, konflikthaft zwar, aber auch fröhlicher machen. Nun glaube ich nicht, dass alle Christenmenschen und die Theologen unter ihnen leidenschaftslose Langweiler wären; ich vermute vielmehr, dass sie ihre Persönlichkeit mit allem, was dazugehört, also auch mit ihrer Leidenschaft, und ihren Beruf weitgehend trennen. Man *spaltet*, wie die Psychologen sagen. Gerade das geht aber nicht. So darf es eigentlich auch keine »Pfarrerin a. D.« und keinen »Pfarrer i. R.« geben. Leidenschaft ist mit Engagement und Gefühlen verbunden, mit dem Ausdruck von Affekten, mit Begeisterung und Aggression, Freude und Zorn, Flirt und Enttäuschung. Ich finde Leidenschaft unter Künstlern, Musikern, Sängern, Schauspielern, Malern, Bildhauern. Gibt es jemals einen Musiker »a. D.«, den in der Freizeit oder im Ruhestand Musik nicht mehr interessierte, oder eine Bildhauerin, die im Urlaub oder im Alter von Kunst nichts mehr wissen wollte? Das ist vielleicht im Sinne einer Pause möglich, aber niemals auf Dauer. Denn er oder sie ist *berufen*. Bei Pfarrerinnen und Pfarrern wird die Ordination, die Feier ihrer Berufung, manchmal lediglich als Berufseinstandsfeier ins lebenslange Beamtentum verstanden, deren Pflichten aber zum Glück mit dem Eintritt ins Rentenalter aufhören. Mit einer solchen Einstellung können weder Gottesdienst und Predigt noch ein so genanntes Gemeindeleben glücken. Denn diese Mentalität überträgt sich auf die Gemeinde, die Kirche dann als quasi staatliche Serviceeinrichtung und Weisungsanstalt versteht (wie es ja tatsächlich früher gewesen ist). Schluss damit oder Schluss mit der Kirche!

Leidenschaft passt allerdings nicht unbedingt zu jenem kirchlich-biederen Kleinklima, das vielerorts herrscht und durch Horizontlosigkeit, Selbstgerechtigkeit, Moralismus und Mangel an Kenntnissen charakterisiert ist. Wie müsste ein Klima aussehen, in dem Leidenschaft gedeihen kann? Es bedürfte in erster Linie der Freiheit – einer Freiheit, für die der Apostel Paulus so leidenschaftlich gekämpft hat, auch wenn seine Leidenschaft und sein Eros nur dem Messias und der frühen Kirche galten, ansonsten aber erheblich eingeschränkt gewesen zu sein scheint. Allerdings stammen aus seinem Umkreis oder von ihm selbst immerhin Sätze wie folgende: »Prüfet alles und das Gute behaltet!« (1. Thess 5,21) Oder: »Alles ist mir erlaubt. Aber nicht alles dient zum Guten. Alles ist mir erlaubt. Aber nichts soll mich gefangen nehmen.« (1. Kor 6,17) »Dem Reinen ist alles rein.« (Tit 1,15) »Denn warum sollte ich das Gewissen eines anderen über meine Freiheit urteilen lassen? Wenn ich's mit Danksagung genieße, was soll ich mich dann wegen etwas verlästern lassen, wofür ich danke? Ob ihr nun esst oder trinkt oder was ihr auch tut, das tut alles zu Gottes Ehre!« (1. Kor 10,29–31) Man solle allerdings bei dieser Freiheit Rücksicht auf jene nehmen, die bei so viel Freiheit Angst und ein schlechtes Gewissen bekommen.

Wie keine Kunst ohne Eros auskommt und wie jede Künstlerin und jeder Künstler nicht zuletzt nach ihrer ›Ausstrahlung‹ beurteilt werden, so braucht auch lebendige Frömmigkeit Ausstrahlung. Die kann man nicht machen, sondern die muss man einfach zulassen. Man muss sie sich gestatten. Schließlich ist der Eros eine Gabe Gottes, auch wenn diese leider oft abgespalten und in den privaten Bereich des Pfarrhauses oder der bürgerlichen Kleinfamilie verbannt wird. Wenn natürlich einfach kein Eros für Kirche und Evangelium da ist, sollte man die Konsequenzen ziehen. Allerdings gehe ich davon aus, dass fast alle Menschen, also auch Kirchenmitglieder und Pfarrer, Lebensliebe haben. Sie haben nur noch nicht entdeckt, wie ihr Eros und ihr Beruf zusammenhängen. Ich kenne Pfarrer, die leidenschaftliche Musiker oder Maler sind, das aber strikt von ihrem Beruf getrennt halten. Sie spalten ihr Leben in einen vitalen und erotischen privaten und einen trocken wirkenden Bereich der Erledigung beruflicher Pflichten auf. Warum, wozu? Dadurch werden und wirken ihre Religion und ihr Bekenntnis steril.

Sinnlichkeit und Religion

Die römisch-katholische und die orthodoxen Kirchen haben wenigstens eines: eine künstlerische und erotische Liturgie, einen festlichen und sinnlichen Kult. Das mag teilweise mit Verdrängungen und Sublimationen von Sexualität durch den Zölibat zu tun haben. Da aber orthodoxe Priester, wenn sie nicht gerade Bischof werden wollen und einem Orden angehören, meist verheiratet sind, wird das nur partiell zutreffen. Ich nehme vielmehr an, dass Lebensfreude, Generativität und Kreativität, künstlerische Produktivität und Freude am Schönen in der protestantischen Tradition, die eine ihrer Wurzeln in der spätmittel-

alterlichen Bußfrömmigkeit hat, schlechterdings abgewehrt wurden und werden. Durch die Betonung des Hörens und der Predigt (Röm 10,17) ist fast die ganze ästhetische Potenz des Protestantismus, speziell des Luther-
tums, in die Kirchenmusik geflossen, hat dort allerdings
die absolute Prachtblüte der Musik Johann Sebastian Bachs
hervorgebracht. Man darf dabei nicht übersehen, dass trotz
rationalistischer und puritanischer Tendenzen, die das
deutsche Luthertum erfassten, noch bis zu Beginn des
19. Jahrhunderts in Deutschland (z. B. in Nürnberg bis
gegen Ende des 18. Jahrhunderts, teilweise sogar bis 1810),
in England und Skandinavien sogar bis heute sich die festliche evangelische Messliturgie mit liturgischem Gesang,
kultischen Gewändern, Weihrauch usw. erhalten hat.[2] – Interessant erscheint mir, dass sich im Islam, wo seine radikale Bilderfeindlichkeit konsequent durchgehalten wurde,
die ästhetisch beeindruckendsten abstrakten Gestaltungen
von Gebäuden entwickelt haben.

Sinnlichkeit der Religion hat sich im Christentum auch
da erhalten, wo der *Marienkult* gepflegt wird, mag er nun
›heidnisch‹ sein oder nicht – schließlich kommt er u. a. aus
dem Kult der Isis mit dem Horusknaben. Aber was eigentlich kommt nicht letzten Endes aus dem sog. Heidentum!
Der Marienkult steht nicht nur für Verehrung der Mütterlichkeit, sondern für Erotik und ›Anbetung‹ des Weibli-
chen, seiner Schönheit, seiner Lebensfreude. Wer einmal
eine schön gestaltete katholische Maiandacht, die altheid-
nische Frühlingsfeiern mit Marienverehrung verbindet,
miterlebt hat, weiß, wovon ich rede.

Änderung der ›Verpackung‹?

Könnte man das liturgische Verhalten in der Kirche verändern, so dass es leiblicher, sinnlicher und leidenschaftlicher würde? Was sicherlich keinen Erfolg verspricht, sind die verkrampft wirkenden, aber eher kindlichen Versuche, ›moderne‹ Menschen ›anzusprechen‹ (das klingt im Übrigen schon ziemlich von oben herab: Wir haben etwas, womit wir die anderen ›ansprechen‹ und ›gewinnen‹ wollen), z. B. durch ›sakralen Tanz‹ mit einem Pfarrer in schwarzem Talar samt wehenden Beffchen an der Spitze, Sich-an-den-Händen-Fassen beim Abendmahl oder beim Segen, aber auch durch ›Sakropop‹ mit dem neuen Lieblingsinstrument der Möchtegern-Innovativen, dem Saxophon (das ich im übrigen da, wo es hingehört und kompetent gespielt wird, sehr schätze). Da wird die Verpackung geändert, aber inhaltlich kein Fortschritt erzielt. Was sich – durch Neuinterpretation und »Ver-Sprechung« mit unserer existenziellen Realität (Ernst Lange) – ändern muss, sind zuerst die fade gewordenen theologischen Formeln, nicht die liturgischen Formen. Soll etwa das Evangelium verändert werden? Nein! Aber die Verkehrung der Reihenfolge von (gesetzlich missverstandenem) Gesetz und Evangelium, ethischem Imperativ und befreiender Botschaft – die soll nicht so stehen bleiben. Das wussten zwar die Theologen aller Zeiten, in der Praxis jedoch setzt sich immer wieder das kleinbürgerliche Milieu mit seinen Moralismen durch. Außerdem fällt mir auf, dass sich viele Predigten lang und breit mit Gegenwartsanalysen beschäftigen, die angeblichen Lösungen der Probleme aber in althergebrachte

Kurzformeln aus der Dogmatik packen, z. B. »Liebe Gottes«, »Gnade und Barmherzigkeit«, »Rechtfertigung des Sünders«, »in Christus sind diese Probleme gelöst«. Was soll man damit anfangen!

Worauf es ankäme, wären nicht irgendwelche äußerlichen Anpassungen an die ›moderne‹ Zeit, sondern eine grundsätzlich andere *Einstellung*. Martin Luther hat das in seiner Zeit und auf seine Weise gesagt: Es geht um den Glauben und nicht um die Werke. Es geht um Anbetung, nicht um Machen. Es geht um Schönheit und Feier, nicht um Formlosigkeit und Betriebsamkeit. Es geht um Gelassenheit und nicht um Aktivismus. Es geht um Schweigen und Hören, nicht um ›Angebote‹. Das alles ist eine Haltung, die ganz ähnlich der in Erotik und Sexualität ist: Man kann das Verhalten von Liebespaaren beschreiben und alle Verhaltensschritte dann nachzuahmen versuchen. So kommt mir Ethik manchmal vor. Aber mit viel Anstrengung wird nichts aus der Liebe und gibt es auch keinen Orgasmus. Stattdessen: Lockerlassen, Geschehenlassen – unter der Voraussetzung, dass man sich vorher die Fertigkeiten angeeignet und im Falle des Gottesdienstes zu liturgieren gelernt hat.

Die kirchliche Realität braucht Liebe

Benedikt XVI. hat in seiner ersten Enzyklika »Deus Caritas Est« Eros, Agape und Diakonia unterschieden und dabei erfreulicherweise den Zusammenhang von Religion und Eros, Geistigkeit und Sinnlichkeit betont. Dem entspricht die Liebe der Katholiken zur Liturgie. Leider wird sie konterkariert durch einen starken Hang zur Dogmatik, wie ihn gerade auch dieser Papst zeigt. Im Protestantismus hat sich das Gleichgewicht einseitig zugunsten von theologischer Kognition und Ethik verschoben. Es scheint mir aber wichtig, dass die verständliche Angst vor der Libido diese, sobald sie im religiösen Bereich auftritt, nicht alsbald kognitiv, philosophisch und intellektuell rationalisiert, also abwehrt. Manfred Josuttis hat in einem wunderbaren Artikel »Religion und Sexualität«[3] dazu aufgefordert, »den Zusammenhang zwischen Gottesliebe und Lebenslust neu zu entdecken«: »Dabei sind gerade die Menschen, die sich am heftigsten der Liebe, der Romantik oder dem Genuss der Sinne hingeben, auch am meisten befähigt, Gott zu lieben. Denn Ihn suchen sie ja gerade in ihren Abenteuern, ohne Ihn je zu finden. – Wir wurden geschaffen von einem Gott, der die Liebe ist. Selbst das schwerste Leid und der heftigste Schmerz des Menschen haben ihren Ursprung in der Liebe.« Auch wenn mir die Begründung der irdischen Leidenschaft als Gottsuche ein bisschen zu voreilig erscheint und ich der irdischen Sexualität ihren positiven Eigenwert – trotz und einschließlich ihrer Tragik – nicht nehmen möchte, beschreibt Josuttis doch auf vielfältige und zutreffende Weise den Zusammenhang von Frömmigkeit und Erotik. Langweilige Pfarrer, die leidenschaftliche Künstler sind, erotische Pfarrerinnen, die strohtrockene Predigten abliefern – das dürfte es eigentlich nicht geben. Ihre Künstlerseele, ihr Herz und ihre Liebe brauchen wir gerade *in* Gottesdienst und Seelsorge, in Gemeinde und Begegnung *ganz, nicht gespalten*, als Menschen eben und nicht als Rollen, besser noch: als Menschen, die ihre Rolle authentisch ausfüllen. Die emotionale Antwort der Gemeinde dürfte nicht lange auf sich warten lassen.

Aus dem Jahre 1657, der dreißigjährige Krieg war gerade neun Jahre vorüber, singen wir noch heute im Gottesdienst:

»Liebe, die du mich zum Bilde deiner Gottheit hast gemacht, Liebe, die du mich so milde nach dem Fall hast wiederbracht: Liebe, dir ergeb' ich mich, dein zu bleiben ewiglich.« (EG 401)

---

[1] Vgl. Anders Nygren, Eros und Agape. Gestaltwandlungen der christlichen Liebe, 2. Aufl. Gütersloh 1954.

[2] Wer unter den wissenschaftlich interessierten Lesern oder Leserinnen Modelle altlutherischer Gottesdienstformen genauer kennen lernen will, der studiere z. B. das durch Andreas Odenthal gerade neu herausgegebene lutherische Offizienbuch (Buch der Stundengebete) des Matthäus Ludecus, Vesperale et Matutinale von 1589, Bonn (nova et vetera) 2007; dazu M. Ludecus, Missale, Wittenberg 1589, das bisher nur im Original in einigen Archiven und damit schwer zugänglich vorliegt. Aus dem Studium dieser und anderer Agenden lutherischer Frühzeit wird man unschwer erkennen, dass die lutherische Reformation alles andere als der Ästhetik feindselig gesinnt war. Vgl. auch Wolfgang Herbst, Evangelischer Gottesdienst. Quellen zu seiner Geschichte, Göttingen 1992.

[3] Manfred Josuttis, Gottesliebe und Lebenslust. Gütersloh 1994, 11–49, hier 48 f. – Vgl. ergänzend v. Vf.: Alle reden von der Liebe. In: EvKomm 20/1987, 6, 318–321; Eigenliebe und Nächstenliebe. Selbständig, frei und verantwortlich. In: H. Meesmann (Hg.), Zwischen Lust und Last. Mit Gegensätzen leben, Freiburg 1988,

175–185; Freude – ein Tabu? Zur Pastoralpsychologie des Sich-
Freuens. In: DtPfrbl 1982, 4, 155–157. Der letztgenannte Text
war ursprünglich vom Deutschen Evangelischen Frauenbund an-
gefordert und dort – noch 1981! – aller Hinweise auf Erotik als
Quelle der Freude entledigt worden, woraufhin ich ihn zurück-
zog.

15. Die ewige Seligkeit

Nach der Liebe kehren wir folgerichtig noch einmal zur Frage nach dem Glück zurück. Früher sprach man von »Seligkeit«. Und spricht nicht die Kirche bis heute davon, dass es darum gehe, ›selig‹ zu werden? Man kann diesem Thema also gar nicht genug nachgehen, wenn man sich mit Glauben und Kirche beschäftigt.

Das ewige Glück

›Seligkeit‹ ist wie gesagt ein älteres Wort für ›Glück‹. Früher sprach man von »glücklichen Ferientagen« als von »seligen Tagen« an diesem oder jenem Ort. So erinnerte sich z. B. die Königin Luise von Preußen im 19. Jahrhundert an »die seligen Tage von Alexandersbad«. Man sprach aber auch z. B. vom »seligen« Vater oder der »seligen« Tante und meinte damit eine verstorbene Person. »Selig« nannte man sie deshalb, weil man glaubte, im Jenseits des Todes gehe es ihnen jedenfalls gut und besser als auf der Erde, diesem ›Jammertal‹. – Wer die »ewige Seligkeit« gewinnen will, der sucht das, was wir heute »ewiges Glück« nennen würden. »Alle Lust will Ewigkeit«, sagte Friedrich Nietzsche. Das Glück ist lustvoll oder vielleicht sogar identisch mit Lust. Es soll nie aufhören. Das wünschen wir uns jedenfalls. Dass die ›ewige Seligkeit‹ irgendwo im Jenseits gesucht wird, weist uns hin auf die Erfahrung, dass andauerndes

Glück hier im Diesseits anscheinend nicht gefunden werden kann.

Vermutlich suchen *alle* das Glück. Aber wenn einer es gefunden hat, kann es auch schon wieder vorüber sein. Jedenfalls ist es kaum festzuhalten. Wir kennen das Sprichwort »Glück und Glas, wie leicht bricht das!« Das Glück scheint eine ebenso zerbrechliche Sache zu sein wie Fensterglas oder Weingläser. »Scherben bringen Glück«, sagt man, aber *auch*: Wenn etwas zerbricht, ist das nicht unbedingt ein Unglück, ja es kann sogar Glück bringen. Zuweilen muss Altes kaputt gehen, damit Platz für Neues entsteht. Am Polterabend vor der Hochzeit wird allerlei lustvoll zu Scherben zertrümmert. Kann man das Unglück bannen, indem man es vorwegnimmt? In Religionen begegnet diese Vorstellung immer wieder.

Glück und Tod

Auf einer ›höheren‹ (oder ›tieferen‹) Ebene argumentiert auch der Apostel Paulus ähnlich: Durch die Taufe seien wir in Jesu Tod mit hinein genommen, um an Jesu Auferstehung von den Toten teilzuhaben (Röm 6,3–11). Das wird von Paulus zwar einerseits ganz ›diesseitig‹ und moralisch-existenziell verstanden, also auf unser Leben *vor* dem Tod bezogen – wir seien »der Sünde gestorben« –, andererseits aber auch auf die ›jenseitige‹ Auferstehung zum ewigen Leben *nach* dem Tod. Christus – und auch der Christenmensch, der »in ihm« lebt – wird aus der Sicht des Paulus »hinfort nicht mehr« sterben. Jedenfalls hat das Glück mit der Erfahrung zu tun, dass alle Menschen und alle Lebewesen endlich sind und sterben müssen. Je deutlicher sich Menschen dieser Tatsache bewusst sind, desto stärker wird der Wunsch, das Lebensglück irgendwie dauerhaft, ja ›für immer und ewig‹ genießen zu dürfen.

Wie das Glück aussieht

Zwar gehört zum Leben auch das Unglück, aber glücklich sind wir, wenn wir die Sonne erblicken, durch den Wald wandern, das Meer erleben, den eigenen Garten oder auch nur ein paar Balkonpflanzen pflegen, wenn wir essen und trinken können, erotische Leidenschaft ausleben und sinnenfreudige Kunst bewundern dürfen. Glücklich macht uns auch Arbeit, nicht selten glücklicher als Urlaub, und am glücklichsten machen manche unter uns Begegnung, Freundschaft und Gespräch. »Was ist köstlicher als Gold?« fragt die Schlange in Goethes »Märchen von der grünen Schlange«: »Das Licht«, lautet die Antwort. »Was ist köstlicher als das Licht?« »Das Gespräch!« Gold, Geld oder Licht habe ich nicht als Glücksquellen genannt. »Geld macht nicht glücklich,« sagen wir; und das ist wahr, so nützlich Geld sein kann – in Zeiten der Rezession erst recht das pure Gold – und so sehr man es in unserer Gesellschaft auch braucht. In der Bibel werden die Reichen oft als unglücklich oder glücklos beschrieben. Sie haben es schwer, ins ›Reich Gottes‹ zu kommen, so schwer, dass das Unmögliche leichter vorstellbar erscheint, nämlich ein Kamel, das durch eine enge, kleine Pforte oder gar durch ein

Nadelöhr hindurchgeht (Mt 19,24). Der reiche junge Mann, der Jesus nach dem Weg zum ewigen Leben fragt, bekommt die Antwort, er solle alles, was er besitzt, verkaufen und den Armen geben. Das will er nicht *riskieren* – es wäre ja ein Sprung ins Ungewisse – und so geht er traurig weg (Mt 19,16–26).

Wertvoller als finanzieller Reichtum erscheint Goethe das *Licht*. Nicht umsonst zieht es uns Nordlichter in den Süden, in die Sonne, ans Licht. Licht ist die Hauptquelle allen Lebens auf der Erde. Es ist sehr gesund, ja für die meisten Organismen lebensnotwendig. Gott wird immer wieder mit Licht und Sonne verglichen, ja gleichgesetzt: »Gott, der Herr, ist Sonne und Schild. Er wird kein Gutes mangeln lassen den Frommen.« (Ps 84,12) Jesus bezeichnet sich im Johannesevangelium (8,12) selbst als »das Licht der Welt«, und bei Matthäus (5,14) werden Jesu Jünger als »das Licht der Welt« bezeichnet. Aber nach Goethe ist auch das Licht noch nicht das Größte, sondern das *Gespräch*. Er meint natürlich nicht den Smalltalk auf der Straße oder bei einer Party, sondern die um die tiefste Wahrheit ringende Auseinandersetzung zwischen Freunden und Gleichgesinnten, die immer den Kampf um die eigene Wahrhaftigkeit sich selbst und anderen gegenüber einschließt. Das Gespräch, wie Goethe es versteht, hat zu tun mit dem, was ›Wort‹, und besonders ›Wort Gottes‹, in der Bibel bedeutet. »Am Anfang war das Wort. Und das Wort war bei Gott. Und Gott war das Wort.« (Joh 1,1) Dieses ›Wort‹ ist Begegnung, lebendige Kommunikation, Kontakt, Liebe und daraus entspringende Schaffenskraft. ›In‹ diesem ›Wort‹ zu sein bedeutet höchstes Glück.

Es gibt noch einen wichtigen Gesichtspunkt, der eine Eigenschaft des Glücks beschreibt: Es geschieht hier und jetzt. Der eine Pol menschlicher Erfahrung lautet: »Dort, wo du nicht bist, dort ist das Glück.« (Wunderschön hat Franz Schubert diesen Satz am Ende seines Liedes »Der Wanderer« vertont.) Der andere Pol unserer Erfahrung heißt: Das Glück geschieht hier und jetzt, nie dort und dann. »Jetzt ist die Zeit der Gnade, jetzt ist der Tag des Heils!« So beschreibt Paulus Gottes Gnade und Hilfe, die sich für die Anhänger des Messias Jesus *jetzt* erfüllt haben (2. Kor 6,2). Einerseits wartet die Christenheit wie schon die jüdische Gemeinde auf das Heil in der Zukunft, andererseits betrachtet sie die Hoffnung auf das endgültige Heil und die ewige Seligkeit schon als erfüllt. In dieser Doppelheit von Noch-Nicht und Schon-Jetzt beschreibt der Apostel die ganze Ambivalenz menschlicher Glücks- und Heilshoffnungen. Dass ausgerechnet Paulus das tut, der, wie er in demselben Kapitel darstellt, ständig in größter Lebensgefahr schwebt und mit großem Leiden behaftet ist, zeigt außerdem, dass Glück sehr viel mit Leiden zu tun hat. Weil jede Wahrheit auf einer Gegenwahrheit beruht, gehören Glück und Unglück oder Seligkeit und Leiden untrennbar zusammen. Ohne Mangel keine Sehnsucht, ohne Hoffnung keine Erfüllung.

Ist das Glück eine Utopie?

Eine Utopie bleibt das Glück nur dann, wenn man den anderen Pol der ganzen Wahrheit vergisst oder abspaltet. Glück ist gerade dann möglich, wenn wir bereit sind, Unglück zu ertragen, und wenn wir bereit sind, das Glück auch zuzulassen und wahrzunehmen. Dazu gehört u. a. auch die Phantasie. Manche scheinen es gar nicht zu bemerken, dass sie Glück haben oder Glück gehabt haben. Ohne Dankbarkeit stellt sich das Glück nicht ein.

Sigmund Freud, der sich bekanntlich der Therapie von Neurosen und der Erforschung des Unbewussten und damit auch unrealistischen, ›utopischen‹, Phantasien, widmete, sah als Ziel seiner Hilfe für die ›Patienten‹, d. h. die ›Leidenden‹, die Wiederherstellung von Liebes- und Arbeitsfähigkeit an. Es gibt also so etwas wie eine Fähigkeit zum Glück. Sie entsteht durch den Abschied von falschen Idealen und Normen zugunsten einer realistischen Einschätzung der Tatsachen und deren begrenzter Veränderungsmöglichkeiten. Lebenslust und Kreativität sollen wie einst in der Kindheit wieder ans Licht dürfen. Man kann in diesem Zusammenhang auch verschiedene Glücksvorstellungen und Charakterstrukturen (nach Fritz Riemanns bekanntem Raster, den ich hier nur vergröbert wiedergeben kann) einander zuordnen: So streben Hysteriker, Menschen mit viel Temperament und erotischer Begabung, oft nach mehr Freiheit, Zwanghafte, Menschen mit einem Hang zum Schema und zu Regeln, nach größerer Ordnung, Depressive, zugewandte und auf andere bezogene Menschen, nach mehr Kontakt und Liebe und Schizoide, Zeitgenossen, denen Distanz und Eigenleben wichtig sind, nach größerem Vertrauen. (Unnötig zu sagen, dass diese Charaktere selten in Reinform, sondern meistens gemischt vorkommen.) Das Glück besteht dann jedenfalls darin, dass je nachdem mehr Freiheit, mehr Ordnung, mehr Liebe oder mehr Vertrauen gelingen. Auf die Erfüllung folgt jedoch auch hier wie bei jeder Erfüllung einer Glückshoffnung die Gewohnheit oder gar die Enttäuschung und damit neue Sehnsucht nach Erfüllung. So bleibt das ewige Glück, die ewige Seligkeit, ein ewig unerfüllter Traum.

Und doch ist es dieser Traum, der uns nach vorne bringt. Glück wird erträumt und niemals herbeigezwungen oder angeordnet. »Sei sofort glücklich und dankbar!« Das geht nicht. Deshalb kann man auch nicht Glück predigen, es sei denn als Hoffnung oder als Ansage möglicher Gegenwart, die es noch zu entdecken gilt: »*Jetzt* ist die Zeit der Gnade. *Jetzt* ist der Tag des Heils!«

Eigenartige Glücksverheißungen

Ein klassischer Text vom Glück findet sich in der Bergpredigt bei Matthäus. Ich meine die so genannten Seligpreisungen (Mt 5,1–12). Hier wird ein Hymnus auf die Unglücklichen, denen das »Himmelreich« verheißen ist, gesungen. Lauter Menschen, die an etwas Mangel leiden, werden angesprochen: Es sind ›spirituell Arme‹, welche in Religion und Kirche nichts zu bieten haben, vielleicht naive, kindliche Gemüter, welchen das Reich des Glücks versprochen wird. Und es sind am Ende dieses Hymnus jene, die »um der Gerechtigkeit willen«, d. h. um ihrer Frömmigkeit und ihres Glaubens willen verfolgt werden, die wiederum das Himmelreich besitzen. Den Leidenden wird Trost angesagt, den Sanftmütigen die Herrschaft über das Erdreich, jenen, die hungern und dürsten nach Gerechtigkeit, Überwindung dieses Mangels, den Barmherzigen wird mit Barmherzigkeit vergolten werden – nicht länger heißt es dann: »Undank ist der Welt Lohn« –, die, welche ein reines Herz und Gewissen haben, werden Gott schauen, und die Friedfertigen wird man als zur Familie Gottes gehörig erkennen. Bei Lukas, der diese Rede ebenfalls überliefert, aber sie wohl ein bisschen anders erzählt bekommen hat, hören sich die Verheißungen ein wenig anders an (Lk 6,20–26): Die Armen besitzen das Reich Gottes, die Hungernden werden satt werden und die Weinenden lachen. Die Verfolgten hören: »Glücklich seid ihr, wenn ihr als Jünger Jesu geschmäht und ausgestoßen werdet, denn euer Lohn im Himmel ist groß.« Und dann folgen Flüche, die mit »Weh' euch!« beginnen: Ihr Reichen habt euren Trost schon gehabt – kein Mangel, kein Glück –, ihr Satten werdet hungern, ihr, die jetzt lachen, werdet weinen und klagen, und ihr Opportunisten, die den andern nach dem Mund reden, seid ebenfalls verflucht.

Das Glück besteht auch hier, in beiden Reden, der bei Matthäus und der bei Lukas, darin, dass ein eklatanter Mangel ausgefüllt ist bzw. wird: Ihr Armen habt schon teil an Gottes Reich, weil euch der Reichtum und die damit verbundene Verlustangst nicht im Wege steht. Nehmt es wahr! Ihr Hungrigen im wörtlichen und übertragenen Sinne, freut euch, denn euer Hunger wird gestillt werden.

Wann? Nach dem Tode? Mir scheint, der Mangel wird schon jetzt gestillt, wenn eine innere Umkehr, eine Veränderung der Wahrnehmung und Bewertung erfolgt: Wer nichts hat, hat nichts zu verlieren und kann sich auf Wichtigeres konzentrieren. Ihm bleiben »Glaube, Liebe, Hoffnung, diese drei« (1. Kor 13,13). Seht, was ihr habt, und blickt nicht länger auf das, was ihr nicht habt! Das ist die Sicht der ersten Christen. Daraus entstand das durchaus neutestamentliche Ideal der sog. ›evangelischen Räte‹: Armut, Keuschheit und Gehorsam als Weg zur Unabhängigkeit des Glaubens. In den mittelalterlichen Klöstern wurde es wohl zuweilen zu einem unerträglichen asketischen Zwang, der eher vom Himmelreich abschreckte als ein Weg dorthin zu sein. Luthers Kampf um Freiheit galt einer zur Norm erstarrten Erfahrung, die ursprünglich Unabhängigkeit und Freiheit für Gott und sein Reich des spirituellen Glücks bedeutet hatte, inzwischen aber – jedenfalls für Luther, nicht aber für seinen weisen Mentor Johannes Staupitz – zum gottesfernen Unglück geworden war.

Ein biblischer Weg zum Glück

Die Bibel rät Glücksuchern, aus ihrer Abhängigkeit heraus und auf ihren ureigensten Weg zu finden. Die Seligpreisungen könnten auch dahingehend missverstanden werden, dass man nichts machen, aber auf irgendein Jenseits, vielleicht nach dem Tod, hoffen dürfe, in dem sich die hiesigen Unglücksverhältnisse umkehren. So ist der biblische Glaube an eine gerechtere, friedlichere und glücklichere

Welt aber nicht zu verstehen. Wie bereits gesagt, geht es um einen Wandel der Wahrnehmung, um Umkehr oder »Buße«, wie ihn die Bibel nennt. Im ›Reich Gottes‹ gelten andere Gesetzmäßigkeiten als im zwischenmenschlichen Geschäftsleben. Es geht nicht um Gewinnmaximierung und nicht um Shareholder Value. Im Gegenteil: Wer in Lohn-Kategorien denkt, für wen sich die Sache rentieren soll, der ist auf dem Holzweg. Im Neuen Testament steht hierfür ein Gleichnis: Leute, die sich den ganzen Tag angestrengt haben und auf ihren Vorteil pochen, müssen erleben, dass Menschen, die scheinbar nur gegen Abend ein wenig gearbeitet haben, den gleichen Sold empfangen (Mt 20,1–16). Das entspricht nicht der üblichen Geschäftslogik. – Unmoralische Söhne werden bei ihrer Heimkehr gefeiert wie fleißige und solide, zuverlässige Erben (Lk 15,11–32). Was immer diese und andere Texte sonst noch bedeuten, das Motiv der Umkehrung aller menschlichen Alltagswerte, soweit sie auf den eigenen Vorteil gerichtet sind und dem normalen Gerechtigkeitsempfinden entsprechen, ist deutlich. Im Reich Gottes, wo das Glück zuhause ist, die Seligkeit, gelten andere Regeln. Sie haben alle irgendwie mit Abschied und Neuorientierung, Risiko und Verzicht zu tun. Und sie sind durchaus hier auf dieser Erde und in diesem Leben erfahrbar: »Die Welt ist euch ein Himmelreich« (nicht etwa das Jenseits!) besingt der Solist in Bachs Kantate »Du Hirte Israel« die zum Hirten Jesus gehörigen Mitglieder der christlichen Gemeinde. Sie haben einen neuen Blick auf die Welt, in der sie leben. Paulus hat dieses Reich der Seligkeit erkannt. Martin Luther hat es für sich und seine Anhänger entdeckt. Viele haben es im Laufe der Kirchengeschichte gefunden. Meistens gab es in ihren Lebensläufen Brüche und scharfe Kurven, gefährliche Abschnitte und aufregende Kämpfe der Befreiung. Große Sünder waren sie wohl alle. Aber allen war eines wichtiger als alles andere: die ewige Seligkeit.

16. Die Wahrheit

Nicht weniger oft als vom Glück, das mit dem altertümlichen Begriff ›Seligkeit‹ benannt ist, wird in der Kirche von ›Wahrheit‹ gesprochen. Das Wort Gottes sei ›die Wahrheit‹. Das Evangelium bringe uns ›die Wahrheit‹. Wer liebe, sei ›in der Wahrheit‹. Besonders das Evangelium des Johannes behandelt diesen Zusammenhang. »Heilige sie (die Jünger) in der Wahrheit. Dein Wort ist die Wahrheit.« So betet Jesus in den sog. Abschiedsreden (Joh 17,17). Liebe, Wahrheit und Freiheit werden in diesem Evangelium in engem Zusammenhang gesehen.

Was ist Wahrheit?

Aber: »Was ist Wahrheit?« fragt Pilatus bei der Anhörung Jesu und seiner Ankläger beim Prozess (Joh 18,38). Das ist die klassische Frage aller Denker und Zweifler geworden. Der Gegensatz dazu heißt *Lüge*. Die Wahrheit wird auch ständig vom *Irrtum* bedroht. Jemand meint zwar, er sage oder höre die Wahrheit, aber er täuscht sich. Wahrheit muss man ferner von *Richtigkeit* unterscheiden. Ob eine Rechnung *richtig* oder *falsch* ist, hat nichts mit Wahrheit und Lüge zu tun, sondern mit allgemein anerkannten Methoden der Mathematik. Ferner gehört zur Wahrheit die *Wahrhaftigkeit*; deshalb kann man in der Sprache der Bibel die Wahrheit auch *tun*. Unsere Sprache kennt in diesem Zusammenhang auch das Wort *Echtheit*. Wenn etwas ›echt‹ ist, stellt es keine *Fälschung* dar. Wenn in der Bibel von Wahrheit die Rede ist, meint sie selten nur Richtigkeit. Jesus antwortet Pilatus auf dessen Frage, ob er der König der Juden sei: »Mein Reich ist nicht von dieser Welt … Ich bin dazu geboren und in die Welt gekommen, dass ich die Wahrheit bezeugen soll. Wer aus der Wahrheit ist, der hört meine Stimme.« (Joh 18,36 f.) Jesus geht es nicht um ein irdisches Königreich, sondern um ein durch und durch existenzielles und spirituelles. In diesem »Reich« gibt es eine Wahrheit, die mit Richtigkeiten nicht verwechselt werden kann. Wäre Jesus ein irdischer Prätendent auf den jüdischen Königsthron, gäbe es Richtigkeiten, die von Bedeutung wären, z. B. seinen überprüfbaren davidischen Stammbaum oder seinen Geburtsort Bethlehem, sein Alter und seine politischen Anhänger. Aber da er sich nach Johannes als König in einer total anderen Welt versteht, geht es nicht um Richtiges, sondern um Wahres.

Wahrheit und Richtigkeit

Tiefgründige religiöse *Wahrheit* und vordergründige irdische *Richtigkeit* werden allerdings oft verwechselt oder identifiziert. Das geschieht z. B. dadurch, dass spirituell und symbolisch gemeinte Aussagen wörtlich genommen und als göttliches Gebot für das Alltagsleben aufgefasst werden. So darf man in manchen Religionen dies oder das nicht essen, an bestimmten Tagen sind Vorschriften für Speisen und Getränke einzuhalten usw. Historisch oder hygienisch sinn-

volle Erfahrungswerte werden als von der Gottheit angeordnet gesetzlich ritualisiert und mit Sanktionen belegt,
wenn sie nicht eingehalten werden. Es gilt dann als ein
wahres Gebot, die Gottheit nicht dadurch zu ärgern, dass
man unschicklich gekleidet in ihren Tempel kommt, während es eigentlich als eine angemessene und im sozialen Umfeld vielleicht *richtige menschliche Verhaltensweise* anzusehen wäre. Wehe, ein Mitglied der Religionsgemeinschaft
hält sich nicht daran! Angesichts solcher Gesetzlichkeiten,
die nicht mehr vernünftig verstanden, sondern nur noch
ängstlich beachtet werden, sprach Sigmund Freud von der
Religion als einer kollektiven Zwangsneurose. Sinnvolle
Religion sieht anders aus.

Ähnlich wie die gerade genannten Ritualisierungen und
Vergesetzlichungen lassen sich auch die *Zehn Gebote*
(2. Mose 20,2–17) verstehen bzw. missverstehen. Sie fassen
wichtige und bis heute richtige menschliche Verhaltensregeln des Zusammenlebens zusammen, die sich aus langer
Erfahrung des Miteinanders in Stämmen und Sippen ergeben haben. Als *Gottes* Gebote kann man sie insofern begreifen, als sie sich aus Naturnotwendigkeiten ergeben:
Sich nicht gegenseitig totzuschlagen, ist sinnvoll, will die
Gemeinschaft weiterleben; die Alten nicht auszugrenzen
und verhungern zu lassen, gehört in den gleichen Zusammenhang; regelmäßige Feiertage einzuhalten, dient der Ver-
hinderung gegenseitiger Ausbeutung (einschließlich der
von Tieren); einander nicht die lebensnotwendigen Grundlagen wegzunehmen, sich aufeinander verlassen zu können
(einander treu zu sein) usw. ist für eine Gemeinschaft über-
lebenswichtig.

Die Zehn Gebote waren in der jüdischen Antike und im späteren Judentum auch die Basis der Rechtsprechung. Im Konflikt *vor Gericht* die *Wahrheit* zu sagen, entspricht der Notwendigkeit von Verlässlichkeit. Hier geht es tatsächlich um Wahrheit, nicht nur um Richtiges. Richtig kann es – aus juristischer Sicht – sein, vor Gericht zu lügen, um ein bestimmtes Interesse durchzusetzen. Richtig kann es sein, Fakten zu nennen, aber anders zu interpretieren als es naheläge. Richtig kann es sein, die Aussage zu verweigern. Ob der Freispruch dann der *Wahrheit* entspricht, ist eine andere Sache.

Im Idealfall sind vor Gericht Richtiges und Wahres identisch. Denn zur Wahrheit gehört *Wahrhaftigkeit.* Zur Wahrheit gehören aber auch ganz andere als scheinbar rein sachliche Faktenerhebung und Abwägung des Verhältnisses von Tatsachen und Gesetzeslage: z. B. Ängste und Wünsche, Gefühle wie Liebe und Hass, Beziehungen – höchst unterschiedliche und komplizierte Gemengelagen von Personen und Beziehungen, die juristisch derzeit gar nicht erfassbar scheinen. So wird *im Interesse von Gerechtigkeit* bei der Urteilsfindung notgedrungen vieles ausgeblendet, was – dem Motto: »Die Wahrheit und nichts als die Wahrheit!« entsprechend – zur *ganzen* Wahrheit gehören würde.

Nun kommt bei den Zehn Geboten auf der sog. Ersten Tafel, den Geboten 1–4 (2. Mose 20,2–11), eine *Dimension* ins Spiel, die alles Zusammenleben und die damit verbundenen Regeln ebenso begründen soll, wie sie selbst allergrößte Berücksichtigung und Priorität beansprucht: *Gott*, der Herr Israels, und, was die Christenheit angeht, Gott,

den Jesus als »Vater« angeredet hat. Man spricht nach
2. Mose 31,18 von zwei steinernen Tafeln, die Mose von
Gott empfangen habe: Auf der ersten standen die Gebote,
die direkt die Verehrung Gottes betreffen und der zweiten
Tafel Autorität verleihen, auf der zweiten die Regeln für
das Zusammenleben.

Wenn noch heute in Gerichtssälen religiöse Symbole,
z. B. das christliche Kreuz, hängen und bei der Wahrheitsfindung, auch bei Beeidigungen religiöse Bezugnahmen
eine Rolle spielen können, hat das zum einen diese uralte
biblische Tradition, zum andern impliziert es psychologisch eine direkte Drohung: Wer vor Gottes Angesicht
nicht »die Wahrheit und nichts als die Wahrheit« sagt, der
wird von Gott verstoßen. Gott wird hier verstanden als
Symbol für das Selbstverständnis einer Gesellschaft und eines Volkes: »Im Namen des Volkes …« So war das immer:
Gottheiten sind Ausdruck der Zugehörigkeit zu einer Kultur, die diese Götter verehrt. Wer gegen die Gottheit sündigt, sündigt gegen die Gemeinschaft; wer gegen die Gemeinschaft sündigt, sündigt gegen die Gottheit. In jedem
Fall schließt er sich aus dem, früher stets religiös begrün-
deten, Rechtskanon der Gemeinschaft aus. Das hat zur
Folge, dass er oder sie durch die Vertreter der Gemeinschaft auch tatsächlich ausgeschlossen wird: z. B. durch
Bloßstellung, Gefängnis, Exilierung oder gar Tod. In einer
Edinburgher Kirche habe ich ein Arme-Sünder-Bänkchen
gesehen, auf dem früher während des Gottesdienstes jene
Gemeindeglieder direkt unter der Kanzel und vor allen üb-
rigen Leuten sitzen mussten, die etwas verbrochen hatten.

Wahrheit und Gerechtigkeit

Die *Wahrheit, die uns in unserem tiefsten Wesen betrifft*, ist aber noch eine andere. Es mag jemand von der Gemeinschaft seines Volkes ausgestoßen werden, vielleicht weil er tatsächlich gemordet hat, *von Gott jedoch* – und das ist eine Erkenntnis, die über uralte religiöse und politische Regeln hinausführt – *wird er nicht ausgegrenzt.* Dieser Gott muss allerdings einer sein, der nicht mehr ein einziges Volk ›auserwählt‹ hat, sondern *alle* Menschen liebt, der »seine Sonne aufgehen lässt über Böse und Gute« und der es »regnen lässt über Gerechte und Ungerechte« (Mt 5,4, im Zusammenhang mit der Liebe zu den Feinden). Das ist in der Tat für die Verhältnisse zur Zeit der ersten Christen wie für heute ein ziemlich neuartiger Gott. Seine Wahrheit deckt sich nicht mit den üblichen Sozialregeln. Er wird mit dem Bild eines großzügigen, mitleidigen und gnädigen Richters dargestellt. Dieses Gottesbild kommt schon in vorchristlicher Zeit vor, wird jedoch zum Zentrum einer neuen und internationalen Religion erst durch einen fundamentalen *Bewusstseinswandel*, der den europäischen Raum zur Zeit der ersten Christen erfasst hatte.

Schon in der europäischen Vergangenheit, so grausam und unangemessen die Methoden der Wahrheitsfindung und die Durchsetzung der sozialen Wahrheit gewesen sein mögen, begleiteten Geistliche die Verurteilten zum Galgen oder aufs Schafott, weil man wenigstens theoretisch soviel vom christlichen Glauben begriffen hatte, dass trotz der Verurteilung durch die Menschen *Gott* dem Verbrecher gnädig ist, dass also *menschliches* und *göttliches* Urteil *aus-*

einanderfallen. Dass man diese verschiedenen Urteile zeitlich nacheinander anordnete (der Mensch *vor* dem Tod, Gott *nach* dem Tod), können wir heute allerdings ebenso wenig aufrechterhalten wie jene inhumanen und selbstgerechten Methoden des Justizvollzugs. Die Christenheit interpretierte das uralte Anliegen aus dem 5. Mosebuch (32,35), das auch ihr Gründerapostel Paulus, wiederum im Zusammenhang mit der Feindesliebe, betont hatte, offenbar sehr einseitig: »Rächt euch nicht selbst, meine Lieben, sondern gebt Raum dem Zorn *Gottes*; denn es steht geschrieben: ›Die Rache ist *mein*; *ich* will vergelten, spricht der Herr‹.« (Röm 12,19)

Der für das damals traditionelle Verständnis neuartige Gott, der doch der uralte zu sein scheint, behält sich die Rache vor und entzieht sie damit den Menschen. Mehr menschliche Solidarität, mehr Mitmenschlichkeit, entspräche dem christlichen Bewusstsein, das um die Wahrheit menschlicher Existenz weiß: *Alle* sind ›*zugleich* Gerechte und Sünder‹. Mit der Abschaffung der Todesstrafe tragen moderne Gesellschaften nicht nur der Gefahr von schlimmen Justizirrtümern Rechnung, sondern auch dieser anthropologischen Überzeugung, die Martin Luther so präzise formuliert hat. Die psychologische Erkenntnis, dass einzelne ›Böse‹ in die Tat umsetzen, was die übrige Gesellschaft bei sich an Impulsen unterdrückt oder versteckt, sollte zu der Einsicht führen, dass man mit Verbrechern anders als mit dem letztlich gleichen Verhalten umgehen muss: Solange Diebstahl mit irgendeiner Art von Entzug oder Wegnahme, Gewalt mit Gewalt, Töten mit Töten usw. geahndet wird, findet die ›anständige‹ Gesellschaft in den bösen Taten einzelner einen Anlass, selbst auf legale Weise böse und unmoralisch gegenüber den Bösen und Unmoralischen zu sein. Wahr ist dann nicht die Liebe, sondern Selbstgerechtigkeit und gegenseitiger Hass, Rache, kurz und vielleicht etwas überspitzt gesagt: die Bosheit selbst. Christlich ist das nicht. Aber schon Bismarck meinte, mit der Bergpredigt könne man nicht regieren und keine Politik machen.

Zeitliche Wahrheit

Ein christlicher Theologe der jüngsten Vergangenheit – Paul Althaus, bei dem ich als Student noch gehört habe – nannte seine Dogmatik, also sein Verständnis der kirchlichen Lehre, »Die christliche Wahrheit«. Auch in zeitgenössischen theologischen Texten ist oft vom »Streit um die Wahrheit« u. Ä. die Rede. Diese dogmatisch formulierbare Wahrheit der Auslegung theologischer Überlieferung ist nicht mit der Wahrheit gleichzusetzen, nach deren Beschreibung ich hier suche. Eine dogmatisch oder philosophisch fixierte Wahrheit vernachlässigt die Kategorien von *Zeit* und *Situation*, *Person* und *Kommunikation* mit konkreten anderen Menschen in einem einmaligen *historischen Rahmen*. *Meine Wahrheit* ist sehr persönlicher Natur und in moralischer Hinsicht immer zusammengesetzt aus Gutem *und* Schlechtem. *Deine Wahrheit* wird es ebenso sein. Wollen wir uns *wirklich verstehen*, müssen wir einander wahrhaftig oder ehrlich verständigen. Das gelingt nur, wo *Vertrauen* und *Verlässlichkeit* herrschen. Autobiographien sind deshalb oft unwahr oder nur halbwahr, weil sie den Autor so darzustellen versuchen, dass er oder sie möglichst gut den herrschenden Moralvorstellungen entspricht. Ich könnte meine Biographie so abfassen, dass ich glänzend dastehe, aber auch so, dass ich als der letzte Bösewicht erscheine, denn ich kenne mich ganz gut. Beides würde aber meiner ganzen Wahrheit nicht gerecht. In der Regel wird man sich einem oder gar vielen andern nur selektiv mitteilen, schon um einem Missbrauch der Wahrheit vorzubeugen. Paulus hat von allen biblischen Zeugen wohl am wahrhaftigsten *beide* Seiten seiner Wahrheit mitgeteilt. Augustinus scheint ihm in seinen »Bekenntnissen« nachgeeifert zu haben. Bei beiden fehlen uns heute jedoch die *Gesprächspartner* auf der anderen Seite und *ihre* Antworten, auch wenn man etwas von ihnen aus den überlieferten Texten erschließen kann. Jedoch, selbst wenn wir jene Partner hätten, wäre das, was wir zu lesen bekämen, nur die Wahrheit der Beteiligten und noch lange nicht unsere.

Verständigen sich nun zwei oder mehrere vertrauensvoll und sehr persönlich, werden sie so etwas wie *Gemeinsamkeiten* formulieren können. Beziehen sich diese auf den religiösen Glauben und sollen sie die gefundene Wahrheit anderen vermitteln, nennt man sie eventuell »Bekenntnisse« oder jedenfalls *»Konsensformulierungen«.* Das Problem dabei ist, dass diese alsbald zum Ausgangspunkt neuer Auseinandersetzungen um die Wahrheit werden. Neu erzielte Verständigung wird bei allen, die nicht dabei waren und nicht persönlich und wahrhaftig am Verständigungsprozess teilnehmen konnten, alsbald neue Missverständnisse und die Notwendigkeit, sich wiederum zu verständigen, hervorbringen. Existentielle und persönliche Wahrheiten wie die persönlicher religiöser Erfahrung oder Frömmigkeit und biographischer bzw. historisch-konkreter Situation lassen sich nicht so verallgemeinern, dass sie wahr blieben. Deshalb ist die Hoffnung auf eine dauerhafte Einigung über die zeitlose und situationslose dogmatische Wahrheit des Christentums und damit der Kirchen ein fundamentaler Irrtum.

Hinzu kommt das Problem der *Wahrnehmung*: Wenn zwei Zeugen einen Vorfall beschreiben sollen, den sie beobachtet haben, werden sie meist Verschiedenes und auf unterschiedliche Weise berichten. Denn sie haben das Berichtete nicht nur fotografiert – das gäbe eine gewisse Objektivität, aber noch lange nicht die ganze Wahrheit –, sondern auf subjektiver Basis *erlebt*. Deshalb haben wir in der Bibel und in der Glaubensgeschichte der Kirchen ganz unterschiedliche Zeugnisse dessen, was Religion und Frömmigkeit, kurz: die erfahrene, erkannte und erlebte Wahrheit ausmacht. Was also ist Wahrheit?

Wahrheit und Liebe

All das Gesagte hat mit *Liebe* zu tun. Solange sich die an der Verständigung Beteiligten lieben, werden sie wahrhaftig sein wollen und können. Sobald die Liebe schwindet, ist es mit der Wahrhaftigkeit vorbei, weil nun Vertrauen, Verlässlichkeit und das Interesse, den andern zu gewinnen, fehlen. In diesem Kontext nennt Johannes *Gott selbst* die Liebe und die Liebe Gott. »Gott ist die Liebe, und wer in der Liebe bleibt, der bleibt in Gott und Gott in ihm.« (1. Joh 4,16; vgl. ebd. 7–12) Auf das *Bleiben*, die *Treue*, käme es an. Das aber ist gerade im Verbund mit der Liebe schwierig. Denn die Liebe ist zwar nicht nur ein emotionales Geschehen, aber sie tendiert *auch* als Nächstenliebe oder als Liebe zu einer Sache zur Veränderung, wenn schon nicht zur Flucht. Johannes nennt aber auch eigens Wahrheit und Wahrhaftigkeit im Zusammenhang mit Mut und Furcht. Schließlich »wird die Wahrheit euch frei machen« (Joh 8,32). Diese Befreiung betrifft zuerst einmal die ängstliche Bindung an gesetzlich missverstandene religiöse Vorschriften. »Christus ist des Gesetzes Ende. Wer an den glaubt, der ist gerecht.« (Röm 10,4) Der braucht sich also nicht mehr zu fürchten, wenn er am Sabbat hilft oder gar heilt, wenn er Fleisch isst, was die Heiden den Götzen geopfert haben und andere Dinge tut, die aus einer vernünftigen und unvoreingenommenen Perspektive nicht sündig sind. Diese Befreiung betrifft aber auch die Möglichkeit, sich innerlich zu befreien dadurch, dass man der Wahrheit über sich selbst die Ehre gibt, also sich selbst realistischer als vorher wahrzunehmen wagt, Fassaden aufgibt und ein ehrlicherer Mensch wird.

Wahrheit in der Begegnung

Im sog. Hohepriesterlichen Gebet betet Jesus für seine Jünger: »Heilige sie in der Wahrheit; dein Wort ist die Wahrheit.« (Joh 17,17) Das habe ich schon als Jugendlicher viele Male zu Beginn einer *Predigt* von der Kanzel gehört.

Der Pfarrer – Pfarrerinnen gab es noch nicht auf öffentlichen Kanzeln – betete darum, dass das *biblische Wort* des für diesen Sonntag aufgegebenen Texts die Hörerinnen und Hörer (ihn eingeschlossen: daher meist in abgewandelter Form: »Heilige *uns* …«) »heiligen« möge. ›Heiligen‹ heißt ›heilig machen‹, Gott zueignen, an der Dimension des Heiligen, des Reichs Gottes teilhabend machen. Wer in der Wahrheit geheiligt wird, bekommt die priesterliche Würde des wahrhaftigen Umgangs mit Gott und den Mitmenschen.

Ist *Gottes Wort* mit dem Bibelabschnitt, über den gepredigt wird, identisch? Vor allem aber: Ist dieses Wort in der Interpretation von der Kanzel herab ›wahr‹ oder gar ›die Wahrheit‹? Die Wahrheit Gottes ist zweifellos nicht zwischen zwei Buchdeckeln kodifiziert. Das wusste man seit eh und je. Paulus formulierte knapp und genau: »Der Buchstabe tötet. Der Geist aber macht lebendig.« (2. Kor 3,6) »Der Herr ist der Geist. Wo aber der Geist des Herrn ist, da ist Freiheit.« (2. Kor 3,17) Den Geist des Herrn glaubte man anwesend in der Kirche und ihren Konzilien. Daher formulierte man in den westlichen Großkirchen als Grundsätze der Konsensfindung: »Schrift und Tradition« (katholisch) oder »Schrift und Bekenntnis« (evangelisch). Sie seien die Richtschnur des Glaubens und der ihm zugrunde liegenden Wahrheit der Gesamtkirche wie der einzelnen Christenmenschen. Daran sollte auch die Bibel- oder Schriftauslegung zu messen sein. Luther hat sich deshalb in seinem Konflikt mit der Kirche auf das Prinzip ›Sola scriptura‹ bezogen: *Allein durch die Hl. Schrift* dürfe man ihn widerlegen und könne man ihn überzeugen. Da das heilige Buch aber kein juridischer Kodex mit Paragraphen der ein für allemal gültigen und widerspruchsfreien, von einer Legislative beschlossenen Wahrheit ist, sondern eine Sammlung von Zeugenaussagen des Glaubens, kann auch seine Interpretation oder Auslegung immer nur ein Gesprächsbeitrag sein. Das meint Luther damit, dass er neben das ›sola scriptura‹ (›Allein die Schrift‹) die ›viva vox evangelii‹, die lebendige Stimme des Evangeliums, stellt. Die lebendige Stimme des Evangeliums erklingt durch Prediger und andere Zeugen in einer unablässigen Folge durch die Jahrhunderte. Eine lebendige Stimme ist einmal laut, einmal leise, einmal klar, einmal heiser, einmal schön, einmal krächzend usw.

Die ›viva vox evangelii‹ ist der unablässige Dialog der Christen und solcher, die sich für diese Überlieferung interessieren, über die gerade jetzt gültige Wahrheit. Was ist Wahrheit – *für uns* hier und heute? »Pro nobis«, »für uns«, heißt die Glaubensformel, die Luther unendlich wichtig war. Wahrheit lebt als lebendige Stimme in *Begegnungen*. Es geht also nicht um irgendeine ›Lehre‹, sondern um *Verständigung*. Dass dabei überlieferte Überzeugungen von dem, was existentiell wahr sei (und für die, welche es formuliert haben, auch wahr war), als Gesprächsstoff dienen können, scheint mir plausibel. Der Marburger Theologe Hans-Martin Barth meint, bezogen auf den Dialog mit den Weltreligionen: »Christliche Wahrheitsgewissheit zeichnet sich dadurch aus, dass sie offen ist für die Begegnung mit anderen Wahrheitsgewissheiten, auf ihre eigene Durchsetzung verzichten kann (vgl. Phil 2,6 ff.) – und in beidem sich immer neu findet.« (Barth 2001) Das gilt gewiss auch für die Begegnung verschiedener Menschen innerhalb der christlichen Traditionen.

Nicht Dogmen, sondern Anbetung

Was ist Wahrheit? Wahrheit ›ist‹ nicht, sondern sie *lebt* und sie *bewegt* sich zwischen jenen, die sie wahrnehmen. Existenzielle Wahrheit und konkrete Begegnung in der Zeit sind nicht zu trennen. Eine abstrakt formulierte, ahistorische Wahrheit, die unabhängig von den konkreten Menschen, die sie gefunden haben und die sich zu ihr bekennen, wahr und gültig wäre, halte ich für ein theoretisches Konstrukt. Es fordert Unterwerfung und impliziert Intoleranz gegenüber anderen Wahrheiten, die andere Menschen in anderen Situationen formuliert haben. Deshalb erscheint mir im Unterschied zu Wolfgang Huber (2008) die auf Giovanni Boccaccios »Decamerone« zurückgehende »Ringparabel« Gotthold Ephraim Lessings für durchaus richtungweisend. Dahinter steht nicht eine »in sich selbst unbestimmte Religion«, sondern die Tatsache, dass alle Menschen auf die eine oder andere historisch bestimmte Weise Wahrheit erfahren, sich mit anderen darüber verständigen und sie in jeweils ihrem kulturellen Kontext formulieren. Religiöse Inhalte sind immer, auch im Christentum, kulturbedingt, denn sie werden in konkreten Sprachen und dazugehörigen Vorstellungen ausgedrückt. Eine ahistorische, situationslose und apersonale Wahrheit gerät unweigerlich zur dogmatischen und gesetzlichen Ideologie. Die christliche Wahrheit jedoch hat sich als ›lebendige Stimme des Evangeliums‹ im zwischenmenschlichen Dialog – von Anfang an auch mit anderen Religionen – durch die Zeiten bewegt und dabei laufend verändert, auch wenn das Gründungsdokument, das Neue Testament (das wiederum ohne das Alte Testament undenkbar und nicht verstehbar ist), nach wie vor die entscheidende Bezugsgröße bildet. Aus den genannten Gründen ist die Kirche nicht eine Dogmen-, sondern eine Anbetungsgemeinschaft.

Das Gesangbuchlied »Nun lasst uns Gott, dem Herren, Dank sagen und ihn ehren« aus dem Jahre 1575, also noch aus der ersten Zeit nach der Reformation, fasst wunderbar zusammen, worum es in unseren Überlegungen zur Wahrheit geht: Gott möge uns in der Wahrheit halten und damit dauerhafte Freiheit geben. Aus dieser Haltung heraus können wir Gottes unaussprechlichen heiligen Namen preisen, weil Jesus, der Messias, uns die Möglichkeit, Gott als unseren Vater anzusprechen, gezeigt hat.

»Erhalt uns in der Wahrheit, gib ewigliche Freiheit, zu preisen deinen Namen durch Jesum Christum. Amen.« (EG 320)

17. Die Gerechtigkeit

Erfahrungen der Ungerechtigkeit

Wahrheit und Lüge passen ebenso wenig zusammen, wie Wahrheit, Liebe und Gerechtigkeit auseinander gerissen werden dürfen. Vor allem in Gestalt der Wahrhaftigkeit gehört die Wahrheit zu einer gerechten Beziehung. Erst recht schließt Liebe Unwahrhaftigkeit, Lüge also, aus. Gerechtigkeit, die einen *Ausgleich* zwischen unangemessenen Differenzen sucht, z. B. von Arm und Reich, Unterprivilegiert und Privilegiert, Machtlosen und Mächtigen, aber auch Begabten und weniger Begabten, Menschen mit geringem Selbstwertgefühl und solchen mit überzogenem Selbstbewusstsein etc., ist – jedenfalls aus der Sicht derer, die zu kurz gekommen sind oder sich dafür halten – immer Mangelware. Wer seine Mitmenschen liebt, wird stets an Gerechtigkeit interessiert sein und etwas dafür tun. Wer nur an sich und seine Privilegien denkt, wird auch vor Lügen nicht zurückschrecken, um seine Vorteile zu wahren.

Gerechtigkeit: Das Thema hat mich schon in der Schule beschäftigt, weil ich mich nicht selten ungerecht benotet fühlte. Mitschülern ging es genauso. Leserin und Leser kennen das wohl auch. Nach wie vor ist die leidige Benotung oder Beurteilung, wo immer sie stattfindet, eine Quelle von Ungerechtigkeitserfahrungen. Das ist aber noch die harmloseste aller solcher Erfahrungen. Der *Ruf nach Gerechtigkeit* ist allgegenwärtig. Das heißt: In unserer Welt geht es überall und immer ungerecht zu. Das finden alle, die sich mit anderen *vergleichen* und im Unterschied zu den irgendwie besser Gestellten oder, wenn es um Geld geht, im Unterschied zu den Reicheren noch viele Wünsche offen oder nicht einmal genug zum Leben haben. Und selbst die Reichen sind wohl nicht selten unzufrieden. Es ist wohl überflüssig zu betonen, dass Reichtum und Armut relative Begriffe sind, die zwar einerseits von nüchternen Tatsachen, andererseits aber vom Erleben der Betroffenen abhängen. Reiche empfinden sich selten als reich, und Arme oft als noch ärmer als sie sind. Im modernen Sozialstaat, den es freilich nur als Seltenheit und vermutlich auch fast nur in Europa gibt, soll jedenfalls nach den geltenden Idealen niemand verhungern.

Gerechtigkeit hat mit *Gericht* zu tun. Vor Gericht soll für Gerechtigkeit gesorgt werden. Dafür gibt es quasi objektive, nämlich von einer Mehrheit verabschiedete, Gesetze. Die Frage ist aber immer auch: *Wer* wird der *Richter* sein und wie wird er im Rahmen seines Entscheidungsspielraums entscheiden?

Hanna, Maria und Zacharias

In modernen Demokratien soll niemand verhungern müssen und soll die *Macht* im Gemeinwesen – im Ort und im Staat, im Verein und in einem Verband – gerecht verteilt sein. Nicht hier *Macht und Reichtum* – dort *Ohnmacht und Armut*! Zwar schaffen auch heutige Demokratien keine wirklich gerechten Gesellschaften, zum einen weil sie von Mehrheiten per delegationem geleitet, also oligarchisch regiert werden, zum andern weil nicht alle in der Lage sind, wirklich kompetent und verantwortungsbewusst an der Macht zu partizipieren. Aber grundsätzlich hat jeder die Möglichkeit dazu. Das ist andernorts in der Welt nicht so und war in der antiken Welt des Orients ein frommer *Traum*. Zum Ausdruck gebracht wird er schon lange vor Christus im *Lobgesang der Hanna*, als ihr ein Sohn (der Priester und Prophet Samuel) geschenkt wurde, so auch zu Beginn der Christenheit im Gebet der Maria, dem sog. *Magnifikat*, als sie mit Jesus schwanger war. (Es handelt sich bei Letzterem um eine Variante des alten Liedes der Mutter Samuels.) Hören wir Hanna: »Mein Herz ist fröhlich in dem Herrn ... Der Bogen der Starken ist zerbrochen, und die Schwachen sind umgürtet mit Stärke. Die einst satt waren, müssen nun um Brot dienen, und die Hunger litten, hungert nicht mehr ... Der Herr macht arm und macht reich ... Er hebt den Bedürftigen aus dem Staub und erhöht den Armen aus der Asche, dass er ihn setze unter die Fürsten und den Thron der Ehre erben lasse.« (1. Sam 2,1–10) Hören wir Maria: »Meine Seele erhebt den Herrn ... Er stößt die Gewaltigen vom Thron und erhöht die Niedrigen. Die Hungrigen füllt er mit Gütern und lässet die Reichen leer ...« (Lk 1,46–55).

Gott, so der fromme Glaube, schafft einen Ausgleich zwischen den so ungleich verteilten Gütern des Lebens. Er allein ist gerecht.

So verhält Gott sich auch – so der Glaube Israels – gegenüber seinem kleinen, aber auserwählten *Volk Israel*, das von allen Seiten bedroht und die meiste Zeit seiner antiken

Geschichte unter Fremdherrschaft war: »Er gedenkt der Barmherzigkeit (des Bundes, den er mit seinem Volk geschlossen hat) und hilft seinem (unterdrückten) Diener Israel auf.« (Lk 1,54) Die *Christenheit*, die sich als *das* ›neue‹ und internationale Gottesvolk versteht, fügt dem alten Lobgesang und seiner Botschaft nun einen weiteren Hymnus als Lob und Dank für die Erfüllung »im Hause seines Dieners David« hinzu. Zacharias, der Mann Elisabeths und Vater Johannes des Täufers, singt: »Gelobt sei der Herr und Gott Israels, denn er hat besucht und erlöst sein Volk ..., dass wir, erlöst aus der Hand unserer Feinde, ihm dienten ohne Furcht unser Leben lang in Heiligkeit und Gerechtigkeit vor seinen Augen ...« (Lk 1,68–79) Die »Bergpredigt« Jesu preist an zentraler Stelle jene glücklich, deren *Sehnsucht nach Gerechtigkeit* noch unerfüllt ist: »Selig sind, die da hungert und dürstet nach der Gerechtigkeit, denn sie sollen satt werden.« (Mt 5,6)

Christliche Prioritäten

Der Begriff der *Gerechtigkeit* weist dabei verschiedene Facetten auf: »Trachtet am ersten nach dem Reich Gottes und nach seiner Gerechtigkeit, so wird euch solches alles (Essen, Trinken, Kleidung) zufallen.« (Mt 6,33) Hier geht es nicht um Gottes ausgleichende Gerechtigkeit, sondern um ein Verhalten, welches das Engagement für Gott und sein geistiges Reich über die alltägliche Sorge um das Existenzminimum stellt. Es gibt ganz andere *Prioritäten* als Essen, Trinken, Kleider, Autos, Fernseher und was dergleichen sonst noch denkbar wäre. Die Frage lautet: Was ist die *Gerechtigkeit des Reiches Gottes*? Sie scheint die irdischen Verhältnisse auf den Kopf zu stellen. Im Gleichnis »Von den Arbeitern im Weinberg« (Mt 20,1–16) werden die zuletzt Eingestellten bezahlt wie die, die den ganzen Tag gearbeitet haben. Das regt die zuerst Eingestellten auf, weil es nach menschlichem Ermessen eindeutig ungerecht ist. Sie beschweren sich. Aber der Text endet: »So werden die Letzten die Ersten und die Ersten die Letzten sein.« Das bedeutet: Im Reich des Geistes und der Beziehung zu Gott geht es nicht um Geschäfte und einen gerechten Ausgleich von Geben und Nehmen, weil der Mensch gegenüber Gott immer der Kleinere, Ärmere und Bedürftigere ist. Er ist darauf angewiesen, dass Gott ihm großzügig und gewährend begegnet. Verhandeln im Interesse des eigenen Vorteils ist hier unangemessen.

Gerechtigkeit durch Strafe und Angst

Wieder anders, nämlich so, wie wir den Begriff im Alltag verwenden, lesen wir von *Gott* als einem *gerechten Richter*: »Denn er hat einen Tag festgesetzt, an dem er den Erdkreis richten will mit Gerechtigkeit durch einen Mann, den er dazu bestimmt hat …« (Apg 17,31). Gott richtet. Er tut das durch den Messias (Christus) Jesus. Das heißt: Er lässt *Gnade vor Recht* ergehen. Eigentlich ist er nach menschlichem Verständnis *ungerecht*, denn er zeigt sich als ein Richter, der Gnade *vor* Recht ergehen lässt. Das ist aber nur die eine Seite. Die andere, die ebenfalls im Neuen Testament zur Sprache kommt, ist ein *vernichtendes ewiges Gericht*: »Wenn aber der Menschensohn kommen wird in seiner Herrlichkeit und alle Engel mit ihm, dann wird er sitzen auf dem Thron der Herrlichkeit; und alle Völker werden vor ihm versammelt werden. Und er wird sie voneinander scheiden, wie ein Hirt die Schafe von den Böcken scheidet … Und sie werden hingehen: diese zur ewigen Strafe, aber die Gerechten in das ewige Leben.« (Mt 25,31–46) Im selben Kapitel des Matthäusevangeliums heißt es kurz vorher in dem bekannten Gleichnis »Von den anvertrauten Zentnern«: »Und den unnützen Knecht werft in die Finsternis hinaus; da wird sein Heulen und Zähneklappern.« (Mt 25,30)

Die *Angst vor Gottes tödlicher Strafe* kennen mehr Menschen, als wir annehmen möchten, und viel mehr, als dass man dies nur auf eine autoritäre und moralistische Erziehung zurückführen könnte. Denn das *Gewissen*, das die Angst hervorbringt, ist angeboren und schlägt je nach den Normen, die in einer Kultur oder einem Teilsektor, der für die betroffene Person besonders relevant ist, mehr oder weniger heftig. Bei Abweichungen von dem, was Menschen für die Norm halten, die ihnen Zugehörigkeit zur Gemeinschaft und Akzeptanz durch diese garantiert, meldet es sich laut. In Seelsorge, Psychotherapie und Beratung kommen viele Seiten dieser Angst häufig zur Sprache. Dass es auch Menschen gibt, deren Gewissen schwach ausgeprägt oder unterdrückt ist, lässt sich ebenfalls beobachten, wenn man sie näher kennen lernt. Manchmal ist es als Erfolg einer seelsorgerischen oder therapeutischen Begleitung zu betrachten, wenn jemand sich und der Begleitperson endlich – wie im Gleichnis der ›verlorene Sohn‹ – einzugestehen wagt: »Vater ich habe gesündigt vor dem Himmel und vor dir; ich bin hinfort nicht mehr wert, dass ich dein Sohn heiße.« (Lk 15,21) Allerdings wäre es ein Missverständnis, wollte man es in Seelsorge und Beratung bzw. Therapie darauf anlegen, Menschen zum Bekenntnis der Sünde zu bewegen. Es kann auch genau das Gegenteil der Fall sein: Mancher Mensch, der sich ständig schuldig fühlt und unentwegt seine Schuld erkennt und bekennt, braucht dringend die Erfahrung – und das *Beziehungszeugnis* von Vergebung –, dass er oder sie so akzeptiert wird, wie er bzw. sie ist *mit* seiner/ihrer ganzen Schuld. Aber weder ein noch so oft wiederholter verbaler und formaler Freispruch (Absolution in Gottesdienst und Beichtritual) noch ein wiederholter ›seelsorglicher‹ Hinweis auf menschliche Schuld und Vergebungsbedürftigkeit werden, wenn sie nicht in eine vertrauensvolle und solidarische Beziehungserfahrung eingebettet sind, einen Mitmenschen weiterbringen.

Luthers Erfahrung

Die *Frage nach der Gerechtigkeit Gottes* hat Martin Luther lange umgetrieben. Er geht zunächst mit großer *Angst* davon aus, dass Gott den Menschen ausschließlich nach seinem, stets ungenügenden, Verhalten beurteilt. Man kann sich darüber Gedanken machen, weshalb ein begabter und tüchtiger Mann wie Luther solch panische Gewissensängste durchleidet, »dass nichts denn Sterben bei mir blieb« (EG 341), und wird auf einen strengen Vater stoßen, Luthers

Flucht in die Arme der ›Mutter Kirche‹ und hinter schützende Klostermauern. Man wird aber auch feststellen, dass in diesem Schutzraum, der allerdings von Regeln für das Leben und Bedingungen für das Seelenheil nur so strotzt, Luthers Angst zunimmt, bis sein Ordensoberer, ›Ersatzvater‹ und Mentor Johannes von Staupitz ihn allmählich erfolgreich in eine größere innere Freiheit und Mündigkeit hinein *begleiten* kann. Der Psychoanalytiker Erik H. Erikson hat Luthers Entwicklung in seinem Buch »Der junge Mann Luther« (1970) wunderbar beschrieben. Der Reformator selbst fasst sie in seinem Lied »Nun freut euch, lieben Christen gmein« (EG 341) genial zusammen und deutet sie zugleich theologisch. – Sätze wie der aus dem Brief des Paulus an die Philipper (2,12) »Schaffet, dass ihr selig werdet mit Furcht und Zittern!« können einen zu Tode ängstigen, versteht man sie nicht in ihrem Zusammenhang einer Befreiungserfahrung, sondern auf der Grundlage unserer angeborenen, aber oft schon von Eltern und Erziehern nicht verstandenen – meist vergeblichen – Bemühung, es allen, letztendlich aber vor allem unserem Gewissen, recht zu machen. Für den Weg aus großer Abhängigkeit und Angst in größere Selbstständigkeit, Freiheit und Mut braucht man eine *Begleitung*. Das ist wichtig. Früher einmal hat das das Beichtinstitut geleistet, auch wenn es oft genug die Menschen abhängig gehalten haben mag, heute leisten das oft die ›Beichtväter des 20. Jahrhunderts‹, die Psychotherapeuten, oder aufgeschlossene und kompetente Seelsorger und Seelsorgerinnen, die hoffentlich begreifen, dass sie Ihre Klienten rechtzeitig in die Unabhängigkeit führen und entlassen müssen.

Für die Frage nach der Gerechtigkeit heißt das: Die Ungerechtigkeiten der Welt teils mutig zu überwinden, teils zu ertragen, gelingt in Gemeinschaft und unter zuverlässiger Begleitung. Sie sind die Voraussetzung dafür, dass wir wie Luther eine neue Erfahrung machen und einen *neuen Blick auf Gott* gewinnen. Gott, so meinte Luther und so meinen viele Menschen noch heute, sei auf menschliche Weise gerecht: Er lobe die Guten und strafe die Bösen, er lasse es den Guten gut ergehen und den Bösen schlecht, ja er drohe mit der Todesstrafe. Warum dieser wie ein altorientalischer Monarch grausame und tyrannisch-willkürliche Gott es dann manchem offenkundig Bösen gut und manchem offenkundig Guten schlecht ergehen lässt, bleibt da ein großes Rätsel.

Eines Tages aber begriff Luther unter der geduldigen Begleitung Staupitz', dass Gott uns Menschen *bedingungslos* akzeptiert, ob wir uns nun untereinander für gut oder schlecht halten, ob wir uns selbst nun für besonders gut oder für miserabel halten. Einer seiner biblischen Leitsätze wurde Röm 3,28: »So halten wir nun dafür, dass der Mensch gerecht werde *ohne des Gesetzes Werke, allein durch den Glauben.*« Gottvertrauen ist also wichtiger als Selbstverurteilung oder Selbstgerechtigkeit. Denn wer ein sensibles Gewissen hat, weiß sowieso, dass er den moralischen Maßstäben der Gesellschaft, in der er lebt, und die er auf Gott projiziert, nicht genügt.

Versöhnung

Einen Schritt weiter kommen wir, wenn wir die Frage nach moralischen Normen hinter uns lassen und stattdessen überlegen, ob das schlechte Gewissen nicht vielleicht das *Verfehlen des je eigenen Lebenswegs* und biographischen ›Auftrags‹ anmahne. ›Gerechtigkeit‹ und ›gerechtes‹ Verhalten wären dann nicht aus dem Vergleich mit anderen zu erheben, sondern als ›Selbstfindung‹ und Aussöhnung mit den eigenen Ansprüchen an sich selbst zu gewinnen. Schuldgefühle und tatsächliche Schuld gegenüber anderen können einen zu Tode quälen, bis »nichts denn Sterben bei mir blieb« (EG 341), wenn diese tiefere Schicht der *Versöhnung* – wenn man so will: mit Gott –, die eine Aussöhnung mit sich selbst zur Voraussetzung wie als Folge hat, nicht erreicht wird. Die Frage, die es in diesem Zusammenhang zu beantworten gilt, lautet dann: Was bin ich *mir selbst* in meinem bisherigen Leben schuldig geblieben, sei es aus Mutlosigkeit und Angst, sei es aus Taubheit gegenüber meiner inneren Stimme, sei es aufgrund äußerer Hindernisse (Krieg, Armut, Mangel an Gelegenheiten u. dgl.) oder tiefgreifender Missverständnisse – z. B. religiöser: Luther hatte seinen Vater-Gott als Tyrannen, der Unmögliches fordert, erlebt und missverstanden. Als er den gütigen und zugewandten Vater-Gott wahrnehmen kann – »Er wandt zu mir das Vaterherz, es war bei ihm fürwahr kein Scherz, er ließ's sein Bestes kosten« (EG 341,4) –, findet er *seinen* authentischen Lebensweg und Lebenskompromiss. Er verlässt schließlich das Kloster, vertritt seine Erkenntnisse unter Todesgefahr vor aller Öffentlichkeit, heiratet, entspricht damit nicht zuletzt einem Wunsch seines bürgerlichen Vaters und wird schließlich zu jener weltbewegenden Persönlichkeit, die wir kennen.

Die Frage lautet also: Wozu bin ich eigentlich da oder wäre ich eigentlich da gewesen? Was ist meine Aufgabe in dieser Welt? Es muss ja keine große sein, aber irgendeinen kleinen Beitrag zum Leben kann jeder leisten, und wäre er oder sie in seinen oder ihren Möglichkeiten noch so eingeschränkt. Vielleicht wäre es ja auch ein Beitrag der Dankbarkeit für sein eigenes Leben und zur Selbstfindung. Es ist vermutlich nie zu spät für die Antwort und eine Korrektur. Auch auf dem Totenbett? Ja, wohl auch noch auf dem Totenbett. Das dürfte der Sinn von Beichte und Absolution, Taufe (als Symbol vorausgehender Gnade) und Abendmahl (als Symbol beständiger Gemeinschaft mit dem göttlichen Urgrund unserer Existenz) sein. »Allein durch den Glauben« bist du ›gerecht‹ und genügst dem Leben und seinem Schöpfer – jetzt heißt das: ›Lass' dich fallen, du warst und bist nicht allein, hab' Vertrauen, das Leben selbst, an dem du teilhast, trägt dich sogar durch den Tod hindurch‹.

18. Die Freiheit

Lieder

»Über den Wolken muss die Freiheit wohl grenzenlos sein.« Wer kennt nicht dieses Lied von Reinhard Mey vom Anfang der 70er Jahre und seinen soeben zitierten Refrain? Wenigstens scheinbar grenzenlose Freiheit beim Fliegen – daran hat Mey bestimmt gedacht, natürlich auch an die Freiheit in einem Staat ohne Mauern, Freiheit von einer Diktatur. Das Gebiet in und »über den Wolken« nennen wir »Himmel«. Bietet der Himmel grenzenlose Freiheit? Und welcher ›Himmel‹ ist gemeint? Wer fliegt über den Wolken? Der Himmel ist seit alters nicht nur der Raum über der Erde, sondern auch Sitz der Götter und ein Bild für das ›Reich Gottes‹. Ich behaupte nicht, Reinhard Mey habe das gemeint. Aber: Das Lied ist wie alle gute Lyrik mehrdeutig. »Alle Ängste, alle Sorgen, sagt man, blieben darunter verborgen und dann würde was uns groß und wichtig erscheint plötzlich nichtig und klein.« Die Perspektive von oben relativiert den Kleinkram unten. »Ich wär' gerne mitgeflogen ...« Ist er aber nicht. Die unerfüllte Sehnsucht singt das Lied.

Viele Lieder und Gedichte besingen die Freiheit, die fast immer noch nicht da ist, manche auch die, die schon erreicht ist: »Lasst mich nur auf meinem Sattel gelten, bleibt in euren Hütten euren Zelten. Und ich reite froh in alle Ferne, über meiner Mütze nur die Sterne.« Goethe, wunderbar vertont von Robert Schumann, wehrt sich noch ein bisschen gegen spießbürgerliche Zurückhaltung – »*Lasst mich* nur auf *meinem* Sattel gelten«: Auf seinem eigenen Sattel, den andere vielleicht nicht verstehen, möchte er in Ruhe gelassen und akzeptiert werden –, aber er »reitet« bereits froh »in alle Ferne«, *in* Freiheit *zur* Freiheit – »in alle Ferne« –, und über ihm leuchten »die Sterne« vom wolkenlosen Himmel. Der ferne Himmel mit seinen Sternen ist der Ort der Freiheit, aber auch der Weg dorthin; erst einmal eingeschlagen, lässt er schon Freiheit empfinden und macht froh. Bei diesem ›Ritt‹ bleibt Goethe durchaus auf dem Boden, er fliegt nicht, aber er ist froh, den engen, stickigen »Hütten« und »Zelten« entkommen zu sein.

Paulus

Spröder und besorgt, aber nicht minder leidenschaftlich mahnt der Apostel Paulus die Galater (5,1): »Zur Freiheit hat uns Christus befreit. So besteht nun in der Freiheit, zu der euch Christus befreit hat, und lasst euch nicht wieder das Joch der Knechtschaft auflegen!« Bleibt frei und lasst euch nicht wieder hinunter ziehen in die alte Sklaverei! Damit meint er vor allem die konventionelle jüdische Gesetzlichkeit seiner Zeit. »Ihr seid zur Freiheit berufen.« (Gal 5,13) Er ist überzeugt: »Wo der Geist des Herrn ist, da ist Freiheit.« (2. Kor 3,17) Wo Unfreiheit herrscht, da kann der Geist Gottes und des Messias nicht sein. Paulus schwärmt geradezu von »der herrlichen Freiheit der Kinder Gottes« (Röm 8,21). Seine persönliche Geschichte von der

Lehre bei den frommen und strengen Pharisäern, die ihn zu einem gesetzestreuen Diener der alten Religion machten, bis zur Verfolgung der Christen über die Vision bei Damaskus (Apg 9) und seine radikale Wende, die ihn zu einem Diener und Missionar Christi werden ließ, hat er als Weg der großen Befreiung erlebt. Diese Freiheit will er um nichts in der Welt mehr gefährdet sehen, sie hat er anderen vermittelt, dafür geht er gerne ins Gefängnis, dafür erleidet er schließlich den Märtyrertod. Hat er schon vorher an die Auferstehung der Toten geglaubt, so fühlt er sich seit der schicksalhaften und visionären Begegnung mit der Lichtgestalt des Messias erst recht befreit und durch die Taufe mit Christus schon gestorben und durch den Tod hindurch getragen (Röm 6,3f.). Der Theologe Ernst Käsemann weist zudem darauf hin, dass die evangelische Freiheit sich aus der Auferweckungshoffnung ergibt: »Freiheit ist für den Apostel nicht die Konsequenz erfolgter, sondern die Vorwegnahme erwarteter Auferweckung.« Letzten Endes geht es im christlichen Glauben, wie ihn uns nicht nur Paulus und Martin Luther vermittelt haben, immer um Freiheit: Befreiung aus der inneren Sklaverei der Gesetzlichkeit, des Moralismus und unglücklicher Unterwürfigkeit unter das, was ›man‹ so tut und was andere von einem verlangen. Es geht um Emanzipation. Für die Frommen des alten und des neuen Bundes, Juden und Christen, ergibt sich Freiheit aus der Abhängigkeit von Gott, welche die Abhängigkeit von Menschen und ihren Normen relativiert oder sogar aufhebt. *Erlösung* bedeutet Befreiung von Menschen, von inneren und religiösen Zwängen, ja sogar vom Tod.

Dieses Anliegen ist, wie schon angedeutet, nicht erst im Christentum entstanden. Schon die *jüdische Mutterreligion* des christlichen Glaubens hegte das *Motiv der Befreiung* als zentrale Erfahrung und Metapher: z. B. den Aufbruch Abrahams aus der Stadt Ur in Chaldäa (Zweistromland, im heutigen Irak) ins Ungewisse und in die Freiheit des Gottvertrauens, die Befreiung aus der Sklaverei in Ägypten, die Befreiung aus der babylonischen Gefangenschaft, die Befreiung von Fremdherrschaft (denn das alte Königreich Sauls, Davids und Salomos war nur ganz kurze Zeit einigermaßen unabhängig). Man kann sogar (mit dem bekannten Alttestamentler Werner H. Schmidt) sagen, Israel suche *seinen Ursprung* in der Erlösung aus der ägyptischen Knechtschaft. Freiheit wird hier immer als *Befreiung* verstanden. – Eine ganz andere Perspektive liefert uns der Blick auf die gesellschaftlichen Verhältnisse des Altertums, gleichgültig ob im Orient oder weiter westlich, etwa im römischen Reich: Es gibt in der alttestamentlichen wie in der neutestamentlichen Gesellschaft immer *freie Bürger* und *Sklaven*. Befreiung aus der Sklaverei oder ›Knechtschaft‹ ist daher ein zusätzlicher Gesichtspunkt. Auch er wird nicht nur wörtlich, sondern im übertragenen Sinn verwendet. Nicht die orientalische Kultur aber hat den Begriff der Freiheit entwickelt, sondern die *griechische*. Sie hat auch das Problem einer Spannung zwischen größtmöglicher Freiheit jedes einzelnen Menschen und Rücksichtnahme, Einordnung und Einhaltung von Gesetzen der Gemeinschaft im Interesse eines funktionierenden Gemeinwesens zum Nutzen aller freien Individuen erkannt.

Die christliche Variante

Noch einmal Paulus! Der Apostel hat in seine Überlegungen viel aus dieser Tradition, die zu seiner Zeit im römischen Weltreich Gemeingut aller Gebildeten war, einbezogen. Aber er begründet seine Freiheitserfahrung immer von Christus her. Im Johannesevangelium wird diese Perspektive zusammengefasst: »So euch nun der Sohn (Jesus Christus) frei macht, so seid ihr recht frei.« (Joh 8,36) Christus, der erwartete und erschienene Messias, befreit seine Gläubigen aus der Enge formeller Gesetzlichkeit, aus einer Überich-Religiosität in eine Ich-Religiosität, d. h. aus einer Ideologie des Gehorsams und der Unterwerfung in die Freiheit der Entscheidung und Eigenverantwortung: »Denn warum sollte ich das Gewissen eines andern über meine Freiheit urteilen lassen?« (1. Kor 10,29) Dass diese Eigenverantwortlichkeit allerdings den Mitmenschen berücksichtigt und nicht egoistisch drauflos lebt, ist Paulus wichtig: »Alles ist erlaubt, aber nicht alles dient zum Guten. Alles ist erlaubt, aber nicht alles baut auf. Niemand suche das Seine, sondern was dem andern dient.« (1. Kor 10,23 f.) Genau so wichtig ist es dem Apostel, dass er selbst in seiner Freiheit, die ihm prinzipiell *alles* freistellt, nicht in neue Abhängigkeiten gerät: »Alles ist mir erlaubt, aber es soll mich nichts gefangen nehmen.« (1. Kor 6,12) Es geht also um die Balance zwischen eigener Freiheit und der

Freiheit des anderen, zwischen Rücksichtnahme auf sich selbst und auf den anderen, zwischen Genuss auch und Schaden.

Luther

Bei Martin Luther kehren diese Gedanken in seiner berühmten reformatorischen Schrift »Von der Freiheit eines Christenmenschen« aus dem Jahre 1520 wieder. Sie beginnt mit zwei Thesen: 1. »Ein Christenmensch ist ein freier Herr aller Dinge und niemandem untertan.« 2. »Ein Christenmensch ist ein dienstbarer Knecht aller Dinge und jedermann untertan.« Der Mensch sei so frei, dass er auf alles verzichten könne, nur nicht auf das Wort Gottes. Was ist dieses ›Wort Gottes‹? Die Predigt Christi sei dazu da, »dass du deinen Gott zu dir reden hörst«. Gott sagt einem aber, wie sehr man schuldig und mangelhaft sei. Er verweise einen an den, der dieses merkt und eingesteht, auf Jesus Christus und vergebe dem, der dies begehre, alle seine Sünden. Denn »Christus ist des Gesetzes Ende. Wer an den glaubt, der ist gerecht«. (Röm 10,4) Allein dieser Glaube mache einen selig. »Glaubst du, so hast du. Glaubst du nicht, so hast du nicht.« Was? Frieden der Seele: »Gnade, Gerechtigkeit, Frieden und Freiheit.« Durch den Versuch, die Gebote zu halten, komme man da niemals hin, weil keiner sie wirklich halten könne, sondern durch diese Einsicht und den Glauben. Dieser entbinde einen »von allen Geboten und Gesetzen«. Nur aus diesem Glauben heraus sei man in der Lage, wirkliche Nächstenliebe zu üben. Weil nun Christus der Erstgeborene unter vielen Geschwistern ist (Röm 8,29), so werden wir ihm durch den Glauben gleich und sind deshalb Herrinnen und Herren aller Dinge; nichts kann einem mehr »zur Seligkeit schaden«. »Ja, es muss ihm alles untertan sein und zur Seligkeit helfen.« Wir sind jetzt Könige und Priester, »aller Dinge mächtig«, so dass »alles, was wir tun, vor Gottes Augen angenehm und erhört ist«. Denn: »Gute Werke machen nimmermehr einen guten, frommen Mann, sondern ein guter Mann macht gute Werke. Böse Werke machen nimmermehr einen bösen Mann, sondern ein böser Mann macht böse Werke.« »Die Person« müsse fromm und gut sein; sie könne nicht durch ihr Verhalten gut werden. Es kommt also auf die Einstellung oder Haltung an, nicht zuerst auf das Verhalten. Und diese Haltung ist der Glaube bzw. bewirkt der Glaube an Jesus Christus und die Befreiung durch Gott. Der Christenmensch lebe, so fasst Luther seine Schrift zusammen, »in Christus und in seinem Nächsten«. In Christus lebe er, weil er sich im Glauben mit ihm verbinde, im Mitmenschen, weil er nun liebesfähig geworden ist. Durch den Glauben komme er über sich hinaus und hinauf zu, ja in Gott und aus Gott komme er wieder heraus und herab zu den Mitmenschen durch die göttliche Liebe, in der er immer bleibt. Es ist ein permanenter Auf- und Abstieg, den der gläubige Christ unternimmt, wie die Engel über dem Christus auf und nieder steigen (Joh 1,51), ein Bild, welches auch schon Jakob träumte (1. Mose 28,12). »Sieh',« sagt Luther, »das ist die rechte geistliche, christliche Freiheit, die das Herz frei macht von allen Sünden, Gesetzen und Geboten, die alle andere Freiheit übertrifft wie der

Himmel die Erde.« – »Über den Wolken muss die Freiheit wohl grenzenlos sein …« – Und weil das gar nicht so leicht zu verstehen ist, fügt er an: »Das gebe Gott uns recht zu verstehen und zu behalten. Amen.«

Das sind revolutionäre Einsichten, die bis heute keineswegs überall im Christentum Verständnis gefunden haben. Viele sagen: »Ich halte mich an die Zehn Gebote. Und das muss genügen.« Luther würde antworten: »Wenn dir die Zehn Gebote zum Bewusstsein bringen, dass du dich ohne Christus nicht befreien kannst, dann mögen sie dir weiterhelfen; aber sie zu halten wird dir sowieso nicht gelingen; und insofern genügen sie beileibe nicht. Wenn du etwas vom Glauben verstanden hast, wirst du sie gar nicht mehr gebrauchen, sondern frei und verantwortungsvoll entscheiden. Vielleicht können sie dir dann noch als Orientierungshilfe dienen, mehr aber nicht. Gott helfe dir. Amen!«

Luthers Vorstellungen von Freiheit beziehen sich vor allem auf den einzelnen Christenmenschen und seine innere Verfassung, aber auch auf die Kirche. Mit Erasmus von Rotterdam stritt er über den freien bzw. unfreien Willen: Kann sich der Mensch frei entscheiden zum Guten oder Bösen? Wie frei sind wir eigentlich? Luther war diesbezüglich skeptisch und sehr realistisch. Ihm lag vor allem daran, dass der Mensch sich im Glauben an und von Christus befreien lasse, sich aber nicht selbst befreien könne. Ihm lag auch an der Befreiung von kirchlichem Zwang und falschen Geschäften mit religiöser Angst.

Aber manches, was wir heute selbstverständlich zu den menschlichen Freiheiten rechnen, auf die wir ein *Recht* haben, war für Luther – und schon gar nicht für Paulus – noch keineswegs selbstverständlich, ja nicht einmal ein Problem: z. B. das Recht auf ein selbstbestimmtes Leben, auf freie Religionsausübung, auf Integrität (Unversehrtheit) der Person, das Recht der Frauen auf Unabhängigkeit, das Recht auf Meinungs- und Redefreiheit, Freiheit der Information, freie Marktwirtschaft, freie Beziehungen zwischen den Geschlechtern bzw. freie Partnerwahl und *Pflichten* wie die Pflicht zur religiösen und politischen Toleranz usw. Die Ideale der französischen Revolution »Freiheit, Gleichheit, Brüderlichkeit« (bzw. Geschwisterlichkeit) waren noch ebenso wenig klar im Bewusstsein wie die der weltanschaulichen Aufklärung: »Gott, Tugend, Unsterblichkeit«. Die Pflicht zur Toleranz hatte für Luther nur eine eng begrenzte Bedeutung. Sein Antisemitismus ist ebenso bekannt wie sein politischer Konservatismus.

Die Diskussion über das, was Freiheit bedeutet, wird seit der Antike bis heute geführt. Der christliche Beitrag zu diesem Gespräch hat nicht unwesentlich an der Befreiung der Menschen aus Unterdrückung und Unmündigkeit mitgewirkt. Der christliche Glaube setzt schließlich in lutherischer Sicht auch die Vernunft frei und hebt Denkverbote auf. So kann man einen der wichtigsten Vordenker moderner Freiheit, Immanuel Kant, als echten Protestanten bezeichnen, der seine Gedanken nicht zuletzt auf der Basis des evangelischen Glaubens entwickelt hat: »Aufklärung ist der Ausgang des Menschen aus seiner selbstverschuldeten Unmündigkeit.« Das kann man auch mit biblischen Bildern lesen vom Sündenfall bis zur Befreiung und Erlösung durch den ›wahren Menschen und Gott‹, Jesus Christus.

Die politischen Dimensionen des Freiheitsideals gehen über das hinaus, was wir von Paulus und Luther lernen können. Der Reformator unterschied zwischen dem Reich Gottes und dem Reich der Menschen, man könnte sagen: zwischen Himmel und Erde, zwischen dem, was uns im Innersten bewegt, und dem, was sozusagen draußen im Alltag geschieht. Diese in ihrem engen religiösen Kontext richtige Unterscheidung der beiden ›Regimente‹, dem Gottes bzw. des Glaubens und dem der menschlichen Vernunft, also auch der Politik – ursprünglich, d. h. im Mittelalter während der heftigen Auseinandersetzungen zwischen den Päpsten und den deutschen Kaisern, betraf sie den Herrschaftsbereich der Kirche und der Fürsten –, machte Luther blind für die Notwendigkeit der Befreiung der Untertanen, der Leibeigenen, der Bauern, Knechte, Mägde, Tagelöhner usw. Beim Bauernkrieg von 1525 stand Luther auf der Seite der Fürsten. Er hielt die staatliche Ordnung für gefährdet und argumentierte mit Paulus: »Jedermann sei untertan der Obrigkeit … Denn es gibt keine Obrigkeit außer von Gott; wo Obrigkeit ist, ist sie von Gott angeordnet.« (Röm 13,1) In der Konsequenz des christlichen Glaubens an die Befreiung aller Menschen zur Mündigkeit und Eigenverantwortlichkeit liegt aber nicht nur der Abschied vom Gottesgnadentum aller Fürsten – »Ich, Kaiser XY von Gottes Gnaden« – zu Beginn des

20. Jahrhunderts, sondern auch die absolut notwendige Verwerfung jeglicher politischer Diktatur und jeglicher Gewaltanwendung gegenüber anderen Völkern durch Krieg oder kriegsähnliche Verhaltensweisen. Davon sind wir noch weit entfernt. Wenn die Bürgerinnen und Bürger in einer deutschen Kommune oder einem demokratischen Staat westlicher Prägung bis auf den heutigen Tag keine Möglichkeit haben, der Wirtschaftslobby ernsthaft und erfolgreich Widerstand zu bieten, etwa wenn es um die Zwischen- bzw. Endlagerung von Atommüll oder den Einsatz von Soldaten im Ausland geht, wenn sie sich nicht einmal erfolgreich gegen Maßnahmen wehren können, die angeblich dem – von wenigen Politikern bestimmten – ›Gemeinwohl‹ entgegen stehen, z. B. gegen die Zwangsräumung eigener Häuser, die einem größeren Bauprojekt der Stadtverwaltung weichen sollen, oder gegen die Zwangsumsiedlung eines Dorfes, unter dem Braunkohle liegt, dann haben wir auch in unserer so fortschrittlichen Demokratie noch keineswegs jene Freiheit, die zu einem selbstbestimmten Leben aller freien Bürgerinnen und Bürger gehört. Unsere repräsentative Demokratie (›Herrschaft des Volkes‹) ist in Wirklichkeit eine Oligarchie (›Herrschaft weniger Leute‹). Diese ›wenigen Leute‹ sind äußerst häufig Angehörige der Wirtschaft, denn Geld ist nun einmal Macht, und alle Mitglieder des Staatswesens profitieren von dem, was die ökonomische Zunft mit den von ihr abhängigen Arbeitnehmern erwirtschaftet und verteilt (z. B. auch für Bildung und Kunst). Schon die spätmittelalterlichen europäischen Herrscher waren von der Hochfinanz – etwa den Fuggern in Augsburg – abhängig, unsere heu-

tigen Politikerinnen und Politiker sind es auch. Immerhin haben wir die Freiheit, unser politisches System offen in Frage zu stellen und uns über eine politische, wirtschaftliche und soziale Weiterentwicklung der Gesellschaft ohne ideologische Vorgaben Gedanken zu machen, auch wenn die Beteiligungsmöglichkeit aller an der Politik durch Wahlen und/oder Mitarbeit in einer Partei nicht besonders groß ist. Mehr direkte Demokratie wäre gewiss eine Chance größerer Freiheit, ist aber sehr schwer zu organisieren. Sie setzt auch ein hohes Maß an Bildung und Urteilsfähigkeit voraus, das nicht vorhanden ist. – Wo aber liegen Grenzen der Freiheit? Für einzelne Menschen liegen sie dort, wo sie sich gegen ihre Mitmenschen durch Gefährdung von Leib und Leben, Hab und Gut wenden. Sog. Gesetzesbrecher müssen mit Freiheitsentzug rechnen. Auch die Freiheit jener, die die Freiheit bedrohen, kann nicht toleriert werden. Leider kann aber die Freiheit aller durch eine enge Auslegung dessen, was bedrohlich ist, von der politischen Klasse gefährdet werden. So nützlich die modernen Informationstechniken sind, so sehr können sie manipuliert und missbraucht werden. Indem man uns erzählt, unsere Freiheit sei in Gefahr, kann man auch aggressive militärische Politik machen. Keiner von uns verfügt über ausreichende Informationen, um alle Nachrichten auf ihren Wahrheitsgehalt zu überprüfen. Geheimdienste, wie sie auch alle freiheitlichen Staaten unterhalten, dienen einerseits der Freiheit, können andererseits gerade diese Freiheit gefährden. Deshalb scheinen mir ein möglichst großes Misstrauen und eine bestmöglich geschulte kritische Wahrnehmung der Bürgerinnen und Bürger allezeit ebenso angebracht wie eine aufmerksame und interessierte politische Haltung. Das Schlimmste, was moderne Demokratinnen und Demokraten, gerade auch Christenmenschen, an den Tag legen können, ist jene unpolitische Einstellung, welche ›die da oben‹ – in Staat *und* Kirche übrigens – einfach machen lassen.

Wenn es um Freiheit geht, ist trotz aller Einschränkungen der Wahrnehmung, die unsere Vorfahren im Glauben hatten und die auch wir haben, das Christentum gefragt. Ich traue dem christlichen Glauben sogar zu, Gott so zu verstehen und zu erfahren, dass er uns von sich selbst befreit. Matthias Kroeger, Hamburger Theologe und Kirchenhistoriker, nennt das »nontheistische« Religion. Gott und sein angebliches ›Gebot‹ wären dann nicht länger eine Art von moralischer Diktatur und eine von außen uns überwachende, wenngleich auch hilfreiche elterliche Autorität, sondern jener Geist, der uns in alle Freiheit leitet und einen weiten Blick gewährt über die kleinen Täler lokaler, konfessioneller und familiärer Traditionen hinaus »in ein Land, das ich dir zeigen werde« (1. Mose 12,1). Der christliche Weg führt aus einer normativen Überich-Religion in eine heitere Anbetungs- und Verantwortungsreligion. Dieses »Land« liegt weit ausgebreitet vor uns, rückt aber immer wieder in die Ferne und ist in diesem Leben vielleicht nicht gänzlich zu erreichen. Man kann sich jedoch an dem Ziel, das in der weiten Ebene und Ferne zu sehen ist, orientieren. Denn wenn nicht die christliche, welche Religion dann hat die Freiheit so sehr ins Zentrum des Glaubens gerückt! Deshalb zitiere ich noch einmal einen Kernsatz unserer Tradition. Was Paulus zunächst gegen den Zwang zur Beschneidung sagte, dürfen wir ausweiten, nicht zuletzt auch auf das politische Gebiet:

»Zur Freiheit hat uns Christus befreit. So steht nun fest und lasst euch nicht wieder das Joch der Knechtschaft auflegen!« (Gal 5,1)

19. Der Frieden

Gerechtigkeit, die einen Ausgleich von Interessen und Wertigkeiten anstrebt, fördert den Frieden. Denn der Unfriede beruht weitgehend auf dem Versuch, eigene Interessen gegen die anderer durchzusetzen, sich Vorteile zu verschaffen und der Angst, zu kurz zu kommen oder zu verlieren, zu wehren. Was heißt ›Frieden‹? Jeder will ihn, jeder kennt sein Gegenteil, den Streit oder gar Krieg. Schon in diesem Unwort ›Krieg‹ steckt unsere Habsucht: Kriege sollen dazu helfen, etwas zu kriegen, Macht und Geld, Einfluss und Sicherheit usw.

Ein Gruß, ein Wunsch, eine Hoffnung

Früher habe ich immer gedacht, wenn Jesus in den Erzählungen des Neuen Testaments sagt »Friede sei mit euch!«, dann sei das ein ganz besonders heiliger Wunsch, gleichsam ein Segen, den der Meister seinen Schülern erteilt. Inzwischen weiß ich, dass das ein sehr schöner und frommer, aber ganz alltäglicher Gruß ist. Noch heute sagen Moslems an der Stelle, wo wir (ganz säkular) »Guten Tag!« oder – in Süddeutschland und schöner – »Grüß Gott!« (d. h.: »Es grüße dich Gott!«, entsprechend beim Abschied: »B'hüt‹ di‹ Gott!«) sagen, »Salem aleykum!« Das heißt auf Hebräisch »Schalom alejchem!« und klingt ganz ähnlich wie der arabische Gruß, weil es sprachlich eng verwandt ist. Dass dieser Gruß zugleich auch ein alltäglicher Segen sein kann, den man demjenigen, dem man begegnet, zueignet, ist kaum zu bestreiten. Insofern war mein jugendlicher Eindruck nicht falsch. – Ich stelle mir vor: Ein Wanderer oder eine Gruppe von Leuten, die sich einem Zelt oder einer ganzen Siedlung von Zelten, vielleicht auch einer Stadt nähern, werden schon von weitem oder aber am Tor gefragt: »Bringst du Krieg oder Frieden?« Und die Antwort lautet: »Frieden!« (1. Sam 16,4) Mit dem Wunsch, Frieden möge ihn oder sie begleiten, werden die Besucher wieder in die Steppe entlassen. In einer weiten und ungesicherten Nomadenwelt ist das nachvollziehbar. Aber auch unter Sesshaften bleibt der Gruß bestehen. Eine tiefe Sehnsucht nach Frieden, die über das Alltägliche hinausgeht, drückt sich darin aus. Der Name der Stadt Jerusalem enthält ebenfalls das Wort ›Frieden‹, so auch der Name Salomos, des Sohnes und Nachfolgers Davids.

Frieden heißt in diesen alten Texten zunächst einmal: kein Streit, keine Gefahr, kein Blutvergießen. Frieden impliziert also die Gegenwahrheit *Krieg*, in alltäglicher Form *Konflikt* oder *Streit*. Krieg bringt immer auch Tod und Sterben, Leiden, Hunger, Krankheit, Seuchen u. dgl. mit sich. Insofern ist Frieden Glück und Leben, ja das Paradies, Krieg aber Unglück, Tod und Hölle. Schon Kleinkinder streiten. Streitbereitschaft scheint angeboren zu sein. Aktiv herbeigeführter und gehaltener Frieden wäre demnach eine sozialisationsbedingte und kulturelle Errungenschaft, die mit Affektbeherrschung, Rationalität und Sachlichkeit, Einsicht und Verantwortung, kurz: mit *Mündigkeit* zu tun hat.

Nachdem die Zeit der ersten glanzvollen Könige vorüber und Israel bereits geteilt ist, entwickelt sich die Hoffnung auf eine Wiederkehr jenes goldenen Zeitalters der ersten Könige. Ein neuer *Herrscher aus dem Stamm Davids*, der Gesalbte des Herrn (›Messias‹), soll Frieden bringen. Das findet sich schon in einer relativ frühen Schrift der hebräischen Bibel, auch wenn sie vielleicht später entstanden ist als Jesaja selbst seine Worte gesprochen und vielleicht diktiert hat (Jesaja wurde 736 v. Chr. berufen: vgl. Jes 6):

»Denn uns ist ein Kind geboren, ein Sohn ist uns gegeben. Und die Herrschaft kommt auf seine Schulter. Er erhält den Namen: Der Wunderbares plant, Mächtiger Gott, Ewiger Vater, Friedefürst. Weit reichen seine Herrschaft und der endlose Friede, der von Davids Thron ausgeht in seinem Reich, indem er es (wieder) begründet und stützt auf Recht und Gerechtigkeit von nun an bis in Ewigkeit.«[1] (Jes 9,1–6)

Wir kennen diese Weissagung – ganz gleich, worauf sie sich ursprünglich einmal bezogen haben mag – aus den Advents- und Weihnachtsliturgien in der vertrauten und poetischen Form der Luther-Übersetzung: »Und er heißt: Wunderrat, Gottheld, Ewigvater, Friedefürst.« *Frieden und Gerechtigkeit* sind die eigentlichen Aufgaben des erwarteten Herrschers. Sie hängen eng zusammen: Unfriede entsteht, wo Unrecht getan oder empfunden wird; Friede wird von dem hergestellt, der gerechte Urteile spricht und den alle anerkennen. Das ist erst einmal der jeweilige Herrscher, dann aber und vor allem und über allen *Gott selbst*.

Er kann Frieden schaffen sogar zwischen Mensch und Tier und zwischen Raubtieren und Beutetieren:

»Da werden die Wölfe bei den Lämmern wohnen und die Panther bei den Böcken lagern ... Kühe und Bären werden zusammen weiden ... und Löwen werden Stroh fressen wie die Rinder. Und ein Säugling wird spielen am Loch der Otter, und ein Kleinkind wird seine Hand stecken in die Höhle der (nicht mehr giftigen) Natter. Man wird nirgends Sünde tun ... denn das Land wird voller Erkenntnis des Herrn sein ...« (Jes 11,6–9).

Ein Friedensweltreich?

Schon in *vorchristlicher* Zeit erhoffte sich Israel also ein *Friedensweltreich*. Sein Mittelpunkt sollte Jerusalem sein. Dort wird der Gott verehrt, der Waffen zerbricht und durch sein Wort der Gerechtigkeit Frieden schafft. Dass der Zion, Jerusalem, das Zentrum eines internationalen Weltreichs des Friedens sein soll, entspricht der in vorchristlicher Zeit noch nicht anders denkbaren Vorstellung, nach welcher der jeweilige Nationalgott der rechte und wahre ist. Er wird an einem ganz bestimmten Ort verehrt. Das ist die historische Situation, aus der heraus verständlich wird, dass gerade der Tempelberg ›Zion‹, auf dem der prachtvolle neue Tempel entstehen soll, als der Ort geglaubt wird, wo sich *alle Völker friedlich versammeln* (Jer 3,17; vgl. u. a. Jes 11,10; Sach 14,16; Jes 60). Die Hoffnung auf eine *universale* Friedensherrschaft Gottes, die nicht mehr ortsgebunden ist, blitzt allerdings doch schon in vorchristlicher Zeit auf: »Jahve werden alle Inseln der Völker verehren, jedermann von *seiner* Stätte.« (Zeph 2,11; vgl. 3,9f.) Die ganze Welt wird einen, den wahren, Gott verehren, der alle bisherigen Götter der Erde dahinschwinden lässt.[2] Ohne Frage erinnert die Pfingstgeschichte aus dem Neuen Testament (Apg 2,1–13) an diese alte Hoffnung: Plötzlich gibt es Verständigung unter den zum Fest versammelten Menschen, die aus den unterschiedlichsten Sprachräumen gekommen waren (ebd. 7–11). Man hält die althergebrachte Erwartung für endlich erfüllt. Aber schon Jeremia hatte Jahrhunderte zuvor gewarnt:

»Propheten und Priester gehen alle mit Lügen um und heilen den Schaden meines Volkes nur obenhin. Sie sagen: ›Friede, Friede!‹, und ist doch nicht Friede.« (Jer 6,13f.)

Bei aller biblischen Hoffnung und gläubigen Frömmigkeit tut nüchterner Realismus gut. Kann Glaube nicht gerade bedeuten, den Tatsachen ins Auge zu sehen? Auch heute gilt gerade für Pfarrerinnen und Pfarrer: Bloß keine Schönfärberei!

Eine andere Dimension

Deshalb bleibt bei allen *Friedenswünschen*, die zugleich *Segenswünsche* sind, ein ›eschatologischer Vorbehalt‹, d. h. man erkennt, dass der wahre und dauerhafte Friede noch nicht da, sondern der *Zukunft* – oder einer anderen Dimension von Weltwahrnehmung – vorbehalten ist. Für den Glauben ist er schon gegenwärtig: ›Frieden mit Gott‹ ist *schon jetzt* möglich. Und wer Frieden mit dem obersten Richter, mit Gott selbst, hat, dem ist das Reich Gottes mindestens nahe. »Da wir nun sind gerecht geworden durch den Glauben, haben wir Frieden mit Gott durch unsern Herrn Jesus Christus.« (Röm 5,1) Dieser Gott ist »ein Gott des Friedens« (1. Kor 14,33). An vielen Stellen des Neuen Testaments wird Gott so bezeichnet.

Wir kennen eine klassische energetische Zueignung des Friedens als uralten *biblischen Segen* auch aus dem christlichen Gottesdienst: Dort wird die Gemeinde mit dem ›aaronitischen Segen‹ (4. Mose 6,24–26) entlassen, wie schon die Israeliten von *ihrem* Gott durch die Priester gesegnet wurden: »Der Herr segne dich und behüte dich! Der Herr lasse sein Angesicht leuchten über dir und sei dir gnädig! Der Herr erhebe sein Angesicht auf dich und gebe dir Frieden!« Neben diesem Segen am Schluss finden wir einen Friedenswunsch auch während des Gottesdienstes zu Beginn der Austeilung des Abendmahls zum einen als »Zeichen des Friedens«, das die Gemeindeglieder sich gegenseitig geben, sie sagen dabei: »Friede sei mit dir!«, manchmal auch: »Schalom!«, zum andern als Gruß vom Altar aus: »Der Friede des Herrn sei mit euch allen!« und nach der Austeilung: »Geht hin in Frieden!« Von der Kanzel aus wird oft mit dem Votum begonnen: »Gnade sei mit euch und Friede von Gott, unserem Vater, und dem Herrn Jesus Christus!« (Röm 1,7)

Friedenssehnsucht

Friedenssehnsucht ist zur Zeit in Europa – nach zwei Weltkriegen, deren Grausamkeiten alles bisher Dagewesene überstiegen haben – *politisch* einigermaßen erfüllt, außerhalb dieses Kontinents aber desto größer. Kriege, Hunger, Grausamkeiten überziehen weite Gebiete der Erde. Und *individuelle*, *private* und *persönliche* unerfüllte Friedenssehnsucht in Europa wie überall sonst auf der Erde bezieht sich weiterhin auf *Konflikte* in Familien, Firmen, anderen Arbeits- und Lebensbereichen. Es zeigt sich überall eine Unfähigkeit und mangelnde Bereitschaft zum Frieden. Egoismus, die Angst, zu kurz zu kommen, und als Folge *Habgier*, *Neid* und *Geiz* sind in Wohlstandsgesellschaften, so scheint es mir jedenfalls, noch verbreiteter als in ärmeren Ländern und Situationen. Habgier, Neid und Geiz einzelner und ganzer Gruppen in Wohlstandsgesellschaften sind aber die Ursache für Kriege gegen unterlegene ärmere, wenngleich potentiell reiche, Länder und mangelnde Hilfe für sie.

Wie sollen und können wir mit unserer Friedenssehnsucht umgehen – ganz abgesehen von der anderer, deren Befriedung uns nach Kräften auch noch aufgetragen ist? »Selig sind die Friedfertigen (und diejenigen, die Frieden stiften), denn sie werden Gottes Kinder heißen«, sagt die Bergpredigt (Mt 5,9). *Politisch* halte ich die wissenschaftliche Friedensforschung für sehr wichtig und hoffnungsträchtig. Aber ernst genommen wird sie bisher wohl kaum. Und solange auch wir Deutschen Soldaten über die ganze Welt verteilen, um uns in eigenem Interesse in die Angelegenheiten anderer Länder und Kontinente einzumischen, meist unter dem Vorwand, uns verteidigen zu müssen (»Europa wird auch am Hindukusch verteidigt«), oder noch verlogener: ›Frieden stiften‹ zu wollen, sehe ich nur geringe Chancen für politischen Frieden. Wenn die Völker nicht begreifen, dass nur Einigkeit stark macht, wenn z. B. die Palästinenser sich nicht geschlossen darstellen, sondern die Konflikte zwischen Fatah und Hamas offen und mit Waffen austragen, haben Dritte eine Gelegenheit, ihre Interessen durchzusetzen – nach dem simplen Motto: »Wenn zwei sich streiten, freut sich der Dritte.« Wenn Menschen, Völker und Länder nicht lernen, ihre Partikularinteressen gegenüber den gemeinsamen Interessen hintan zu stellen, wird nichts aus dem Frieden. Das gilt auch für das europäische Projekt.

Im *privateren* und *bürgerlichen* Bereich hingegen sehe ich begrenzte Möglichkeiten. Nun gibt es zweifellos ausgesprochen streitsüchtige Persönlichkeiten, ja Streitsucht gehört zu bestimmten psychosomatischen und psychiatrischen Krankheitsbildern. Darauf friedlich zu reagieren oder gar solche Aggressionen dauerhaft durch eigenes geduldiges und friedliches Verhalten zu besänftigen, ja zu überwinden, halte ich für schwierig, wenn nicht unmöglich. Frei nach Friedrich Schiller: »Es kann der Frömmste nicht in Frieden leben, wenn es dem bösen Nachbarn nicht gefällt.« Ich denke übrigens auch nicht, dass wir uns den biblischen Jesus, insofern er mit seinen Gegnern sanft und gelassen, vergebend und geduldig umging, zum Vorbild nehmen können. Die ›imitatio Christi‹ (›Nachahmung Christi‹) ist, wörtlich genommen und damit missverstanden, ein fatales Konzept, weil wir nicht Christus sind. Sie ist nicht mit der

›Nachfolge Christi‹ zu verwechseln. Christus ›nachzufolgen‹ heißt nicht, ihn und sein Leben, wie es im Neuen Testament beschrieben wird, zu imitieren, sondern ihm – einem Symbol, vielleicht auch als einem Vorbild für ein authentisches und gewagtes Leben – auf meinem *eigenen* Lebensweg zu folgen wie einem inneren Leitstern, einem Urbild, das uns vorangeht wie einst die Rauch- bzw. Feuersäule dem Volk Israel (2. Mose 17,21 f.). Ein Lied im Evangelischen Gesangbuch drückt das gut aus:

»Jesu, geh voran auf der Lebensbahn! Und wir wollen nicht verweilen, dir getreulich nachzueilen; führ uns an der Hand bis ins Vaterland.« (EG 391)

Früher wurde dieses Lied oft bei Trauungen gesungen. Es gilt aber nicht speziell für den Weg der Ehe, sondern für unseren Lebensweg, der nicht immer leicht ist, sondern oft genug durch die ›Wüste‹ führt.

Was hilft

Manchmal hilft es uns und jenen, die uns attackieren oder die, etwa in einer Gruppe, ständig stören, wenn wir ihnen nicht mit überlegen scheinender Ruhe begegnen, sondern sie als Partner ernst nehmen und uns nichts gefallen lassen. Das hat schon Paulus getan. Ich habe einmal eine Ärztin, die in einer Lerngruppe unentwegt störte, angeherrscht, indem ich aufstand und ihr gegenübertrat: »Steh’ auf, schau’ mich an! Jetzt reicht’s! Was willst du hier und von wem? Sag’s oder geh’ hinaus!« Ich war in diesem Moment aufgeregt und eher ängstlich, aber bass erstaunt und froh, als die Dame sagte: »Ich glaube, ich brauchte genau das: deine energische Zuwendung und eine klare Grenze. Und jetzt ist es gut. Du konntest nicht wissen, dass ich gerade einen längeren Aufenthalt in der Psychiatrie hinter mir habe. Du hast mich aus der Regression[3] herausgeholt, in die ich hier zurückgefallen war. Danke!« Ich möchte damit nicht empfehlen, Leute, die uns ärgern, immer anzubrüllen o. Ä. Das kann auch bedeuten, in ein ›Angebot‹ zu destruktivem Verhalten einzusteigen (Tiefenpsychologen sagen: mitzuagieren) und damit einen Streit erst eskalieren zu lassen. Manchmal ist es unter Erwachsenen tatsächlich das Beste, die Angriffe ins Leere laufen zu lassen – wenn man es schafft. Wann das eine, wann das andere angebracht ist, ist wohl eine Sache des Fingerspitzengefühls. Mir fällt es jedenfalls sehr schwer, ruhig und gelassen zu bleiben, wenn ich angegriffen und mit Vorwürfen überhäuft werde. Am leichtesten behalte ich meine Ruhe, wenn ich in der *klar definierten Rolle* des Seelsorgers oder Psychotherapeuten bin. Diese Rolle hilft mir, sachlich zu bleiben, obwohl der Rat oder Beistand suchende Mensch unsachlich und womöglich aggressiv wird.

In Schulklassen oder ähnlichen Jugendgruppen, vor allem bei den von vielen Pfarrerinnen und Pfarrern geradezu gefürchteten Konfirmandengruppen, gilt oft Ähnliches. Sich auf einen längeren Streit mit ihnen einzulassen, dürfte eher destruktiv sein, aber *klare und eindeutige Ansagen* (nicht etwa: »Vielleicht können wir einmal …«) zu machen – »So nicht! Nicht mit mir! Das oder jenes ist jetzt zu tun und nichts anderes!« –, hilft allen Beteiligten. Ich hatte als Vikar mit einer 9. Klasse Hauptschule meine Schwierigkeiten. Eines Tages hatten sie Niespulver verstreut und nichts anderes im Sinn als darauf zu warten, ob ich jetzt niese; an Unterricht war nicht zu denken. Ich sah auf die Uhr und wartete lange. Als das gar nichts half, und nur Gekicher und Unsinn stattfanden, holte ich den Klassenlehrer. Der fragte die Schüler, was denn los sein und warum sie mich so ärgerten. »Der ist immer so ruhig«, war die Antwort. Was geholfen hätte, wäre eine entschlossene und eindeutige Aufgabenstellung und strenge Zielangabe mit konsequenter Durchführung gewesen. Meine gespielte Überlegenheit hingegen führte nicht weiter. *Soziales Lernen* in Schulen und Studiengängen, gerade auch im Theologiestudium, ist notwendiger denn je. Dazu eignet sich nichts besser als eine nicht allzu kurze Serie von psychoanalytischen Selbsterfahrungsgruppen und Gruppenarbeit mit Themenzentrierter Interaktion (TZI). Die Römer vertraten den aus Erfahrung gewonnenen Grundsatz: »Si vis pacem para bellum.« (»Wenn du Frieden willst, bereite den Krieg vor!«) Das ist der Aberglaube an die ›Abschreckung‹. Es mag in unserer Welt naiv sein, an einen Frieden zu glauben, der allein durch Abrüstung und Friedfertigkeit möglich würde. Neid und Begehrlichkeiten, Ängste, Geiz und Habgier sind nicht so leicht auszurotten. Aber es ist eine durchaus erfahrungsgedeckte Weisheit, dass Frieden dadurch gefördert werden kann, dass man dem andern die Angst nimmt. Gegenseitige Information, eigene Wehrlosigkeit, regelmäßiger Kontakt und Vertrauensvorschuss sind durchaus Maßnahmen, die weiterführen als blindes Zuschlagen. Manches hat sich sogar schon in der Politik herumgesprochen und wird wenigstens teilweise verwirklicht. Im großen Stil kollektiver Kommunikation mag es dennoch schwierig sein, Frieden auf der Basis von Vertrauen und Verlässlichkeit zu halten, aber mindestens in unserem kleinen Umfeld lässt sich Frieden verwirklichen, wenn wir das Risiko von Fehlschlägen und Enttäuschungen auf uns zu nehmen bereit sind. Die Voraussetzung dafür ist wohl der Glaube, jenes grundlegende Vertrauen darauf, dass wir selbst geliebt sind und letzten Endes trotz möglicher Niederlagen ›siegen‹ – besser vielleicht: mit der Hilfe Gottes überwinden – werden.

[1] Nach W. H. Schmidt, Alttestamentlicher Glaube, Neukirchen-Vluyn 1996, 272 f.

[2] A. a. O., 406 f.

[3] Regression: Ein Abwehrmechanismus gegenüber Angst, der in kindliches Verhalten und Empfinden zurückfallen lässt. Regression ist aber auch bis zu einem gewissen Grad nützlich, insofern wir uns fallen lassen und auf diese Weise erholen können.

20. Die Gemeinschaft der Kirche

Nicht nur die Themen Sünde, Anfechtung, Glück, Liebe, Wahrheit, Gerechtigkeit und Frieden, aber diese besonders deutlich, behandelten allesamt Aspekte der Gemeinschaft. Wir Menschen sind gemeinschaftliche Lebewesen, etwas gröber ausgedrückt: Herdentiere. *Wir brauchen einander.* Und viele unserer Erfahrungen, Gedanken und Begriffe sind auf diese Tatsache bezogen. Das menschliche Zusammenleben hat auch Regeln hervorgebracht, wie wir sie z. B. aus der Bibel unter der Überschrift »Die Zehn Gebote« kennen. Auch die Menschenrechte gehören hierher. Die Christen haben von Anfang an als Gruppe zusammengelebt und nachher »Gemeinden« gebildet. Diese sind geradezu ein Kennzeichen von dem geworden, was wir »Kirche« nennen.

Das Wort ›Kirche‹ kommt übrigens aus dem Griechischen: *Kyriake* bedeutet: ›Die dem *Herrn* Gehörige‹ und von ihm Bestimmte. Wir kennen das Wort *kyrios* aus dem Gottesdienst, wo wir »Kyrie eleison« singen – einen Huldigungsruf, den die Menschen in der Antike dem Kaiser und den die Christen *ihrem* Herrn, eben nicht dem Kaiser, sondern Christus darbrachten.

Noch einmal: Die christliche Kirche ist von Anfang an eine *gemeinschaftliche Bewegung* und nicht die Eingebung oder Erfindung eines Einzelnen. Die Anhänger des Gekreuzigten, von denen wohl die meisten zunächst tief enttäuscht geflohen waren, versammelten sich nach dem schrecklichen Ereignis der Kreuzigung wieder in verschlossenen Räumen in Jerusalem zu Austausch und Gebet. Einige Frauen aus Jesu Gefolgschaft hatten, so wird uns (Mk 16,1 ff.; Mt 28,1 ff.; Lk 24,1 ff.; Joh 20,1 ff.) berichtet, »am dritten Tage« nach Jesu Tod, dem »ersten Tag der Woche«, beim Gang zum Grab dieses leer gefunden und waren einem Engel bzw. Jesus selbst begegnet. Sie hatten die Männer informiert, und fortan gab es bis zur sog. Himmelfahrt immer wieder Erscheinungen des Auferstandenen. Seine Anhängerinnen und Anhänger nennen ihn nun »Herr« (*kyrios*). Am »Wochenfest«, einem althebräischen Ernte- und Gesetzesfest, das wir heute »Pfingsten« nennen, versammelten sich die Jüngerinnen und Jünger, sahen unter großem Brausen vom Himmel Feuerzungen auf ihren Häuptern und begannen (nach Apg 2,1–13), in fremden Sprachen zu predigen. Während die einen sie in jeweils ihrer Muttersprache verstanden, hielten andere die Gruppe für betrunken. Petrus soll, so wird berichtet (Apg 2,14–36), eine Rede gehalten haben, die das Geschehen als Erfüllung einer alten Prophezeiung (Joel 3,1–5) erläutert. Hernach sollen sich 3000 Menschen haben taufen lassen. Die erste christliche Gemeinde war entstanden. Ob das wirklich historisch so gewesen ist oder in der erst später entstandenen Apostelgeschichte verklärt dargestellt wurde, können wir heute nicht mehr mit Sicherheit sagen. Es tut aber auch nichts zur Sache. Fest steht, dass sich nach Jesu Tod eine Gemeinschaft derer herausbildete, die überzeugt davon waren, Jesus sei von den Toten auferstanden. Kennzeichen dieser ersten Gemeinde waren (nach Apg 2,42) die Gemeinschaft, die Lehre der Apostel, das ›Brotbrechen‹ und das Gebet. Paulus, der die Christen zunächst verfolgt hatte, bekehrte sich unter dem Eindruck einer sehr heftigen Vision der Lichtgestalt Christi zum Glauben daran, dass der erwartete Messias (oder griechisch/lateinisch ›Christus‹) in Jesus erschienen sei (Apg 9,1–19). Von da ab wurde er zum glühenden Verehrer Christi und zum maßgeblichen Missionar im römischen Reich. Die ersten Predigten über den neuen Glauben, dass der Messias, auf den alle warteten, schon da gewesen sei, wurden in Synagogen gehalten. Denn schließlich ging es um den Glauben an die Erfüllung einer alten jüdischen Hoffnung. Zu den Neuerungen gehörte aber die umstrittene Öffnung der Gemeinschaft für Nichtjuden und ›Heiden‹. Damit begann eine Internationalisierung und interreligiöse Erweiterung der alten Glaubensgemeinschaft, die man als Abspaltung von der jüdischen Mutterreligion ansehen kann. Einflüsse griechischer, ägyptischer und anderer Vorstellungen wirkten auf die junge Glaubensgemeinschaft ein. Es gab Verfolgungen durch altgläubige Juden und römische Kaiser, bis schließlich unter Kaiser Theodosius im Jahre 380 n. Chr. das Christentum die neue Staatsreligion wurde. Die *Institution Kirche* war entstanden.

Kirche als Ausdruck von Kultur

Im Folgenden geht es nun aber nicht um die Geschichte der Kirche, sondern nur um einen zentralen Gesichtspunkt, die Gemeinschaft. Wie andere Glaubensgemeinschaften auch ist die christliche Kirche, sobald sie die beherrschende Religion des hellenistisch-römischen Kulturkreises geworden war, Ausdruck einer für den Zusammenhalt der zu diesem Kulturkreis gehörenden Gesellschaft enorm wichtigen Weltanschauung. Deshalb wurde diese dort, wo neue Gebiete durch Eroberungen hinzukamen, oftmals ›mit Feuer und Schwert‹ verbreitet. Die Politiker sahen die Bedeutung der Religion für ihre Gebiete sehr klar, hielten sich aber, sobald sie selbst Christen geworden waren, auch aus religiösen Gründen für berechtigt, den Glauben an Christus mit Gewalt zu verbreiten. Diese Mischung aus politischen Interessen und religiösem Eifer mag man heute zurecht als äußerst fragwürdig ansehen, sie hat aber das ausgehende Altertum und das ganze Mittelalter bis in die Neuzeit hinein geprägt. Die Herrscher betrachteten sich als Kaiser und Könige ›von Gottes Gnaden‹ und handelten in göttlichem Auftrag – eine gegenüber den Beherrschten wahrlich günstige Position. Diese hatte aber auch für die Untertanen Vorteile, z. B. Geschlossenheit der religiösen Kultur und traditionsgebundene Ordnung der kirchlichen Verhältnisse.

Seit die christliche Kirche und die christlichen Gemeinden weltweit nicht mehr mit einem Staatswesen identisch und die Länder enger zusammengerückt sind, zeigen sich große Unterschiede. In Deutschland wurde die Trennung von Kirche und Staat nach dem ersten Weltkrieg (ab 1919) eingeführt. Durch Staats-Kirchen-Verträge wurden Einzelheiten geregelt, z. B. die Übernahme von Baulasten oder der Einzug von Kirchensteuern durch den Staat als Ausgleich für ehemalige Privilegien der Staatskirchen. Während die katholischen Bistümer weltweit dem römischen Episkopat und Primat, dem Amt des Papstes, unterstellt sind und damit eine große Einheit und relative Unabhängigkeit gegenüber politischen lokalen Bedingungen praktizieren können, gibt es etwas Vergleichbares im Protestantismus nicht. Nach dem Grundsatz des Augsburger Religionsfriedens von 1555 »Cuius regio eius religio« (»Wessen das Gebiet, dessen die Religion«) konnte jeder Fürst in seinem Territorium das Bekenntnis (die Konfession) der Untertanen gemäß seinem eigenen selbst festlegen. Später haben die Fürsten oftmals auch die jeweils andere Konfession in neu hinzugewonnenen Gebieten (oder wenn sie selbst konvertiert waren) bestehen lassen. Der Protestantismus hat in Deutschland bis heute aufgrund dieser Geschichte ›Landeskirchen‹, die geographisch nicht immer mit dem jetzigen Bundesland identisch sind. Je nach Landeskirche gibt es unterschiedliche Lokaltraditionen, die berücksichtigt sein wollen und bis heute auch im *Kirchenbund* der »Evangelischen Kirche in Deutschland« (»EKiD« oder kurz »EKD«) eine Rolle spielen. Das evangelische Einheitsgesangbuch (»EG«) hat z. B. unterschiedliche landeskirchliche Anhänge, die geltenden Bekenntnisschriften (die theologischen Grundsatzdokumente), zu denen auch die Katechismen[1] gehören, sind in lutherischen, reformierten und unierten Landeskirchen unterschiedlich, ja auch die Gottesdienstpraxis sieht verschieden aus, und der Umgang mit den sechs Jahrgängen der Ordnung der Predigttexte für jeden Sonntag des Kirchenjahrs wird verschieden gehandhabt. Das alles trägt nicht unbedingt zur Stärkung der Gemeinschaft bei.

›Mitteldinge‹

Da aber die theologischen Unterschiede für Nichttheologen meist weder besonders leicht verständlich noch überhaupt als besonders relevant betrachtet werden, gelten für Protestanten Dinge und Sachverhalte, die von den Reformatoren eigentlich als unwesentlich eingestuft wurden, manchmal als besonders richtig. Melanchthon, Luthers treuer Mitarbeiter, sprach von den »Mitteldingen« (»Adiaphora«). Darunter versteht man bis heute z. B. die gottesdienstliche Gewandung, das Stehen, Sitzen oder Knien beim Hören der biblischen Lesungen oder beim Gebet und beim Empfang des Altarsakraments, das Sich-Bekreuzigen, das von Luther selbstverständlich praktiziert wurde, wie er im Hauptgottesdienst selbstverständlich Messgewänder getragen hat, den Gebrauch unterschiedlicher Musik und Musikinstrumente, aber auch die Organisationsformen der Kirche etc. Es handelt sich um politische, ästhetische und Stil-Fragen, die freilich nicht weniger ernst zu nehmen sind als die Glaubensinhalte, insofern sie genau diesen Ausdruck verleihen. Form und Inhalt lassen sich letzten Endes nicht trennen. Für die *Gemeinde* sind die Mitteldinge eng mit dem verbunden, was sie gewöhnt sind und als geheiligte Überlieferung betrachten. Sie erlebt liturgische Beliebigkeit als Unzuverlässigkeit und neue Lieder (die Jazzrhythmen oder Gospels imitieren) oder neuere Musikinstrumente (z. B. Saxophon, wenn es dilettantisch gespielt wird) nicht selten als Zumutung. Oft glaubt sie auch an die Unveränderlichkeit kirchlicher Organisation – ähnlich wie die Katholiken, die ihre liturgischen Gestaltungsformen und die Sozialgestalt der Kirche nicht selten für sakrosankt halten.

Deshalb ist immer wieder liturgische Information und Aufklärung, aber vor allem das Gespräch notwendig. Selbstherrliche Pfarrerinnen und Pfarrer oder autoritäre Kirchenvorstandsbeschlüsse über Adiaphora sind gleichermaßen unangebracht. Evangelische Freiheit ist ein hohes Gut, das im Sinne des Paulus allerdings nicht zur Beliebigkeit führen darf, sondern eine Gratwanderung zwischen Rücksichtnahme, Anschlussfähigkeit an die Tradition und Mut zu Neuem darstellt.

Gemeinden als Problem

Nun waren die *Ortsgemeinden* seit dem Mittelalter mit der politischen Gemeinde identische Gemeinschaften, in denen man zusammen lebte, arbeitete und feierte. Sie waren nicht konfliktfrei, aber kulturell einigermaßen homogen. Das ist in den Volkskirchen Mitteleuropas bis auf kleinere Dörfer längst vorüber. In den Freikirchen hingegen finden wir nach wie vor überschaubare Gemeinden, wo jeder jeden kennt, so dass man von »Gemeinschaft« sprechen kann. Ähnliches gilt z. B. für die Gemeinden in den USA, dort auch für evangelisch-lutherische und römisch-katholische Gruppierungen. In der deutschen Volkskirche mit ihren einzelnen Landeskirchen gibt es hingegen eine kleine engagierte Minderheit, die die Gottesdienste besucht und in verschiedenen Kreisen wie Kirchenvorstand, Posaunen- und Kirchen-, evtl. auch Gospelchor, Bibelkreis, Kindergottesdiensthelferkreis usw. mitarbeitet – man nennt sie »Kerngemeinde« –, und eine große schweigende Mehrheit der Kirchensteuerzahler, die höchstens bei Taufen, Konfirmationen, Trauungen und Beerdigungen je nach familiärer Betroffenheit in Erscheinung tritt. Dass dies so ist, hängt mit der herkömmlichen Auffassung zusammen, bei der Kirche handele es sich um eine (ehemals tatsächlich staatliche) Behörde, deren Funktionäre, die Pfarrer und andere hauptamtliche Mitarbeiter, den Service schon am Laufen halten. Typisch für unseren kirchlichen Alltag ist die Pfarrerzentriertheit der Gemeinden, die uralte Vorstellung vom Hirten (Pastor) und der Herde (›Congregatio‹ Versammlung bzw. Gemeinde, kommt von lateinisch ›grex‹ = Herde). In der Tat ist die Selbstständigkeit der Gemeinden vergleichsweise gering, und alles Entscheidende wird – wer weiß wie lange noch – zentral und ›von oben‹ aus dem Landeskirchenamt mit einem Bischof oder einer Bischöfin an der Spitze (seltener mit einem Vorsitzenden, »Präses« oder

»Kirchenpräsident« genannt) geregelt, auch wenn landeskirchliche Synoden als eine Art Kirchenparlament über
weiterreichende Fragen abstimmen. Dem liegt der fragwür-
dige Gedanke der flächendeckenden geistlichen *Versorgung*
zugrunde. Versorgung produziert Versorgte, passive Emp-
fänger einer Serviceleistung mit einem Anspruch auf Lie-
ferung; schließlich wird (durch Kirchensteuern) pauschal
dafür bezahlt. (Deshalb ärgern sich manche verständlicher-
weise auch darüber, dass in jedem Gottesdienst noch zusätzlich für Sonderzwecke gesammelt wird.)

Das Gegenmodell wäre die *autonome Gemeinde*, die
nicht nur ihre Finanzen und Immobilien (vor allem die Kir-
chengebäude und Gemeinderäume) selber regelt, sondern
auch ihre theologisch ausgebildeten und anderen Mitarbeiter sowie ihr Bekenntnis (ihre theologische Credo-Grund-
lage und die Form ihrer Gottesdienste, als Basis der Gemeinsamkeit) selbst bestimmt. Viel Geld und Energie geht
derzeit noch in der Hierarchie des bürokratischen Apparats
verloren. Ein übergeordneter Zusammenschluss wäre lediglich für theologische Supervision, die Ausbildung der Mitarbeiter und für die Repräsentation gemeinsamer Interessen
nach außen, auch gegenüber anderen christlichen Kirchen,
nötig. Von diesem Modell scheinen wir derzeit noch weit
entfernt. Es könnte jedoch bei der raschen Entwicklung unserer Gesellschaft schneller notwendig werden, als uns lieb
ist. Dabei muss ich gestehen: So unlieb wäre mir persönlich
diese Entwicklung gar nicht, weil ich einen Teil meiner
theologischen Ausbildung in den USA erlebt und dort die
Vorteile und Freiheiten dieses Modells erlebt habe. Dass es
auch Nachteile hat, ist selbstverständlich.

Zur Zeit werden von der kirchensoziologischen und praktisch-theologischen Wissenschaft hierzulande Mischformen zwischen konventioneller Institution, moderner Organisation und mehr oder weniger frei flottierender ›Bewegung‹ beobachtet. Das war natürlich schon immer so ähnlich: Sobald die Christenheit wuchs und sich zu einer Großreligion entwickelte, bedurfte es institutioneller ›Ämter‹ und Strukturen. Diese mussten organisiert und verwaltet werden. Das geschah mit den Mitteln und Einsichten der jeweiligen Zeit. Die Herrscher mischten bis in die Gegenwart aus politischem Kalkül und manchmal auch aus Frömmigkeit kräftig mit. Die Emanzipation der Kirche aus politisch bedingten Sozialgestalten ist keineswegs abgeschlossen. Eine einseitige Orientierung an modernen Organisationsmodellen würde die Kirche in Verwandtschaft zu einer Firma bringen. Diese Gefahr ist heute unverkennbar. Die technokratische Rede vom »Management« und die Frömmigkeits- und Theologiefeindlichkeit, die ich vor allem mancherorts in der kirchlichen Sozialarbeit (Diakonie) beobachte, ist nur ein Beleg dafür. Kirche ist aber *nicht* in erster Linie eine Dienstleistungsfirma mit etwas religiösem Überbau (der sich meist in den Kasualien wie Taufe, Trauung und Beerdigung sowie in ›Andachten‹ als Randerscheinung sozialer Dienste der Kirche zeigt), sondern *primär Anbetungsgemeinschaft* der Gläubigen. Dass diese dann auch »gute Werke« tun, wie Luther das genannt hat, ist nützlich und hilfreich, folgt aber erst aus dem Primären. »Eins aber ist not: Maria hat das gute Teil erwählt. Das soll nicht von ihr genommen werden.« (Lk 10,42) Das sagt Jesus der hyperaktiven Martha, die das Schaffen und

Helfen – für den Gast wohlgemerkt! – vor das Hören und Bewundern stellt.

Andererseits wäre es eine unrealistische Schwärmerei, die Kirche nur als eine vom Heiligen Geist geleitete Frömmigkeitsbewegung zu beschreiben und klare Organisationsstrukturen abzulehnen. Die derzeitigen Landeskirchen sind kein schlechter Kompromiss, solange ihr institutioneller Charakter nicht in Organisationsstrukturen umkippt, die zum Selbstzweck werden und allzu viele Reibungsverluste auf ihren Verwaltungswegen produzieren. Ich denke, ein Abspecken des kirchlichen Apparats täte gut, und die eindeutige Priorität der *theologischen* und *seelsorgepraktischen* Betreuung der Gemeinden einschließlich ihrer Seelsorgerinnen und Seelsorger durch praktisch-theologisch kompetente Bischöfe wäre hilfreich. Der Weg geht, das zeigt sich schon heute, weg von der so genannten *Betreuungskirche* hin zur *Beteiligungskirche*: Wo Gemeinden ihr gemeinsames Leben und Handeln weitgehend selbst bestimmen können und organisieren – das heißt auch: finanzieren – müssen, werden sie aus Gruppen passiver und gleichgültiger Fürsorgeempfänger zu aktiv Mitwirkenden und Mitverantwortlichen.

Trennung von Wohn- und Arbeitswelt

Unser volkskirchliches Modell der Landeskirchen und ihrer Ortsgemeinden bezieht sich im Wesentlichen auf die *Wohn- und Schlafwelt* der Menschen. Viele leben und arbeiten jedoch anderswo und fühlen sich ihren Arbeitskolleginnen und -kollegen mehr verbunden als ihren Mitbewohnern des Dorfes oder Stadtteils. Gottesdienste aus besonderem Anlass an der *Arbeitsstelle* werden deshalb lieber angenommen als die Feiern ihrer offiziellen ›Versorgungseinheit Gemeinde‹. Hier am Arbeitsplatz feiert man gerne gemeinsam, weil man ohnedies zusammengehört. So unangenehm etwa sich auch noch häufende Weihnachtsfeiern am Arbeitsplatz, im Verein oder in der Schule der Kinder sein mögen, so sehr werden sie doch oft für sinnvoller gehalten als die eher als fremd empfundenen Gottesdienste der Ortsgemeinde. Ähnliches gilt auch für Fachkliniken, in denen etwa chronische Patienten – das Personal sowieso – länger verweilen als heute in den normalen Kliniken üblich, wo aber das Personal sich oft durchaus als zusammengehörig empfindet und gerne einmal einen Gottesdienst feiert.

Hingegen empfinden es Patienten von Akutkliniken mit der gängigen kurzen Verweildauer oft eher als merkwürdig, dass sie einen ihnen unbekannten Klinikseelsorger oder eine Seelsorgerin mit dem Piepser rufen lassen sollen, wenn sie Gesprächsbedarf haben. Die meisten werden diesen Umstand scheuen, freuen sich aber, wenn sie spontan von Geistlichen besucht werden (ohne dass diese bzw. dieser sie länger als sinnvoll belästigt). Der Vorteil hauptamtlicher Krankenhausseelsorge ist die Anonymität gegenüber der Ortsgemeinde, aus der ein Patient kommt. Trotzdem haben es viele Patienten lieber, wenn der ihnen möglicherweise wenigstens ein bisschen bekannte Ortspfarrer selbst ans Krankenbett kommt. Da fühlt man sich plötzlich auch als ›Randsiedler‹ zugehörig und wird nach der Entlassung sogar einmal im Gottesdienst erscheinen.

Gemeinschaft

Dieses Phänomen zeigt einiges über *Gemeinschaft* als solche. Eine echte Gemeinschaft ist vielfältig verbunden: Sie hat ein gemeinsames Ziel; das wäre in unserem Falle die gemeinsame Anbetung und Verehrung desselben Gottes; früher war es auch die Organisation des ganzen Gemeinwesens. Sie pflegt den regelmäßigen Kontakt aller, eine Selbstverständlichkeit, wo noch Lebens- und Arbeitswelt (Arbeitsplatz und Wohnplatz) zusammenfallen wie auf einem Dorf mit überwiegend landwirtschaftlicher Ausrichtung. Ihre einzelnen Mitglieder haben an allen Informationen teil, die die ganze Gemeinschaft betreffen, und werden zuverlässig einbezogen, wenn ihre eigenen Belange und Interessen berührt sind. Bedürftige und Alleinstehende werden von den anderen mitversorgt und, soweit nötig, betreut. Konflikte werden innerhalb der Gemeinschaft gelöst. Um Einseitigkeiten und Mangel an für den Fortbestand nötigen Informationen zu vermeiden, pflegt die Gemeinschaft den regelmäßigen Kontakt zu anderen Gemeinschaften mit ähnlichen Interessen. Alle Mitglieder haben Gelegenheit, an der Gestaltung der Gemeinsamkeiten in ihrem Rahmen von Kenntnissen und Fähigkeiten mitzuwirken. Innerhalb der Gemeinschaft herrschen größtmögliches Vertrauen, Ehrlichkeit und Verlässlichkeit. Voraussetzung ist: Fehler werden nicht sofort mit Sanktionen (Strafen) geahndet, sondern besprochen und nach Möglichkeit wiedergutgemacht. Alles in allem: In einer echten Gemeinschaft fühlen sich die Mitglieder verbunden und zusammengehörig.

Man sieht schon, eine solche Gemeinschaft ist in heutigen volkskirchlichen Großgemeinden von 1500 bis 3000 Gemeindegliedern und mehreren Ortschaften, die ein ›Kirchspiel‹ bilden, kaum möglich. Sie war und ist eventuell in einer klösterlichen Gemeinschaft oder Kommunität zu verwirklichen, aber natürlich auch in kleinen Pfarreien mit maximal 500 bis 800 Mitgliedern. Es ist deshalb mehr als fragwürdig, wenn Geistliche nach wie vor von »Gemeinde« sprechen, als wäre sie eine Tatsache, und die Kerngemeinde für ihre Gemeinde halten. Fragwürdig ist es auch, die Ortsgemeinde für das einzige Modell von Kirche vor Ort zu halten. Weithin hat sich die ›Gemeinde auf Zeit‹ etabliert, wie man sie an Kurorten (z. B. auf Juist), auf Tagungen und auch bei den Kasualien (Taufen, Trauungen, Beerdigungen, Jubiläen usw.) antrifft. Der heutige Mensch liebt mehrheitlich die Unabhängigkeit und Unverbindlichkeit, braucht andererseits aber als Angehöriger einer Spezies, die nun einmal kollektiv geprägt ist (schlicht: als ›Herdentier‹), dringend die Zugehörigkeit zu einer Gemeinschaft. Die meisten von uns gehören heute zu mehreren Teilgemeinschaften, deren keine mehr unser ganzes Engagement fordern kann (Kirchengemeinde, Schulgemeinschaft, Fachverband, Sportverein usw.). Entsprechend fühlen sich viele unter uns überlastet. Manche ziehen sich auf ihre Privatheit zurück, werden unsozial und einsam, ohne es zu merken, viele suchen ihre Befriedigung in der Familie, die das aber auch nur bedingt leisten kann. Andere setzen zwar soziale Prioritäten, fühlen sich aber ständig in der Schuld der anderen Gruppierungen, denen sie ebenfalls angehören wollen. Nur wenige engagieren sich für das öffentliche Gemeinwohl, so dass die Schar derer, die politische Verantwortung übernehmen und über relativ viel Macht verfügen, recht klein ist und über zu geringe personelle Ressourcen mit Qualität verfügt. So ist es auch in der Kirche. Deshalb hat die Pfarrerschaft nach wie vor das meiste ›Sagen‹ in der Kirche, und deshalb entwickeln sich keine wirklich autonomen und autarken Gemeinden.

Die Aufgabe der Gemeinden

Was ist die Aufgabe von Gemeinden? Eine gängige protestantische Phrase lautet: »Verkündigung des Evangeliums von Jesus Christus«. Als häufig gebrauchte Kurzformel heißt das natürlich noch gar nichts. Ich halte die Einschränkung der Aufgaben der Gemeinschaft, die wir »Kirche« bzw. »Kirchengemeinde« nennen, auf ›Verkündigung‹ für allzu einseitig. Sie fällt im Grunde mit der Aufgabe des Missionierens zusammen. Wenn aber gar nicht klar ist, was der Inhalt und die Ziele der christlichen Gemeinschaft sind, ist es nicht sinnvoll, »in die Welt hinaus« zu ziehen und aller Welt (nach Mt 28,19f. u.a.) »das Evangelium zu verkündigen«, oder gar aus Bequemlichkeit zu Hause zu bleiben und immer wieder die eigene Gemeinde zu missionieren. Die Kerngemeinde will nicht Sonntag für Sonntag mit ›Theologie für Anfänger‹ missioniert werden. Kein Wunder, dass viele sich langweilen oder für dumm verkauft fühlen und wegbleiben! Außerdem glaube ich, dass es besser ist, sich erst einmal intern, im Inneren der Gemeinde, über den eigenen Glauben zu *verständigen* und theologisch zu konsolidieren. Das ist in der Tat eine permanente Aufgabe für Gemeinde, Pfarrer und Kirchenvorstände. Dann wird die Gemeinschaft der Christen von selbst nach außen einladend ausstrahlen. So beschreibt es Jesus in der Bergpredigt (Mt 5,13–16): »… Es kann die Stadt, die auf einem Berge liegt, nicht verborgen bleiben …« *Reduktionen* auf ›Verkündigung‹ oder gar Predigt, auf Mission oder Sozialarbeit und Gesellschaftsdiakonie (nach dem Motto ›Kirche für andere‹), aber auch auf Bibel und Gebet sind allesamt Verkürzungen dessen, was Kirche und Gemeinde sein könnten: nämlich die Gemeinschaft derer, die wissen und dazu stehen, dass sie mangelhaft, ja sündig sind, aber dass ihnen ihre Schulden von Gott und *in Beziehung zu ihm* (nicht unbedingt auch zu und von den Mitmenschen) erlassen sind. Diese Gemeinschaft verleiht ihrem Glauben und ihrer Dankbarkeit gegen Gott festlichen Ausdruck im *gemeinsamen Gottesdienst*, der deshalb in erster Linie *Anbetung* und nicht Predigt ist. Nach Luther gehören zur wahren Kirche das verantwortungsvoll ausgelegte Bibelwort und die Feier der Sakramente. Luther formulierte gegenüber ›Rom‹ auch, es wisse »gottlob ein Kind von sieben Jahren, was die Kirche sei«, nämlich »die Schäflein, die ihres Hirten Stimme hören«, also die Gemeinde, die auf Christus hört, nicht die, welche einem autoritären Kirchenregiment unterworfen ist. Das bedeutet auch nicht: Gemeinde sei die – in unserer heutigen Zeit relativ aufgeklärte und informierte – Gemeinschaft, die möglichst oft eine Predigt hört, sondern die Gemeinde, die auf die (nicht biblizistisch missverstandene) Bibel und auf das, was diese Lektüre im Innern jedes Mitglieds auslöst, hört und achtet. *Es ist eine Gemeinschaft der Freien und Befreiten.*

Kirchliche Organisationsstrukturen sind dabei nicht heilig, sondern nützlich und jederzeit unter rationalen Gesichtspunkten *veränderbar*. ›Heilig‹ sind außer Gott selbst nach der Formulierung des Glaubensbekenntnisses nur die Menschen, die glauben und gemeinsam bekennen: »Ich glaube an den Heiligen Geist, eine heilige allumfassende Kirche, Gemeinschaft der Heiligen, Vergebung der Sünden, Auferstehung der Toten und ein ewiges Leben.«

Fasse ich zusammen, so ergibt sich:

Die Gemeinschaft der Kirche ist nicht dazu da, permanent zu predigen, auch wenn sie gar nichts zu sagen hat. Sie ist die Gemeinschaft derer, die vertrauensvoll und im Bewusstsein ihrer von Gott vergebenen Sünden Gott dankbar verehren und anbeten. Sie tun das im Gottesdienst mit ›Wort und Sakrament‹. Von der ersten, sehr kleinen Gemeinde in Jerusalem heißt es (Apg 2,41–47): Sie ließen sich taufen und blieben beständig in der Unterweisung durch die Apostel, pflegten die Gemeinschaft, brachen das Brot miteinander (man nimmt an, es sei schon eine frühe Form des Abendmahls gemeint) und beteten gemeinsam. Sie lebten auch in einer Art Kommune und teilten allen Besitz. Sie waren täglich im (damals noch stehenden) Tempel, betrachteten sich also durchaus als fromme Juden, und feierten Abendmahl und Mahlzeiten in den Häusern der Mitglieder. Wir können jene sehr persönlich und freundschaftlich geprägten Verhältnisse nicht ohne weiteres auf unsere Situation übertragen, jedoch sehen, was den allerersten Christen wichtig war. Ich bin darauf gespannt, ob ich noch etwas von der positiven Entwicklung aus der anonymen *Volkskirche* in eine *Gemeindekirche* erleben werde.

Möge in unserer individualistischen Zeit die Gemeinschaft als Ausdruck der Gemeinsamkeiten im Glauben nicht vergessen werden! Der ›Leib Christi‹, als der sich die Kirche seit ihren Anfängen versteht, ist gemeinschaftlich aufgebaut. Die individualistische These, dass »jeder nach seiner Fasson selig werden soll« (so Friedrich der Große), reicht nicht aus. Ohne die Gemeinschaft der – wie auch immer organisierten und verfassten – Kirche wird das Christentum keinen Bestand haben.

[1] Katechismen, z. B. Luthers »Kleiner Katechismus« oder der »Heidelberger Katechismus« (für reformierte Christen), sind kurzgefasste Lehrbücher, nach denen seit dem Mittelalter Erwachsene und vor allem Kinder im Glauben unterrichtet wurden. Meist mussten die Texte auswendig gelernt werden, so noch, als ich den Konfirmandenunterricht besuchte. Die wichtigsten Abschnitte finden sich auch in Evangelischen Gesangbüchern (im Anhang unter »Bekenntnisse«). Luther hat auch einen »Großen Katechismus« für Pfarrer und Lehrer verfasst, ein bis heute maßgebliches Dokument lutherischer Theologie.

21. Das Vaterunser

Der zentrale Ausdruck der christlichen Kirche als Anbetungsgemeinschaft ist das »Gebet des Herrn« – so genannt, weil es auf Jesus, wie er uns in den Evangelien des Matthäus und Lukas geschildert wird, zurückgeht (vgl. Mt 6 und Lk 11). Es ist neben den großen Glaubensbekenntnissen vielleicht das noch elementarere und verbreitetere Konsensdokument der Christenheit.

Das Hauptgebet der Christenheit

Dieses Gebet der Christenheit kennen nach wie vor die meisten Menschen unseres Kulturkreises. Es löst fast immer große Ehrfurcht und als deren Ausdruck Aufstehen, Schweigen, wenn man es nicht mitsprechen will, Abnehmen der Kopfbedeckung u. dgl. aus. Dieses Gebet hat so etwas wie einen heiligen Nimbus. Woran liegt das? Ich nehme an, einer der Gründe liegt darin, dass es direkt auf Christus Jesus und damit auf Gott zurückgeführt wird. Weil man das aber von vielen biblischen Texten sagen kann, muss noch etwas anderes im Spiele sein. Dieses Gebet benennt in knapper und sehr genauer Form menschliche Urbedürfnisse. Seine Formulierungen haben archetypischen (urbildlichen) Charakter. Davon soll im Folgenden noch die Rede sein. Zunächst aber blicken wir kurz auf die *Geschichte* dieses Gebets.

Es hat eine Geschichte

Es ist nicht so, wie fromme Christenmenschen meinen mögen (und dürfen), dass Jesus dieses Gebet gleichsam in direktem Kontakt mit Gott, den er »Vater« nannte, ganz neu geschaffen hätte. Vielmehr kommt es aus einer Glaubenstradition, die älter ist als das Christentum. So beteten die Juden zu Jesu Zeiten schon lange ihre Psalmen. Ein altes Gebet, das mit dem ersten Teil des Vaterunsers korrespondiert, ist das *Kaddisch* (»Geheiligt werde dein Name«). Im Mittelalter nachgewiesen, aber älteren Ursprungs ist das so genannte *Achtzehn-Bitten-Gebet* mit vielen Psalmenzitaten und auffälligen Parallelen zum Vaterunser. Jesu Gebet ähnelt diesen für die jüdische Frömmigkeit sehr wichtigen Texten, ist aber wesentlich kürzer. Man kann es als »zutiefst jüdisch« (Jürgen Roloff[1]) bezeichnen. Das heißt: Das Hauptgebet der Christenheit hat wie seine sonstigen Hauptgedanken seinen Ursprung in der jüdischen Frömmigkeit. Wie die Juden beim Kaddisch (»Geheiligt werde …«) und Achtzehn-Bitten-Gebet stehen auch die Christen beim Vaterunser in den meisten Diözesen und Landeskirchen auf. Das ist selbstverständlich und kommt von innen; man muss es niemandem erst sagen. Diese Gebete lösen tiefe Ehrfurcht aus und gelten als zentrale Gottes-Anrufungen. Sie ›heiligen‹ Gott, das heißt, sie rufen ›Ihn‹ als den *allein* Heiligen an – wie z. B. auch das »Große Gloria« der Christenheit, das allerdings Gott als Dreifaltigkeit lobpreist: »Wir loben Dich … Denn Du allein bist heilig, du bist allein der Herr, du bist allein der Höchste, Jesu Christ', mit dem Heil'gen Geist in der Herrlichkeit deines Vaters.«

Das *Vaterunser* kennt in seinen beiden Formen (nach Mt 6,9–13; Lk 11,2–4) nur den ›Namen‹ des *einen* Gottes, den das Volk Israel seit je angerufen hat und dessen Eigenname nicht ausgesprochen werden darf, weil er heilig und deshalb *tabu* ist. »Höre Israel, der Herr ist unser Gott, der Herr ist einer! Ihn sollst du lieben von ganzem Herzen, von ganzer Seele und mit deiner ganzen Kraft!« (5. Mose 6,4 f.) Dass Jesus Ihn im Vaterunser mit »Vater« anredet, zeigt uns die große Nähe zu Gott, in welcher die frühen Christen ihren ›Herrn‹, den Messias Jesus, sahen: als Gottes Sohn, ein Mitglied der ›Familie Gottes‹. Bei Markus und bei Paulus kommt diese Anrede »Abba, Vater« auch sonst noch vor: Jesus sprach »Abba, mein Vater« (Mk 14,36). In diese Nähe will Paulus *alle* Christenmenschen rufen, indem er sie u. a. »Erben« des Reiches Gottes (Röm 8,17) nennt: »Ihr habt den Geist eines Kindes empfangen, durch welchen *wir* (zu Gott) rufen ›Abba, lieber Vater!‹« (Röm 8,15 f.) Zur Familie Gottes gehören nun alle, die Jesus als ihren Bruder betrachten. Auch sie dürfen »Unser Vater« zu Gott sagen. Den Eigennamen Gottes – JAHVE (früher oft »Jehova«) – sprechen auch die ersten christlichen Zeugen nicht aus. Es sei daran erinnert, dass unser Wort ›Gott‹ kein Eigenname ist, sondern eine Gattungsbezeichnung, von der wir einen Plural bilden können: ›Götter‹. Die Anrede »Vater« möchten manche durch »Mutter« ergänzen. Ich halte es nicht für sinnvoll, ausgerechnet an einer uralten ehrfürchtig-frommen Formulierung der Antike ein Exempel für ›Gleichberechtigung‹ von Männern und Frauen zu statuieren. Das mag man in aktuellen politischen und kirchlichen Zusammenhängen tun, aber nicht in alten Gebeten, deren Gottesanreden ohnehin symbolischer und nicht aktualistischer und konkretistischer Art sind. Gott ›ist‹ selbstverständlich weder Mutter noch Vater, aber er kann je nachdem, so oder so und auch ganz anders angesprochen werden.

»Dein Name werde geheiligt«

Das Namenstabu der *Heiligkeit Gottes* einzuhalten, fordert uns diese Bitte ebenso auf, wie sie zugleich *Gott* versichert: »Wir Betenden halten uns an die fromme Überlieferung und halten in Ehrfurcht deinen *Namen* heilig.« Oder: »Dein Name (den wir nicht aussprechen dürfen) sei uns heilig!« Das Namenstabu lehrt uns vieles: »Was Gott ist, wird in Ewigkeit kein Mensch ergründen, doch will er treu sich allezeit mit uns verbünden.« (Angelus Silesius) Wir wissen eigentlich *nichts* über Gott selbst. Aber wir glauben an ›Ihn‹ und ›Seine‹ Treue. Dort, wo wir etwas über Gott wissen könnten, ist für viele Menschen *Leere*. Ursache ist nicht etwa eine schreckliche Gottlosigkeit oder gar Bosheit, sondern das kann sehr angemessen sein. In der Mitte, im Zentrum der Welt, ist es leer. Leer für unsere eng begrenzte Wahrnehmung, leer, weil alle unsere Vorstellungen und sprachlichen oder anderen Ausdrucksmittel nicht an das *Geheimnis* unseres Glaubens heranreichen. Glauben heißt dann auch: diese Leere auszuhalten, anstatt sie permanent mit übergriffigen und anbiedernden Aussagen über Gott zu füllen (z. B. »Gott will …«, »Gott ist …«). Die seit

371

der Romantik immer wieder zu hörende Formulierung »Gott ist tot« bedeutet folglich: Wir können ihn nicht mehr direkt sehen, spüren, hören. Er ist so tot wie unser leiblicher Vater. An diesen können wir uns erinnern, er spricht noch in unserm Innern, wir lieben ihn noch immer und wir erzählen von ihm. Aber im handfesten Alltag bleibt sein Platz leer.

Der Schweizer Mystiker und Nationalheilige Nikolaus von der Flüe lässt uns in seinem sog. Meditationsbild in der Mitte des Evangeliums wie der Welt ein menschliches, aber gekröntes Antlitz erkennen. Ist es Christus? Ist es Gott? Dieses geheimnisvolle Antlitz strahlt in die Situationen dieser Welt, die sich um das Zentrum herum gruppieren, hinein, und diese strahlen (im Wechsel) zurück. Hier wird die Leere biblisch-gläubig gefüllt, indem sich eine Beziehung in großer Vielfalt andeutet. Es ist eine Beziehung von Mensch zu Mensch; doch der eine ist gekrönt, und man sieht nur sein Haupt. Finden wir nichts anderes auf der Suche nach Gott als wiederum einen Menschen? Ich weiß schon: Fromme Christen werden antworten, das sei doch alles ganz einfach; unser Gegenüber auf Erden wie im Kosmos, diesseits wie jenseits, sei Jesus Christus. Nur, damit ist ja noch gar nichts Konkretes ausgesagt. Ich möchte an dieser Stelle nicht allzu leichtfertig die biblischen Jesus-Geschichten auf uns und unsere Zeit übertragen. So nahe sind wir Jesus trotz des oben zum ›Erbe‹ Gesagten nun auch wieder nicht. Und das Namenstabu, der ehrfürchtige Respekt vor der Heiligkeit des ›Vaters‹, verlangt von uns Vorsicht bei allzu rascher Vereinnahmung Jesu als unseres Bruders, der zugleich Gott sei. Einerseits ist der Schritt, uns selbst mindestens unbewusst als Götter zu phantasieren, dann nicht mehr weit: »Will kein Gott auf Erden sein, sind wir selber Götter!« heißt es in Schuberts »Winterreise« (nach Texten von Wilhelm Müller). Das kann manchmal hilfreich sein gegen allzu große Apathie, manchmal aber auch zu einer psychischen Inflation führen, die unseren Realitätssinn trübt. Andererseits fehlt mir bei dieser frömmlerischen Übernähe die Ehrfurcht vor dem großen und ganz anderen Gott, dessen Majestät unser Fassungsvermögen übersteigt: »Gott ist im Himmel, du aber bist auf der Erde!« Das schärft uns das Buch des »Prediger« genannten biblischen Lehrers ein (Pred 5,1). Der »zur Rechten des Vaters« sitzende Christus gehört zur Gottheit, die wir anbeten und deren heiliges Geheimnis sich jeder Anbiederung widersetzt. Das ›Geheimnis des Glaubens‹ soll nicht vorschnell entzaubert werden. Es muss ein Geheimnis bleiben, will man den Sinn von Religion und Frömmigkeit nicht zerstören.

Zu diesem Geheimnis gehört die *Ambivalenz* alles Religiösen. Gott ist nahe, Gott ist fern; Gott ist äußerstes Leben, ja die Quelle des Lebens, und Gott ist tot. Gott wendet sich uns als liebevoller Vater zu, und Gott wendet sich ab, er entzieht uns Aufmerksamkeit und Liebe, er ist strafender Richter und entlastender Retter.

Das sind bereits Aussagen des Glaubens. Aber immer hat die Nachdenklichen auch das Verhältnis von *Vernunft und Glaube* beschäftigt. Handelt es sich nicht um Gegensätze: Entweder denke ich rational, klar, logisch und nüchtern, oder ich glaube Irrationales, Unwahrscheinliches, ja der Vernunft Widersprechendes? Luther meinte zurecht, die Vernunft sei »eine Hure des Teufels«. Er wusste um ihre Bestechlichkeit und Interessengeleitetheit. Andererseits schätzte Luther durchaus die rationale Analyse der biblischen Überlieferung und das lebensnahe, in diesem Sinne vernünftige, Handeln. Einerseits liegen Vernunft und Glaube gewiss im Widerstreit, andererseits passen sie gut zueinander. Ja, der Glaube setzt erst die Vernunft frei. Nun darf sie tabufrei nachdenken, aber immer unter der Voraussetzung nicht des ›Gesetzes‹, sondern des ›Evangeliums‹. Die Vernunft ist ein Werkzeug, das gebraucht und missbraucht werden kann. Blind unterwürfiger Glaube ist nicht das, was seit seinen Anfängen das Christentum auf seine Fahnen geschrieben hat: Freiheit. Zur Freiheit gehört gerade auch die Freiheit des Denkens und der Kritik. (›Kritik‹ heißt ›Unterscheidung‹.) Der Apostel Paulus hat seinen geschulten Verstand benützt, um zu verstehen, was ihm und der Wende seiner Religiosität vom Christushasser zum Christusliebhaber geschehen war. Und er hat ihn eingesetzt, um seinen erneuerten alten Glauben zu verbreiten. Die Ambivalenz von Glauben und Vernunft gehört unverzichtbar zum Christentum.

Eine weitere Ambivalenz ist die von *Immanenz und Transzendenz*. Einerseits ist die Wirklichkeit eine, andererseits überschreiten wir im Glauben und im Gebet diese Wirklichkeit hinein in eine andere. Gott ist Mensch geworden, sagen wir im Bild, ja sogar über ein Bild hinausgehend. Insofern ist ein paradoxer Satz möglich: Das Endliche kann tatsächlich das Unendliche in sich aufnehmen (›finitum capax infiniti‹). Dies ist das Gegenteil der alten philosophischen und bei dem Genfer Reformator Calvin wiederkehrenden Einsicht, das Endliche sei nicht in der Lage, das Unendliche zu fassen (›finitum *non* capax infiniti‹). Auch dieser Satz gilt. Gottes Menschwerdung (Inkarnation) und Herablassung oder ›Entäußerung‹ (Kondeszendenz, Kenosis), wie die Bibel (Phil 2,7) sagt und wie wir sie an Weihnachten feiern, ist für uns kleine und endliche Menschen die einzige Chance, den unendlichen (ewigen) Gott überhaupt wahrzunehmen. Gleichzeitig ist es wichtig, dass wir Gottes Transzendenz festhalten: Gott ist ganz anders als wir und er ist unser rätselhaftes Gegenüber. Mitmenschlichkeit und Zwischenmenschlichkeit genügen nicht. »Das Himmelreich ist nahe herbeigekommen« (Mt 3,2, u. ö.), und gleichzeitig: »Wir wandeln (leben jetzt noch) im Glauben und nicht im Schauen.« (2. Kor 5,7) Das Reich Gottes ist ganz nahe und ganz fern. Man kann natürlich sagen, die jenseitige Welt sei *in* dieser Welt, das Jenseits sei *im* Diesseits. Denn nur *in* unserer Welt können wir an das Jenseits glauben, es wahrnehmen und bekennen. Aber zugleich glauben wir doch auch, dass diese eine – unsere – Realität nicht nur eine andere – jenseitige – enthält, sondern von ihr getragen wird. Die Welt wird sozusagen von innen *und* von außen bewegt.

> *»Müsset im Naturbetrachten immer eins wie alles achten.*
> *Nichts ist drinnen, nichts ist draußen.*
> *Denn was innen, das ist außen.*
> *Freuet euch des wahren Scheins, euch des ernsten Spieles.*
> *Kein Lebendiges ist ein Eins, immer ist's ein Vieles«,*

schreibt Goethe (Epirrhema).

»Geheiligt werde dein Name!« Wir beugen und verneigen uns ehrfürchtig vor dir, du größte aller Größen, Du Rätsel aller Rätsel, du Geheimnis aller Geheimnisse – und beten dich an wie die Engel, als sie der Prophet Jesaja sah und hörte: »Heilig, heilig, heilig ist Gott, der Herr der Heerscharen. Erfüllt sind alle Lande von seiner Herrlichkeit.« (Jes 6,3) Das Geheimnis deines Namens sprechen wir nicht aus, weil wir es sowieso nicht verstehen können, und wir biedern uns dir nicht an, sondern sagen nur: »… dein Name …«. Wir tun nicht so, als hätten wir mit dir schon geschussert (wie wir Franken sagen, d. h. als Kumpels gespielt), auch wenn wir Christen dich mit Jesus »Vater« nennen.

»Dein Reich komme!«

Nachdem wir uns Gott ehrfürchtig unterworfen und wie die Untertanen in der Antike ihrem Herrscher genähert haben, ohne die gebotene Distanz zu durchbrechen, äußern wir eine erste Bitte für uns und in unserem Interesse: »Gott, erfülle unsere Hoffnung auf Deine Herrschaft! Wir sehnen uns nach Frieden und Gerechtigkeit, nach Großzügigkeit (›Barmherzigkeit‹) und Liebe, nach Trost, nach Heimat, ja nach dem Himmelreich, wo wir dich schauen.« Die Antwort auf diese Bitte finden wir mindestens teilweise in den sog. Seligpreisungen der Bergpredigt (Mt 5,3–12). Sie beginnt mit der allergrößten Versprechung: »Selig sind die, die geistlich arm sind, denn ihnen gehört das Himmelreich.« »Geistlich arm«, wie soll man das verstehen? Wer bescheiden ist, den Hang zur Selbstgerechtigkeit aufgibt, wer depressiv ist und nicht weiter weiß, wer nicht über große theologische Weisheit oder Kenntnisse, die heute gesellschaftliche Anerkennung finden, verfügt, wer vielleicht meint, gar nicht glauben zu können und gottlos zu sein, dem ist Gott nahe, der kann teilhaben an jener Dimension der Leere, die erfüllt ist von Gottes Geist. Dazu passt auch die zweite Seligpreisung: »Selig sind, die da Leid tragen; denn sie sollen getröstet werden.« Drittens: Das Erdreich, »alle Reiche der Welt«, die der Teufel Jesus in der Wüste vergeblich angeboten hatte (Mt 4,8), werden jene besitzen, die »sanftmütig« sind (übersetzt Luther). So ist es schon im Ps 37,11 erhofft: »Die Elenden werden das Land erben und ihre Freude haben an dem großen Frieden.« Die vierte Seligpreisung verheißt ›Gerechtigkeit satt‹. Der immer ungestillt bleibende Hunger nach Gerechtigkeit, der die Menschheit beunruhigt, soll tatsächlich aufhören, und es soll gerecht zugehen in der Welt. Sodann: Großzügige werden Großzügigkeit erlangen, und es wird nicht mehr heißen müssen: »Undank ist der Welt Lohn.« Schließlich wird die Einsicht des Paulus »Wir wandeln im Glauben und nicht im Schauen« (2. Kor 5,7) überholt werden, und diejenigen, die ein »reines Herz« haben, werden tatsächlich Gott schauen. Was ist und wie bekommt man ein reines Herz? Ist das in diesem Leben überhaupt möglich? Es kann kaum moralisch gemeint sein. Ich glaube nicht, dass die berühmt-berüchtigte ›reine Weste‹ gemeint ist. Die wird ja immer nur vorgetäuscht. Das reine Herz haben wohl jene Leute, die am Anfang der Seligpreisungen gemeint sind: »geistlich Arme«, »die da Leid tragen«. Sie wissen und spüren, dass sie Gottes Zuwendung und Vergebung, Gnade und Großzügigkeit brauchen. Sie werden in all ihrer Verzweiflung Gott schauen. Das sind auch jene »Friedfertigen«, die »Gottes Kinder« heißen und damit in Gottes Familie aufgenommen werden. Verfolgte um ihres Glaubens und ihrer Überzeugung willen sollen das Himmelreich bekommen. Oder haben sie es gar schon? Die Seligpreisungen sprechen zu Beginn und am Ende jenen »geistlich Armen« und »Verfolgten« das Himmelreich zu. Mir scheint: nicht in ferner Zukunft, sondern jetzt, mitten in Angst, Not, Folter und Schmerzen. Die Pointe der Seligpreisungen lautet überspitzt gesagt: »Glücklich sind die Unglücklichen. Denn Ihnen ist Gott nahe.« Dass da ›Glück‹ – ›selig‹ ist ein altes Wort für ›glücklich‹ – sein soll, kommt uns nur so lange merkwürdig vor, als es uns gut geht. Der christliche Glaube hat immer mit dem Leiden zu tun und ist gerade für die Leidenden da. »Dein Reich komme!« Die Bitte wird beantwortet: »Es ist für dich schon vorhanden.«

»Dein Wille geschehe wie im Himmel so auf Erden!«

Über die Entsprechung ›jener‹ und ›dieser‹ Welt ist viel spekuliert worden. Ich gehe davon aus, dass Himmel und Erde so weit auseinander liegen, wie sie andererseits ineinander verflochten sind. »Das Reich Gottes kommt nicht mit äußerlichen Gebärden. Es ist vielmehr inwendig in euch«, (so Luther – oder neuer übersetzt: »Das Reich Gottes ist mitten unter euch«) heißt es im Lukas-Evangelium (17,20f.). Wenn man den Himmel als ein Paradies des Guten und die Erde als Hölle des Bösen betrachtet, hat ein

Spaltungsmechanismus Platz gegriffen, den die Tiefenpsychologie als Abwehr der Realität deutet. Das Lob der Engel im Himmel, das Gott, den Herrn, in immerwährendem Gesang als »heilig, heilig, heilig« preist, erklingt durchaus auch auf der Erde. Wir können es in der Schöpfung sehen und hören, spüren und bewundern. Glauben wir an Gott, so dürfen wir davon ausgehen, dass seine Kraft diese und nicht nur jene Welt durchwaltet und im Leiden genauso am Werk ist wie in der Freude.

Das Gebet um die Durchsetzung ›Seines‹ Willens auf Erden wie im Himmel ist also ›im Glauben‹ schon erfüllt. Wir hoffen auf paradiesische Zustände, die Gott ›wollen‹ und durchsetzen möge. Eine Wende unserer Einstellung – wir sprechen schon bei Paulus von seiner »Bekehrung« – könnte uns wahrnehmen lassen, dass Paradies und Hölle wie Himmel und Erde ineinander liegen und sowieso von Gott durchflutet werden.

Ein weiterer Zusammenhang, den diese Bitte meint, betrifft unseren eigenen Willen. Wir wollen dies und das und jenes. Die einen meinen nun, man müsse sich dem Willen Gottes, welcher der Heiligen Schrift wie einem Gesetzeskodex zu entnehmen sei, unterwerfen. Die andern rätseln herum, was Gottes Wille denn sein könne. Ich glaube, es geht darum, Gottes und meinen eigenen Willen zu vergleichen und in Übereinstimmung zu bringen. Wo finde ich Gottes Willen? Nicht so in der Bibel wie in einem Gesetzbuch mit Paragraphen und Verhaltensanweisungen, sondern in dem, was Luther »Gewissen« nannte und was wir vielleicht »innere Stimme« nennen, jenem ›inneren‹ feinen ›Organ‹, welches uns genau sagt, was gut und böse sei. Ich

weiß es, und Sie wissen es auch. Es kann trotzdem für
Sie etwas anderes sein als für mich. Aber jeder, der darauf
achtet, was seine inneren Stimmen, seine Unruhe und seine
manchmal dem Erspüren des Guten entgegen gesetzten
Neigungen sagen, kann Paulus zustimmen: »Das Gute, das
ich will, tue ich nicht; sondern das Böse, das ich nicht will,
das tue ich.« (Röm 7,19) Das wird zum Glück nicht immer
so sein. Aber oft genug empfinden wir die Aufgabe, diese
einander widerstreitenden Tendenzen in uns zu lösen. Das
könnte in kleinen wie größeren Dingen schließlich bedeuten, dass auch wir mit Jesus sagen: »Ich und der Vater sind
eins.« (Joh 10,30) Mit Gott hätte ich dann, wenigstens partiell, Frieden geschlossen. Manchmal kommt es mir so vor,
als sei mit Gott leichter Frieden zu schließen als mit Menschen. Das mag daran liegen, dass die biblischen Zeugen uns
eine Erfahrung und eine Überzeugung berichten, die wir
nachvollziehen können: Gott ist in allem Leid »barmherzig,
gnädig und von großer Güte.« (Ps 103,8)

»Unser tägliches Brot gib uns heute.«

Hier bitten wir Gott um alles, was wir zum Leben und
Überleben brauchen. Das »tägliche Brot« steht für Nahrung, Gesundheit, Beziehungen und Begegnungen, Liebe,
Wahrhaftigkeit und Freiheit, Geld und Wohnraum, Me-
dikamente und hilfreiche Mitmenschen, ja last (but) not
least Vertrauen (wir können auch sagen: Glauben). Die
Bibel weiß freilich auch, dass materieller Wohlstand nicht
ausreicht. »Geld macht nicht glücklich«, sagt der Volks-

mund. »Der Mensch lebt nicht vom Brot allein«, sagt die Bibel. Wovon denn dann? »Von jedem Wort, das Gott spricht.« Jesus antwortet dem Teufel, der ihm Brot, Geltung und alle Reiche der Welt anbietet, in der berühmten Versuchungsgeschichte mit diesem Satz (5. Mose 8,3; Mt 4,4). Was hat der Mensch von Essen und Trinken, Geld und Macht, wenn ihm Gott das Leben, seinen (Gottes) Atem, sein ›Wort‹, entzieht? Immer wieder weist die Heilige Schrift uns darauf hin, z. B. in der Erzählung vom reichen Kornbauern (Lk 12,16–21). Er hatte Reichtum angehäuft, plante einen Ausbau seiner Scheunen und sagte zu sich: »Liebe Seele, … habe nun Ruhe, iss, trink und sei guten Mutes!« Doch Gott reagierte: »Du Narr! Diese Nacht wird man deine Seele von dir fordern …« Du wirst sterben. Die Erzählung schließt: »So geht es dem, der sich Schätze sammelt und ist nicht reich in Gott.« Ohne Gottes ständige ›Beatmung‹ ist es rasch aus mit uns, unseren Schätzen, unserer Schlemmerei, unserem Geld und unserem Wohlstand.

Ähnlich wird in der Bergpredigt geredet: »Sorget nicht um euer Leben, was ihr essen und trinken werdet; auch nicht um euren Leib, was ihr anziehen werdet. Ist nicht das Leben mehr als die Nahrung und der Leib mehr als die Kleidung? … Darum sollt ihr nicht sorgen und sagen: Was werden wir essen, was werden wir trinken? Womit werden wir uns kleiden? Nach dem allen trachten die Heiden. Denn euer himmlischer Vater weiß, dass ihr all dessen bedürft. Trachtet zuerst nach dem Reich Gottes …, so wird euch solches alles zufallen.« (Mt 6,25–4)

Nun leben wir andererseits gewiss nicht von Predigten oder der Verlesung von Bibeltexten (falls jemand das »Wort, das aus Gottes Munde geht«, damit gleichsetzen sollte). Ausnahmen bestätigen die Regel. Wovon aber dann? Die Bibel kennt ein »Wort Gottes«, das diesen ganzen Kosmos ins Dasein gerufen hat: »Und Gott sprach: Es werde Licht, und es ward Licht.« (1. Mose 1,3) Alles, was dann entsteht, geht aus seinem Wort hervor. Durch sein ›Wort‹ wird alles am Bestehen und Leben erhalten. ›Wort‹ darf man hier getrost als Bild auffassen, das aus unserem menschlichen Erfahrungsbereich genommen ist. Mit Worten befehlen wir, mit Worten trösten wir, mit Worten trauern wir und mit Worten drücken wir Liebe und Freude aus. Worte sind gestalteter Atem, Lebenskraft, wie sie Gott dem Menschen nach der Vorstellung von 1. Mose 2,7 eingehaucht hat. Denken Sie nur an die moderne Mund-zu-Mund-Beatmung, um jemanden wiederzubeleben, und Sie verstehen das biblische Bild. Das Wort ist sozusagen der Leib des Geistes, das Wort Gottes also der Leib des Geistes Gottes, das uns am Leben erhält, das wir ein- und ausatmen, das uns ins Dasein gerufen hat und uns wieder abberufen wird. Dieses Wort durchweht den Kosmos und hält ihn am Leben und im Gleichgewicht. Es kann ihn gewiss auch abstürzen lassen. Von diesem geisterfüllten Wort werden wir getragen und umhüllt. In ihm können wir selbst mit Gott kommunizieren.

Goethe lehrt uns im West–östlichen Diwan (unter »Talismane«):

»Im Atemholen sind zweierlei Gnaden:
Die Luft einziehen, sich ihrer entladen.
Jenes bedrängt, dieses erfrischt.

So wunderbar ist das Leben gemischt.
Du danke Gott, wenn er dich presst,
Und dank' ihm, wenn er dich wieder entlässt!«

»Und vergib uns unsere Schuld, wie wir vergeben unsern Schuldigern!«

Nach der Bitte um Brot kommt die Bitte um Vergebung. Was soll uns vergeben oder erlassen werden? Wir haben das Brot des Lebens bekommen, und wie wollten wir bezahlen? Es ist unmöglich. Wir sind schon von Anfang an Schuldige. Das meinten wohl die Vorfahren im Glauben, wenn sie von der »Erbsünde« sprachen. Wir sind keine ebenbürtigen, ja überhaupt keine geeigneten Handelspartner gegenüber Gott, dem Herrscher des Alls. Es geht ja nicht nur, wie wir im Allgemeinen empfinden und denken, um irgendwelche Bosheiten oder Unterlassungen gegenüber Mitmenschen, sondern grundsätzlich um die Schuld des Existierens. Wir können es schon unseren Eltern kaum ausreichend danken, aber erst recht nicht Gott. Wir spüren das; und daher haben sensible Menschen auch ohne große Verfehlungen u. dgl. eine Art von ›schuldigem Grundgefühl‹, ohne recht zu wissen, worauf es sich denn bezieht. Ich halte das nicht für neurotisch, sondern für die Folge großen Feingefühls für das tägliche Leben (Graf Dürckheim spricht von »Seinsfühlung«), das wir wem auch immer – Christenmenschen sagen selbstverständlich: Gott – verdanken. Unser Gebet könnte also der Bitte des Vaterunsers entsprechend etwa lauten: »Gott, vergib uns diese

Grund-Schuld, und wenn wir in dieser Hinsicht mit dir im Reinen sind, dann kann uns auch die Summe unserer zwischenmenschlichen Verfehlungen nicht mehr ernsthaft ängstigen. Wir bitten dich vergib uns auch die!« Wenn wir glauben, dass Gott uns vergeben hat, sind entsprechende Wahrnehmungen in unserem Innern und auch gewisse Fehler, die wir begangen haben und die wir nicht wieder gut machen können, nicht einfach weg. Vielleicht müssen wir lebenslang im Bewusstsein leben, dass wir uns falsch verhalten haben. Vergebung heißt nicht Tilgung oder Wiedergutmachung, es heißt nur: Gott hat dir vergeben, nun sieh zu, ob und wie du mit Gott im Rücken mit deinen Mitmenschen klarkommst! Was die Christenheit betrifft, so kann man in diesem Zusammenhang wohl sagen: Sie ist eine Gemeinschaft von Menschen, die um ihre Schuld wissen, dazu stehen und sich gegenseitig in dem Vertrauen auf Gottes Vergebung stärken und solidarisieren. Wenn das immer klar wäre, dürfte es in den christlichen Gemeinden nicht so viel Moralismus, Selbstgerechtigkeit und Fingerzeige auf die Sünden anderer geben. Jedem müsste klar sein: Ich selbst bin ein sündiger Mensch in einer Gemeinschaft von sündigen Menschen.

Deshalb betet das Vaterunser weiter: »... wie wir vergeben unseren Schuldigern.« Weil wir glauben, dass Gott uns mit unseren Fehlern und Bosheiten akzeptiert, und weil wir eine Gemeinschaft von Menschen sind, die wissen, dass sie alle Gottes Erlassen von Schulden brauchen, deshalb erlassen auch wir unseren Mitmenschen die Schulden. Das ist allerdings nicht so leicht. Manche können gar nicht aus ihrer Haut heraus und tragen anderen ihre Schulden ewig nach. Trotzdem heißt es: »... wir vergeben unsern Schuldigern ...« In diesem Gebet redet man Gott, dem Vater, quasi gut zu: »Schau her, sogar wir vergeben unseren Schuldnern; wieviel mehr kannst du uns dann vergeben!« Oft begegnet uns dieses Thema in der Bibel umgekehrt: Weil Gott dir vergibt, solltest du nicht so hartherzig sein, sondern ebenfalls vergeben (z. B. Mt 18,21–35). Oft wird dir zwar jemand Unrecht tun, aber unendlich oft sollst du ihm vergeben! Ich höre derzeit oft davon, dass man dieses oder jenes, was einem angetan wurde, einfach nicht vergeben könne. Mir scheint manchmal, die Kränkbarkeit der Zeitgenossinnen und Zeitgenossen sei so hoch wie noch nie zuvor. Christlich ist diese Einstellung nicht. Zum Glück gibt es immer auch Gegenbeispiele. Sogar Angehörige des Volkes, welches die Deutschen in Hitlers Reich am liebsten ausgelöscht hätten und die selbst viele Familienangehörige unter schrecklichen Umständen verloren haben, sagen nicht selten: »Es war schlimm, und man darf das nicht vergessen. Aber ich verzeihe.«

»Und führe uns nicht in Versuchung!«

Was mir an dieser Bitte immer besonders gefallen hat, ist die Voraussetzung der Einheit Gottes. Hier wird die Gottheit nicht dualistisch in einen ›guten Gott‹ und einen ›bösen Versucher‹ gespalten, sondern Gott im altjüdischen Sinne als der angebetet, der uns beides schickt, Gutes und Böses. »Haben wir Gutes empfangen von Gott und sollten das Böse nicht auch annehmen?« fragt Hiob (Hi 2,10). Unsere Bewertungen mit ›gut‹ und ›böse‹ sind höchst relativ. Was der eine gut findet, gefällt dem andern gar nicht. Selbst wenn es um ganz schreckliche Dinge gehen mag, bewerten Menschen sie noch unterschiedlich. Auch die gängige offizielle Moral einer Gesellschaft ist eher eine Richtschnur als eine Beschreibung des tatsächlichen Verhaltens. Aber alle spüren es, falls sie denn darauf achten, tief in ihrem Innern, wenn sie von ihrem eigenen guten Weg abweichen, sich verbiegen, an der falschen Stelle anpassen und ihre eigenen Ziele und Maßstäbe verraten. »Versuchung« tritt als Gelegenheit auf, von der eigenen Bestimmung, dem, wofür gerade wir auf der Welt sind und wozu wir uns berufen fühlen, von unseren Begabungen und Möglichkeiten abzuweichen und das Gute, das wir eigentlich wollen, nicht zu tun, sondern – wie Paulus in Röm 7,19 bekennt – ›das Böse‹, das wir gar nicht beabsichtigen, auszuführen. Versuchung ist die Möglichkeit der Verführung, unsere Verführbarkeit, wenn sich die Gelegenheit bietet. Trotzdem ist nicht alles, was sich uns als Chance darstellt, von der allzu geraden Linie eines kleinbürgerlich braven Lebens abzuweichen, eine Versuchung zum Bösen. Vielmehr kann manche Türe, die uns das Leben öffnet, auch genau die sein, durch die wir hindurch gehen sollten. Franz Kafkas Erzählung »Vor dem Gesetz« beschreibt das tragische Versäumnis eines ewig Wartenden, der erleben muss, dass die Türe geschlossen wird, vor welcher er den ganzen Tag – mit der Blindheit der Angst geschlagen – auf deren Öffnung gewartet hat. Wer aus lauter Moralismus und ängstlicher Kleinkariertheit an seinem eigenen Leben vorbeilebt und nichts riskiert, hat am Ende seine Chance, die

Gott ihm gab, verpasst. Das Gleichnis vom anvertrauten Kapital (Mt 25,14–30) zielt genau in diese Richtung: Ein Herr reist außer Landes, vertraut aber vorher dreien seiner Bediensteten jeweils etwas Kapital an, damit sie es verwalten. Als er zurückkommt, haben zwei das Geld vermehrt, einer aber hat es vergraben, um es wohlbehalten seinem Herrn zurückzugeben. Dieser scheinbar so gewissenhafte Mensch wird getadelt und bestraft, weil er nichts mit dem Anvertrauten begonnen und riskiert, es auf keine Weise vermehrt und fruchtbar eingesetzt hat. Er hat sein Leben verwirkt. Ohne Risiko kein Leben, das es wert wäre, gelebt zu werden, mit dem Risiko aber kommt die Versuchung. Aus diesem Dilemma kann uns wohl nur Gott selbst befreien. Daher: »Und führe uns nicht in Versuchung!«

»Sondern erlöse uns von dem Bösen!«

Ein, wie es mir zunächst vorkommt, etwas naiver Wunsch nach Eindeutigkeit. Nähme Gott das ›Böse‹ hinweg, wäre auch unsere Freiheit vergangen. Die Chancen und das Risiko eines spannenden und lebendigen Lebens wichen der Langweiligkeit des ›guten Lebens‹ im spießbürgerlichen Sinne. Ein wirklich ›gutes‹ Leben muss in der Dramatik von Chance und Verfehlung gelebt werden. Aber vielleicht meint das Gebet ja etwas anderes. Bei Paulus (1. Kor 10,13) steht der Satz, Gott lasse uns nicht versuchen über unsere Kraft, sondern beende die Versuchung so, dass wir sie ertragen können. Der Apostel meint hier mit dem ›Bösen‹ zwar Unmoral, aber vor allem den Verrat an Christus während der Christenverfolgungen und in Anbetracht des, wie er meinte, bald anbrechenden Weltendes. Diesen Kontext sehen wir heute vielleicht anders, aber der Glaube des Paulus an Gottes gnädigen Umgang mit der von ihm geschickten Versuchung bleibt. Das ist auch schon die Sicht des Psalmbeters aus vorchristlicher Zeit: »Gott legt uns eine Last auf, aber er hilft uns auch.« (Ps 68,20) Die Bitte des Vaterunsers bete ich daher so: Gott möge mich bei dem Unglück, das er auch mir wie den meisten schickt, nicht allein lassen und mir die Kraft geben, damit fertig zu werden. Er möge mich vor allem vom ewigen Tod erlösen und mich auf seine geheimnisvolle Weise durch diese größte und letzte Bedrohung hindurch begleiten.

»Denn dein ist das Reich und die Kraft und die Herrlichkeit in Ewigkeit. Amen!«

Wir schließen das ›Gebet des Herrn‹ in der Regel mit diesem Lobpreis. Er soll erst später, zur Zeit der frühen Christenheit, hinzugefügt worden sein, findet sich aber schon im Alten Testament (1. Chron 29, 11–13): »Dein, Herr, ist die Majestät und Macht, Herrlichkeit, Sieg und Hoheit … Dein, Herr, ist das Reich … Nun, unser Gott, wir danken dir und rühmen deinen herrlichen Namen.« Mit dieser Anbetungsformel kehren wir zurück zum Anfang des Gebets: »Dein Name werde geheiligt!« Noch einmal ehren wir Gott wie die Untertanen ihren altorientalischen Herrscher und begeben uns gesegnet, sozusagen mit Verbeugungen rückwärts gehend zum Ausgang des Thronsaals und hinaus in die alltägliche Welt. Dieser Lobpreis ist für uns zugleich eine Art frommer Selbstvergewisserung: Unser Gott, der alle Macht der Welt hat, lässt uns nicht allein.

Das *Amen* heißt wörtlich etwa »Ja!« oder »So ist es!« oder »So geschehe es!« Das Amen ist ein Ruf der Zustimmung. Es bekräftigt vorher Gesagtes und hat bei Juden, Christen und Muslimen die gleiche Funktion. In unseren Gottesdiensten spricht es nicht selten der bzw. die Geistliche selbst, z. B. am Schluss einer Predigt, als wäre das Amen eine Art Punkt am Ende einer Rede. Das ist aber nicht Sinn der Sache, weil mit dem Zustimmungsruf des »Amen« die angesprochene *Gemeinde* bestätigend antwortet. Das war schon die Praxis zu Zeiten des alten Tempels in Jerusalem und womöglich davor, die wir dem Alten Testament entnehmen, wenn das Volk zur Zustimmung für Verordnungen aufgefordert wird: »Und alles Volk soll sagen: Amen.« (5. Mose 27,15–26) Hier wird sogar Zustimmung zu Verfluchungen gegenüber jenen, die die heiligen Gesetze übertreten, verlangt. Beim Vaterunser bezieht sich unsere Zustimmung besonders auf den Lobpreis am Schluss sowie auf die erste Bitte, die eigentlich eine Ehrfurchtsbezeugung im Sinne eines respektvollen Grußes ausdrückt: »Geheiligt werde dein Name!« Nun ist das Gebet zu Ende. Wir haben uns verabschiedet und bekräftigen unsere Ehrfurcht, unsere Hoffnung auf Erhörung und unseren Glauben mit dem Amen: »So soll es sein!«

1 In: Schmidt-Lauber/Bieritz (Hg.), Handbuch der Liturgik, Göttingen/Leipzig 1995, 46.

22. Vom ›Sinn‹ der Religion

Das Vaterunser ist so allgemeingültig lebensnah formuliert, dass sich sehr viele Menschen darin finden können, selbst wenn sie sich nicht unbedingt als Christen verstehen. Es hat etwas *Allgemeinreligiöses*: Wir erbitten von der Gottheit, die wir mit »Vater« anreden (und das kann man im Sinne von Schöpfer oder Erzeuger der Welt verstehen), dass sich diese Welt nach göttlichem Willen entwickle, dass wir Nahrung und das Nötigste zum Leben bekommen, dass wir vom Druck des schlechten Gewissens befreit und in die Lage versetzt werden, mit den andern verzeihend und friedlich auszukommen, dass wir nicht in Versuchung kommen, vom rechten und damit gemeinschaftsfähigen wie authentisch-ehrlichen Weg abzuweichen, sondern vom Bösen erlöst werden. Wer könnte da nicht einstimmen! Es erscheint mir daher sinnvoll, am Ende dieses Buches und im Anschluss an das Vaterunser ein paar Gedanken zur menschlichen Religiosität oder Frömmigkeit anzufügen.

Zweckfreiheit

Religion – ihre Anhänger sind nach wie vor sowieso von ihrem ›Sinn‹ überzeugt, anderen ist das Thema egal, und Dritte halten es für überholt, weil Religion passé sei. Wir nennen zwar ›Sinn und Zweck‹ in einem Atemzug, dürfen sie aber nicht *gleichsetzen*. Etwas kann durchaus sinnvoll sein, *ohne einen Nutzen oder einen Zweck* zu haben. Das scheint mir vor allem für *Religion und Kunst* zu gelten. Bevor es die Fotografie gab, haben große Künstler zwar Porträts gemalt, die durchaus einem Zweck galten, und noch heute werden Porträts angefertigt – etwa von Politikern, die ein bedeutendes Amt innehatten, Rektoren einer Universität, Forschern und Firmengründern –, aber ihre Kunst bestand darin, die Realität nicht nur möglichst exakt an der Oberfläche abzubilden, sondern das, was sie sahen, gleichzeitig zu deuten. Obwohl es heute künstlerische Fotografie gibt, gilt ein Originalgemälde als etwas Edleres und Ausdrucksstärkeres als ein Fotoporträt. Man darf gewiss die beiden Formen der Abbildung eines Menschen nicht gegeneinander ausspielen. Aber man muss sie unterscheiden. Und seit die bildende Kunst weniger die Aufgabe hat, Potentaten abzubilden und deren Paläste zu schmücken, um Macht zu demonstrieren, ist sie noch freier und abstrakter, sozusagen unabhängiger von der Zweckrationalität, geworden. Dass es allerdings heute einen Kunstmarkt gibt, der wie eine Börse funktioniert und auf dem Unsummen umgesetzt werden, halte ich für ein Unglück.

Kunst hat auch immer wieder moralische Ansprüche erhoben, Weltverbesserungstendenzen entwickelt und Gesellschaftskritik geäußert. Wo sie das wie etwa bei modernen Aktualisierungen alter Dramen oder Opern versucht, misslingt es meistens (wie bei modernen Übersetzungen der Bibel oder sog. Neuen Liedern *im* Gesangbuch und außerhalb). Auch die bildende Kunst versucht nicht selten, sich in den Dienst humanitärer und anderer moralischer

Zwecke zu stellen. So edel diese Absicht ist, so unbefriedigend sind meist die künstlerischen Ergebnisse. Wirklich ernst zu nehmende Kunst hat sich heute doch weitgehend von Zwecken entfernt. Sie dient zunehmend dem ›Ausdruck an sich‹, wird teilweise ›abstrakt‹ – und bleibt doch konkret.

Abstrakte Kunst galt im ›Dritten Reich‹ als ›entartet‹. Diktaturen und Diktatoren können und wollen mit dem *Geist*, um den es hier geht, nichts anfangen. Sie fühlen sich bedroht. Dieser Geist lässt sich nicht für propagandistische Zwecke unterjochen. Er beschreibt eine andere Dimension des Lebens, die frei von jeglicher Nützlichkeit, Politik, Rechtgläubigkeit und Schulmeinung ans Werk geht. Seine ›Botschaft‹ ist daher auch *nicht* eindeutig übersetzbar, sondern bleibt stets vieldeutig und lebendig. Für mich ist das ein Zeichen dafür, dass diese Kunst mit echter Religion direkt verwandt, wenn nicht sogar eine ihrer Ausdrucksweisen ist.

Muss es eine ›Botschaft‹ geben?

Auch die ›Botschaft‹ der Religionen ist alles andere als eindeutig und eben nicht leicht in Zeitungsdeutsch zu übersetzen. Entsprechende Versuche wirken nicht nur banal, sondern übergriffig. Sie wollen sich der Gottheit und ihres Geistes bemächtigen. Man darf aber die Bildersprache der Mythen nicht verzwecklichen. Das ist mindestens *ein* Aspekt des Zweiten Gebots: »Du sollst dir kein Bildnis noch Abbild machen …« (2. Mose 20,4–6).

Die Kunst selbst wird in der Kirche immer wieder als sinnenhafte ›Botschaft‹ verstanden. Von neuen Kunstwerken fordern Theologen und Kirchenvorstände deshalb kurzschlüssig, sie sollten einen biblischen und/oder ethischen *Inhalt* haben. Theologie Studierende neigen beispielsweise dazu, abstrakte Bilder sofort religiös zu deuten. Ich zeige ihnen ein Bild mit Rot, Blau und Grün. Das sei Gott als Liebe, der treu (Blau) unsere Hoffnung (Grün) stärke o. Ä. Es ist nicht ganz einfach, ihnen beizubringen, einmal vorurteilslos das Bild nur als Rot, Blau und Grün – und sonst nichts! – zu akzeptieren: »Es ist, was es ist!« Die Frage sei dann des Weiteren, wie es ihnen beim Anblick der Farben gehe: verärgert, beruhigt, begeistert usw., und dieses Erleben so stehen zu lassen. Ein Kirchenfenster wie das von Gerhard Richter im Kölner Dom war erst noch kürzlich (ich schreibe im Jahr 2008) Gegenstand heftiger Kritik des konservativen Erzbischofs und entsprechender Auseinandersetzungen. J. S. Bachs Kunst der Fuge oder andere musikalische Werke ohne Text, z. B. Anton Bruckners Symphonien, gelten vielen nach wie vor als »nicht eigentlich Kirchenmusik«. Bei Kirchenkonzerten ist immer wieder die Tendenz der PfarrerInnen zu beobachten, wenigstens eine Lesung, ein Gebet und einen Segen zu sprechen. ›Das Wort‹ wird von theologischen Rationalisten als der eigentliche Zweck der christlichen Kirche angesehen. Diese *dogmatische Inhaltsfixiertheit* zerstört vor allem im Protestantismus den ›Sinn‹ der Religion. Weshalb im Katholizismus und in den Ostkirchen nicht? Weil dort Bilderstürmerei und Rationalismus dem Kult nicht so zusetzen konnten. Und der Kult, das heißt: die Traditionen der ritualisierten Anbetung, sowie die Volksfrömmigkeit wurden dort weniger destruiert. Allerdings leidet vor allem der römische Katholizismus an der Dogmatisierung von Traditionen der Volksfrömmigkeit, z. B. der Unfehlbarkeit des Papstes (die allerdings nur gilt, wenn er ausdrücklich ›ex cathedra‹, d. h. als höchste Lehrautorität der katholischen Kirche und im Auftrag dieses Kollektivs, nicht etwa, wie man leider manchmal hören kann, als Privatperson spricht) oder der Himmelfahrt Mariens, die als Dogmen dann der theologisch-rationalen Durchdringung und Interpretation bedürfen und alsbald dem Zwiespalt zwischen autoritärer Lehrsprechung und intellektueller Redlichkeit ausgesetzt sind. Hier gilt, was ich oben über das Verhältnis von Diktatur und abstrakter Kunst gesagt habe. Die Diktatur der Kirche ruiniert den echten Glauben und die lebendige Religion. Religion aber ist kollektive Kunst, oftmals angeregt und vorangebracht durch individuelle und kreative Auseinandersetzung damit.

Die ästhetische Natur der Religion

Die Traditionen von *kultischer Frömmigkeit und Volksreligiosität* aber sind, solange sie nicht über Dogmatisierung und die Irrwege neurotischer Zwangsvorstellungen eingeengt werden, ästhetischer Natur. Man kann auch sagen: Religion ist nicht etwa »Opium des Volkes« (Karl Marx), sondern kreative Gestaltung, Sinngebung und Überhöhung (Transzendierung) der Banalitäten des Alltags durch die Gesellschaft. Ich nenne das: Ästhetisierung des Lebens durch Religion. Vorausgesetzt ist, dass sie fromm sein darf und ihre Freiheit weder durch Vertreter der Religion selbst (z. B. durch die ›heilige Herrschaft‹ der Hierarchie) noch durch staatliche Organe (etwa einer Diktatur) eingeschränkt wird. Dass Vorgänge echten religiösen Lebens aus dem *Unbewussten* gespeist und nicht gezielt gemacht werden, sei ausdrücklich angemerkt. Weder die Veränderungsprozesse, denen mündliche Überlieferung und ihre spätere Verschriftlichung unterliegen, noch der Wandel der religiösen Vorstellungen lassen sich manipulativ herbeiführen, auch wenn und obwohl selbstverständlich unzählige Beispiele aus der Geschichte belegen, dass Religionen vor allem in politischer Absicht oktroyiert und manipuliert wurden.

Tradition ist unerlässlich

Zur Religion gehört ihre *Tradition* unbedingt hinzu. Von ehrwürdigen Vätern und Müttern der jeweiligen Gesellschaft und ihrer Kultur werden Geschichten erzählt. An ihnen orientiert man sich, von ihnen grenzt man sich auch ab, von ihnen leitet man sein Selbstverständnis ab. Ohne Geschichte keine Identität. Tradition geht auf die Vorfahren zurück. Zu ihnen zählen auch frühere Herrscher, und wären sie noch so brutal gewesen, die ›Helden‹ und andere Figuren der Geschichte, die im kollektiven Gedächtnis haften und deren *Grabstätten* erhalten geblieben sind. Wo man keine Grabstätten besitzt, werden welche ›erfunden‹: Fromme Menschen erleben und finden mithilfe ihrer religiösen *Phantasie und Intuition* Orte, wo der Heilige oder der verloren geglaubte geliebte Tote, eine wichtige archetypische Gestalt (wie etwa Moses oder ein Prophet, ein Bruder Jesu oder dessen Mutter) wiedergefunden, auf geheimnisvolle Weise hingelangt und entdeckt worden oder gar ›erschienen‹ sei. Alsbald wird dieser Ort ausgestaltet, zuerst mit einer kleinen Steinsäule oder gar schon Kapelle, allmählich ranken sich Erlebnisse und Geschichten um den Ort, bis schließlich eine große Tradition mit Tempeln oder Domen, Wallfahrten u. dgl. entsteht.

Gerade die Grabstätten werden als Orte der Erinnerung und Vergewisserung immer wieder aufgesucht und gepflegt, an ihnen wird gebetet, an ihnen ereignen sich ›Wunder‹, an ihnen begegnet man dem eigenen Tod, der einen aber noch einmal davonkommen lässt. Insofern sind Grabstätten Lebens- und Überlebensstätten. Häufig werden die Grabstätten der Mächtigen und ihrer Liebsten durch gewaltige Bauwerke tempelartig überhöht und so allmählich tatsächlich zu Heiligtümern. Christliche Dome entstanden über Märtyrergräbern. Ganze Friedhöfe finden sich manchmal unter den Kirchen der alten Christenheit, z. B. auch unter dem Petersdom in Rom. Dass christliche Altäre Reliquien enthalten – man beachte den mit einem Kreuzzeichen markierten Schlussstein in alten Altären, unter dem sich eine Reliquienbüchse befindet (oder befunden hat) –, hat mit eben dieser Verehrung der Ahnen, in diesem Falle der Ahnen im Glauben, zu tun. Wenn Protestanten das als ›heidnisch‹ abtun, sollten sie sich darauf besinnen, wie viele Bilder Luthers und Melanchthons ihre Kirchen schmücken und wie viele ihrer Kirchen und Versammlungshäuser Namen von Aposteln oder anderen Männern und Frauen der Kirchengeschichte tragen, welche ihnen wichtigen Straßen und Plätze nach Persönlichkeiten der Geschichte des Glaubens heißen usw. Wir alle stehen auf den Schultern unserer Ahnen; und wer das weiß, hört auf ihre Stimmen, lässt sich von ihren Taten erzählen, ist ihnen dankbar, verehrt sie und pflegt ihre Erinnerung. Das geschieht in Familien und im kleinsten Verein so (Bilder der Gründer hängen im Vereinslokal, Straßen werden nach ihnen benannt usw.), und das geschieht in Gesellschaften, Nationen und Religionen.

Sehnsucht

Ein wichtiger Aspekt der Religion ist die *Sehnsucht*. Zu allen Zeiten haben sich die Menschen nach etwas Rätselhaftem, Unbekannt-Bekanntem, nach der alt-neuen Heimat, nach dem Paradies gesehnt – zurück und voraus, in die Vergangenheit und in die Zukunft. Vor allem die westlich-kulturgeschichtliche Epoche der Romantik hat dieser Seite der Frömmigkeit Ausdruck verliehen. Ein sprachlich-poetisch nicht besonders hochwertiges Gedicht von J. G. Seidl hat als Franz Schuberts letztes Lied vor seinem Tod in einer eigenartigen und typisch romantischen Mischung von schwebender Leichtigkeit, wehmütiger Unerfülltheit und bitterer Selbstironie Bedeutung erlangt:

Die Taubenpost

»Ich hab eine Brieftaub in meinem Sold,
die ist gar ergeben und treu;
sie nimmt mir nie das Ziel zu kurz
und fliegt auch nie vorbei.

Ich sende sie vieltausendmal
auf Kundschaft täglich hinaus,
vorbei an manchem lieben Ort
bis zu der Liebsten Haus.

Dort schaut sie zum Fenster heimlich hinein,
belauscht ihren Blick und Schritt,
gibt meine Grüße scherzend ab
und nimmt die ihren mit.

Kein Briefchen brauch ich zu schreiben mehr,
die Träne selbst geb' ich ihr,
o, sie verträgt sie sicher nicht,
gar eifrig dient sie mir.

Bei Tag, bei Nacht, im Wachen, im Traum,
ihr gilt das alles gleich;
wenn sie nur wandern, wandern kann,
dann ist sie überreich.

Sie wird nicht müd, sie wird nicht matt,
der Weg ist stets ihr neu,
sie braucht nicht Lockung, braucht nicht Lohn,
die Taub' ist so mir treu.

Drum heg ich sie auch so treu an der Brust,
versichert des schönsten Gewinns.
Sie heißt: die Sehnsucht. Kennt ihr sie,
die Botin treuen Sinns?«

Man braucht für das Wort ›treu‹ nur das ältere Äquivalent
›fromm‹ einzusetzen, und schon kommt einem der Text im
religiösen Zusammenhang fast vertraut vor: Sehnsucht als
Botin frommen Sinns, der auf das Unerreichbare gerichtet
ist, das – in Schuberts enttäuschter irdischer Hoffnung –
vielleicht nach dem bevorstehenden Tod dennoch erreicht
werden könnte. Setzt man in der zweiten Strophe statt »der
Liebsten« »des Herren« oder etwas Ähnliches ein, lassen
sich in der gesamten Dynamik des Liedes quasireligiöse
Strukturen der seelischen Aktivität und Bewegung erkennen, wie sie uns aus der kirchlichen Tradition vertraut sind:
Sehnsucht nach dem höchsten aller Ziele, der unerreichten
Heimat (»der Liebsten Haus«) und der ›himmlischen‹ Geliebten selbst, Wandern – seit Abrahams Zeiten ein Ur-
thema einer Religion mit (auch) nomadischen Wurzeln –,
eine phantastische Kommunikation von Bewusst-Unbewusstem zu Bewusst-Unbewusstem ohne äußere Hilfs-
mittel – wie die Kommunikation mit dem ›Jenseitigen‹,
Lohnfreiheit und Freiwilligkeit der Hingabe, Treue. Hier
zeigt sich die Religiosität in einem nicht mehr an kirchliche
Sprachkonventionen gebundenen Modus. Theologen mögen sagen: »Das ist es ja gerade. Hier fehlt der ausdrück-
liche Glaube an Jesus Christus. Das Christentum ist eben
keine Religion.« Aber da bleibe ich skeptisch. Es enthält
zwar wie alle Religionen auch ein religionskritisches Po-

tential, wie jede Wahrheit ihre Gegenwahrheit enthält. Aber eine Religion ist das Christentum trotzdem: Zuerst waren es bestimmte (messianische, apokalyptische und universalistische) zusammenlaufende Linien des Judentums, dann wurde es durch eine ganze Reihe von Einflüssen zu einer Weltreligion. Und das ist es heute noch.

Robert Schumann hat in seinem berühmten »Liederkreis« Joseph von Eichendorffs leidenschaftliches Gedicht vertont. Es heißt *»Schöne Fremde«*:

»Es rauschen die Wipfel und schauern,
als machten zu dieser Stund
um die halb versunkenen Mauern
die alten Götter die Rund.

Hier hinter den Myrthenbäumen
in heimlich dämmernder Pracht:
Was sprichst du wirr wie in Träumen
zu mir, phantastische Nacht?

Es funkeln auf mich alle Sterne
wie von glühendem Liebesblick,
es redet trunken die Ferne
wie von künftigem großen Glück!«

Eine »phantastische Nacht« in einem ebenso phantastischen Garten »hinter den Myrthenbäumen« spricht zum Dichter wie zum Komponisten. Es funkeln »alle Sterne«, nicht nur ein paar, sondern der ganze Kosmos, und sie erinnern an einen »glühenden Liebesblick« – nicht gerade an glühende Kohlen wie bei Jesajas Berufung (Jes 6,6), aber an den Blick leidenschaftlicher Liebe – ein Thema, das in Predigten gerade junger Theologinnen und Theologen regelmäßig wiederkehrt, allerdings merkwürdig gebrochen und leidenschaftslos, ja enttäuscht und wenig glaubhaft: Gottes Liebe gelte allen, und wir Hörer sollten uns das gesagt sein lassen. Was oft entfällt, hat Eichendorff und mit ihm Schumann in einer grandiosen Steigerung als ›eschatologisches Gut‹ erkannt: »Es redet trunken die *Ferne* wie von *künftigem* großen Glück«. In der Ferne lässt sich das große Glück erahnen. Es ist aber auch dort nicht als sicher erreichbares Ziel etwa gar schon zu sehen, sondern die Ferne »redet« davon – wie ›das Wort‹ protestantischer Frömmigkeit. Und sie redet zwar jetzt davon, aber ›wie von‹ oder ›als ob‹. Auch das kennen wir aus der biblischen Überlieferung. Mehr als Sehnsucht ist da in ›irdischen‹ Kategorien nicht dingfest zu machen – allerdings eine fast überirdische Sehnsucht und eine unüberbietbare Leidenschaft in glühender Begeisterung. – Will man das alles in der Bibel, und dort noch nicht theologisiert und spiritualisiert, finden, dann lese man das »Hohelied Salomos« im Alten Testament: Die Nacht, die Sehnsucht, die verzweifelte Suche, das Leiden an den schrecklichen Widerständen prügelnder Wächter, die Verheißung der Vereinigung. All das lässt sich auch und zusätzlich tiefenpsychologisch verstehen. Aber muss man das noch?

Religion ist Kult

Religion *ist Kult*: Verehrung der Gottheit. Daher steht im
Zentrum jeder Religion der *Gottesdienst* als Gang zum Ort
der Anbetung, einem Berg und/oder Tempel, einer Grab-
stätte oder einem andersartigen heiligen Ort. Die Welt
wird rhythmisch gegliedert: in heilige und unheilige, sakrale und profane Orte, in ebensolche Zeiten, Werk- und
Feiertage. Der Gottesdienst selbst bildet auf heiligen Straßen zum und im Gotteshaus und in seiner Feierstruktur
den geheimnisvollen Weg des Lebens oder zum wahren
Leben ab.

Der Kult ist immer zugleich Feier des Fremden und Un-
nahbaren wie auch des Nahen und Geliebten; er ist Feier des
unendlich fernen Gottes und der eigenen menschlichen,
aber auf Ihn bezogenen und von Ihm hergeleiteten Identität. Der Mensch findet damit seinen Platz. Weil die Anbetung sowohl gemeinsam, in der Gemeinschaft, als auch
individuell, ›im stillen Kämmerlein‹ oder am heiligen, ausgesonderten Ort geschieht, fügt ihn die Verehrung des gemeinsamen Gottes in die Gemeinschaft ein und gibt ihm zugleich die Möglichkeit, sich von ihr zu distanzieren in
seinem ganz persönlichen und einmaligen Gottesbezug.
Für-sich-Sein und Dazu-Gehören sind die zwei unerläss-
lichen Pole lebendiger Existenz. Sie lassen das Erleben anderer wie seiner oder ihrer selbst immer wieder ambivalent,
zwiespältig, werden.

Rückwirkungen auf den Menschen

Die ehrfürchtige Verehrung und Anbetung hat eine weitere *Rückwirkung auf den Menschen*: Er relativiert sich selbst, wird bescheiden und bewahrt vor einem drohenden »Gotteskomplex« (Horst E. Richter). Religionslosigkeit hingegen führt unweigerlich zu menschlichem Größenwahn und Überheblichkeit einerseits, zu Angst, Projektionen und Moralismus andererseits. Religion bewahrt vor beidem. Solche Konsequenzen zu beobachten, heißt freilich nicht, Religion letzten Endes doch als nützlich zu erweisen und ihr Zwecke zu unterstellen. Religion hat zwar Konsequenzen, aber die Konsequenzen führen weder zur Religion noch erweisen sie deren Notwendigkeit. Es verhält sich damit wie mit Indikativ und Imperativ (Beschreibung von Ist- und Soll-Zuständen) in den Schriften des Apostels Paulus: Entscheidend ist der *Glaube*; erst daraus ergeben sich sittliche (ethische) Notwendigkeiten. Man kann Liebe beobachten und beschreiben; wer aber aus der Beschreibung eine Anleitung macht, wird enttäuscht sein und scheitern.

Man könnte bei der Art von Betrachtung, wie sie hier vorgestellt wird, den Eindruck gewinnen, Religion sei in ihrer Jenseitsbezogenheit und andersartigen Blickrichtung auf die Erscheinungen des Lebens *realitätsfern* und abgehoben. Das ist aber dort, wo Religion als normale menschliche Glaubensform und kollektiv-kreative Art der Lebensbewältigung gelebt wird, keineswegs der Fall. Im Gegenteil, sie dient dazu, *Realität* möglichst genau wahrzunehmen und zu bewältigen, ggf. auch zu ertragen und zu überwinden.

Pathologische Formen

Dabei darf jedoch nicht übersehen werden, dass es auch *pathologische Formen* von Religiosität gibt.[1] *Autoritäre Religionsformen* und *hierarchische Diktaturen als ihre Organisationsform* nehmen dem Menschen einerseits Eigenverantwortung ab und entlasten ihn damit, entmündigen ihn aber auch. Sie fördern seine Unterwürfigkeit und machen ihn schwach. Sie entstammen der Weigerung, erwachsen zu werden, und produzieren in erster Linie zwanghafte Verhaltensweisen, die einem gesetzlichen Verständnis des Verhältnisses zur Gottheit entsprechen. Dann bestimmen vor allem ›Gebote‹ und Verbote das Leben, und die Götter werden als strenge Gesetzgeber, übergriffige Polizisten und rächende Richter wahrgenommen. Regelmäßig gehört Reinheit und Reinlichkeit zu den Forderungen der rigiden Über-ich-Gottheit. Die Angst vor dem die Sünde, also jegliche Abweichung vom *gemeinsamen Orientierungsrahmen* (den ›Geboten‹ und daraus abgeleiteten Normen), strafenden und sich rächenden Gott kann so groß werden, dass Menschen verzweifelt nach Erlösung suchen und, wenn sie diese nicht finden, sich selbst exekutieren. Erlösung käme hingegen von der Wahrnehmung des Angenommenseins von der oder einem großen Teil der Gemeinschaft, zu der man gehört oder als deren Teil man sich fühlt. Das Wichtigste im Leben, vor allem wenn es von Krisen geschüttelt wird, ist die Erfahrung von sozialer Akzeptanz. Im Christentum heißt sie »Vergebung«. Vergebung durch das allerhöchste Symbol der Gemeinschaft, ihren Gott, kann sogar aus der Abhängigkeit von einzelnen Mitmenschen, und wären sie noch so mächtig, befreien, die einem vielleicht auf Dauer Vergebung entziehen. Es entsteht eine innere Gewissheit, die Luther mit Paulus »Glauben« nennt. Das ist eher eine *Haltung* als ein System ›richtiger‹ Dogmen. Aus dieser Einstellung heraus kann Luther sagen, wenn die Zehn Gebote uns am Leben hinderten, wäre es Zeit, dass wir neue machten.[2] Wir begegnen hier einer religiösen Mündigkeit und Freiheit, wie sie echte Frömmigkeit auszeichnet. Das jedenfalls ist die Erfahrung und Überzeugung jener biblischen und kirchlichen Autoren und Autorinnen, die uns in ihren Bekenntnissen und Liedern davon Zeugnis geben.

Martin Luthers Lied »Nun freut euch, lieben Christen g'mein« (EG 341) beschreibt anschaulich den Vorgang in der Seele eines Menschen, den zunächst das Überich hart im Griff hat:

»Dem Teufel ich gefangen lag, im Tod war ich verloren, mein Sünd' mich quälet Nacht und Tag, darin ich war geboren. Ich fiel auch immer tiefer drein, es war kein Gut's am Leben mein, die Sünd' hatt' mich besessen. – Mein guten Werk, die galten nicht, es war mit ihn' verdorben; der frei Will hasste Gott's Gericht, er war zum Gut'n erstorben; die Angst mich zu verzweifeln trieb, dass nichts denn Sterben bei mir blieb, zur Höllen musst ich sinken.«

Übersetzen wir diese Erfahrung in heutige Terminologie, so beschreibt der Reformator seine Erfahrung mit den starren Normen einer pathologischen Religiosität. Pathologisch wird diese Frömmigkeit, wenn ein Mensch die kindliche Abhängigkeit von vorgegebenen Gesetzen verlassen und mündig werden will. Man nennt diesen Vorgang »Individualisierung«. Wer in seiner Entwicklung auf der Stufe gesetzlich denkender Kinder stehen bleibt, wird sich sogar mit diesen Normen identifizieren und sie später in eigenstem Interesse (er müsste sich sonst in Frage stellen und Einsamkeit riskieren) streng vertreten bzw. Abweichler verfolgen. ›Bekehrungen‹, wie Paulus sie erlebt und Luther sie erfahren haben, stellen demgegenüber *Befreiungserfahrungen* dar, die aus dem normativen Gefängnis von Gehorsamsforderungen und Angst herausführen.

Fanatismus und Fundamentalismus

Als pathologisch muss man auch *Fanatismus und Fundamentalismus* einstufen.

Fanatismus ist eine Perversion der Leidenschaft. Verwandt ist Ekstase, die sich bis zur Raserei steigern kann. Es geht beim Fanatismus zunächst um religiöse Schwärmerei, dann – davon abgeleitet – um fast jede Art von *übertriebener* Leidenschaft und *eifernder* Begeisterung, Parteinahme und distanzloser, unkritischer Über-Identifikation. Auf seiner Rückseite findet sich oft eine gehörige Portion von *Intoleranz*. Sie resultiert aus tiefer Unsicherheit und Angst. Ein eigenständiges Selbstwertgefühl konnte sich nicht ausbilden; es wird ersetzt durch kollektive Begeisterung. Fanatiker schwärmen radikal für eine Sache oder *Ideologie*.

Ideologie kommt *im Kontext von Religion* leider oft vor. Wir verstehen darunter ein Glaubenssystem, das sich für absolut gültig hält und keine gedankliche bzw. situative

Relativierung duldet. Die Ideologie tut so, als sei die Welt aus einem einzigen Prinzip zu erklären, das absolute Anerkennung beansprucht. Dadurch wird die Wahrnehmung der unendlichen Vielfalt von Realität stark eingeengt. Wer etwas anderes als das, was zugelassen ist, sieht oder denkt, ist ein Abweichler, Ungläubiger und treuloser Ketzer. Subjektive Werturteile, die irgendeine Führungsperson einmal gefällt hat, werden zu Ist-Aussagen. Das gilt z. B. auch für die mittelalterliche religiöse Metaphysik, jenes Weltbild, das die Wirklichkeit in mehrere Ebenen (mindestens dualistisch) aufteilte. Der Ideologie fehlt immer die Dimension der *Zeit* und ihres Wandels. Ideologie verlangt Unterwerfung, sacrificia intellectus (Opfer des Verstandes). Der christliche Glaube fordert aber keine Aufspaltung von Denken und Glauben. Deshalb schreibt der bedeutende Marburger Theologe Otto Kaiser: »Es kommt nicht darauf an, mit unserer Erfahrung nicht in Übereinstimmung zu bringende Anschauungen als ein Glaubensgesetz zu betrachten, sondern darauf, zu erfahren, dass Gottes Güte und Nähe zu uns unzerstörbar sind. Unkontrollierbare Glaubensgedanken verselbständigen sich zur Ideologie. Sie leisten dann nicht mehr, was der Glaube als Gottvertrauen leistet: sich die Welt jeden Tag neu in der Bereitschaft zu neuen Erfahrungen schenken zu lassen.«[3]

Findet die Ideologie oder der Gegenstand des *Fanatismus* nicht ausreichende Beachtung oder Erfolg, werden ihre Anhänger rabiat: Fußballfans z. B. (›Fan‹ = ›Fanatiker‹) reagieren auf Niederlagen ihres Clubs *maßlos* gekränkt, werden gewalttätig und verhalten sich unbeherrscht; ihre innere Balance und Selbstregulation reicht nicht mehr aus. Bei *religiösen* Fanatikern lassen sich entsprechende Phänomene beobachten. Im Mittelalter gehörten fanatische Reaktionen, z. B. als Selbstgeißelungen, auch zum Ausdrucksverhalten des Christentums; heute finden wir Ähnliches noch dort, wo der Islam keine kritische Aufklärungsphase durchlaufen hat. Dass auch Religionen gewalttätig werden können, wenn ihre Begeisterung und ihre Schwärmerei angefacht werden, bewiesen z. B. die Kreuzzüge. Fanatismus erfasst oft gerade Kinder und Jugendliche: Man erinnere sich etwa an die berüchtigten Kinderkreuzzüge von Köln und Cloyes aus dem Jahre 1212. Manche religiöse Vision und z. B. Stigmatisierungserfahrungen, die zu spontanen Wellen religiöser Begeisterung, zu Wallfahrten u. dgl. führen können, fallen mir ebenfalls in diesem Zusammenhang ein.

Auch in der *Politik* setzt man auf Fanatismus, z. B. wo Diktaturen entstehen oder weiter bestehen wollen. Auch Nationalismen bestehen durch Fanatismus und fördern ihn. Jegliche gedankliche und seelische Selbstständigkeit, kritisches Denken und Infragestellung des bestehenden Systems und seiner Vertreter werden sofort unterdrückt. Der Nationalsozialismus ist das jüngste Beispiel unserer eigenen Geschichte für das Zusammenwirken von Ideologie (theoretisches System), Fundamentalismus (Rechtgläubigkeit), Fanatismus (leidenschaftlicher Übereifer) bei der Durchsetzung und *Totalitarismus*, der alle Gebiete des kollektiven Lebens total erfassen will, gerade auch die Religion, die sich dafür besonders gut eignet.

Dass *echte Religiosität* immer auch die *Gegenkräfte der Unabhängigkeit* enthält, weil sie sich auf die übergeordnete Gottheit bezieht, will ich noch einmal anmerken. Als Beispiel lassen sich die Gruppen der sog. ›Bekennenden Kirche‹ im ›Dritten Reich‹ anführen. Nur schwer davon zu unterscheiden ist jene unflexible und konservative Rechtgläubigkeit, die schlicht aus Mangel an Gesprächsfähigkeit und Mangel an Fähigkeit, die Zeichen der Zeit zu erkennen, stur am Alten festhält. Ihr Wahrheitsverständnis ähnelt dem der sie unterdrückenden und verfolgenden antireligiösen Fundamentalisten, führt aber ebenso in die Verfolgung wie das ihrer Gegner, weil *Ideologie* im Spiele ist; es kommt dann nur darauf an, wer gerade an der Macht ist.

Fundamentalismus gehört in diesen Zusammenhang. Er bezieht sich auf die *ideologische Basis des Fanatismus.* Kritische Überlegungen, Zweifel und Fragehaltungen gelten von vornherein als vom Teufel. Die ›fundamentals‹ (Grundlagen) des Glaubens dürfen nicht hinterfragt werden, denn sie sind *geoffenbart.* Die Heilige Schrift, ob nun Bibel oder Koran, ist gleichgültig, ist *unbezweifelbares* Wort Gottes und muss *wörtlich* genommen werden. Die Welt ist z. B. nach dieser Anschauung tatsächlich in sechs Tagen erschaffen worden (›Kreationismus‹ von ›creatio‹ = Schöpfung). Wer widerspricht, ist ein Ungläubiger. In den christlichen Kirchen geht der Fundamentalismus oft ein Bündnis mit konservativen und restaurativen Tendenzen (im Katholizismus z. B. hinsichtlich des Lateinischen in der Messe, die nach dem althergebrachten Ritus gefeiert werden muss, der Papsttreue usw.) einher. Politisch neigt er der konservativen Seite und deren autoritären Tendenzen zu, findet sich aber auch bei der sog. Linken. Alle Radikalismen werden leicht fundamentalistisch und doktrinär. Für Fundamentalisten hat die vermeintliche Offenbarung bzw. richtige Ansicht Vorrang vor kritischem Denken. Bestimmte *Vorurteile* sind maßgeblich. Wissenschaft ist daher aus dieser Sicht nur bedingt (wenn überhaupt) zulässig, weil sie meist jegliches System, das sich für absolut hält, in Frage stellt. Totale Sicherheit, auch für die *innere* Balance, ist ein so starkes Bedürfnis, dass ihr gerne die Vernunft zum Opfer gebracht wird. Eine besonders gefährliche Konsequenz aus dem Fundamentalismus ist der *Terrorismus*, der die Feinde des wahren Glaubens mit allen Mitteln der Gewalt vernichten und so die Welt vom Bösen reinigen will.

Heilende Begegnungen

Was diese fundamentalistischen und fanatischen Tendenzen *überwinden* kann, sind reale und persönlich überzeugende Begegnungen, die die oft langen Wege aus der Angst heraus mitgehen und durch diese Begleitung Mündigkeit ermöglichen. Freundschaften, Befreiung zu Gemeinschaftsfähigkeit, Liebes- und Arbeitsfähigkeit durch Psychotherapie und Seelsorge, im politischen Bereich auch Begegnungen anderer Art, die Vertrauen schaffen und eigenständige Schritte ermöglichen, helfen weiter. Bei Martin Luther war es die väterliche Betreuung bzw. seelsorgliche Begleitung durch seinen Ordensoberen Johannes Staupitz, der seinen Schützling die Erfahrung eines liebevollen und geduldigen Vaters machen und so sein bis dahin einseitiges

Vaterbild ganz werden ließ. Luther interpretiert diese grundlegende Erfahrung seines Lebens im Rahmen seines Glaubens (EG 341, s. o.):

»Da jammert Gott in Ewigkeit mein Elend übermaßen. Er dacht' an sein Barmherzigkeit, er wollt mir helfen lassen. Er wandt' zu mir sein Vaterherz. Es war bei ihm fürwahr kein Scherz. Er ließ' sein Bestes kosten.«

Offenheit für die Zukunft

Halten wir fest: Religion wird nicht gemacht, auch nicht von Pfarrerinnen und Pfarrern, Päpsten und anderen religiösen Führern. Sie entsteht und vergeht wie die und mit den Kulturen, zu denen sie gehört. Während sich die Kirche abmüht, um an irgendeine Aktualität anzuknüpfen und das Christentum zu erhalten, während ihre Repräsentanten vielleicht meinen, dem ›Werteverfall‹ Einhalt gebieten zu sollen oder den ›wahren Glauben‹ retten zu müssen, versammeln sich im Jahr 2008 ohne Pfarrer oder Imame hundert Jugendliche an einem Großstadtplatz, um eines Schulkameraden und beliebten Diskotänzers zu gedenken, der am Vortag Opfer eines Verkehrsunfalls geworden ist. Sie stellen Kerzen und Blumen auf, kleben persönliche, handschriftliche Nachrufe mit Fotos an einen Baum, klagen und weinen laut, trösten einander und reden über den ›guten Freund‹. Tagelang kommen sie nach der Schule oder Arbeit zusammen und trauern. Sie halten sich durchaus an ›Werte‹, z. B. Gemeinschaft, Solidarität, Freundschaft, Gefühle – und deren Ausdruck. Sie wissen genau, dass angesichts von Feinden und vor allem angesichts des ›letzten Feindes‹ *Zusammenstehen* angesagt ist und hilft. Vielleicht hat sie ihre Jugendleiterin dazu angeregt. Aber sie sind ohne Zögern darauf eingegangen und haben es tagelang – bis zur Beerdigung – durchgehalten. Auch ein paar ältere Leute sind dazu gekommen. Früher – ich habe das in Zentralasien gesehen – hätten die Jugendlichen ihren Freund vielleicht an diesem Ort des gemeinsamen Trauerns begraben, mitten in der Stadt, einen Stein errichtet und einen Platz des wiederkehrenden Gedenkens und der Gemeinschaft geschaffen. Vielleicht hätte dann jemand dort Heilung erfahren oder sein Glück in einer Partnerschaft gefunden. Allmählich wäre die Tradition eines heiligen und heilenden Ortes entstanden. So, wenn auch nicht *nur* so, entwickelt sich Religion. Wenn wir zurückblicken und uns an Zeiten lebendiger christlicher Religiosität mit festlichen Gottesdiensten in schönen Kirchen hierzulande erinnern, werden wir traurig, möchten etwas von dieser uns wertvollen Vergangenheit retten oder wiederbeleben. Wenn wir diese Trauer abwehren, werden wir aggressiv, konservativ, missionarisch und erklären das Vergangene zum einzig Wahren. Wenn wir vorausschauen, muss uns nicht so bange sein, wie wir meinen. Manches, was uns lieb und wert war, ist vergangen. Neues kommt und lässt hoffen.

[1] Vgl. dazu u. v. a. Erich Fromm, Analyse einiger Typen religiöser Erlebnisse, in: Ders., Psychoanalyse und Religion, Zürich 1966, 31–78.

[2] Martin Luther, Disputatio de Fide von 1535: WA 39 I, 47; vgl. dazu Matthias Kroeger, Der fällige Ruck in den Köpfen der Kirche, Stuttgart 2004, 343f.

[3] Otto Kaiser, Ideologie und Glaube. Eine Gefährdung christlichen Glaubens am alttestamentlichen Beispiel aufgezeigt, Stuttgart 1984, 154.

23. Literatur

Ich nenne im Folgenden einige sehr unterschiedliche, aber in jedem Falle weiterführende Bücher bzw. Texte. Diese Bücher zeigen auch, dass manche Vorurteile gegenüber der Kirche und ihren Auffassungen nicht zutreffen, sondern einem Mangel an Kenntnissen entsprechen. – Andere wichtige und vergleichbare Veröffentlichungen mussten im Folgenden der Übersichtlichkeit wegen ausgelassen werden. Ich nenne z. B. die fachlichen wie die erzählenden Bücher des amerikanischen Psychiaters und Existenzanalytikers *Irvin D. Yalom*, der sich zwar als Agnostiker versteht, die ich jedoch trotzdem als äußerst anregend und hilfreich für das Selbstverständnis eines modernen Menschen empfinde, zumal ich als Schüler des katholischen Daseinsanalytikers *Viktor Emil von Gebsattel* eine verwandte, wenngleich christliche Perspektive der Psychologie des Unbewussten kennengelernt habe.

Schleiermacher, Friedrich Daniel Ernst: Reden über die Religion an die Gebildeten unter ihren Verächtern, Berlin 1799. Neuausgabe und Kommentierung der ersten Auflage durch Rudolf Otto 1899: Nachdruck Göttingen 1967 ff., UTB 1655. *(Man sollte in jedem Falle die erste Auflage lesen, die wagemutiger und jugendlicher daherkommt als spätere, mäßigend redigierte Ausgaben.)* Ich nenne dieses Werk bewusst am Anfang der Literaturhinweise, weil es zu den Grundlagen moderner Theologie gehört.

Assmann, Jan: Das kulturelle Gedächtnis: Schrift, Erinnerung und politische Identität in frühen Hochkulturen, München 2007 (6. Aufl.).

Der Heidelberger Ägyptologe trägt Wichtiges zum Verständnis des Werdens und Vergehens von Kulturen und ihren Religionen bei. Da das Christentum auf das Judentum zurückgeht und dieses wiederum wesentliche Wurzeln in den alten Hochkulturen Mesopotamiens und Ägyptens hat, sind Assmanns Ergebnisse zur Erhellung der abendländischen Kultur sehr aufschlussreich.

Barth, Hans-Martin: Evangelischer Glaube im Kontext der Weltreligionen, Gütersloh 2001.
Der Marburger Theologe vergleicht systematisch die großen Weltreligionen vom christlichen Standpunkt aus und auf diesen hin. Die Religionen sollten voneinander lernen. Das sehr informative Werk bleibt bei der Überzeugung, dass der christliche Glaube am weitesten in die Zukunft weist.

Ders.: Plausibilität statt überholter Metaphysik. Plädoyer für eine met-a-theistische Theologie, in: Geyer, Carl-Friedrich / Schneider-Stengel, Detlef [Hg.]: Denken im offenen Raum. Prolegomena zu einer künftigen postmetaphysischen Theologie, Darmstadt 2008, 73–88.
Hans-Martin Barth nennt in seinem zukunftsweisenden Aufsatz »die Sprache des Glaubens ›verbindliche Dichtung‹«. Er endet mit dem Hinweis auf die »Freiheit eines Christenmenschen«. Die Verwandtschaft mit Matthias Kroegers Anliegen (s. u.) ist deutlich.

Buber, Martin: Die Erzählungen der Chassidim, Zürich 1949.
Der große jüdische Gelehrte hat in diesem Buch Geschichten aus der Tradition des Chassidismus, einer Art jüdischer Erweckungsbewegung des osteuropäischen Judentums mit stark seelsorglichem Einschlag (ca. 1700–1900), überliefert. Diese zeigen oftmals eine frappierende Verwandtschaft zu evangelischer Theologie und Frömmigkeit.

Deeg, Alexander [Hg.]: Aufbruch zur Reformation. Perspektiven zur Praxis der Kirche 500 Jahre danach, Leipzig 2008.
Der Erlanger Theologe Deeg hat zum Beginn der sog. Luther-Dekade (10 Jahre bis zum Reformationsjubiläum 2017) Luthertexte von Fachleuten interpretieren lassen zu Themen wie Kirche, Gottesvorstellung, Pädagogik, Musik, Ökumene usw. Aufbruch ist angesagt: in eine Zukunft, wie die Reformatoren sie gewagt haben.

Dürckheim, Karlfried Graf: Der Weg, die Wahrheit, das Leben, Bern/München 1979.
Kommentare eines christlichen Zenmeisters, die in Interview-Form zentrale Themen des Christentums und einer entsprechenden Lebenspraxis auf existenzieller Ebene diskutieren.

Erikson, Erik H.: Der junge Mann Luther, Reinbek 1970.
Der österreichisch-amerikanische Psychoanalytiker beschreibt den Entwicklungsweg des Reformators einfühlsam und verständlich, so dass sich Leserin und Leser ohne Schwierigkeit womöglich selbst darin entdecken und besser verstehen können.

Hartmann, Gert: Schöngefärbt und schwarzgemalt? Wege zum Gottvertrauen in Krisenzeiten, Leipzig 2003.
Ob Gentechnik, Werte- und Spaßgesellschaft, der Pastoralpsychologe Hartmann stellt den christlichen Glauben handfest in den Alltag und auf die Erde.

Huber, Wolfgang: Der christliche Glaube. Eine evangelische Orientierung, Gütersloh 2008.
Der derzeitige Ratsvorsitzende der Evangelischen Kirche in Deutschland (EKD) stellt allgemeinverständlich und dogmatisch präzise eine evangelische Perspektive auf die christliche Tradition dar. Er beantwortet wichtige Fragen, wie sie heute viele Menschen stellen: z. B. nach der Entstehung der Welt oder nach dem Glauben an den einen Gott.

Jörns, Klaus-Peter: Notwendige Abschiede, Gütersloh 2004.
Jörns möchte die historische Kritik der Bibel durch eine ethisch-theologische ergänzen. Es ist ihm zurecht wichtig zu zeigen, dass keine Religion »vom Himmel gefallen« ist, sondern ihre Wurzeln in anderen Religionen hat. Verabsolutierung einer Religion führt zu Totalitarismus und Intoleranz. Ein radikales und viel diskutiertes Buch, das auf jeden Fall zu gründlicherem Nachdenken anregt.

Josuttis, Manfred: Verführung zum Leben. Über die Geheimnisse des christlichen Glaubens, Gütersloh 2006.
Auch wenn mir der Titel dieses Buches nicht gefällt, weil sein Autor ja nicht verführen, sondern zum Leben anleiten und den Glauben verständlich machen, vor allem zur Selbstbestimmung und freien Entscheidung verhelfen will, kann ich diese Texte nur wärmstens empfehlen.

Jüngel, Eberhard: Wertlose Wahrheit, Tübingen 2003.
Der bedeutende evangelische Theologe betont zurecht den wichtigen Unterschied zwischen Glaube und Werten. Mit dem Wertebegriff bewegen wir uns in einem vordergründigen Bereich, der mit dem, worum es in Religion und Glauben geht, nur indirekt zu tun hat.

Käsemann, Ernst: Der Ruf der Freiheit, Tübingen 1968.
Der seinerzeit berühmte Tübinger Neutestamentler hat in der Zeit des ›68er‹ Aufbruchs ein leidenschaftliches Plädoyer für die evangelische Freiheit gegen evangelikale und fundamentalistische Einengungen geschrieben, dem ich nicht in allen Einzelheiten, aber doch in seinem Duktus immer noch zustimme.

Kroeger, Matthias: Der fällige Ruck in den Köpfen der Kirche, Stuttgart 2004.
Ein besonders kritisches und zugleich konstruktives Werk zum Verständnis des christlichen Glaubens, ohne Gott personal zu

denken. Vor allem die Kapitel über Martin Luthers Theologie, aber nicht nur diese, helfen weiter. Nicht leicht zu lesen, aber mit großem Tiefgang. Etwas vom Besten, was derzeit auf dem theologischen Markt ist.

Kügler, Hermann SJ: Versuchungen widerstehen? Würzburg 2008.
Der Jesuit Kügler beschreibt einen zentralen Aspekt christlicher Frömmigkeit – Versuchung und Sünde – aus pastoralpsychologischer Perspektive. Allgemeinverständlich, leicht lesbar.

Küng, Hans: Credo. Das Apostolische Glaubensbekenntnis Zeitgenossen erklärt, München 1995.
Der kritische katholische Theologe hat eine hilfreiche Deutung des Glaubensbekenntnisses geschrieben, die auf dem neuesten Forschungsstand beruht und meisterhaft versteht, modernen Menschen die christliche Überlieferung zu erläutern.

Langer, Susanne K.: Philosophie auf neuem Wege. Das Symbol im Denken, im Ritus und in der Kunst, Frankfurt am Main 1984.
Die berühmte amerikanische Philosophin erläutert Sinn und Bedeutung des symbolischen Denkens, Wahrnehmens und Formulierens. Aus dieser Perspektive lässt sich verstehen, wie Religion ›funktioniert‹.

Nancy, Jean Luc: Dekonstruktion des Christentums, Zürich/Berlin 2008.
Das ist kein christentumsfeindliches Buch, eher ein mystisches. Im Christentum gebe es etwas, das über das Christentum hinausführt. Schon der deutsche Mystiker Meister Eckhart bat Gott, er möge ihn von sich (Gott) befreien. Keine einfache Kost, die aber eine befreiende Weite eröffnet.

Riess, Richard: Auf der Suche nach dem eigenen Ort. Mensch zwischen Mythos und Vision, Stuttgart 2006.

Der bekannte Theologe und Pastoralpsychologe bietet eine außerordentlich belesene und kritische, dabei immer irenische Standortbestimmung moderner Frömmigkeit. Sie will individuelle Lösungen anregen und endet mit der Aufforderung, das eigene fragmentarische Leben so, wie es ist, anzunehmen.

Robinson, John A. T.: Gott ist anders, München 1963.
In diesem Buch stellt der anglikanische Bischof ähnlich wie Paul Tillich die herkömmlichen Gottesbilder infrage und sucht Gott nicht länger irgendwo im Außen, sondern »in der Tiefe« der Psyche. Ich halte das Werk ähnlich wie die Bücher des ihm verwandten Amerikaners Harvey Cox noch lange nicht für überholt.

Schulze, Gerhard: Die Sünde, München/Wien 2006.
Der aus einem Pfarrhaus stammende bekannte Soziologe (»Die Erlebnisgesellschaft«) kämpft anhand des mittelalterlichen Konzepts der Todsünden mit der Überlieferung eines kirchlich(?)-kleinbürgerlichen Moralismus, der dem dankbaren Genießen des Lebens entgegensteht. Manches erinnert an Tilmann Mosers »Gottesvergiftung« (Frankfurt 1976).

Steffensky, Fulbert: Schwarzbrot-Spiritualität, Stuttgart 2005.
Der ehemalige Benediktinerpater und evangelische Theologe versucht in seinen zahlreichen Publikationen einer großen Leserschaft den christlichen Glauben und die Situation der Kirche zeitnah zu erläutern: »Nein, es stehen der Kirche nicht nur Schreckenszeiten bevor. Was wir erleben, sind die Geburtsschmerzen einer gereinigten Kirche.« Auch wenn der Traum von einer ›gereinigten‹ Kirche nicht dem neutestamentlichen Bild eines Feldes, in dem Weizen und Unkraut miteinander wachsen, entspricht, stimme ich Steffensky doch in vieler Hinsicht zu.

Thielicke, Helmut: Leiden an der Kirche, Hamburg 1965.
Der frühere systematische Theologe der Universität Hamburg beschrieb schon vor einem halben Jahrhundert sein akutes Leiden

an der realen Performanz der Kirche und ihrer offiziellen Vertreter. Dabei reduziert Thielicke Kirche an einigen Stellen zu stark auf ›Verkündigung‹. Das Buch könnte trotzdem heute geschrieben sein. Seine Fragen und Kritikpunkte sind so aktuell wie einst.

Abkürzungen

Abkürzungen der biblischen Bücher nach der Luther-Bibel, Stuttgart 1985

EG   = Evangelisches Gesangbuch
WA   = Weimarer Ausgabe der Werke Martin Luthers
DtPfrbl   = Deutsches Pfarrerblatt
EvKomm = Evangelische Kommentare
PTh   = Pastoraltheologie
par.   = Parallelstellen eines Bibelzitates

Alexander Deeg (Hrsg.)
Aufbruch zur Reformation
Perspektiven zur Praxis der
Kirche 500 Jahre danach

264 Seiten, Paperback
ISBN 978-3-374-02635-7
€ 24,00 [D]

Die evangelischen Kirchen bereiten sich auf das Reformationsjubiläum 2017 vor – 500 Jahre Reformation! Grundüberzeu-
gung dieses Buches ist: Es gibt noch etwas zu entdecken in den
Ansätzen der Reformatoren. Ein »Aufbruch zur Reformation«
lohnt sich, um von dort Perspektiven für kirchliches Handeln in
alten und neuen Kontexten zu gewinnen.

Kreativ, kritisch und konstruktiv sind die Beiträge dieses Ban-
des. Sie bewegen sich auf der Reflexionshöhe wissenschaftlicher
Theologie und sind zugleich praxisnah.

Insgesamt zeigt sich: Es gibt viel zu tun für die Kirche der Gegenwart. Gleichzeitig gilt es, im Rückblick auf die Reformation
Gelassenheit zu lernen.

EVANGELISCHE VERLAGSANSTALT
Leipzig

www.eva-leipzig.de

Wilfried Härle, Jörg
Augenstein, Sibylle Rolf,
Anja Siebert (Hrsg.)

Wachsen gegen den Trend

Analysen von Gemeinden,
mit denen es aufwärtsgeht

360 Seiten mit zahlr. Abb.,
Paperback
ISBN 978-3-374-02611-1
€ 18,80 [D]

Es gibt in Deutschland tatsächlich wachsende evangelische Kirchengemeinden. Und es sollen noch viele mehr werden. Aus diesem Grunde hat der bekannte Heidelberger Systematiker Wilfried Härle ein Projekt initiiert, das deutschlandweit untersucht hat, welche Gemeinden warum wachsen. Die Evangelische Kirche in Deutschland (EKD) hat diese aufwändige, aber spannende Studie finanziell abgesichert.

Die Analysen solcher Gemeinden, mit denen es aufwärtsgeht, belegen nicht nur das Gemeindewachstum mit detaillierten Zahlen, sondern geben auch auf die Frage Antwort, wodurch solches Wachstum ausgelöst wurde und wie es sich entwickelt hat. Die Vielfalt und Genauigkeit dieser Ergebnisse kann für Gemeinden, die ebenfalls wachsen möchten, wichtige Anregungen bieten und als Arbeitsmaterial für Kirchenvorstände dienen.

EVANGELISCHE VERLAGSANSTALT
Leipzig

www.eva-leipzig.de